LORIOT

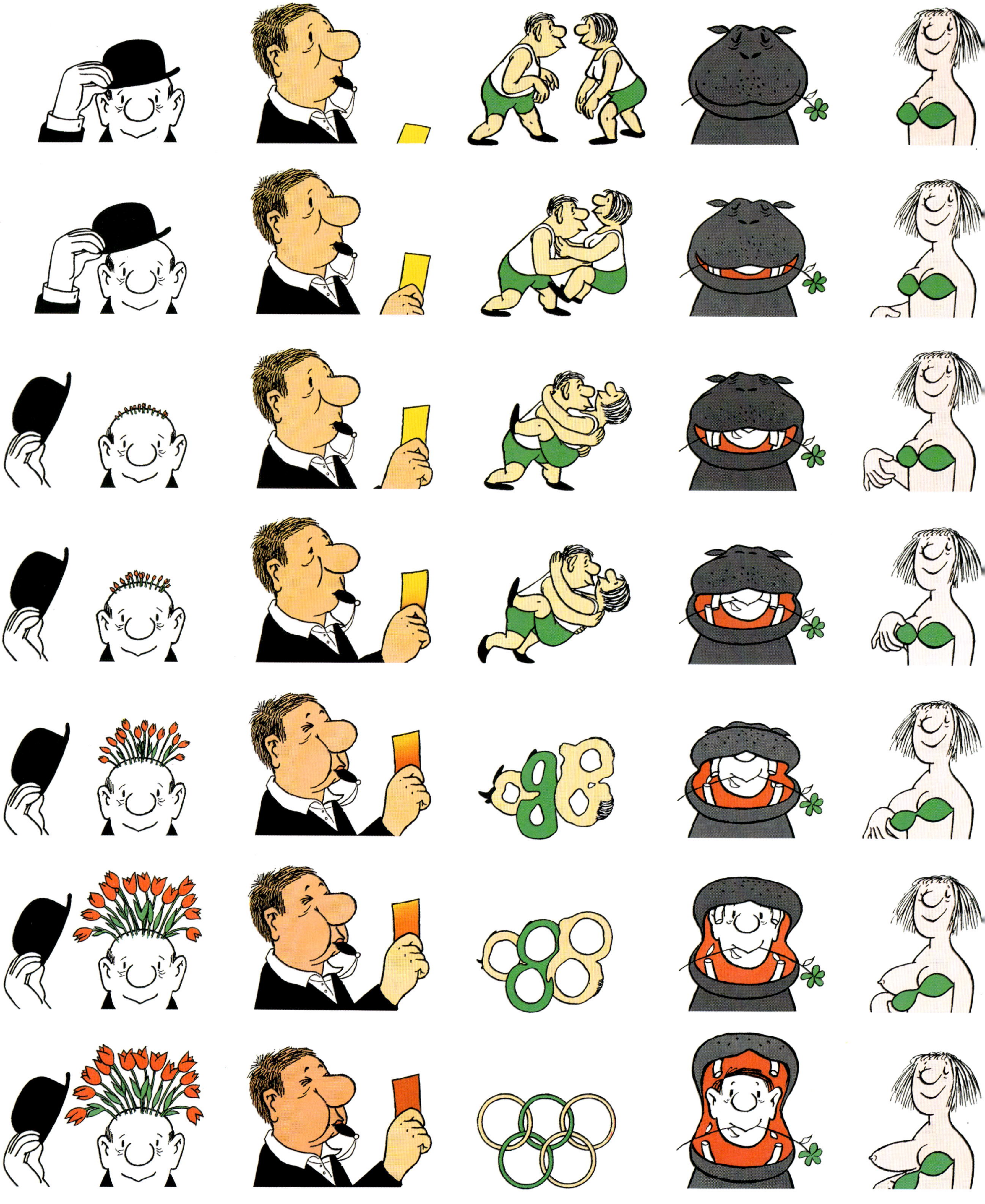

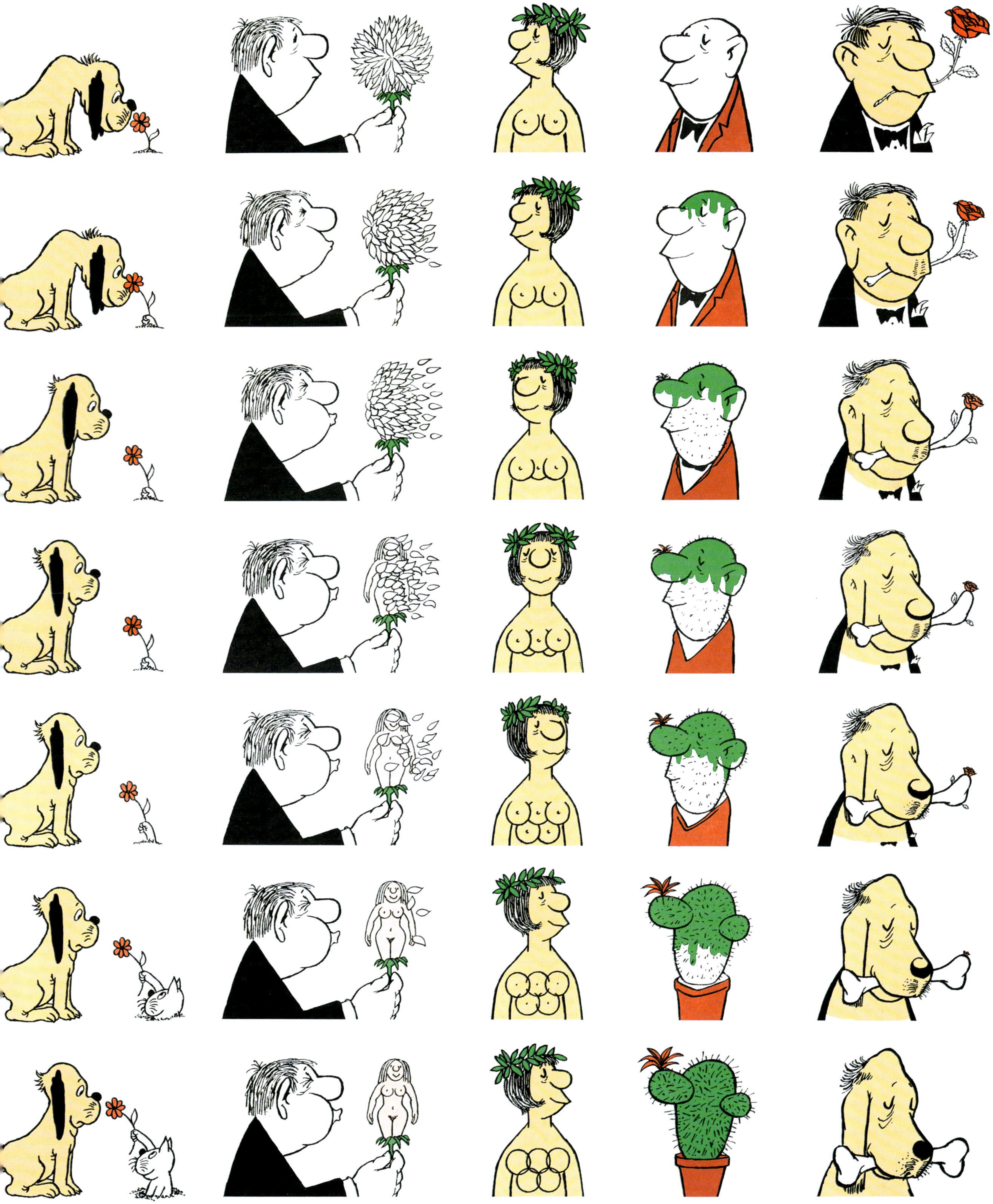

LORIOT

DIOGENES

Der vorliegende Band erschien 1993
zum 70. Geburtstag des Künstlers

Alle Rechte vorbehalten
Copyright © 1993
Diogenes Verlag AG Zürich
www.diogenes.ch
40/11/48/7
ISBN 978 3 257 02045 8

INHALT

Loriot und das Komische
von Patrick Süskind
11

Biographie
15

Zeichnungen
47

Fernsehen
105

Oper
145

Film
179

Jungfräuliches Verhältnis
von Loriot
210

Anhang
Quellennachweis der Zitate
212

Schauspieler und Sänger
212

Bildnachweis
213

Bibliographie
213

Also, ich persönlich würde sagen,

daß des Lebens ... also des Ernstes Lebens ...

auch heiter ist wie die Kunst ...

also des Ernstes Kunst auch heiter ist

wie des Ernstes Leben ... Lebens ...

das ist jedenfalls

meine persönliche Meinung.

Loriot

LORIOT UND DAS KOMISCHE

von Patrick Süskind

Das vorliegende Buch zählt gottlob nicht zu jenen Büchern, die sich, wenn überhaupt, erst nach der Lektüre eines deutenden Einleitungsessays oder Klappentextes enträtseln. Es heißt ›Loriot‹, es ist von Loriot, und es behandelt Loriot. Damit ist alles Wesentliche gesagt. Der Leser mag getrost das Folgende überblättern und das Werk auf Seite 15 beginnen. Ihm wird nichts mangeln …

… denn es ist doch, unter uns gesagt, wirklich nicht nötig, ein Œuvre einzuführen, das in Deutschland bekannter ist als irgend ein anderes. Loriots diverse Werke sind millionenfach in Periodika erschienen, als Bücher verbreitet, als Fernsehsketche, als Filme zu sehen, als Schallplatten zu hören, sie sind im Theater ebenso präsent wie auf der Opernbühne oder im Konzertsaal, wir finden sie als Karten in der Hand des Skatspielers, und schließlich hat sich sogar das Kitschgewerbe mancher Loriot'scher Schöpfungen bemächtigt, um sie als Imitationen in Form von Kuscheltieren, Schlüsselanhängern und Marzipanfiguren unter die Leute zu bringen.

Auch die Person des Künstlers braucht dem Publikum eigentlich nicht mehr vorgestellt zu werden. Legion sind die Artikel über Loriot als Zeichner, als Schriftsteller, als Dramatiker, als Schauspieler, als Regisseur, über Loriots Erfolg, Loriots Herkunft, Loriots Hunde, Loriot privat etc. etc. Vor allem aber hat Loriot nie große Scheu gezeigt, sich der Öffentlichkeit selbst zu präsentieren, sei es in Dutzenden von Masken und Verkleidungen – vom Jungfilmer bis zum Tattergreis –, als Hauptdarsteller seiner eigenen Filme, als Zirkusdompteur, als Dirigent und gar, via Schallplatte, als singender Hund – sei es mehr oder weniger ungeschminkt auf einem roten Sofa sitzend, in Talkshows und Interviews Rede und Antwort stehend und in dem teilweise autobiographischen Werk ›Möpse & Menschen‹, ganz zu schweigen von jener apotheotischen Sendung zu seinem sechzigsten Geburtstag, die er sowohl als Laureat wie als Laudator im Auftrag des Fernsehens selbst zu gestalten hatte.

Man versteht also, wenn Loriot den an und für sich guten Vorschlag seines Verlegers, nun auch noch das Vorwort zu diesem Jubiläumsband selbst zu verfassen (denn in der Tat, wer könnte es besser?), mit den Worten zurückwies: »Ich habe es satt, immer alles selber machen zu müssen!«

So kam die Ehre denn auf mich. Und nun sitze ich, zur Linken einen Stapel seiner Bücher, die sich alle selbst genügen und keiner Erklärung oder Empfehlung bedürfen, vor mir das besagte Jubiläumsbuch, das einen Querschnitt aus seinem Œuvre bietet, rechts einen Stapel Sekundärliteratur, in der bereits alles Erdenkliche über dieses Œuvre und seinen Urheber gesagt worden ist, und soll mir etwas Neues einfallen lassen. Es hilft nichts, da gibt es nur den Weg des persönlichen Bekenntnisses und die Hoffnung, es möge sich daran der eine oder andere Gedanke anspinnen lassen, der der Mitteilung wert ist.

Was ich an Loriot mag, ist seine Intelligenz. Was ich am meisten an seinem Werk bewundere, ist die Art, wie gut alles *gemacht* ist – wie gut es *gearbeitet* ist, hätte ich beinahe gesagt, als wäre er ein Handwerker, ein Goldschmied etwa –, und meine damit nicht einen Oberflächenglanz, sondern das Wohldurchdachte, das durch und durch Ausgetüftelte, das mit Raffinement und größter Sorgfalt Erzeugte seiner Produktion.

Dürrenmatt hat einmal geäußert, kreative Phantasie arbeite durch ein Zusammenwirken von Erinnerung, Assoziation und Logik. An dieser Definition fällt neben der

Erwähnung des Wortes ›arbeiten‹ auf, daß sie ohne Begriffe wie ›Inspiration‹, ›Einfall‹, ›Idee‹, ›Anregung‹ etc. auskommt und die Betonung auf die strengeren intellektuellen Disziplinen legt. Sie paßt nicht schlecht zur Beschreibung des Loriotschen Schaffens. Damit soll nun um Gotteswillen nicht gesagt sein, daß Loriot keine Einfälle oder originellen Ideen hätte – das Gegenteil ist wahr! –, sondern daß Ideen und Einfälle, vor allem potentiell komische, keinen Pfifferling wert sind, solange sie nicht durch höchste Kunstfertigkeit und intellektuelle Strenge zur Geltung gebracht werden. Zum Beispiel:

Wer von uns hätte nicht schon einmal bei Tisch einem Menschen gegenübergesessen, dem ein Speiserest im Gesicht klebengeblieben ist, und wer hätte dieses Mißgeschick womöglich nicht auch für ein wenig lächerlich oder potentiell komisch gehalten? Gleichwohl wüßte ich niemand, der in der Lage wäre, diese Beobachtung, diese Idee, diesen Einfall – oder wie immer man es nennen will – zu einer so hinreißend komischen Szene zu steigern, wie es Loriot in dem Sketch ›Spaghetti‹ gelingt, nicht nur indem er den Speiserest – ein Stückchen Nudel im Mundwinkel eines Herrn – konterkariert durch eine Liebeserklärung, die der nämliche Herr an die ihm gegenübersitzende Dame richtet, sondern indem er, gleich zu Beginn der Szene, das widrige Nudelstückchen durch eine Bemerkung der Dame (»Sie haben da was am Mund ...«) und ein Serviettenwischen des Herrn scheinbar endgültig aus dem Spiel schafft, um es freilich sogleich wieder durch eine erneute Ungeschicklichkeit des Herrn auf dessen Oberlippe zu plazieren, mit dem Ergebnis – und ich kann diesen Kunstgriff gar nicht genug bewundern –, daß die bereits schon einmal inkriminierte Nudel von nun an nicht mehr zur Sprache gebracht werden kann, sich von einem nebensächlichen, allenfalls lächerlich-ekligen Detail zu einem zentralen anstößigen Accessoire verwandelt, das zum wachsenden Entsetzen der Dame und zum Vergnügen des Zuschauers, auf die groteskeste, dabei aber glaubwürdigste Weise durch allerlei Zufälligkeiten bewegt, von der Lippe zum Auge, von dort zur Nase, zum Kinn und zum Zeigefinger des ahnungslos werbenden Galans wandern kann, ehe es, mitsamt allen seinen Hoffnungen, jemals erhört zu werden, in einer Tasse Kaffee ertrinkt ...

Besser kann man's nicht machen. Und wenn einer in diesem Zusammenhang von Genialität sprechen wollte – und warum sollte er's in einem Jubiläumsbuch nicht tun? –, so liegt sie meines Erachtens weit eher in der Durchführung der Szene, etwa in dem geschilderten kleinen Kunstgriff, als in der Grundidee.

Loriot ist ein scharfer Beobachter. Viele seiner Szenen leben von einem Hintergrund akkuratester Realitätsnähe. Diverse Personen hat er bis zur Verwechselbarkeit genau imitiert. Seine Komik ist indessen auf direkte Beobachtung nicht angewiesen. Loriots Geschöpfe brauchen mit der Realität unserer heutigen Welt rein gar nichts zu tun zu haben, sie können Stresemann und Strumpfhalter tragen, völlig antiquierte Automobile fahren, im Mobiliar des 19. Jahrhunderts agieren und eine Sprache sprechen, die allenfalls noch in der Tanzstunde Verwendung findet – die Komik funktioniert dennoch. Auch in seinen Filmen gelingt es ihm, eine Welt der Konventionen und Tabus künstlich zu errichten, uns glauben zu machen, es sei die unsere, um sich dann an ihr zu vergehen und daraus komischen Honig zu saugen.

Das Ganze dient, so scheint mir, zunächst einmal nicht einem dritten Zweck. Loriot wollte mit seinem Film ›Ödipussi‹ gewiß nicht einen bahnbrechenden Beitrag zur Erhellung des klassischen Mutter-Sohn-Konflikts liefern oder in ›Pappa ante portas‹ auf exemplarische Weise Ehe- und Familienprobleme abhandeln. Ich glaube auch nicht, daß seine frühen Cartoons darauf abzielen, das deutsche Spießertum der fünfziger und sechziger Jahre bloßzustellen; und wenn Loriot in der Maske eines Klaviertransporteurs nach einer Fliege schlägt und dadurch als mißverstandener Dirigent mit den Berliner Philharmonikern die Coriolan-Ouvertüre in Gang setzt, so werden damit, scheint mir, weder Beethoven noch das Berliner Philharmonische Orchester noch dessen damaliger Chefdirigent noch der Musikbetrieb im allgemeinen oder die Innung der Klaviertransporteure im besonderen auf die Schippe genommen – nein, sondern es ereignet sich Komik pur. Oder was ist es anderes als reine, geradezu an schönste Alberei grenzende Komik, wenn uns Loriot das Rezept für Gürteltierklöße oder Bauernomelette (»Ein bis zwei zarte Landwirte werden durch ein feines Sieb gestrichen ...«) verrät? Man wende nicht ein, hier handle es sich um eine satirische Kritik an der Freßwelle der achtziger Jahre. Ich glaube keine Sekunde daran. Eigentlich handelt es sich nicht einmal um eine wirkliche Kochbuchpersiflage, denn zur Persiflage gehört der Vorsatz der Verspottung. Zwar bedient sich Loriot bei seinen Rezepten der Kochbuchsprache, nicht aber um gegen Kochbücher und verfeinerte Eßkultur zu Felde zu ziehen, sondern weil die Kochbuchsprache relativ streng kodifiziert ist und es ihm daher ermöglicht, durch die Hinzufügung kontrastierender Ingredienzien wie etwa »zweier zarter Landwirte«, ein komisches Gefälle entstehen zu lassen.

Ich weiß, man könnte Gegenbeispiele anführen. Etwa das wunderbar gemeine, pervers-komische Adventsgedicht, das auf scheinheilig niedliche Weise schildert, wie eine Försterin zur Weihnachtszeit ihren Mann abschlachtet und portionsweise in Geschenkpapier verpackt. Wer dieses Gedicht einmal gelesen oder vortragen gehört hat, wird bis ans Ende seines Lebens nicht mehr in der Lage sein, unbefangen ›Stille Nacht, heilige Nacht‹ zu singen. Also doch eine kritische Satire, die eine verlogenromantische Weihnachtsseligkeit anprangerte oder sich gar an religiösen Gefühlen verginge? So wurde das Gedicht in der Tat nach seiner ersten Verbreitung im Fernsehen von manchen Kreisen verstanden, was zu einiger Aufregung im Rundfunkrat und zu einer Anfrage im Deutschen Bundestag führte. Und dennoch glaube ich, daß selbst in diesem zugegebenermaßen hinterhältig boshaften Gedicht das Kritische höchstens einen Nebeneffekt darstellt, einen notgedrungen in Kauf genommenen Nebeneffekt, und daß der Hauptzweck die Herstellung von Komik ist – was ja auch auf glänzende Weise gelingt. Loriot bedient sich nicht komischer Mittel, um gesellschaftliche Zustände und menschliche Verhaltensweisen zu beschreiben oder zu kritisieren, sondern er verwendet (unter anderem) gesellschaftliche und individuelle Gegebenheiten, um Komik zu erzeugen. Dies gilt für sein gesamtes Werk mit der möglichen Ausnahme einer Reihe von Sketchen und Szenen, die das (unmögliche) Zusammenleben von Mann und Frau zum Thema haben und in denen Loriot uns von seiner These zu überzeugen sucht, daß »Männer und Frauen einfach nicht zusammenpassen«. Cum grano salis aber läßt sich sagen: Für Loriot ist das Komische nicht Mittel, sondern Zweck – und genau das wurde ihm oft von Kritikern zum Vorwurf gemacht. Seine Kunst wolle nichts erreichen, hieß es, sie stehe nicht im Dienst einer Sache und sei daher unverbindlich, denn er wolle ja *immer nur komisch sein*.

In der Tat, Loriot will komisch sein. Und im Gegensatz zu vielen anderen, die das auch wollen, gelingt es ihm ein ums andere Mal mit dem größten Erfolg. Was aber ist falsch daran? Wo liegt eigentlich der Vorwurf? Ebensogut könnte man kritisch feststellen, daß Loriot nicht Karl Kraus ist, und auch nicht Daumier und auch nicht Aristophanes. Wohl wahr ...

In einer seiner schönsten Reden, gehalten 1988 aus Anlaß des 60. Geburtstags des Münchener Literatur- und Musikkritikers Joachim Kaiser, schreibt Loriot, sich direkt an den Jubilar wendend:

Ich werde nicht müde, Dir zuzuhören. Du bist einer von den wenigen, die ich gern in meiner

Nähe wüßte, wenn unser Planet ganz unerwartet detonierte. Du würdest, mit verschränkten Armen lauschend, den Kopf zunächst zurück-, dann schräg nach vorn geneigt, die Spontaneität der rauschhaften 64stel durchaus als Gewinn betrachten, den e-moll-Gedanken im Es-Dur-Kosmos aber eben doch vermissen, zumal die erhofften Presto-Träume trotz ungewöhnlich groß angelegter Durchführung leider nicht stattgefunden hätten. Schöne Momente also, aber kein Ereignis ... Ich wüßte nicht, was tröstlicher wäre.

Was für ein Kompliment!

Wir scheuen uns, die Apokalypse zu beschwören, aber auf analoge Weise wollen wir auch Loriots Kunst rühmen: Sie hat etwas Begleitendes und in ihrer unbedingten Komik Erleichterndes. Gleichviel, ob der Welt zugewandt oder abgewandt, versucht sie, uns vor den Zumutungen des Lebens in Schutz zu nehmen. Sie stellt sich zwischen uns und die Welt. Sie schafft Distanz.

Wäre sie darum eskapistisch oder gar zynisch zu nennen? Man bedenke, daß Loriot einer Generation angehört, die sich von der Schulbank weg – in seinem Falle einer humanistischen Schulbank, auf der man ihn die Ideale des Guten, Schönen und Wahren gelehrt hatte – von einem Regime, das die Inkarnation des Schlechten, des Häßlichen und der Lüge war, mehr oder weniger freiwillig und frohgemut in einen Krieg hat schicken lassen, der ihr vier Jahre lang die Brutalität, Monstrosität und Absurdität menschlicher Existenz vor Augen führte! Wer solches erlebt und wohl nur aufgrund der Willkür des Zufalls überlebt hat, der kann in gewissem Sinne die Welt nicht mehr ernst nehmen. Er muß nicht unbedingt zum Zyniker werden, aber ein bestimmtes Maß an Distanzierung wird ihm lebensnotwendig bleiben, und wenn ihm Mutterwitz oder, wie im vorliegenden Fall, Vaterwitz mitgegeben war, dann wird er sich dieses Witzes bedienen, um sich die Welt vom Leibe zu halten und um zugleich, für einen komischen Moment lang, die Distanz zur Welt zu überbrücken.

Scheinbar leichter Hand, in Wahrheit aber in verzweifelter Anstrengung gewinnt Loriot der Welt das Komische ab und beweist damit sich und uns, daß sie vielleicht nicht vollkommen sinnlos ist. Insofern hat seine komische Kunst eben doch einen Zweck, der über sie selbst hinausweist: Sie ist in der Tat tröstlich.

Und als tröstlich empfinde ich auch die bloße Existenz dieses Mannes mit seinen listigen Augen und dem zurückhaltenden Lächeln, von dem man nie genau weiß, ob es spöttisch, ironisch oder einfach freundlich ist.

BIOGRAPHIE

1923

Am 12. November 1923, um 21 Uhr 50, wurde ich in Brandenburg an der Havel geboren. Ich wog 6¾ Pfund, war 50 cm lang und wurde auf den Namen Bernhard-Viktor getauft. Genannt wurde ich jedoch Vicco. *(1)*★

Wenn ich mein erstes Lebensjahr nach Liebesdingen abtaste, stoße ich auf nichts, was dienlich wäre. Vielleicht habe ich einschlägige Erlebnisse aus Reue oder falscher Scham verdrängt. Aber da ich fülligen Blondinen seinerzeit nur in ausschweifender Ernährungsabsicht nachzustarren pflegte, ist anzunehmen, daß ein bis zwei der goldenen zwanziger Jahre erotisch ungenutzt an mir vorüberstrichen. Vom männlichen Standpunkt betrachtet, zeigte ich mich schon anläßlich meiner Taufe von einer beklagenswert unergiebigen Seite. Damals beabsichtigte noch ein weiterer, mir unbekannter weiblicher Säugling, sich am selben Tage taufen zu lassen. Kirchlicherseits war man auf diesen Andrang offensichtlich weder räumlich noch moralisch vorbereitet, denn wir wurden bis zum Beginn der Feierlichkeiten abseits in einen gemeinsamen Wagen gebettet. Für Säuglinge von heute unbegreiflich: ich mißachtete die Gunst der Stunde. Es ist immerhin möglich, daß mich der mangelnde Liebreiz meiner Partnerin oder die Würde des Ortes schreckte. Ich fürchte jedoch, mein damaliges Versagen beruhte auf reiner Prüderie. Der Ballast überalterter abendländischer Erziehungskonventionen mag dabei eine Rolle gespielt haben. Leider wurde mir im Arrangieren ähnlicher Situationen bis heute kein kirchlicher Beistand mehr zuteil, womit der modernen Seelsorge natürlich kein Vorwurf gemacht werden soll. *(2)*

1925

Im Vordergrund mein ein Jahr jüngerer Bruder Johann-Albrecht, genannt »Brüderchen«. Ich beeinträchtige die Harmonie des Bildes durch eine gewisse Korpulenz.

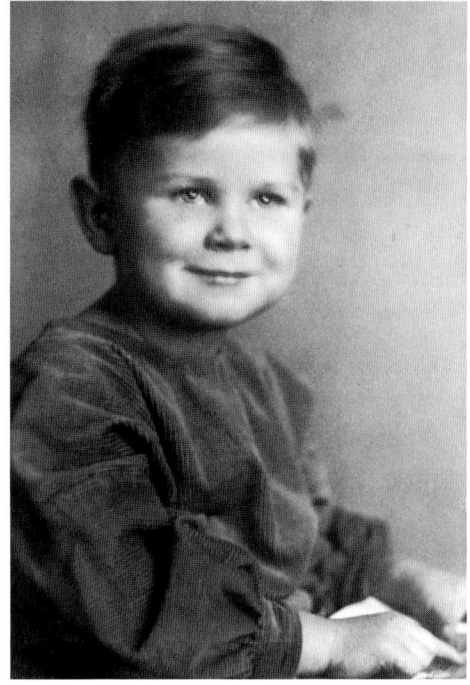

An diesen Samtkittel erinnere ich mich. Er war blau, die einzige Farbe, die mir stand.

1929

Im Jahre 1929 starb meine Mutter. Schon zwei Jahre vorher wurden Brüderchen und ich von meiner Berliner Großmutter Bülow und ihrer Mutter, der »Doßoma«, aufgenommen. Nach einigen Jahren in der Pariser Straße 55 zogen wir in die erste Etage des Hauses Hohenzollerndamm 12, Ecke Düsseldorfer Straße. Die Wohnung der verwitweten alten Damen im Vorkriegsberlin, ihre Möbel, hohen Kachelöfen, Erinnerungen und Bücher (Kürschners Conversationslexikon, die Bilderbibel von Schnorr v. Carolsfeld) atmeten reines 19. Jahrhundert. Es hat mich nicht mehr losgelassen.

Wenn ich es recht bedenke, ist die berufliche Frage bei mir eigentlich nie ganz gelöst worden. Ich weiß nicht genau, wann ich ernsthaft damit begonnen habe, Pläne für die Zukunft zu machen. Der früheste mir bekannte Zeitpunkt lag etwa um das Jahr 1929. Ich war damals fünf und erhielt Besuch von Tante Olga, der Witwe eines namhaften sächsischen Tondichters. Sie betrachtete sinnend meine Hände. Dann sah sie mir mit dem verheißungsvoll leuchtenden Blick der alternden Künstlergattin tief in die Augen und sagte: »Möchtest du Pianist werden?«

Ich verneinte mit dem Hinweis, ich sei bereits entschlossen, mich beruflich dem Austragen von Milch oder der Reparatur von Kabeln unter der Straßendecke zu widmen. Auch Kanalisation käme in Betracht oder Pflastern.

Auf weiteren Gedankenaustausch mit Tante Olga kann ich mich nicht mehr besinnen. Jedenfalls hat sie mich daraufhin beruflich weder beraten noch unterstützt. Wahrscheinlich hatte sie auch keine nennenswerten Verbindungen zum Straßenbau. Heute erscheint mir mein damaliges Verhalten übereilt. Pianist ist ein schöner Beruf, und man ist der Witterung weniger ausgesetzt.

Neben meinen nüchternen Berufsplänen nährte ich Wunschträume, die mehr ins heldische Fach hinüberspielten. Eine farbenfrohe Darstellung des Todes von Prinz Louis Ferdinand in der Schlacht bei Saalfeld regte mich zu intensiver Nachempfindung an. Die Sofalehne als Schlachtroß zwischen den Schenkeln, bog ich mich weit zurück, dem tödlichen Degenstoß des französischen Kavalleristen entgegensehend. Bis hierher entsprach die Situation etwa dem historischen Vorgang. Nun entglitt mir die preußische Geschichte. Ich fiel unversehens nach hinten aus dem Sattel und mit dem Hinterkopf auf ein Nähkästchen meiner Urgroßmutter. Romantische Reitertragödien haben seither für mich an Reiz verloren. *(3)*

Ostseebad Zinnowitz, 1931. Ich hatte Heimweh im Kinderheim, und Onkel Carli, der Bruder meines Vaters, besuchte mich. Bis heute umgibt ihn das Fluidum sündhafter Lebenslust. Unsere Badekleidung ist von erlesener Eleganz.

1931

Vom Zeitpunkt meiner Taufe bis zu jenem Ereignis, das erste amouröse Züge trägt, vergingen sieben Jahre. Ich befand mich, um den zermürbenden geistigen und körperlichen Anforderungen des zweiten Schuljahres weiterhin gewachsen zu bleiben, in einem Kinderheim an der Ostsee. Die Anwesenheit von mehreren Mädchen im Alter zwischen fünf und acht Jahren verlieh der Atmosphäre des Hauses etwas unerwartet Prickelndes. Durch gänzliches Fehlen leiblicher Schwestern und täglichen Besuch einer ahnungslosen Knabenschule war mir das weibliche Geschlecht im passenden Alter weithin unbekannt. Bei einem der häufigen Aufenthalte am Strand hob sich mein Blick von unschuldiger Sandbäckerei und blieb an einer siebenjährigen Heiminsassin haften, die sich ihrer nassen Badehose zwar sittsam unter dem Bademantel entledigte, letzteren zu schließen aber versäumt hatte. In unbewegter Blöße musterte sie Horizont und Wellenspiel. Ich war mir der ungeheuren Bedeutung des Augenblicks bewußt. Denn, so schloß ich, um auch nur einmal im Leben ein Mädchen unbekleidet zu sehen, bedarf es einer Zufallskette, deren Zustandekommen nach menschlichem Ermessen mindestens zweifelhaft, wenn nicht unmöglich erscheinen muß. Die Gewißheit, innerhalb der männlichen Welt nun zu einer sicher kleinen Gruppe von Glückspilzen zu gehören, bewirkte ein kurzes, dumpfes Gefühl der Zuneigung. Der Bademantel schloß bald wieder korrekt, die Erbsünde aber hatte ihr Haupt erhoben. *(2)*

* *Quellennachweis der Zitate siehe Seite 212.*

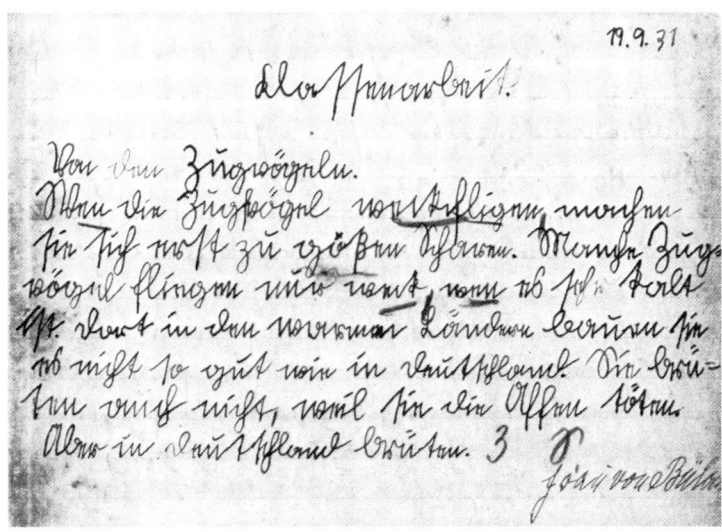

Eine meiner ersten schriftlichen Arbeiten vom September 1931. Für diejenigen, die der Sütterlin-Schrift nicht mächtig sind, hier die Übersetzung:

»Klassenarbeit. Von den Zugvögeln. Wen die Zugvögel weckfliegen, machen sie sich erst zu großen Scharen. Manche Zugvögel fliegen nur weck wen es sehr kalt ist. Dort in den warmen Ländern bauen sie es nicht so gut wie in Deutschland. Sie brüten auch nicht, weil sie die Affen töten. Aber in Deutschland brüten.«

Ich meine, das ist eine sehr interessante Studie über das brutale Verhalten unserer Zugvögel im Ausland.

1932/1933

1932 hatte mein Vater wieder geheiratet. Im Herbst 1933 verließen Brüderchen und ich die großmütterliche Wohnung in Berlin-Wilmersdorf und zogen zu meinen Eltern nach Berlin-Zehlendorf.

In den folgenden Jahren unterstützte meine zweite Mutter, Annemarie v. Bülow, geborene Ehrhorn, die väterliche Erziehung. Seit dem Tod meines Vaters im Jahre 1972 liegt diese undankbare Aufgabe allein in ihren Händen.

Johann-Albrecht v. Bülow als Kadett, 1916.

Berlin-Zehlendorf, Radtkestraße. Zweiter von rechts mein Bruder Johann-Albrecht, links ich.

Mein Vater hatte als preußischer Offizier einen unglaublichen Sinn für Komik.

Es freut mich, davon erzählen zu können, weil man im allgemeinen den preußischen Junker und Offizier für humorlos hält. Das stimmt sicher nicht. Sie brauchen nur in den »Simplicissimus« zu sehen, der von vorn bis hinten Witze über das Offizierskorps enthält. Was viele nicht wissen: Diese Witze über preußische Offiziere stammten von diesen selbst. Die schickten sie an die Redaktion in München, und Thöny, Gulbransson, Th. Th. Heine machten ihre Zeichnungen dazu. Im übrigen war mein Vater ein ernster Mann: religiös, ein Moralist und guter Pädagoge. Er hat mein Leben sehr geprägt. *(4)*

Aus altem Haus.

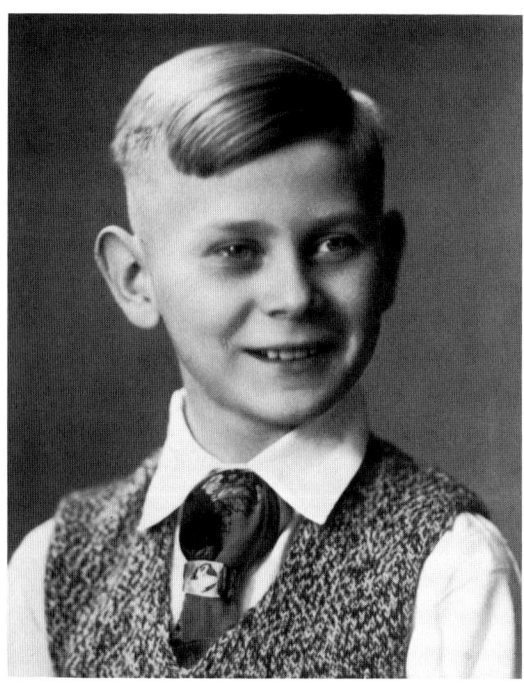

Der vorteilhafte Haarschnitt des Jahres 1935 läßt die ganze Schönheit meines Ohres ahnen. Kurz darauf hatte ich den Verlust meines Blinddarms zu beklagen. Ich interessierte mich für Karl May, Puccini und Operntenöre.

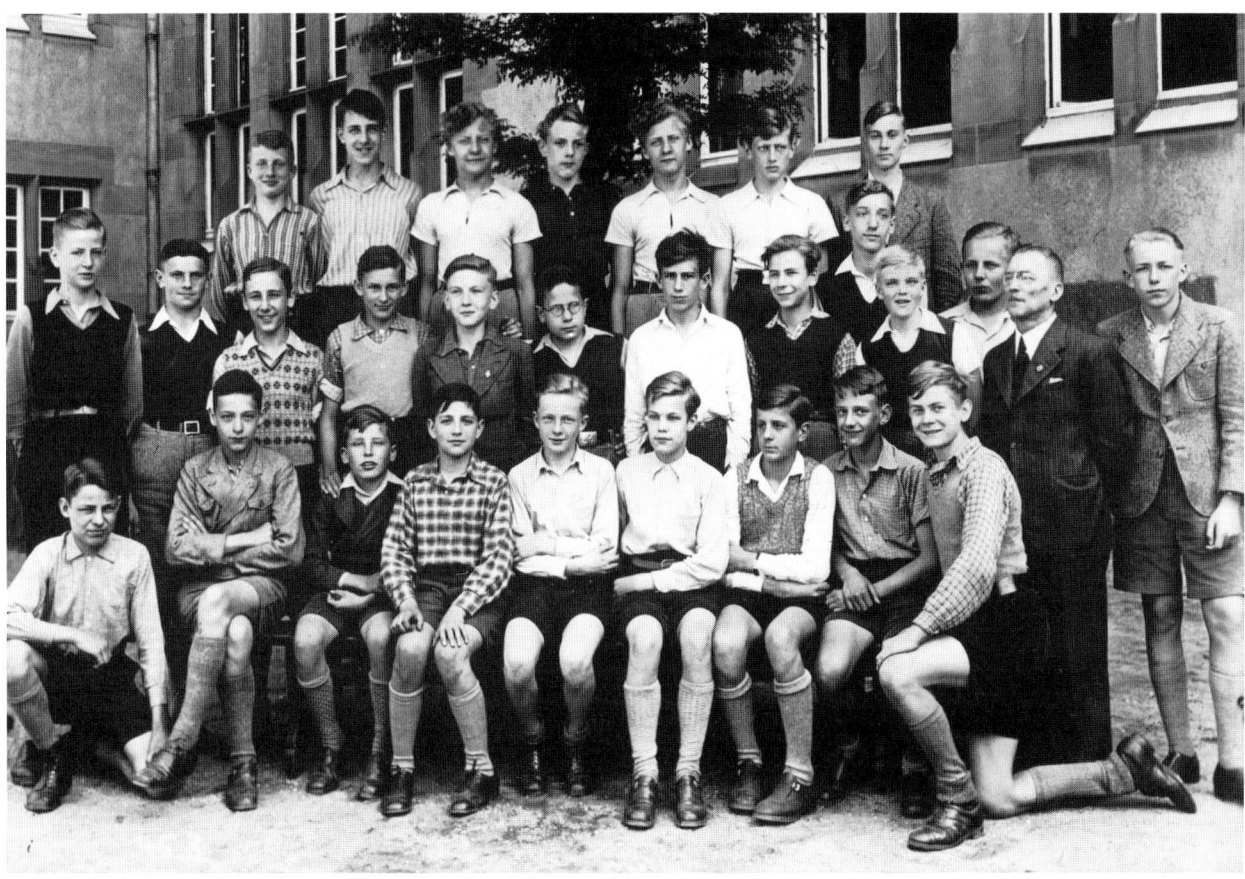

1934–1941

Vorn rechts *(Abbildung oben)* kniet der Schüler des Humanistischen Gymnasiums Berlin-Zehlendorf (1934–1938). Meine Leistungen in Mathematik und Griechisch ließen zu wünschen übrig. In den Fächern Deutsch, Zeichnen und Leibesübungen verfehlte ich nur knapp das Geniale.

1938 zogen wir nach Stuttgart. Als leidenschaftlicher Opernfreund diente ich der Staatsoper als Statist, lernte freiwillig seitenlange Shakespeare-Monologe auswendig, büßte meine Rachenmandeln ein, las Dickens, legte mein Taschengeld in Zitroneneis an, verliebte mich das vierte Mal (nach 1930, 1934 und 1937) und beendete 1941 im Eberhard-Ludwigs-Gymnasium meine erstaunlich glücklichen Schuljahre. Mein letzter Klassenlehrer hatte trotz übler Zeiten Maßstäbe gesetzt: Rudolf Griesinger.

Ich entdeckte Stuttgart rein zufällig, als ich in jungen Jahren auf einer Radfahrt von Plochingen nach Plieningen von der geteerten Straße abkam. Zunächst bestaunten die zutraulichen Einwohner den Fremden, verloren aber bald ihre Scheu, bewirteten mich mit handgefertigten Teigwaren, und ich beschloß zu bleiben.
Da ich ihre Sprache zwar verstehen, aber nicht sprechen lernte, hielt ich mich meist im Eberhard-Ludwigs-Gymnasium auf, in dem das Altgriechische gepflegt wurde, eine simple Sprache, die mir weniger Schwierigkeiten bereitete. Es waren glückliche Jahre. Bis Stuttgart eines Tages an das geteerte Straßennetz angeschlossen wurde, elektrisches Licht bekam und Telefon. Da bin ich dann weggezogen. *(5)*

Ich war einst Komparse an der Stuttgarter Oper – Krieger in »Aida«. Die vier Träger, die den Feldherrn Radames auf die Bühne schleppen mußten, hatten sich jeden Abend schwarz anzumalen. Diese Farbe war sehr schwer wieder zu entfernen. Da diese Träger von rechts auf die Bühne gingen, also ihre linke Seite dem Zuschauer zuwandten, dachten sich einige von ihnen: Es genügt doch, daß ich nur die eine Seite schwarz mache – die, die dem Publikum zugewandt ist. Dann marschierten sie rein, hatten aber völlig außer acht gelassen, daß sie Radames in der Mitte der Bühne mit dem Gesicht zum Publikum absetzen mußten. Das hatte dann überraschende Folgen. *(4)*

Und dann in einer Nebenrolle in einem scheußlichen Stück von 1942 bis 1945. Den Regisseur möchte ich nicht nennen.

Der Sommer 1945 sah mich im niedersächsischen Markoldendorf allmorgendlich um fünf mit geschulterter Axt das Haus verlassen. Ich suchte den nahen Solling auf, um dort im Auftrag der Forstbehörde meiner gesunden, aber schlecht honorierten Tätigkeit als Holzfäller nachzugehen.
Der Ordnung halber machte ich in Northeim mein Abitur, das man mir 1941 geschenkt hatte.

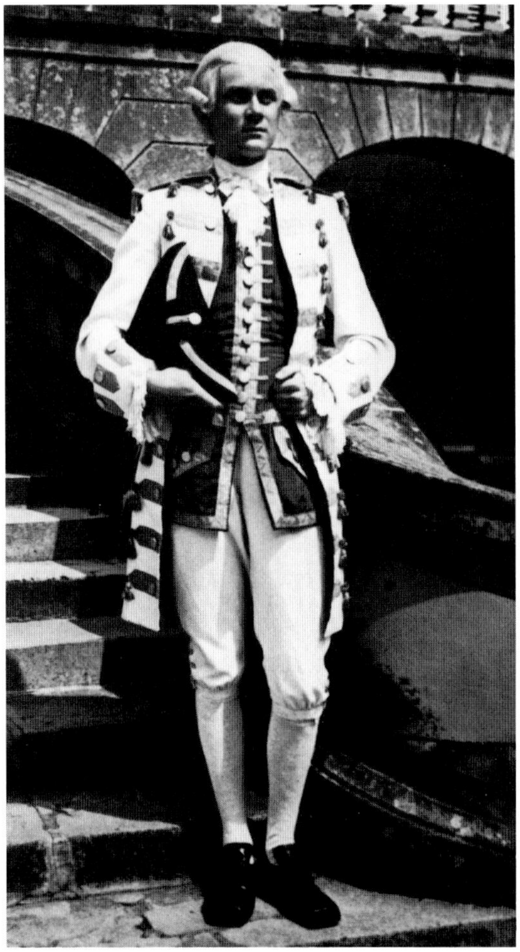

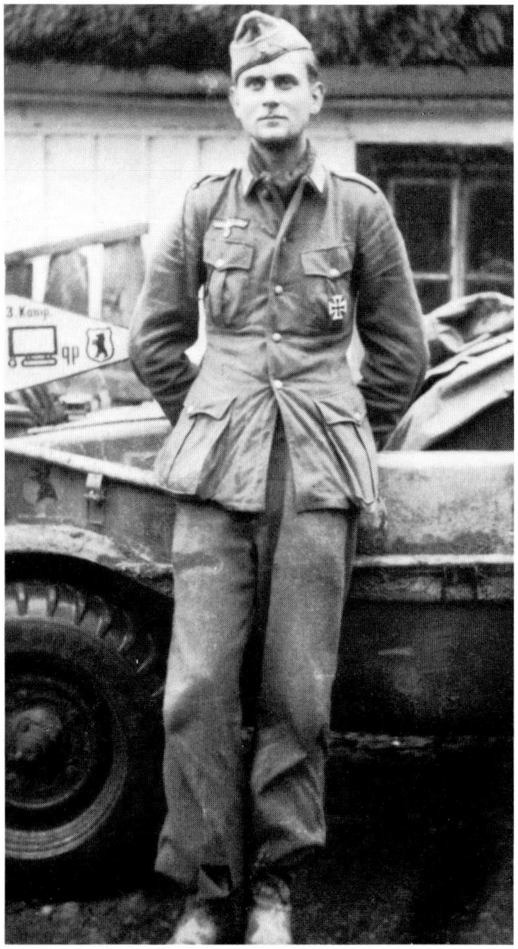

1940–1949

Die Jahre zwischen 1940 und 1945 boten mir reichlich Gelegenheit zu Kostümierungen aller Art, wie zum Beispiel 1940 als Komparse im Schillerfilm »Triumph eines Genies« (links). Meine Kollegen waren Horst Caspar, Heinrich George und Lil Dagover.

Den anschließenden Zustand ehrgeizloser Zufriedenheit störten Briefe meines besorgten Vaters und meiner längst studierenden Freunde.
Abitur sei kein Beruf, und Holzfäller mit Abitur gäbe es wie Sand am Meer. Schließlich folgte ich dem Rat meines Vaters und begann 1947 zu studieren.

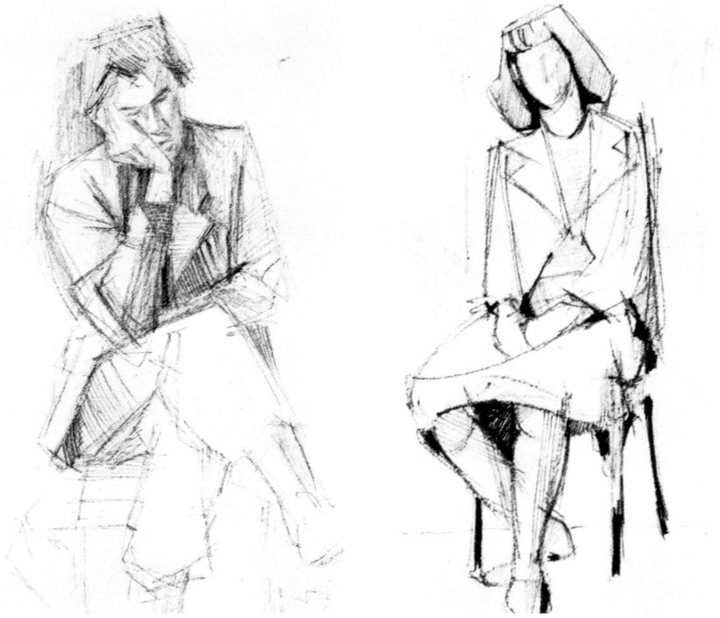

Wir saßen uns gegenseitig Modell und sahen zum ersten Mal Bilder von Beckmann, Klee, Nolde, Picasso.

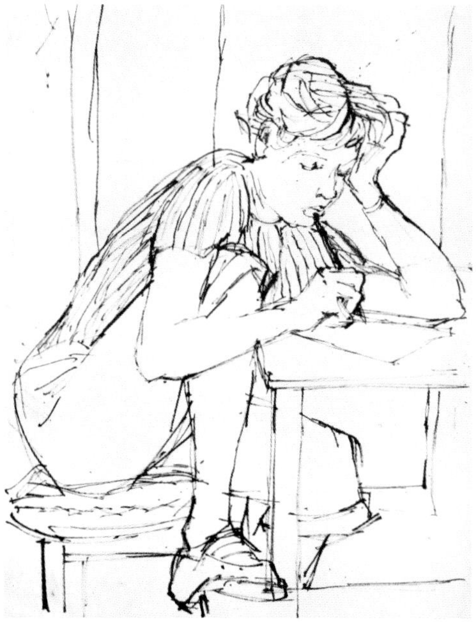

Anfang des Jahres 1948 lernte ich Romi, eine Schülerin der nahen Modeschule, kennen. Ich zeichnete sie, als sie mich besuchte.

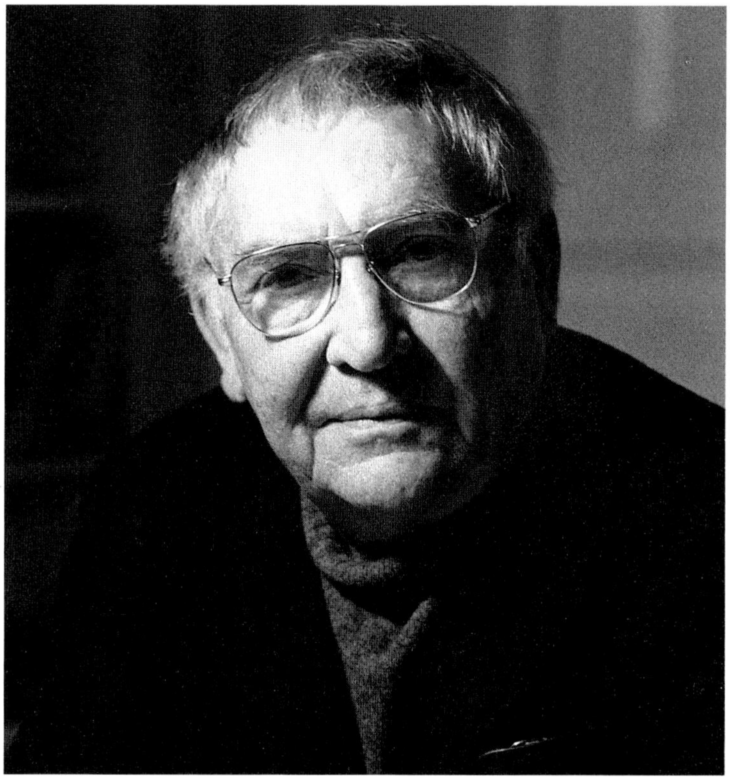

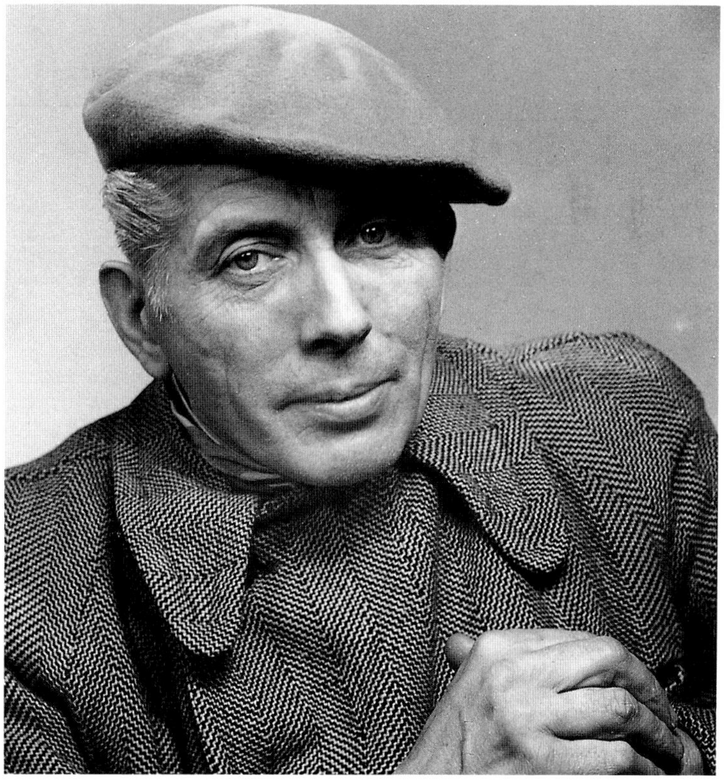

Willem Grimm und Alfred Mahlau
Ohne diese beiden Lehrer an der Landeskunstschule in Hamburg von 1947 bis 1949 wäre nichts aus mir geworden.

Ansprache anläßlich des Empfangs zum 80. Geburtstag von Professor Willem Grimm (6)

Hochverehrter, lieber Professor Willem Grimm,
meine sehr verehrten Damen und Herren.
Je älter wir werden, desto neugieriger betrachten wir unsere Vergangenheit, desto verwunderter vergleichen wir Zeiten und Räume. Vieles haben wir verdrängt in einer Art privater Schadstoffdeponie, manches ist abrufbar und dient einem meist amüsierten Blick auf die durcheilten Jahre, und nur ganz wenige Erinnerungen sind immer griffbereit, immer in Benutzung und verlieren nichts von ihrem Glanz. Von einer solchen soll hier die Rede sein. Sie heißt: Willem Grimm.

Im Herbst 1947 waren von meiner heroischen Vergangenheit 6 Paar Socken und einige feldgraue Kleidungsstücke übriggeblieben, die der Verewigung eines vormals großdeutschen Reiches gedient, dieses jedoch überlebt hatten. Sie befanden sich nun in einem Acht-Quadratmeter-Zimmer, das ich von einem Friseurehepaar gemietet hatte. Der den Wohnräumen angeschlossene Damen- und Herrensalon besaß infolge seiner geschäftsgünstigen Lage zwischen Zuchthaus, Nervenklinik und Friedhof einen verläßlichen Kundenkreis.

Ich war 23, und mein einziger, kostbarer Besitz, neben den Lebensmittelkarten, war die Zulassung zum Studium an der Landeskunstschule Hamburg. Die Grimm-Klasse wurde mein Zuhause, mit meinen Freunden und meinem Lehrer Willem Grimm. Das ist nun 37 Jahre her, und ich habe nie aufgehört, ihn zu bewundern.

Er brauchte keinen Auftritt, wenn er in die Klasse kam, er war einfach da. Er verschaffte sich keinen Respekt, er hatte ihn. Einmal in der Woche, ich glaube am Freitag, fand die sogenannte Korrektur statt.

An diesem Tage hatten wir uns vollzählig in der Klasse einzufinden und befestigten mit Reißnägeln die Ergebnisse unserer zeichnerischen und malerischen Bemühungen an Stellwänden, um sie kritischer Betrachtung auszusetzen.

Jüngere Kunstschüler haben ein besonders fein entwickeltes Gehör für Kritik. Das mag damit zusammenhängen, daß man dieses Studium ja nicht gewählt hätte, ohne sich, wenn schon nicht für genial, so doch für immens begabt zu halten. Willem Grimm hat die magische Fähigkeit, den Betroffenen fast gänzlich zu verschonen und dennoch eine schwache Stelle empfindlich aufzuspüren.

Ich hatte mich im Tierpark Hagenbeck dem Studium der Tierwelt gewidmet und unter anderem einen Papagei zu Papier gebracht. Eine nichtswürdige Federzeichnung mit leichter Hand in schwarzer Tusche. »Entzückend«, hätte meine Wirtin gesagt. Da hing das Blatt nun an der Wand. Willem Grimm verhielt den Schritt nur leicht, faßte den Papagei sekundenlang ins Auge und sagte im Weitergehen: »Ja, ja, mit dem Strich ist viel Geld zu verdienen...«

Da der Boden der Landeskunstschule sich nicht auftat, durchlitt ich den Augenblick in seiner ganzen Schande. Ich hatte meinen Lehrer verstanden und wohl mehr gelernt, als sonst in einem ganzen Semester.

Wir lebten im zerstörten Hamburg, in einer vom Wiederaufbau und materiellem Gewinn faszinierten Umgebung. Aber wir blieben davon seltsam unberührt. Die linearen und malerischen Probleme eines Stillebens waren fesselnder als der Schwarze Markt.

Eines Morgens brachte Willem Grimm seinen Plattenspieler in die Klasse. Wir hörten Mozart, Bach und, wie ich glaube, die späten Beethovenschen Streichquartette. Willem Grimm genügte es nicht, uns eine gewisse Fertigkeit im Malen und Zeichnen zu vermitteln, als gäbe es nichts anderes auf der Welt.

Es gelang ihm, eine ständige, neugierige Aufregung wachzuhalten, Musik und Literatur wie selbstverständlich in das Ringen gegen eine unproportionierte Aktzeichnung, gegen die Tücken eines in Verwesung übergehenden Stillebens mit Fisch einzubeziehen.

Nun liegt der Verdacht nahe, im Laufe der Jahre habe sich die Gestalt meines Lehrers ganz unzulässig zu einer Art männlicher Marienerscheinung verklärt. So ist es jedoch nicht.

Zum einen steht Willem Grimm gesund und munter unter uns, in seiner ganzen, für mystische Erscheinungen untypischen Diesseitigkeit, zum anderen war damals etwas, an das ich mich nur zähneknirschend erinnere, mich also von dem Verdacht der Schönfärberei befreit.

Um es kurz zu machen: Durch die genannten Eigenschaften des Professors wurde den weiblichen Schülern fast zur Gänze der Blick verstellt auf uns, ihre Mitschüler. Nur in zähem Einsatz konnten wir etwas von jener Zuwendung abzweigen, die ihm mühelos zufiel.

Nun sind 37 Jahre vergangen. Wir folgten dem Ruf der Kulturbehörde, der Freien und Hansestadt Hamburg, einer delikat gestalteten Einladung unter dem Geschäftszeichen K 43/32-080.5G, um einen Mann zu ehren, der uns, seinen Schülern, den Respekt vor der rechteckigen, weißen Fläche mitgegeben hat und damit das Augenmaß für die Proportionen unseres Lebens.

Ich verneige mich vor unserem Lehrer Willem Grimm in Dankbarkeit und Liebe.

1949–1953

Nach sechs Semestern verließ ich 1949 die Hamburger Landeskunstschule.
Obwohl meine Freundin Romi ein mehrere U-Bahn-Stationen entferntes Zimmer bewohnte, hatten wir die Haushaltskassen zusammengelegt. Die finanzielle Lage war dennoch verzweifelt.

Aus Briefen an meinen Vater 1949–1952

1.12.49
... daß ich so lange nicht schrieb, lag daran, daß ich diesen Monat mit Romi haargenau wirtschaften mußte und Porto nicht auf der Rechnung stand ... Trotz wirklich größter Anstrengungen ist es mir nicht gelungen, auch nur einen Auftrag zu kriegen, geschweige denn, einen Pfennig zu verdienen ... Romi steuerte alles bei, was sie hatte (DM 40,–), so daß wir bei genauer Kalkulation bis zum 30.11. kamen und noch DM 1,– übrig hatten ... Ich gehe morgen zu meinem Gläubiger, von dem ich noch DM 40,– kriege, und gehe nicht aus dem Zimmer, bis er wenigstens DM 15,– rausrückt...

18.4.51
Wir haben jetzt übrigens eine Unterkunft in Aussicht! ... Dicht am Dammtorbahnhof, ein großes Zimmer von 24 oder 34 qm (das Wohnungsamt entscheidet, ob wir eins kriegen und, wenn ja, welches) mit Parkett, Zentralheizung, Küchen- und Badbenutzung einschl. Gas, Strom und Reinemachen: DM 80,–.

10.10.51
... Es ist saukalt bei uns. Wahrscheinlich wird erst ab 1.12. geheizt. Und das in einem Nordzimmer!...

6.5.52
... Unsere ohnehin wahnsinnige Miete ist um 10% erhöht worden (jetzt ohne Gas und Strom DM 80,–)...

Wir heirateten 1951 in der Dorfkirche von Hamburg-Nienstedten. Der Smoking war geliehen. Das Hemd auch.

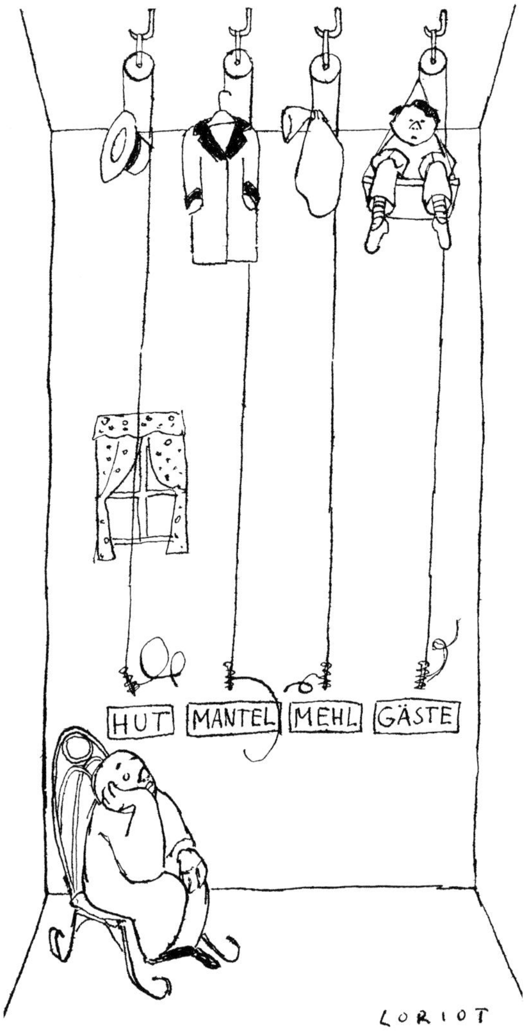
HUT
MANTEL
MEHL
GÄSTE
LORIOT

1949 fanden meine beengten Wohnverhältnisse in einer Zeichnung ihren graphischen Ausdruck. Da das Blatt etwas abseits meiner künstlerischen Ziele lag, signierte ich es mit LORIOT. Es war das erste Mal.

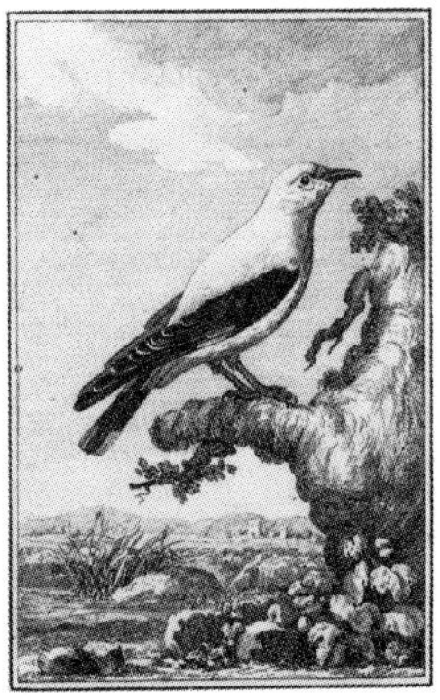

Der abgebildete Vogel (aus einem französischen zoologischen Werk des 18. Jahrhunderts) heißt hierzulande »Pirol« oder »Vogel Bülow«.

Eines Tages traf ich in einer Gesellschaft auf eine junge Dame – junge Damen haben in meinem Leben gelegentlich eine Rolle gespielt –, und die fragte mich, ob ich denn nicht mal, da ich doch Humor zu haben schien, für den »Stern« Karikaturen zeichnen wolle. Karikaturen zeichnen – das war weit unter meiner Würde, ich glaubte nicht, mich darauf einlassen zu können, ich strebte damals eben nach Höherem. Aber – es war kurz vor oder nach der Währungsreform, niemand hatte Geld – da mir für die Zeichnung 25 Mark geboten wurden, dachte ich, versuch ich's doch mal. In drei Wochen harter Arbeit habe ich drei Humorzeichnungen gemacht. Dem »Stern« schienen sie nicht recht geeignet, aber eine andere Zeitschrift, »Die Straße«, nahm sie. Ich bekam meine 75 Mark und kaufte mir davon einen blauen Schlips – warum, weiß ich nicht, ich war wohl in einer Art Kaufrausch. *(7)*

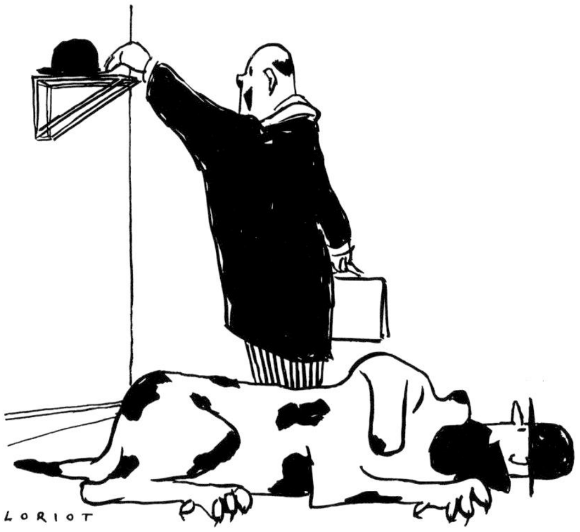
LORIOT

»Keine Angst – er beißt nicht!«

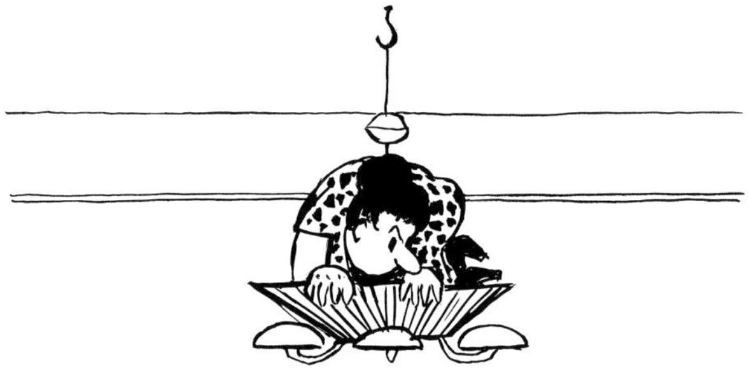

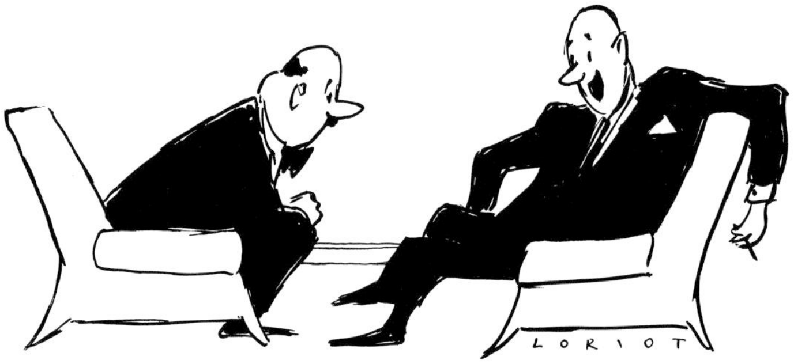
LORIOT

»... und das Beste – meine Frau hat keine blasse Ahnung!«

Seit 1950 entstehen Cartoons für den »Stern« und Werbegraphik.

HUUUUH
HUUUH
HUUH

Ganz langsam – ich hatte nebenher auch Werbung gemacht, Weinetiketten gezeichnet und alles mögliche – wurden die Karikaturen immer wesentlicher in meiner Arbeit.
Im Jahr 1953 trat mein Berufsleben in eine kritische Phase. Ich zeichnete für den »Stern« in wöchentlichen Fortsetzungen die Serie »Auf den Hund gekommen«. Sie löste erstaunlich lebhafte Reaktionen von seiten der Leser aus.

Konstanz , den 4.6.53.

Lassen Sie doch endlich die blöden und abstossenden Hundebilder aus Jhrer Zeitung .Diese heben das Niveau des Stern sicher nicht .

Ein Dauerabonnent.

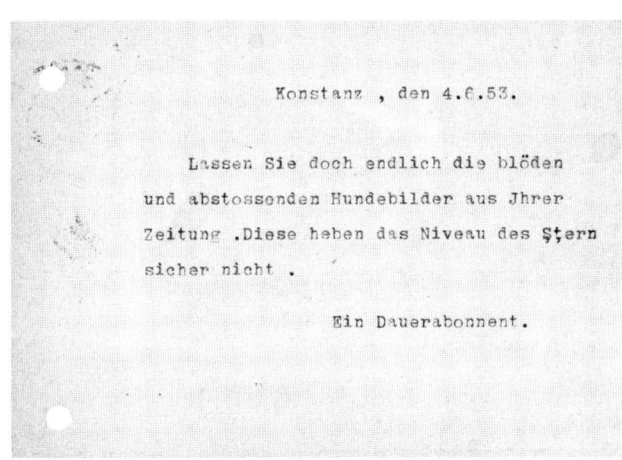

... Und Chefredakteur Henri Nannen sah sich nach sieben Folgen veranlaßt, die Serie einzustellen.

1954 erscheint Loriots erstes Buch im Diogenes Verlag: »Auf den Hund gekommen«, mit einem Vorwort von Wolfgang Hildesheimer.

Das vorliegende Werk füllt eine Lücke aus, die sich während der letzten Jahre in zunehmendem Maße bemerkbar gemacht hat. Immer häufiger sehen wir Hunde uns vor die Frage gestellt: sollen wir uns einen Menschen halten oder nicht? Mag nun dieses Dilemma bei vielen von uns lediglich auf einer finanziellen Kalkulation beruhen – ein Mensch erfordert liebevolle Wartung und reichhaltiges Futter –, so gilt es doch auch für solche Hunde, welche Erwägungen materieller Art nicht kennen, Vorteil und Nachteil einer derartigen Anschaffung sorgfältig gegeneinander abzuwägen. Mögen unsere zweibeinigen Hausgenossen oft die Quelle reiner Freude und Heiterkeit sein, so hat die Frage ihrer Haltung doch auch ihre ernste Seite, denn wir müssen uns darüber im klaren sein, daß wir als Freunde und Beschützer der Kreatur eine Verantwortung tragen: der Mensch hat – allen gegenteiligen Behauptungen zum Trotz – eine Seele, die nicht selten tiefer, ausgeprägter und daher empfindsamer ist, als uns und ihm lieb ist. Er erhebt Anspruch darauf, ernstgenommen zu werden.
Die in diesem Bande sehr überzeugend geschilderten Stadien des Zusammenlebens zwischen Hund und Mensch mögen dem Betrachter die Konsequenzen vor Augen führen, die sich aus dem täglichen Verkehr mit diesem Wesen ergeben, das man gern als des Hundes besten Freund betrachtet. Als besonders anerkennenswert sei vermerkt, daß der Künstler, obgleich er sich freimütig zu den Menschenfreunden bekennt, in seinen Darstellungen kühle Sachlichkeit hat walten lassen. Es geht eindeutig aus ihnen hervor, daß man dem Menschen nichts Gutes tut, indem man ihn verwöhnt, daß vielmehr äußerste Strenge in der Überwachung seiner Gewohnheiten am Platze ist. Läßt man es daran fehlen, so kann sich mitunter sein Einfluß auf unser – ohnehin schon gefährdetes – Familienleben als überaus schädlich bemerkbar machen, denn er wird sich bald Herr im Hause fühlen.
Indessen, wir wollen nicht bei den Schattenseiten des Menschen verweilen. Sie sind oft nur das Resultat überkompensierter Minderwertigkeitsgefühle, was wiederum oft auf falscher Behandlung beruht. Aus den folgenden Zeichnungen geht hervor, daß der Mensch, wenn auch vielleicht nicht im eigentlichen Sinne unseres Begriffes klug, so doch gelehrig und erziehbar ist. Allerdings: man muß ihm auch Vertrauen entgegenbringen. Dann ist er wachsam, treuherzig und oft gar possierlich. Der Vorwurf mangelnder Hygiene wird heutzutage stark übertrieben: der Mensch erzieht sich selbst zur Stubenreinheit, eine Eigenschaft, die er den meisten Säugetieren voraus

hat. Eines seiner hervorstechendsten und ergötzlichsten Charakteristika jedoch ist sein Humor, der sich vornehmlich dort offenbart, wo er selbst sich ernst nimmt, daher als unfreiwillig zu betrachten ist. Kurz: hat man sich einmal an seinen zweibeinigen Freund gewöhnt, so wird man ihn nicht mehr missen wollen. Das wird einem jeder Menschenbesitzer gern bestätigen. Es sei darauf hingewiesen, daß der Künstler den Standardmenschen gewählt hat, um uns seine Beispiele vorzuführen. Damit ist er der Frage, welche Menschenrasse zu bevorzugen sei, aus dem Wege gegangen, einer Frage, die ohnehin nicht allgemeingültig zu beantworten ist. Jeder Hund sucht sich die Gattung aus, die ihm zusagt, und vielleicht auch die, in welcher er seine eigene Seele widergespiegelt findet. Beobachtet man doch oft, daß ein alternder Hund seinem Menschen ähnlich zu sehen beginnt.
Der große Menschenkenner Pluto Setter-Dobermann hat einmal gesagt: »Man saget vom Mänschen, daß er jähzornig und unverträglich sey. Mag dieser Vorwurf auch wohlbegründet seyn, so wird man doch gemeynhin beobachten können, daß sich seyne Wuth vor allen Dingen gegen seyne eygene Rasse wändet.« Zweifelsohne hat es mit diesem Ausspruch seine Wahrheit. Dennoch müssen wir dem altrömischen Hund beipflichten, der da ruft: »Cave hominem sapientem!«
Denn man weiß eben doch niemals, wann er beißt. (8)

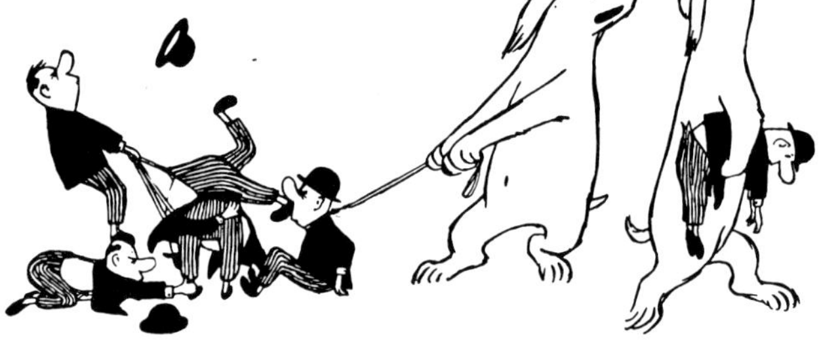

Reinhold das Nashorn (siehe auch Abbildungen Seite 52–53).

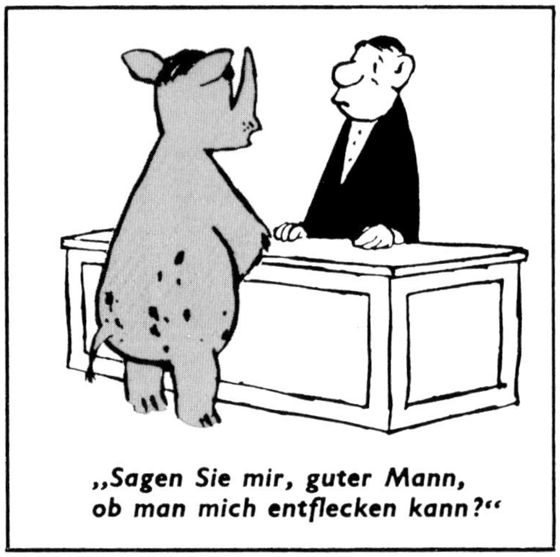
„Sagen Sie mir, guter Mann, ob man mich entflecken kann?“

Für die Kinderbeilage des »Stern«, das »Sternchen«, lieferte ich seit 1953 jede Woche eine weitere Folge. Zuvor hatte ich Chefredakteur Henri Nannen versichern müssen, diese Aufgabe mindestens ein Vierteljahr durchzuhalten. Es wurden 17 (siebzehn) Jahre daraus.

1954

Das Kind von 1935 hat sich verändert, die Haltung der Ohren nicht.

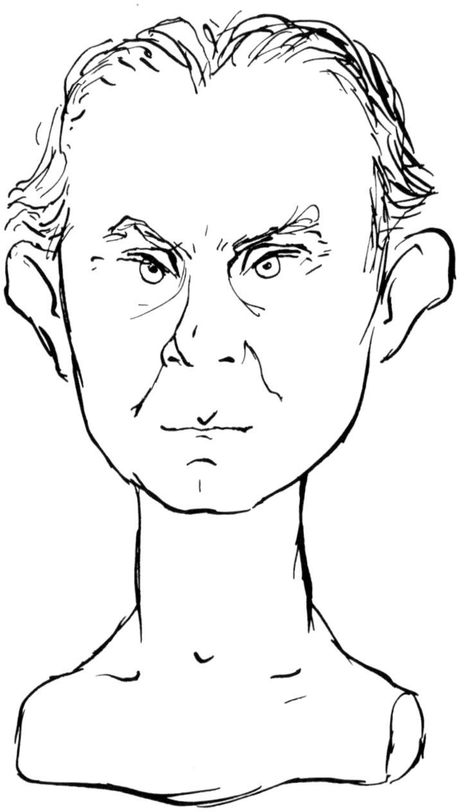

Am 25. Januar 1954 wurde Bettina geboren.

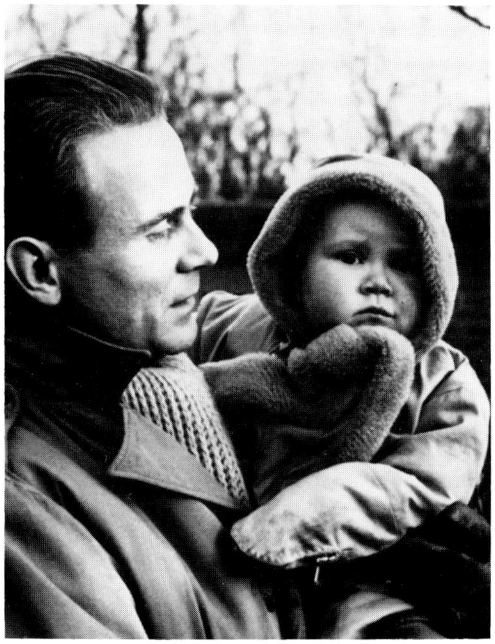

1955

Seit 1955 entstehen weitere Cartoons für Illustrierte (siehe Farbtafel Seite 51) und Werbegraphik.

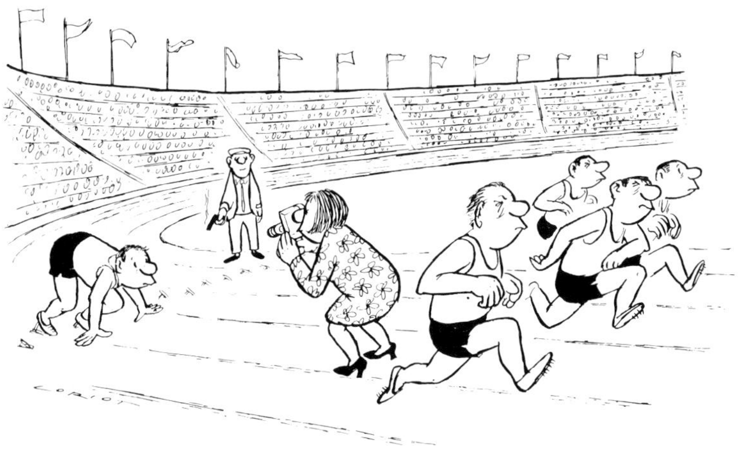

Beim Start zur Europameisterschaft der Herren im 100-Meter-Lauf glückte Fräulein Sieglinde N. mit ihrer AGFA Movex Sv eine Schmalfilmstudie von sporthistorischer Bedeutung.

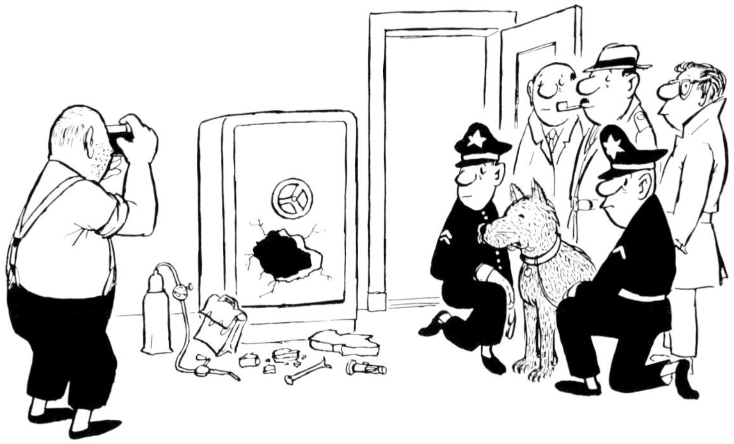

Tresorspezialist Paul W. (Hannover) bevorzugt immer wieder die ISOMAT-RAPID, wenn es mal schnell gehen muß.

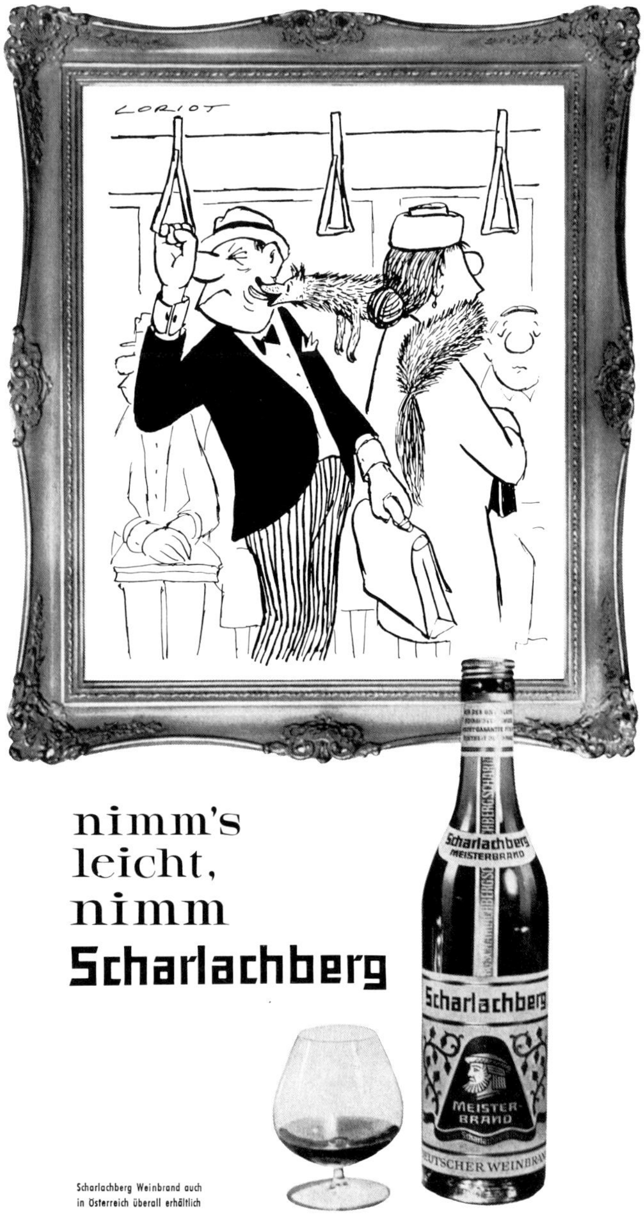
LORIOT
nimm's leicht, nimm Scharlachberg
Scharlachberg
MEISTERBRAND
Scharlachberg
MEISTER-BRAND
DEUTSCHER WEINBRAND
Scharlachberg Weinbrand auch in Österreich überall erhältlich

Fräulein Gertrud M. hat mit ihren Bemühungen um einen eventuellen Lebensgefährten bisher noch keinen eindeutigen Erfolg erzielt.

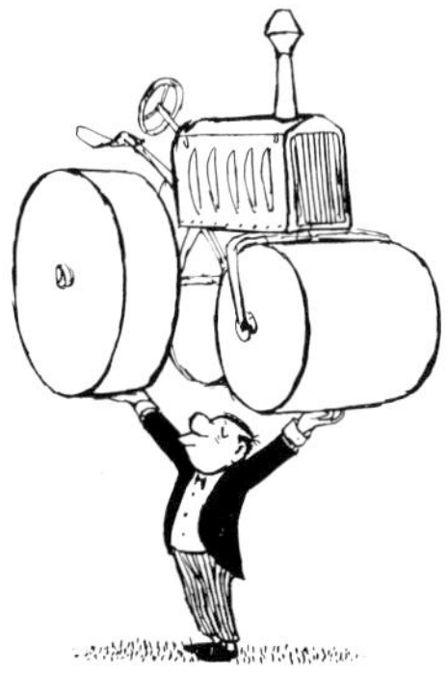

In einem, vermute ich nämlich, ist sich das Paar von Bülow-Loriot ganz und gar einig: beide sehen der zivilisatorischen Zähmung ihrer Menschenbrüder mit einer heiteren Mischung aus Mißtrauen, Schrecken und Schadenfreude zu. (...)

Natürlich gäbe es, was ich dem Verlag wohl nicht mitteilen werde, konkretere Anhaltspunkte, um über das Komische in L.s. Werk nachzudenken. Etwa den Gesichtsausdruck seiner gezeichneten Geschöpfe, der genauer als entschlossene Ausdruckslosigkeit zu bezeichnen wäre.

Das Kinn »flieht«, die Augen sind fast immer hinter schweinskleinen Lidern verborgen, also »niedergeschlagen«, die Oberlippenschnute bildet ein »Dach«, der Nase, bemerkenswert unspitz, dumpf und stumpf, fehlen Löcher und Nüstern, sie ist derart »unoffen«, »in sich gekehrt«, daß mit ihr kaum etwas zu riechen sein dürfte. Ein so ausgestattetes und bestücktes Gesicht verleiht seinem Träger etwas gemütvoll Introvertiertes, Selbstzufriedenes, Abgeschlossenes, Unneugieriges, schafsmäßig Geduldiges, ja Fatalistisches. Jede Leidenschaft scheint diesen Wesen fremd. Erregung kann sich auf ihren Gesichtern gar nicht abbilden. Sie geraten zwar in die turbulentesten Umstände, sie quälen oder werden gequält, lassen sich aber »komischerweise« nie eine innere Turbulenz anmerken. Sie sind wie ewig, diese Schafsschädel oder Neandertaler, unzerstörbar und irreparabel. (9)

Der Schöpfer dieses Männchens ist ein mokant-ironischer Glossist des unausrottbaren menschlichen Hangs, dem unruhigen Dasein Gesittung und Würde, kurzum: »korrektes Benehmen« entgegenzusetzen. Das eigentliche Ziel von Loriots subtilem Spott bleibt bei seinen Cartoons quasi außerhalb des Bildes. Der Zeichner parodiert nicht Einzelwesen, sondern ganze Lebensphilosophien, Verhaltensmaximen, Benimmreglements, die Gebote von Sitte und Anstand – nicht aber deren unschuldige Opfer. Was immer sein Männchen falsch oder richtig tut, es handelt herzergreifend deplaciert. (10)

1957/1958

Nach zehn Jahren Hamburg Umzug nach Gauting bei München im Winter 1957/58. Wir mieteten das Haus des Malers Leo Putz. Ein für unsere Verhältnisse aberwitziges Risiko.

Der junge Neufundländer Lukas war nicht ganz so groß wie das Haus. Er wachte über uns von 1957–1967.

Mein Vater, ein unversöhnlicher Gegner aufwendigen Lebensstils, mußte sich erst an den Umschwung gewöhnen. Meine Mutter hatte weniger Bedenken.

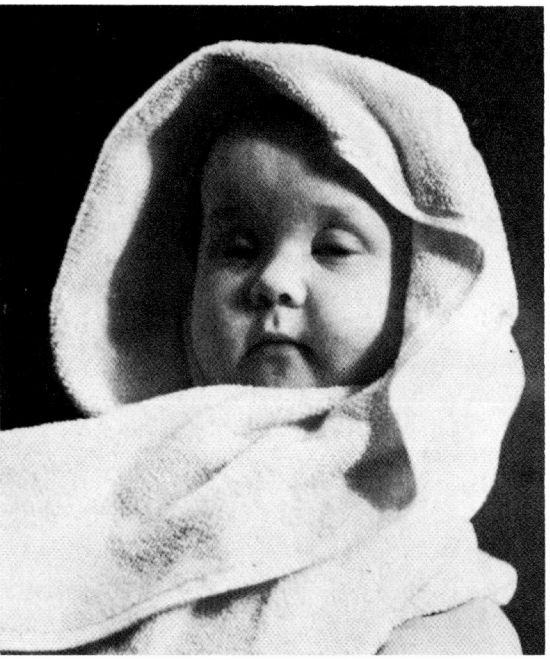

Am 1. März 1958 erblickte unsere Tochter Susanne das Licht einer noch kaum verschmutzten Umwelt.

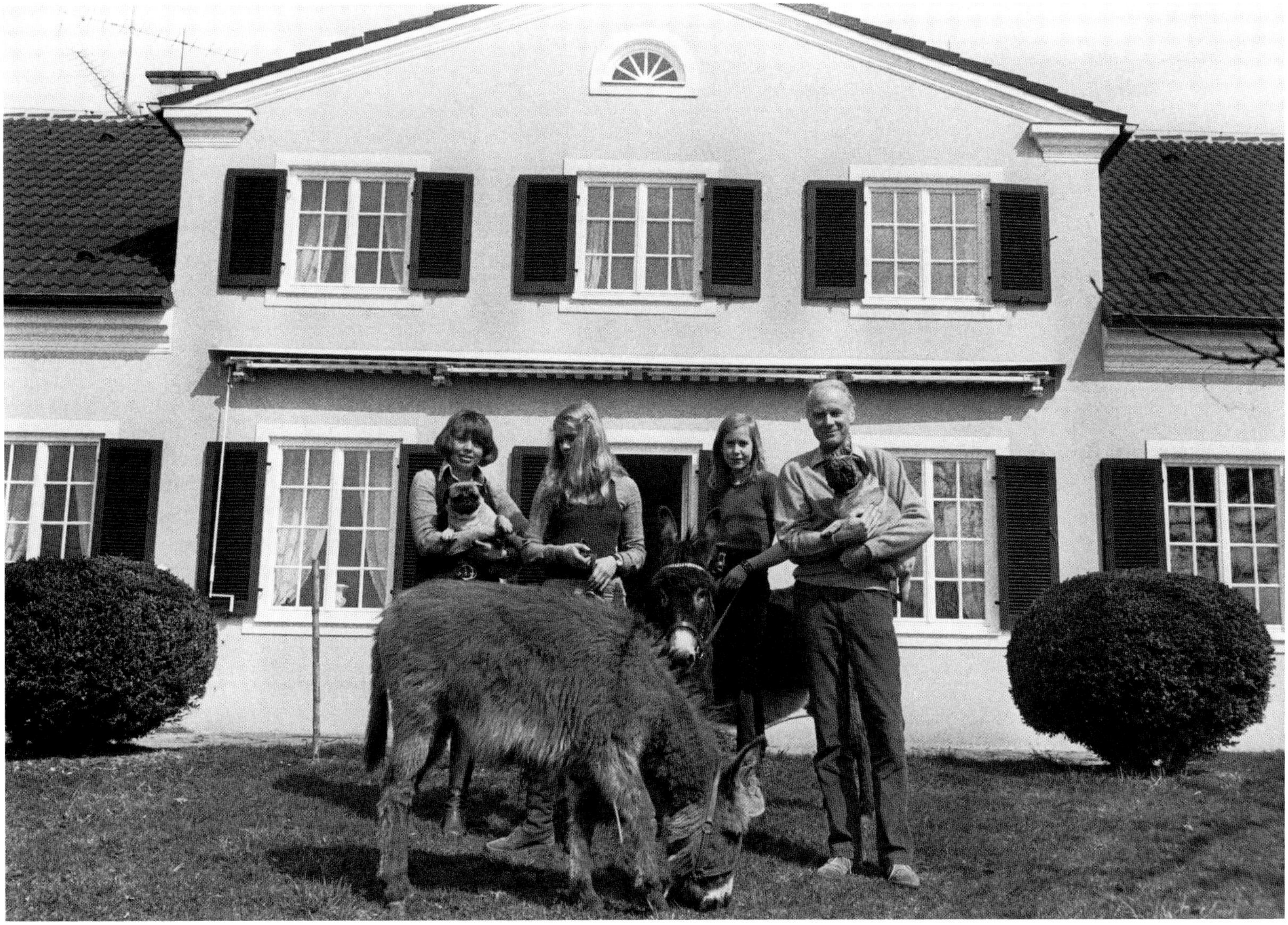

Das nächste, an Hochstapelei grenzende Wagnis lag im Kauf eines Grundstückes in Ammerland, nicht weit vom Starnberger See. Ein Jahr habe ich an einem Haus gezeichnet, der Ammerländer Architekt Sepp Böck hat es gebaut, und im Herbst 1963 zogen wir ein.
Möge mir das Streben nach irdischem Besitz, diese bedenkliche Schwäche eines sozialkritischen Zeichners, dereinst verziehen werden.

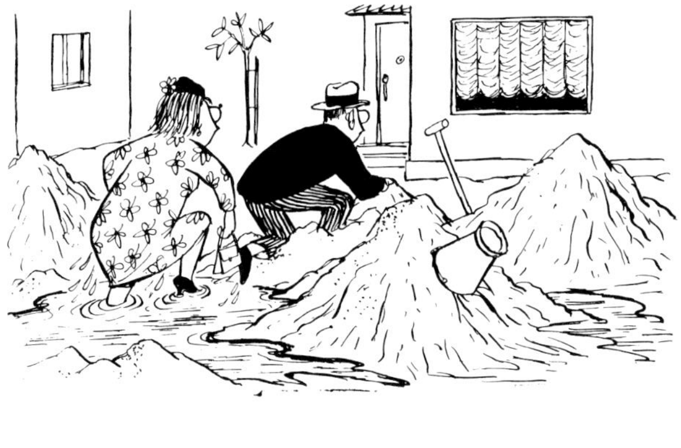

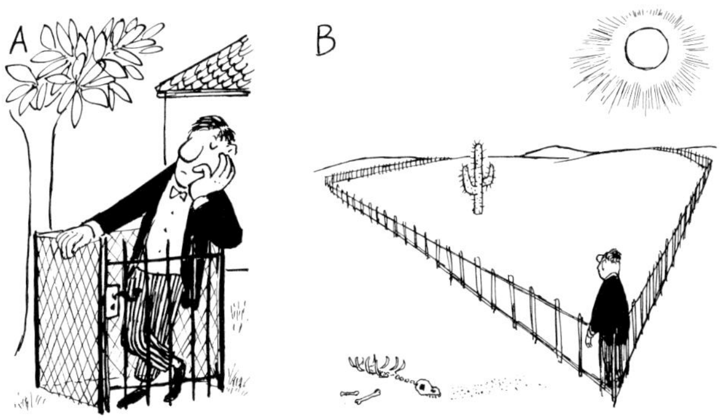
A
B

Grundstückskauf ist keine Frage des Einkommens. Auch für Sie ist der Betrag von DM 80,– für einen Quadratmeter in vornehmer Villengegend erschwinglich (A).
Sollten Sie jedoch mehr Auslauf benötigen, bietet sich Ihnen zum selben Preis etwas außerhalb das erwünschte großzügige Objekt (B).

Irgendwann in meiner Jugend, es muß 1959 gewesen sein, traf ich Bernhard Wicki im Flugzeug und fragte ihn, ob es möglich sei, einmal die Dreharbeiten eines Films zu beobachten. Er sagte, ich solle einfach bei ihm eine Kleinstrolle übernehmen, dann könne mich keiner rausschmeißen. Ich geriet dann als Stabsfeldwebel Queißer ins Scheinwerferlicht und sagte mehrfach das Wort »Bienenkorb«. Infolgedessen wurde der Film ein Welterfolg. Er hieß »Die Brücke«.

Mein Erfolg in der »Brücke« rüttelte andere Produzenten wach. Unter der Regie von Frank Wisbar gab ich den Matrosen D. in »Haie und kleine Fische« (ganz rechts im Bild). Neben mir Horst Frank, Hansjörg Felmy, Siegfried Lowitz, Thomas Braut und Ernst Reinhold. Meine Aufgabe bestand in einem gellenden Gelächter.

Zum Film »Haie und kleine Fische« (11)

Seit dreiunddreißig Jahren werde ich von dem Bedürfnis gequält, eine Rolle zu spielen. Die meisten jungen Damen, die von einer gütigen Natur mit gewissen weiblichen Merkmalen versehen wurden, erhalten im Deutschen Film Gelegenheit, diese zu zeigen. Bei den Herren ist das anders. Es gibt zu viele. Ich bin nicht eitel, aber ich habe Anspruch auf ein bescheidenes Glück. Gewiß kennen auch Sie das Gefühl der Leere, wenn man sich nie auf der Leinwand sieht, auf Plakaten oder Titelseiten.

Meine Stunde schlug vor einigen Wochen. Der Roman »Haie und kleine Fische«, der in einer Illustrierten noch bis vor kurzem einer erstaunten, nach Millionen zählenden Leserschaft die Augen in Richtung auf die ehemalige Deutsche Kriegsmarine schonungslos geöffnet hatte, sah seiner Verfilmung entgegen. Da ich seit Jahren für diese Illustrierte zeichnerisch tätig bin, ohne deren Auflage merklich zu beeinträchtigen, lag es nahe, mir die Titelrolle anzubieten. Ich lehnte aus Zeitgründen ab, ließ jedoch durchblicken, daß mir eine kleine, wenn möglich erschütternde Rolle angenehm sei.

Ich unterzog mich der strapaziösen Fahrt von München in die Bendesdorfer Ateliers bei Hamburg. In den folgenden zehn Stunden harter Dreharbeit benötigte man meinen rechten Unterschenkel vom Fuß bis etwa zur Mitte der Wade. Er hängt über die Kante eines hochgelegenen Bettes im Mannschaftslogis des Minensuchbootes »Albatros«, das Breitwandbild nach oben abschließend. Ein kühner Einfall des Regieassistenten. Bei der Besetzung dieser Rolle fiel die Wahl nach reiflicher Überlegung auf mich, nachdem man sich vergewissert hatte, daß ich mich der Aufgabe gewachsen fühlte. Bevor ich mein Bein dem Objektiv der Kamera aussetzen durfte, schminkte man mich sorgfältig im Gesicht. Dazu trug ich das schlichte Kleid der Kriegsmarine. Meine Bitte um eine höhere Kriegsauszeichnung überging man in verletzender Form.

Vom Bett aus hatte ich Gelegenheit, das Geschehen zu überblicken. Nach präziser Ausleuchtung, eingehenden Proben und kurzer Mittagspause, zu der ich mein Bett vorübergehend verließ, drehten wir diese Szene gegen Abend schnell herunter. Dann durfte ich aufstehen, fuhr nach Hause und ging wieder ins Bett.

Meine folgende Nacht verlief schlaflos. Ich habe prinzipiell nichts gegen Betten. Im Gegenteil. Doch sollte dort ein fast ununterbrochener Aufenthalt von 48 Stunden nur krankheitshalber angestrebt werden. Ich beabsichtigte daher, meine weitere Dreharbeit von der Zusicherung abhängig zu machen, mich als Angehöriger der ehemaligen Kriegsmarine dem Deutschen Volk auch in aufrechter Haltung zeigen zu dürfen. Bevor ich jedoch Gelegenheit hatte, dieses Anliegen der Produktionsleitung vorzutragen, erhielt ich einen Drehbuchauszug, in dem der Text des Matrosen »D« rot angestrichen war. Ich hatte mir demnach folgende Sätze einzuprägen, die ich, unterbrochen von den Worten anderer Hauptdarsteller, im richtigen Moment aufsagen mußte: »Wo haben sie Dich denn losgelassen, Kleiner?« – »Na, denn komm man rein, Du loser Vogel.« – »Das war Leutnant Pauli, der erste Wachoffizier von der Albatros.« – »Meistens.« – »Wie der Leutnant geworden ist, möchte ich wissen.« Auch war mir ein gellendes Gelächter übertragen worden. Das Gefühl, das sich meiner bemächtigte, läßt sich nicht in Worte kleiden. Ich war fast wunschlos.

Bis zur Mittagspause hatte ich zu 28 gellenden Gelächtern 41 Zigaretten geraucht und begann an Schultern und Nase unter nervösen Bewegungen zu leiden, zu denen ich neige, wenn ich überarbeitet bin.

Am Nachmittag begannen die Aufnahmen.

Wir rauchen – die Kamera läuft – der Kadett fällt die Treppe herunter – wir lachen gellend – die Kamera läuft – großartig, denke ich – die Kamera läuft – der Kadett sagt »Is das der Mannschaftsraum« – das ist mein Stichwort, nun sollte ich irgendwas sagen – die Kamera läuft – was war es doch gleich – die Kamera läuft – ich lächele mit einem Anflug von Wahnsinn – jemand ruft »Aus« –

Ich rechnete mit drei Tagen geschärftem Arrest, aber nichts dergleichen geschah. Als die Aufnahmen zwei Stunden später beendet waren, versicherte man mir, ich sei eine Entdeckung. Wen wundert das schon. Greta Garbo hat auch erst Hüte verkauft.

1960 holte mich wieder Bernhard Wicki für »Das Wunder des Malachias«. Aufreibende Dreharbeiten an der Seite von Senta Berger, Karin Hübner, Horst Bollmann, Richard Münch und Günter Pfitzmann führten mich bis nach Gelsenkirchen. Die große Welt der Filmschaffenden hatte sich mir endgültig erschlossen.

Der Durchbruch zur internationalen Filmkarriere gelang mir auch 1961 nicht. In der Rolle eines deutschen Offiziers im seinerzeit aufwendigsten Kriegsfilm der Filmgeschichte: »Der längste Tag«. Vier Regisseure, unter ihnen Bernhard Wicki, gestalteten die Landung der Alliierten in der Normandie am 6. Juni 1944.
Wir drehten in Pariser Filmstudios mit französischen Komparsen in englischer Sprache. Ich ging auf den deutschen General (Wolfgang Preiß) zu mit der in militärischem Tempo gebellten Meldung: »Wehaven'tbeenabletogetitthroughsir«. Erstaunlicherweise nahm meine Zunge keinen Schaden. Nur als wir kurz darauf die deutsche Fassung mit den Worten: »WirsindbishernichtdurchgekommenHerrGeneral« drehten, gehorchte sie mir erst beim fünften Anlauf. Es war eine schöne Aufgabe. In kleineren Rollen wirkten mit: John Wayne, Henry Fonda, Robert Mitchum, Jean-Louis Barrault, Françoise Rosay, Daniel Gelin, Mel Ferrer, Rod Steiger und ähnliche.

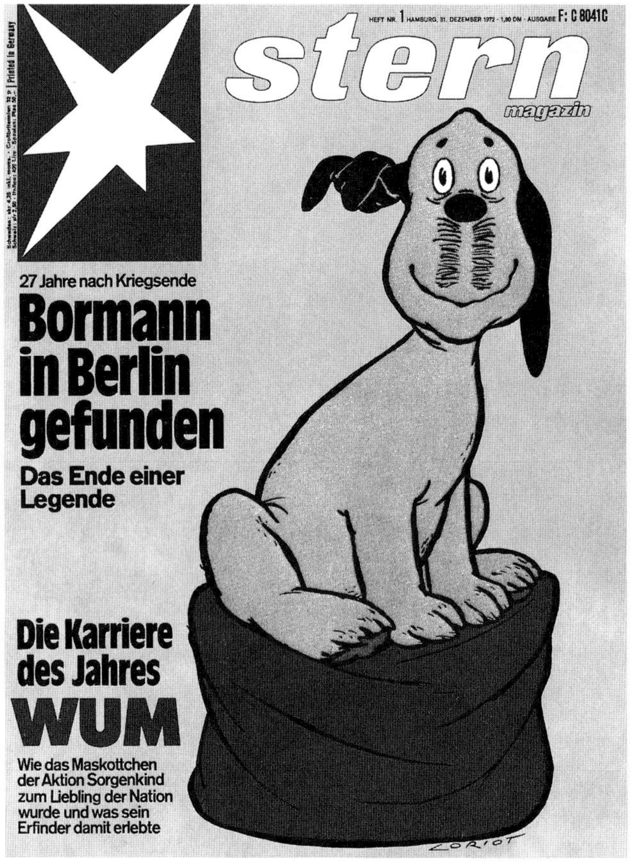
stern
magazin
27 Jahre nach Kriegsende
Bormann in Berlin gefunden
Das Ende einer Legende
Die Karriere des Jahres
WUM
Wie das Maskottchen der Aktion Sorgenkind zum Liebling der Nation wurde und was sein Erfinder damit erlebte
LORIOT

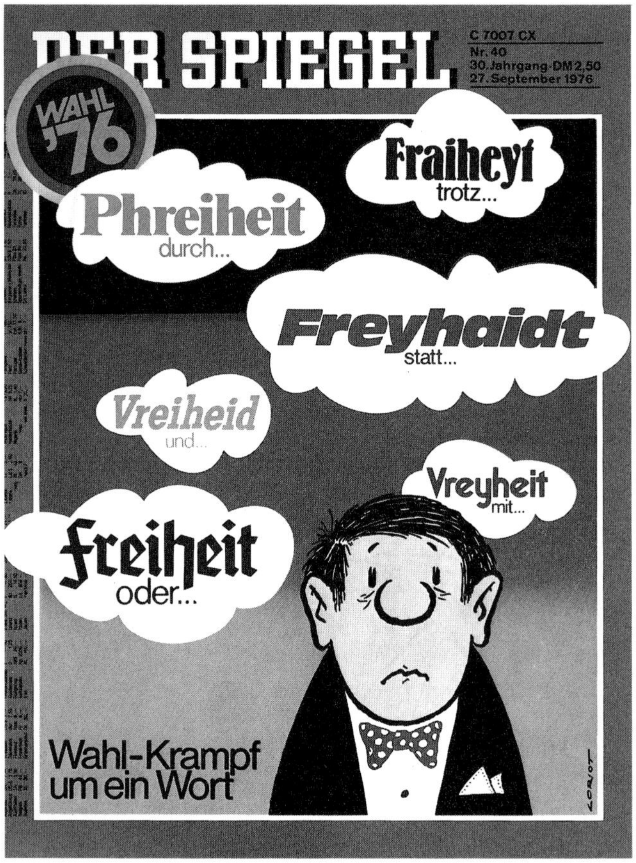
DER SPIEGEL
C 7007 CX
Nr. 40
30. Jahrgang · DM 2,50
27. September 1976
WAHL '76
Fraiheyt
trotz...
Phreiheit
durch...
Freyhaidt
statt...
Vreiheid
und...
Vreyheit
mit...
Freiheit
oder...
Wahl-Krampf um ein Wort
LORIOT

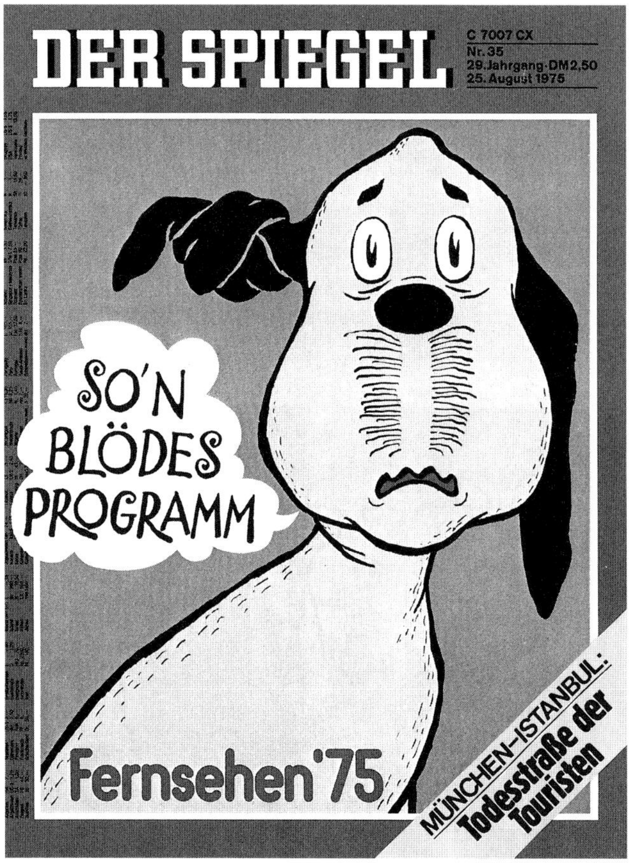
DER SPIEGEL
C 7007 CX
Nr. 35
29. Jahrgang · DM 2,50
25. August 1975
SO'N BLÖDES PROGRAMM
Fernsehen '75
MÜNCHEN-ISTANBUL:
Todesstraße der Touristen

Im Jahre 1971 setzte sich der Hund Wum in mein Leben und auf die Titelseiten seinerzeit bekannter Magazine. Er hat die politischen Themen überlebt.

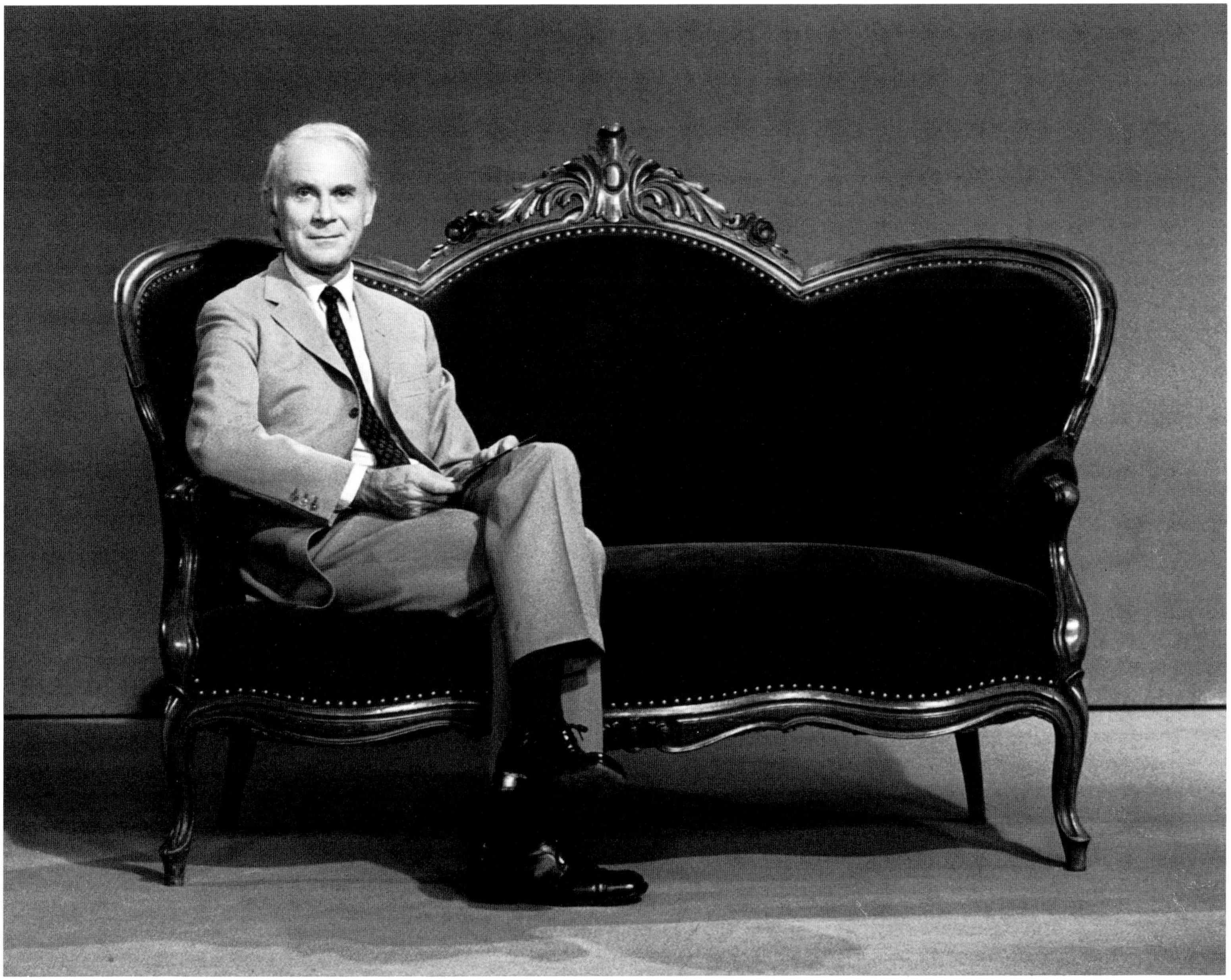

1966–1972

Im Sommer 1966 besuchten mich in Ammerland Dieter Ertel und Peter Kleinknecht vom Süddeutschen Rundfunk Stuttgart. In der Tasche hatten sie eine Idee von Heinz Huber, dem Chef der Dokumentarabteilung. Zunächst saßen wir im Garten und dachten nach. Dann saß ich vor der Kamera im Stuttgarter Studio auf einem samtrot bezogenen Sofa aus den Gründerjahren. Das Ergebnis wurde am 5. Februar 1967 um 21 Uhr 45 im Ersten Programm gesendet. Titel: »Cartoon«. Das anglophile Wort gab zu Mißverständnissen Anlaß. So schrieb ein Herr, daß er sehr bedaure, die Sendung nicht gesehen zu haben, da er selbst Kartonagen fabriziere. Wir beruhigten ihn mit dem Hinweis, rein beruflich habe er nichts versäumt.
Von nun an entstand etwa alle drei Monate eine Sendung oder, wie es im Untertitel hieß, ein Streifzug durch den gezeichneten Humor, wobei ich knapp vier Jahre auf dem roten Sofa verlebte. Ein zunächst enttäuschender Umstand bewahrte uns vor der Routine: Der Vorrat an internationalen Zeichentrickfilmen erwies sich als nicht unerschöpflich. Das bedeutete: mehr eigene Filme, mehr eigene Ideen, weniger im Starnberger See schwimmen. Sehr bedauerlich.
Nach der 13. Sendung verließ mich der verläßliche Peter Kleinknecht. Mein nächster Mitarbeiter wurde Tim Moores. Seine britische Unbekümmertheit bildete eine wohltuende Ergänzung zu meinem preußischen Perfektionsfimmel. Wir beschlossen, nach und nach auf die informativen Beiträge zu verzichten.
Dieter Ertel, der inzwischen die Dokumentarabteilung leitete, ebnete alle produktionstechnischen Schwierigkeiten, und Tim Moores drängte mich, sowohl meine angeborene Schüchternheit zu überwinden als auch mittels Perücken, angeklebter Bärte und Nasen die Hauptrollen in meinen Sketchen selbst zu übernehmen. Dann konzentrierten wir uns auf das nächstliegende, nicht ganz wehrlose Opfer, die eigene Branche.

Die Kino-Erfolge »Spiel mir das Lied vom Tod« und »Love Story« reizten zur Parodie. Ich verband beide Filme zu einem scheußlichen Durcheinander. Tim Moores (links) und ich griffen auf der Schwäbischen Alb lustvoll zum Colt.

»Die Mondlandung«

Fernsehstudio im Süddeutschen Rundfunk, Stuttgart, 1971. Wotan I, die erste Landefähre der Bundesrepublik, ist auf der Mondoberfläche gelandet. Unten Henry und Gilbert in den Rollen der Raumpiloten Meyer und Pöhlmann.
Worte des Sprechers während der Live-Übertragung aus dem Weltraum: »Das sind wohl die bisher eindrucksvollsten Farbfernsehbilder von der Mondoberfläche. Im Hintergrund rechts die Erde, unser blauer Planet, links die Landefähre. – Unter 68 Astronauten, die in die engere Wahl kamen, hatten sich Meyer und Pöhlmann als die härtesten erwiesen. Allerdings höre ich eben, daß Pöhlmanns Puls auf 160 gestiegen ist, Meyers liegt noch bei 92.
Dieses Bild wird sich uns für immer einprägen – ein Bild, das jetzt im Augenblick von über 300 Millionen Menschen rund um den Erdball empfangen wird. Meyer und Pöhlmann, Deutschland ist stolz auf euch.«

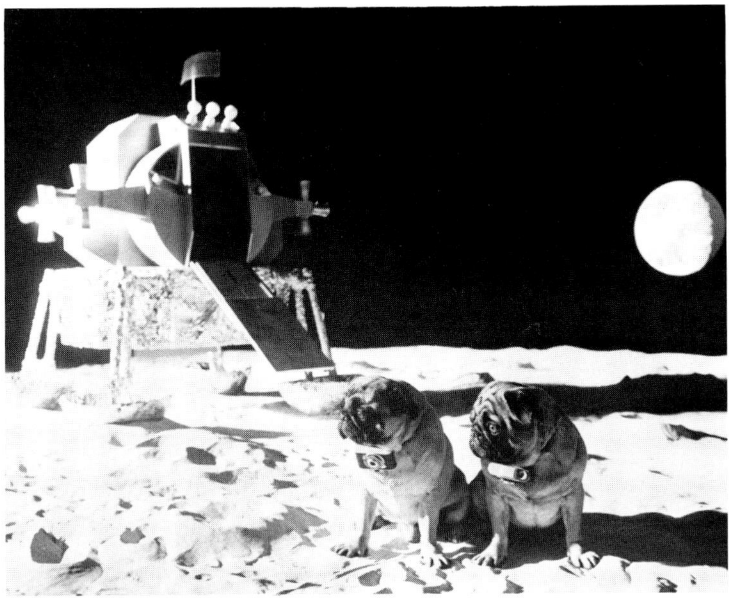

Loriots Stoff sind die Alltagserfahrungen des deutschen Normalverbrauchers, Szenen, die sich im Restaurant, vor dem Fernseher und immer wieder auf seinem Lieblingsmöbel – dem Sofa – abspielen. Er moralisiert nicht, er vermittelt nicht den Eindruck, es besser zu wissen als die Gegenstücke seiner Sketche und Karikaturen. Er ist, als Komiker, Täter und Opfer zugleich. Anders als die meisten Kabarettisten interessiert er sich nicht für bestimmte Politiker, allenfalls für den Politiker als Spezies. Das Volk, nicht seine selbstgewählten Lenker, sei für die Verhältnisse verantwortlich, in denen wir leben, im Volk habe das, was ihn in diesem Land stört, seine Wurzel. Mit solchen Aussagen ist der nette Mensch Loriot radikaler als mancher grimmige Strauß-Imitator. (12)

Ich ließ mir die Aufzeichnung einiger Tagesschau-Meldungen ins Studio spielen, um Sprechweise und Gestik von Heinz Köpcke zu übernehmen. In der nächsten Sendung entstand die Figur des verwirrten Chefreporters Viktor Schmoller. Dann beobachtete ich Eduard Zimmermann, Robert Lembke, Horst Stern, Werner Höfer, Ludwig II., Gerhard Löwenthal und Peter Merseburger.

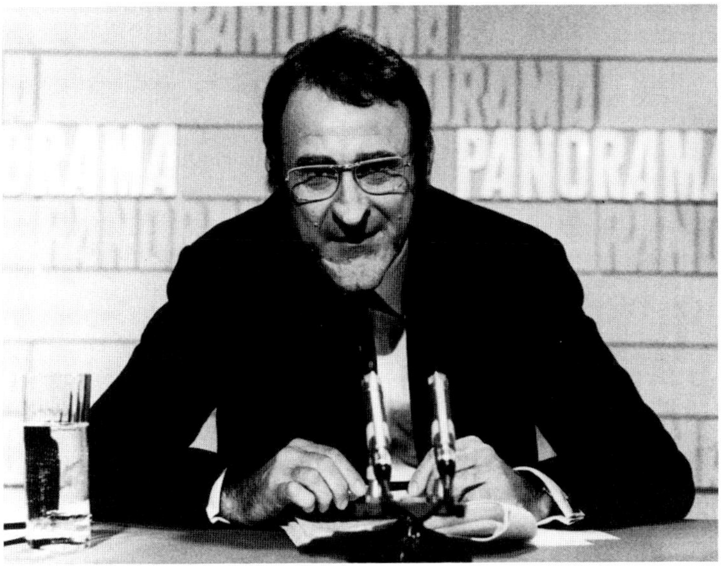
PANORAMA

Ende 1972 geschah es, daß unsere »Panorama«-Parodie mit Peter Merseburger von vielen verstörten Zuschauern für das Original gehalten wurde.
Da beschlich mich das Gefühl, einen Punkt erreicht zu haben, an dem es mir zweifelhaft erschien, ob ich diese Sendung noch verbessern könnte. Ich beschloß, mit der 21. Folge am 25. 12. 1972 meine Sendereihe einzustellen, ehe ich das rote Sofa durchgesessen hätte.

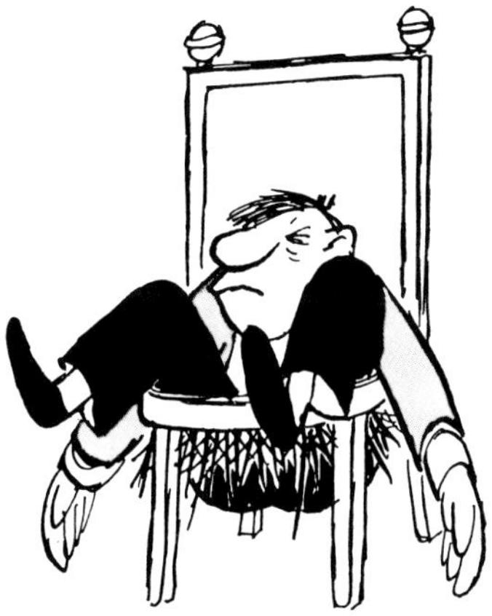

Ich bin kein politischer Karikaturist oder Satiriker. Ich bin Humorist. Mich interessieren die menschlichen Verhaltensweisen. Die sind wirklich an kein politisches Lager gebunden.
Es würde mich sehr stören, wenn man glaubte, ich sähe das Komische nur in einer bestimmten politischen Richtung. Denn dann ginge es mir ja nicht um typisch menschliches Verhalten, sondern um die Usancen einer Partei. Und das möglicherweise auch nur in einem bestimmten Zeitabschnitt. Das interessiert mich überhaupt nicht.
Ich habe – zeichnerisch und auch vom Text her – Strauß, Wehner, Schmidt, Brandt karikiert. Aber: Da sah ich bei jedem die typischen Verhaltensweisen dieses Berufs. Mich berührt es sehr unangenehm, wenn ich merke, daß politische Satire sich ausschließlich gegen eine bestimmte andere Meinung richtet. *(4)*

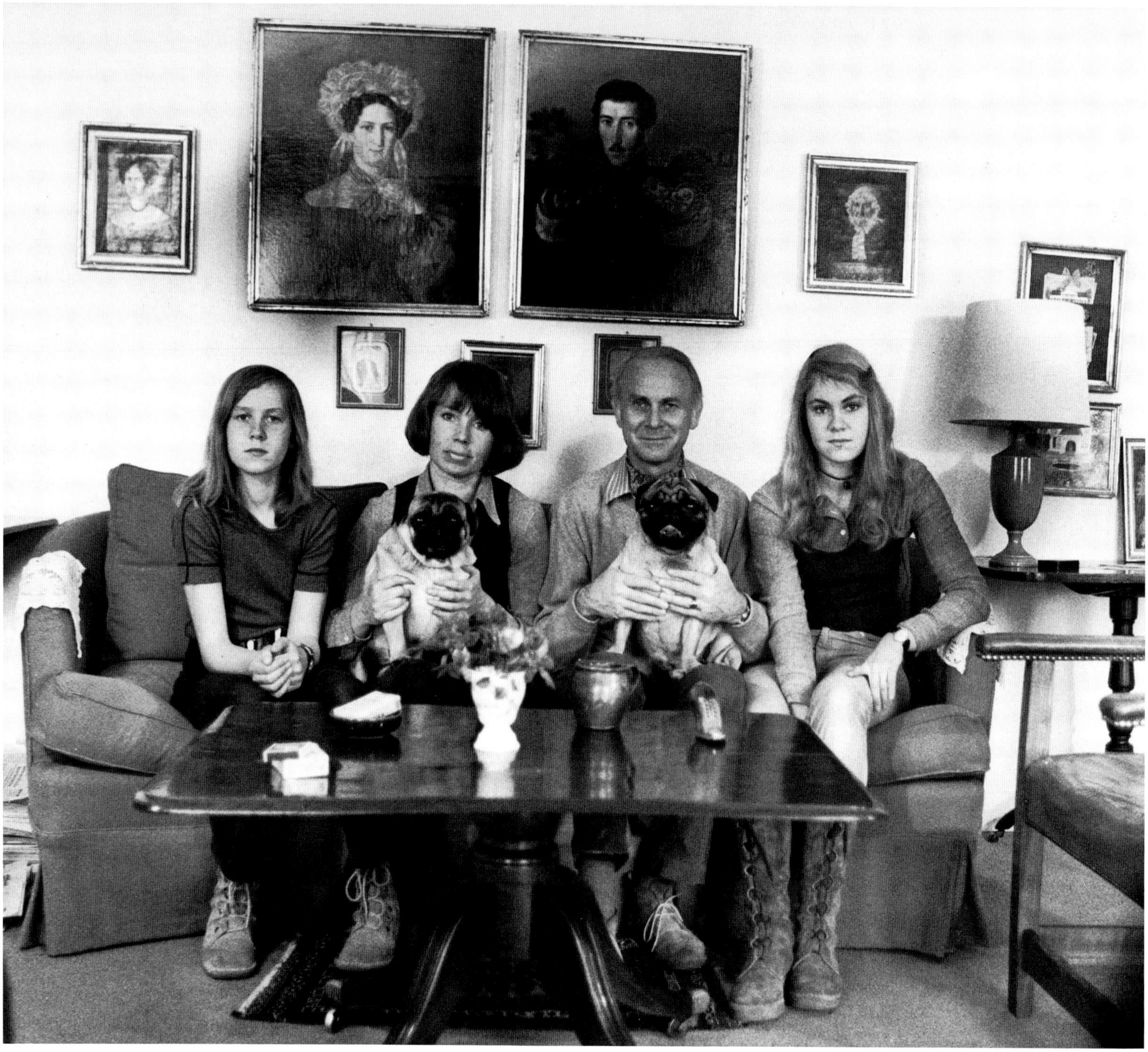

Das Familienphoto entstand 1970. Henry und Gilbert sitzen unten in der Mitte, meine Ururgroßeltern oben. Henry (1966–1981) war der erste Mops, der uns besaß. Seine Vorfahren hatten ihm eine gewisse unverbindlich-britische Freundlichkeit mitgegeben. Auch konnte er bis ins hohe Alter auf Wunsch eine seitliche Rolle ausführen. Ein Jahr später kam Gilbert (1967–1980) ins Haus.

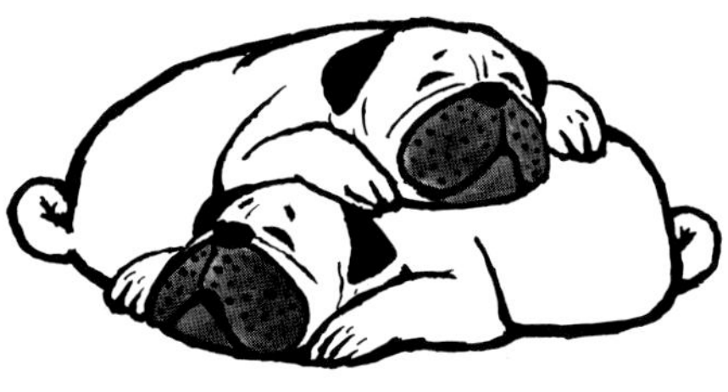

1973–1975

Seit 1973 Entwurf von Brettspielen, Puzzles, Postern, Spielkarten (siehe auch Seite 92/93), plastischen Figuren. Aufnahme von Schallplatten.

1974 Autor, Hauptdarsteller und Regisseur der Fernseh-Sendung »Telecabinet«.

1975 Text zur Komposition »Karneval der Tiere« von Camille Saint-Saëns (siehe Seite 94–97) und »Peter und der Wolf« von Serge Prokofieff.

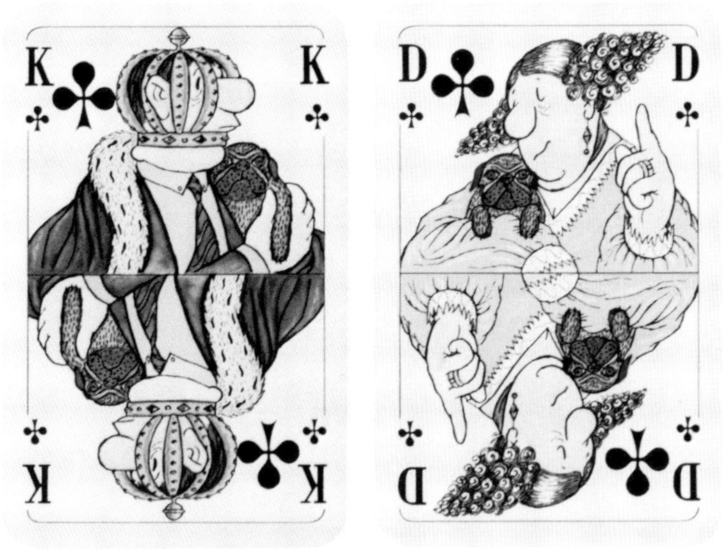
K
D

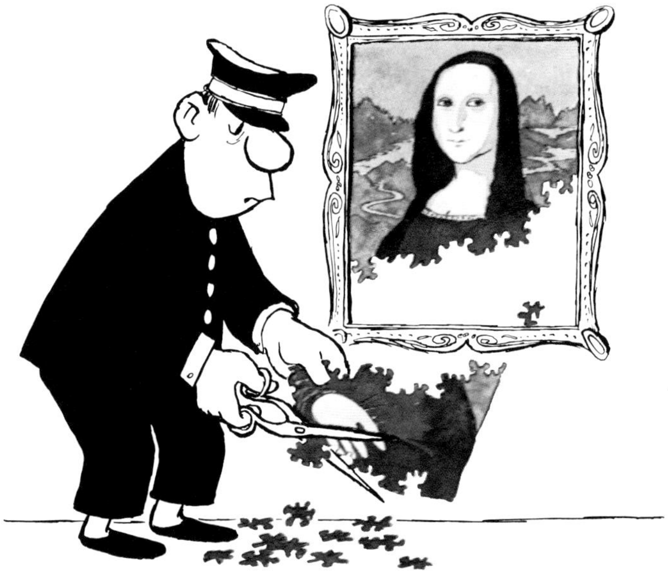

Luxus-Puzzles, aus wertvollen Original-Ölgemälden handgefertigt, sind schon ab 195000 Mark bei allen staatlichen Kunstsammlungen erhältlich. Gegen Aufpreis in echter Kunstledertasche.

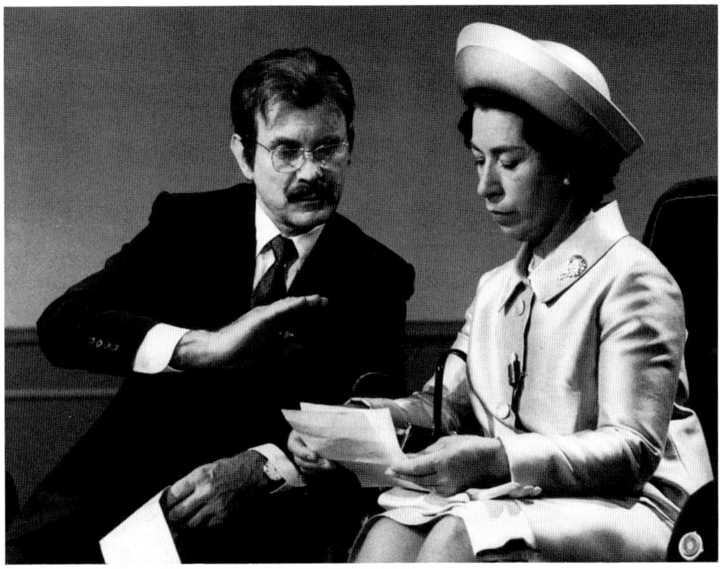

»Telecabinet«. Die Queen. Ihre Majestät in einer Talkshow des Süddeutschen Rundfunks. Mrs. Jeanette Charles in der Rolle der Queen.

Das Beethoventrio.

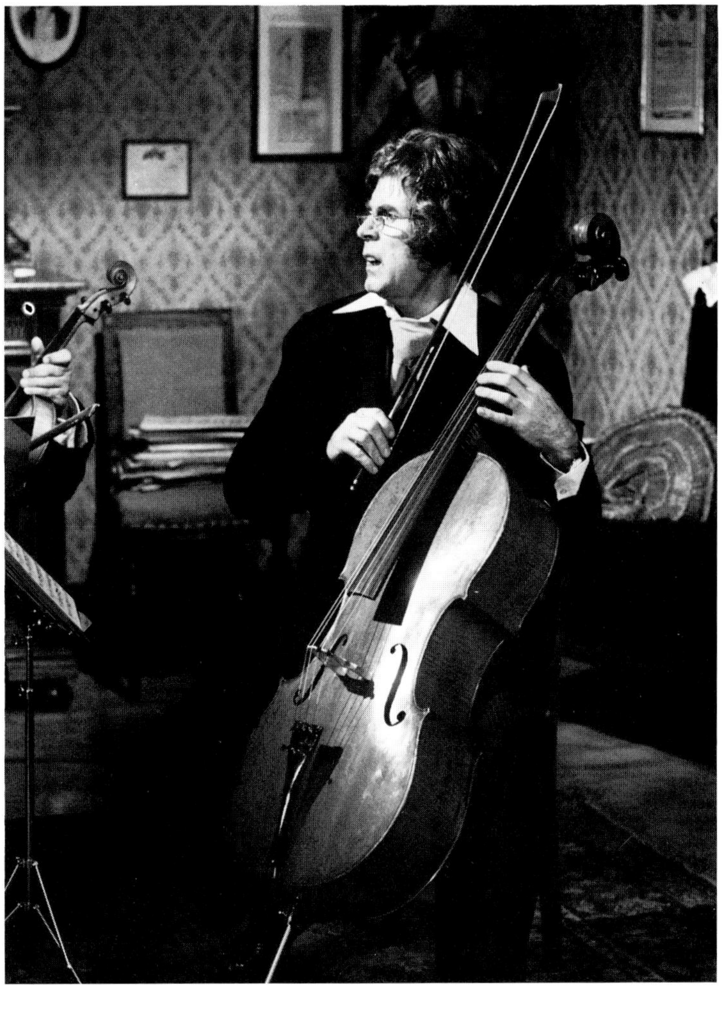

1976–1980

Seit 1976 Autor, Hauptdarsteller und Regisseur der Fernseh-Serie »Loriot I–VI«.

Nach einigen Jahren freiwilliger Fernsehabstinenz überredete mich Dieter Ertel, der inzwischen Programmdirektor bei Radio Bremen geworden war, meine Fernseharbeit wieder aufzunehmen. Ab Frühjahr 1976 saß ich nun auf einem grünen Sofa in Bremen wieder vor der Kamera. Zur Seite hatte ich meinen Glücksfall: Evelyn Hamann.

Als ich bei Radio Bremen begann, meine Sendung zu machen – »Loriot I bis VI« –, suchte ich eine Schauspielerin, die mir für meine Zwecke als Dialogpartnerin geeignet erschien. Ich hatte im Kopf, es müßte eine kleine bis mittelgroße, etwas korpulente, möglichst blonde typische deutsche Hausfrau sein. Da traf ich Evelyn Hamann. Die war nun zwar nicht klein, sondern groß, nicht korpulent, sondern schlank, nicht blond, sondern brünett, aber sie hatte etwas ... Kurz: Sie war es! Seitdem hat sie viele verschiedene Rollen bei mir gespielt – entscheidend dafür war: Sie ließ sich nicht auf einen Typ festlegen, und sie war bereit, hart und präzise zu arbeiten, sie hat eine erstaunliche Auffassungsgabe, und sie ist stets mit Lust an der Arbeit. Evelyn Hamann ist inzwischen erfolgreich ihren eigenen Weg gegangen, aber bei meinem Film wird sie wieder dabei sein, und darüber freue ich mich. *(7)*

Ich spüre keinen Druck, unbedingt komisch sein zu müssen. Ein Arzt, der in Gesellschaft ist, braucht ja auch nicht zu befürchten, noch bei Tisch einen Blinddarm rausnehmen zu müssen. *(4)*

Über die Satire im Fernsehen (13)

Meine sehr verehrten Damen und Herren,
das deutsche Wesen ist zwiespältig und daher besonders wertvoll. Wo sonst in der Welt wird beispielsweise so gründlich über Fernseh-Unterhaltung nachgedacht, wo sonst ist aber auch das Verhältnis zu dieser so gebrochen, wie im Sprachraum Goethes und der Gebrüder Grimm. Wir sind eben mit unserem Kulturgut seriös verheiratet und haben Schwierigkeiten mit der Freundin. Glücklicherweise besitzen unsere öffentlich-rechtlichen Fernsehanstalten für solche Fälle ein probates Mittel:
Man beraumt eine sogenannte »Sitzung« an. In dieser wird ein einfacher Sachverhalt, beispielsweise das Thema Unterhaltung und Satire, zum komplizierten Problem verarbeitet und schließlich als interessante Arabeske ungelöst im Raum stehen gelassen.
Um sich nun nicht dem Vorwurf auszusetzen, es sei publikumsfern manipuliert worden, gibt man hin und wieder Fachleuten Gelegenheit, dieses oder ein anderes brisantes Thema öffentlich auf dem Bildschirm zu diskutieren. Die verquälte Ernsthaftigkeit eines solchen Vorgangs reizt zur Parodie ...
Was ist Satire?
Da kein Begriff diskutabel ist, auf dessen Bedeutung man sich nicht geeinigt hat, hier eine (gekürzte) Definition aus dem Brockhaus des Jahres 1895. Bitte entschuldigen Sie diese etwas abgegriffene Starthilfe für Redner, die nicht genau wissen, wie sie anfangen sollen. Also: Die Aufgabe der Satire ist es, den Widerspruch der Wirklichkeit mit dem Ideal, also die Nichtigkeit sowohl der gesellschaftlichen Zustände als auch der Irrungen und Verkehrtheiten des Staatslebens und der politischen Parteien in ihrer ganzen Blöße darzustellen und so auf deren Besserung und Veredelung einzuwirken. Ende des Zitats.
Wir Satiriker sollen bessern und veredeln, also eine Art Gartenarbeit leisten. Man braucht nur einen Blick auf die Gartenpflege zu werfen, und der ganze destruktive Charakter dieses Veredelungsauftrags wird deutlich. Da wird ausgerupft, abgeschnitten, abgesägt, weggeworfen, verbrannt und sogar getötet. Der Gärtner bedient sich hierzu waffenähnlicher Werkzeuge.
Auch die Satire ist eine Waffe. Zweischneidig durch Witz und Ironie. Weder Witz noch Ironie haben positive oder konstruktive Aspekte. Also ist zwangsläufig auch die Satire, wie jede Waffe, destruktiv und zersetzend. Gott sei Dank. Sie baut ab, wo das Fundament nicht stimmt, sie zersetzt, was falsch zusammengewachsen ist.
Es hat sich so eingeschlichen, Eigenschaften wie »destruktiv« und »zersetzend« als krank zu empfinden, wie Pest und Pocken etwa, ohne danach zu fragen, *was* destruiert, was zersetzt wird. Ein aus der Angst geborenes bürgerliches Mißverständnis.
Es mag darin begründet sein, daß die Satire gelegentlich etwas Entscheidendes vermissen läßt: den Humor. Dabei brauchte sich der engagierte Satiriker dessen nicht zu schämen. Auch Humor ist immer zersetzend. Das ist an simplen Beispielen nachweisbar.
Ein Straßenpassant fragt den anderen: Ach, entschuldigen Sie, wenn ich hier immer gradeaus gehe, liegt dann da das Oberlandesgericht? Und er bekommt die Antwort: Auch wenn Sie da *nicht* geradeaus gehen, liegt da das Oberlandesgericht. Ein höflicher Frager erhält eine Antwort, die seine falsch formulierte Frage in ihre Bestandteile zerlegt und ihn selbst zum Narren stempelt. Ein zersetzender Vorgang, doch wohl nicht frei von Humor. Wehe dem Satiriker, der glaubt, auf ihn verzichten zu müssen. Er begibt sich eines entscheidenden Wirkungsfaktors.

Allerdings gehört die Satire zu einem der überflüssigsten literarischen Produkte, wenn sie nicht veröffentlicht wird. Das Fernsehen hat Unterschlupf geboten, teils froh, teils mit Bedenken oder ohne Sympathie. Es gibt da Probleme.

Zum ersten Mal in der Geschichte der Menschheit ist es möglich, einem nach Millionen zählenden Publikum, mehrmals täglich, vor und nach den Mahlzeiten, sogar während derselben, eine Droge zu verabreichen, ohne daß es eine wirkliche Chance hätte, sich dagegen zu wehren. Ein Buch kann man in die Ecke werfen, das Theater in der Pause verlassen, die Zeitung abbestellen. Aber der Hinweis auf den Abschaltknopf des Fernsehgerätes ist zynische Theorie. Der moderne, verbildete Mensch ist nach festen Rhythmen auf das eingeschaltete Gerät programmiert und genußbereit.

Mir fallen da meine Möpse ein, denen ich die Kohletabletten mittels einer Wurstscheibe in die vertrauensvoll geöffneten Mäuler schiebe und diese dann zuhalte, bis die Tabletten unten bleiben, zu ihrem Besten, versteht sich. Der Versuchung, per Bildschirm ähnlich zu verfahren, ist schwer zu widerstehen.

Es gibt zwei ungleiche Schwestern, die, wie alle Geschwister, eng verwandt und daher geborene Gegner sind: Politik und Satire. Ihr gemeinsamer Geliebter ist das Fernsehen, pikanterweise ein Neutrum, was das Geschlecht betrifft. Werfen wir also einen Blick auf diese widernatürliche Beziehung zu dritt, um vergleichend zu klären: Wer darf was?

Das Neutrum Fernsehen sollte unverführbar sein. Seltsamerweise ist es das nicht. Und so erliegt es gelegentlich dem Charme der Politik. Hier bedarf es sorgfältiger Unterscheidung, wenn wir Standort und Möglichkeiten der Satire in ihrem Umfeld klären wollen.

Der Berufspolitiker vertreibt auf ehrliche Managerart sich und seine Partei als Markenartikel. Er kann geistreich, humorig, ernst oder schwachsinnig sein, niemand wird ihm das Recht nehmen wollen, seine Überzeugung via Bildschirm zu verbreiten. Er mag sogar die Unwahrheit sagen, wenn er sie brillant formuliert. Das lockert angenehm die Sitten und trägt zu Unterhaltung bei. Er darf alles.

Aber dann gibt es die anderen, die treuherzigen Bildschirmpolitiker, die das Brandmal ihrer Partei keusch hinter dem Schein der Überparteilichkeit und Objektivität verborgen halten, sich jedoch lieber die Zunge abbeißen würden, als ihren Parteifreunden die Suppe zu versalzen. Leider hat sich noch keiner die Zunge abgebissen, und die Suppe ist trotzdem versalzen.

Warum hat eigentlich noch niemand öffentlich darauf hingewiesen, daß ein Fernseh-Schaffender, der seine Arbeit auf dem Bildschirm in den Dienst einer bestimmten politischen Richtung stellt, fortgesetzte Schleichwerbung betreibt, was doch wohl zu den Todsünden der Mattscheibe gehört?

Leider wird dem Satiriker im Fernsehen eine ähnlich großzügige Auslegung seines Freiraumes nicht immer zuteil. Woran liegt das? Zunächst am Zuschauer, erst in zweiter Linie am Fernsehen.

Hier sei eine Verallgemeinerung erlaubt. Das deutsche Bürgertum neigt zu großer Aufgeschlossenheit, wenn Weltanschauung ernsthaft vorgetragen wird. Auch der gefährlichste Unsinn, gleichgültig aus welcher Richtung – mit Würde vorgetragen –, wird disziplinierte Zuhörer finden, auch wenn diese anderer Meinung sein sollten.

Der Satiriker dagegen wird leicht als ungezogenes Kind empfunden, das den Erwachsenen mit seinem Geschrei auf die Nerven geht. Es bekommt daher ein pflegeleichtes Ställchen, wo es sich ganz frei bewegen kann.

Und was ist, wenn ihm auch das Ställchen weggenommen wird? Das kann nicht sein, nicht bei uns, meinen Sie ... Doch, doch, die einzige, hervorragende satirische Sendung des deutschen Fernsehens, Dieter Hildebrandts »Nachrichten aus der Provinz«, hat man unter fadenscheinigen Vorwänden aus dem Programm geworfen.

Dahinter steckt nicht nur ein bedenklicher Mangel an Zivilcourage auf seiten des Fernsehens, sondern auch ein erschreckendes Maß an offenem Druck oder kleinbürgerlicher Intrige auf seiten der politischen Parteien. Wie auch immer, beide beeilen sich, eine Grube auszuheben, in der man das gute System unseres öffentlich-rechtlichen Fernsehens in Kürze unrühmlich verscharren wird.

Es ist sicher unrichtig, zu behaupten, die Deutschen hätten weniger Humor als andere. Richtig ist wahrscheinlich, daß wir ein leichter zu verletzendes Selbstbewußtsein haben. Das macht uns empfindlich, wenn wir uns nicht ernstgenommen fühlen. Die Engländer sind da weniger heikel. Sie haben ja auch weniger Prügel bezogen.

Daher wird bei uns die Wahrheit im Gewande der Satire oft schwerer ertragen als eine seriöse Lüge. Dieser Hang zu einer unausgewogenen Ernsthaftigkeit treibt sowohl in der Familie als auch in der Fernsehpraxis bizarre Blüten. So entscheidet, wie man weiß, nicht etwa ausschließlich die fachliche Eignung, sondern auch die politische Überzeugung bei der Besetzung eines leitenden Fernsehpostens.

Schon das erschiene skandalös und als gefundenes Fressen für die Satire, wenn nicht die Wurzel dieses Vorgangs sehr viel böser wäre: Eben jener tödliche Ernst, frei von Fairneß und Gelassenheit, eine allgemeine, nahezu totale Humorlosigkeit, mit der bei uns politisch gedacht und leider auch gehandelt wird.
Die Satire ohne Humor wird nicht akzeptiert, da sie verletzend und würdelos sei. Warum ist Politik ohne Humor akzeptabel? Diese politische Verbissenheit mag dem Berufspolitiker zähneknirschend verziehen werden; den Gestalter von Fernsehprogrammen sollte sie disqualifizieren.
Zum Berufsethos eines Fernsehmachers der gehobenen Gehaltsklasse sollte der Ehrgeiz gehören, aus seiner politischen Überzeugung ein Rätsel zu machen. Nur zwischen sämtlichen Stühlen ist sein Platz. Wie schnell würden wir dann unser Proporzsystem mit seiner zwanghaften Ausgewogenheit als ebenso lächerlich wie unwürdig empfinden. Mit Proporz sollte doch wohl nichts anderes als Vernunft und das Verständnis für eine andere Überzeugung gemeint sein. Der Proporz hat also in uns selbst stattzufinden.
Die Satire vergangener Epochen hatte leicht erkennbare Ziele. Die Macht saß oben in Staat und Gesellschaft. Ein attraktiver Gegner, der nicht zu verfehlen war. Man traf mit geschlossenen Augen und war sich der Sympathie einer Mehrheit sicher. Das ist vorbei. Die politische Macht sitzt nur scheinbar oben, und die gesellschaftliche Macht ist durch ihre Schichten nach unten gerutscht.
Da die Satire stets auf die Macht zielt, hat sich die Schußrichtung geändert. Der Pfeil weist auf den, der für die Zustände verantwortlich ist, in denen wir leben. Das ist weniger der Politiker, es ist vielmehr sein Wähler, der Konsument, der Zuschauer, der Autobesitzer, aber auch der Fernsehmacher, der Gewerkschaftler, der Werbefachmann, der Vertreter, kurz, der Mann und die Frau auf der Straße oder draußen im Lande, wie es immer heißt. Sie haben die Macht und tragen im Grunde die Verantwortung. Damit werden sie zum Ziel der Satire.
Gewiß bleiben Regierung und Opposition in der Schußlinie. Aber eben nur als Abhängige jener Millionen Sympathisanten, in deren Auftrag sie zu funktionieren haben. Von gewissen spektakulären politischen Fehlleistungen abgesehen, sind sie für den Satiriker eigentlich nur insoweit interessant, als sie dieselben menschlichen Schwächen zeigen wie jeder andere Mensch in unserer Gesellschaft.
Es sollte zur Aufgabe der Satire gehören, auf die entartete, parteigebundene Politisierung unseres Lebens hinzuweisen. Gemeint ist nicht die engagierte politische Überzeugung, sondern der Umgang mit ihr, der eben jene Charaktereigenschaften vermissen läßt, die allein das Leben in einer Gesellschaft erträglich machen.
Eine der Folgen ist die Unfähigkeit, sich mitzuteilen, aber auch das Aneinandervorbeireden, das Nichtzuhörenkönnen, die gebrochene Kommunikation. Dies ist der Punkt, an dem fast alle meine Versuche, satirisch zu arbeiten, ansetzen.
Wir Satiriker wissen um unseren schwachen Wirkungsgrad. Es spricht daher für eine gewisse Weltfremdheit, wenn wir beispielsweise bemüht sind, durch unsere Art von Pädagogik der etablierten Politik wieder zu jener Glaubwürdigkeit zu verhelfen, die sie im Begriff ist zu verlieren. Als bescheidene Gegengabe sollte sie uns uneingeschränkte Freiheit garantieren. Sonst ist ihr nicht zu helfen.

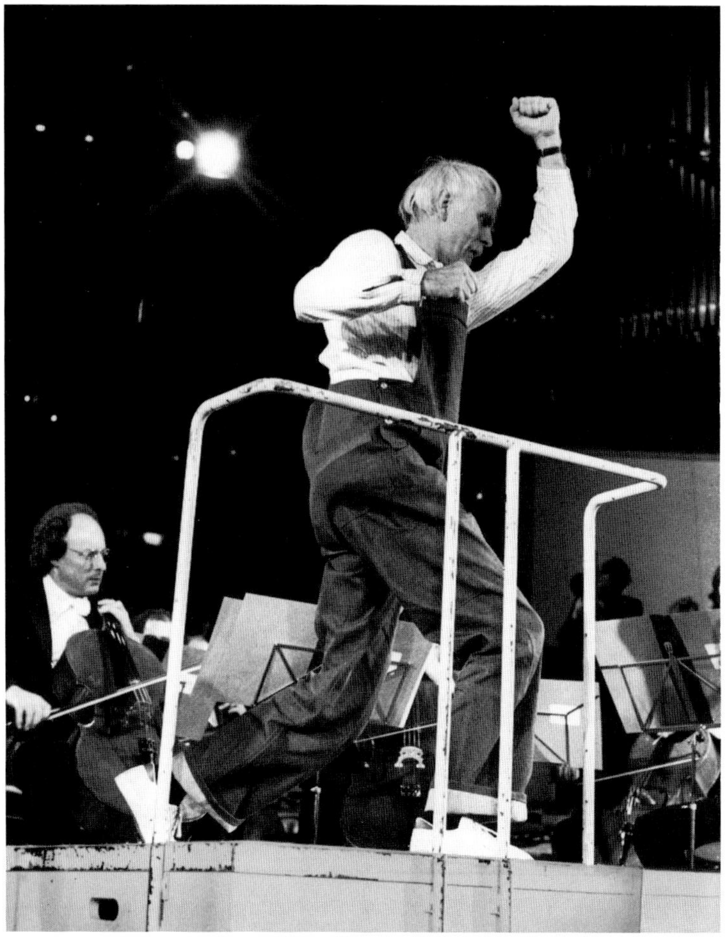

1979 Dirigat der Berliner Philharmoniker anläßlich des Bundeskanzlerfestes (siehe Abbildung links).

Am 6. Oktober 1979 spielte der berühmte Klangkörper unter meiner Leitung die Coriolan-Ouvertüre, Opus 62, von Ludwig van Beethoven. Ich befand mich in der Maske eines Klaviertransporteurs, der in Verfolgung eines brummenden Insekts versehentlich das Pult des Dirigenten betritt und durch seine ausladenden Armbewegungen dem Orchester ahnungslos den Einsatz gibt. Und wie der Zufall so spielt: Die Jagd nach dem Tier und Beethovens Tonschöpfung erwiesen sich als synchron.
Die Berliner Philharmoniker sind mit Sicherheit eines der besten Orchester der Welt. Sie können sich einen mittelmäßigen Dirigenten nicht leisten. Anläßlich des Kanzlerfestes in der Berliner Philharmonie fiel die Wahl daher auf mich.

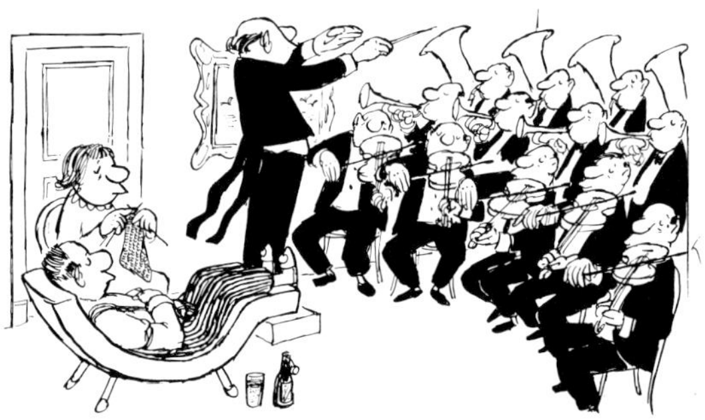

1980 Politische Satire für die Fernseh-Sendereihe »Report«. Von oben nach unten: »Das Wahlplakat«, »Politik und Fernsehen«, »Olympia-Boykott 1980«.

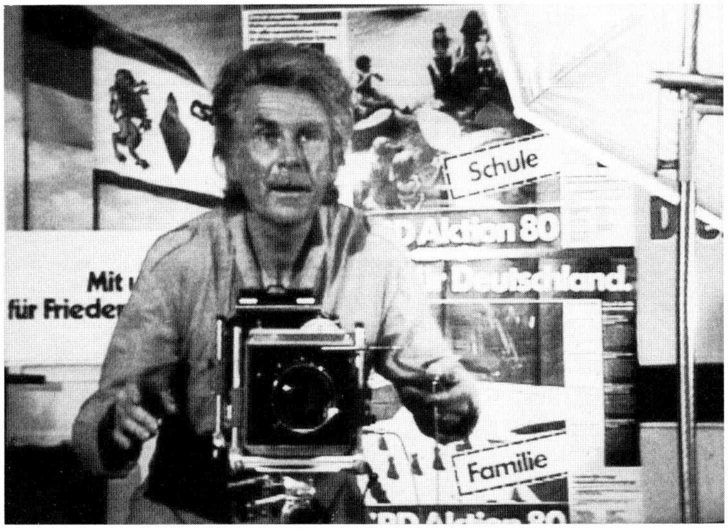
Schule
Familie

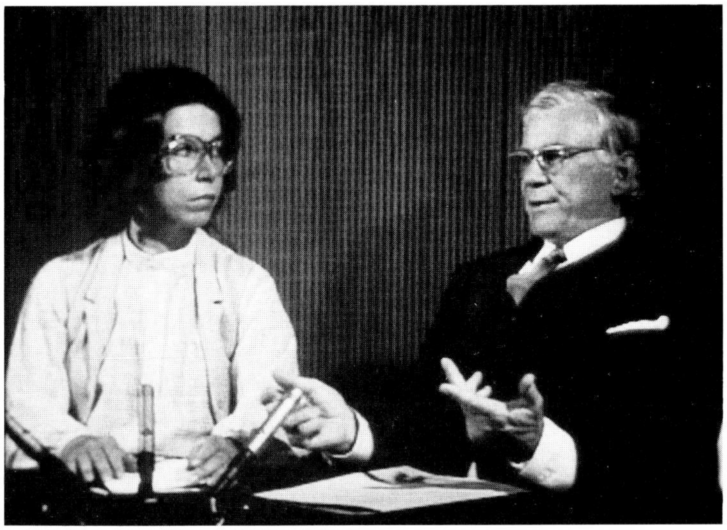

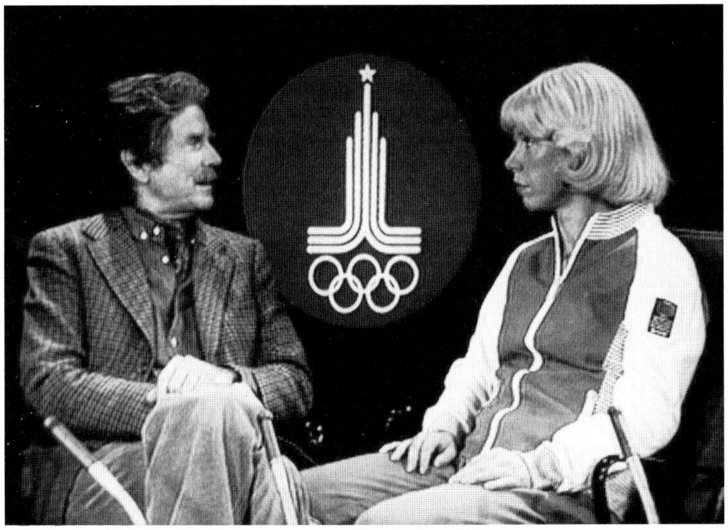

1981

Stefan Lukschy verpflichtete mich 1981 zu einer Doppelrolle in seinem Film »Wer spinnt denn da, Herr Doktor?« (für den idiotischen Titel ist er nicht verantwortlich). Ich fühlte mich sehr wohl zwischen den Damen Sunnyi Melles und Edith Heerdegen. Weniger angenehm war eine flüssig aufgetragene, rasch trocknende Schrumpelmaske, die mir in beiden Rollen das Aussehen einer jugendlichen Mumie verlieh. Aber ich hatte immerhin drei Sätze zu sagen. *(Abbildung unten)*

Nicht ganz so umfangreich war meine Rolle in Bernhard Sinkels Film in fünf Teilen »Bekenntnisse des Hochstaplers Felix Krull«. Es war nur ein Drehtag, aber ich hatte mehrfach eine Treppe hinauf- und hinabzusteigen. Das will gestaltet sein. Immerhin verkörperte ich den Dichterfürsten Thomas Mann. *(Abbildung ganz unten mit Regisseur)*

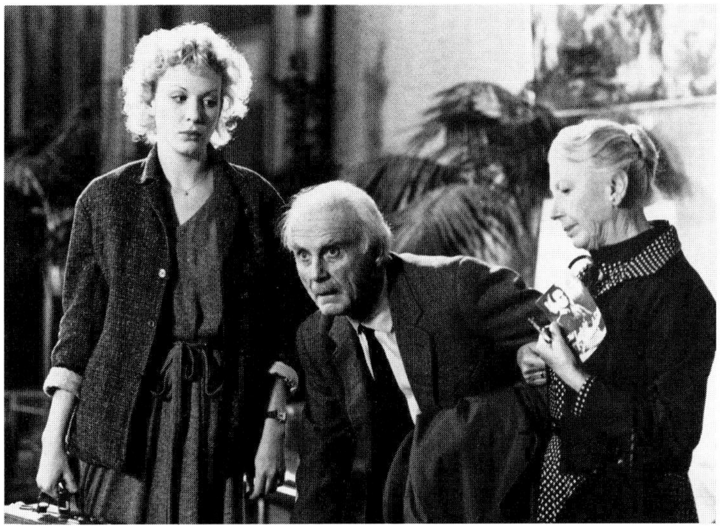

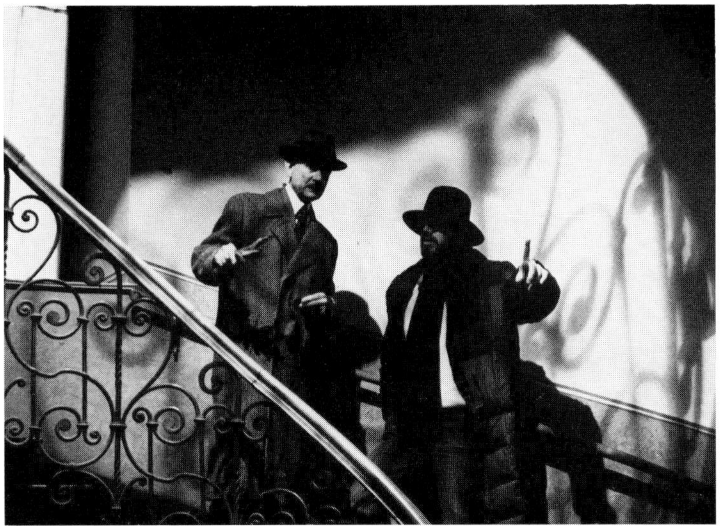

BIOGRAPHIE

nicht an die Orchestersuiten in Ges-Dur, A-Dur und fis-Moll der hochbegabten Antje Fröbel, an die Krönungsmesse in B-Dur des achtjährigen Heinz Klemke? Sie wurden hier nie aufgeführt.
In 100 Jahren musizierten unsere Philharmoniker nachweislich rund 30000 Konzertstunden. Das entspricht einem Dauerkonzert von knapp sieben Jahren, die Pausen nicht eingerechnet. Gewiß ein stolzes Ergebnis, aber auch eine bestürzende Tatsache: Offensichtlich wurde in 100 Jahren 93 Jahre geprobt! Das stimmt nachdenklich in Zeiten hoher Subventionen.
Schließlich sei bedauert, daß sich nicht *ein* Orchestermitglied des Gründungsjahres 1882 heute abend unter den Mitwirkenden befindet. Ein Versehen der Veranstalter? Oder die zeitgemäße Gleichgültigkeit gegenüber älteren Menschen, die nicht mehr so sauber blasen wie ihre Urenkel? Und das in Berlin, dem Zentrum vorbildlicher Klangkörperpflege?!
Dennoch bleibt uns der Dank für die Kontinuität eines musikalischen Wunders im Lichte vier großer Namen: Bühler, Niklitz, Feuchtwängler, Hermann v. Karajan – und damit die Bewunderung einer Gesamtleistung als Summe von Können und Fleiß oder Treue aus Willen zur Leistung... Hingabe als Anliegen *im* Dienste der Sache *im* Willen zum Glauben *an* Leistung *durch* Hingabe zur Musik *im* Verzicht *auf* Können ohne Anliegen ... aber Treue zur Leistung *durch* Willen *im* Glauben *zur* Sache, in der Hingabe *an* Aufgabe und Anliegen *im* Dienste der Musik *aus* Überzeugung ... Können *im* Glauben *an* die Summe von Treue und Leistung *im* Geiste richtigverstandener Tradition ... oder, wie der Dichter sagt: Musik.

1982

Festrede anläßlich des 100. Geburtstages des Berliner Philharmonischen Orchesters in der Berliner Philharmonie am 8. und 9. Mai 1982. Dirigat der Berliner Philharmoniker und Sketche.

Meine sehr verehrten Damen und Herren,
wenn wir in dieser Feierstunde ... nur *das* hat Bedeutung, so meine ich ... *durch* oder besser *im* Sinne der musikalischen Glaubwürdigkeit als Selbstverständnis im Sinne kultureller Verpflichtung unter der Maxime: Wer, wo, was und warum ... Hier liegt die unverzichtbare Aufgabe unserer geteilten Stadt.
Damit heiße ich Sie im Namen des Kulturdezernats Berlin-Tiergarten anläßlich des 100. Geburtstages des Berliner Philharmonischen Orchesters herzlich willkommen. Ferner übermittle ich Ihnen die Grüße der Staatlichen Konservatorien in Gifhorn, Seesen und Münster, der Bayerischen Akademie für Sozialrhythmik und des Interessenverbandes Niedersächsisches Liedgut.
Wir blicken zurück auf einhundert Jahre Orchestergeschichte ... Musik, so meine ich ... oder wie es Thomas Mann einmal formuliert hat: Hundert Jahre sind eine lange Zeit ... und Adorno dreißig Jahre später: Ja, ja, die Musik ... Kürzer, präziser ist das nie gesagt worden.
Die Berliner Philharmoniker als Botschafter einer Sprache, die überall verstanden wird: Bis hin nach Wilmersdorf, Steglitz, Friedenau, Pankow ... 100 Jahre unfehlbarer Bläserduktus in gleichsam schwebender Transparenz vor dem samtenen Glanz der Streicher ... 100 Jahre aber auch als Geschichte tragischer Versäumnisse: Wer denkt da

Loriot stellt virtuos die Schwächen anderer dar. Hat Vicco v. Bülow etwas zu verbergen?
Oh, wie recht Sie haben. Von früher Kindheit an gärt in mir ein Sumpf der scheußlichsten Eigenschaften. Seit 64 Jahren unterdrücke ich den übermächtigen Wunsch, Rentner ihrer letzten Habe zu berauben, die Frauen verreister Gastarbeiter zu vergewaltigen, öffentliche Verkehrsmittel zu verunreinigen und ähnliches mehr. Wen kann es also wundern, wenn ich von mir abzulenken versuche? *(14)*

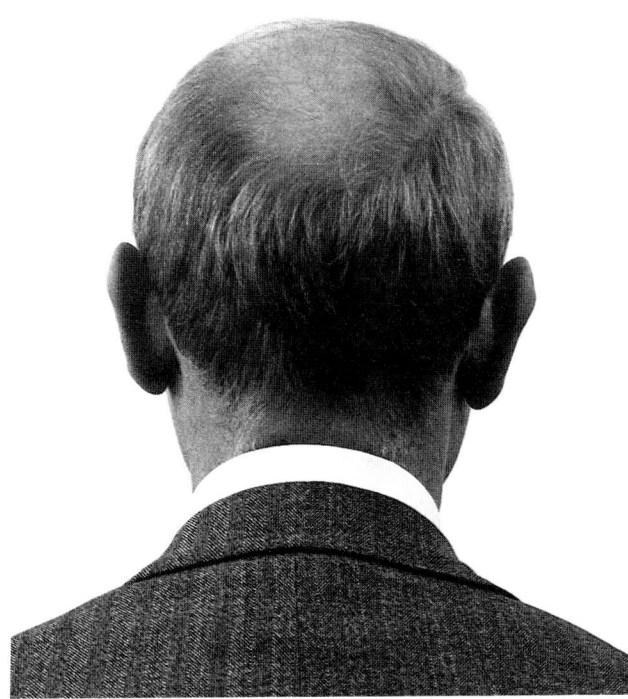

Im Brandenburger Dom, 1985. Von links nach rechts: Dr. Bräutigam, Staatssekretär und ständiger Vertreter der Bundesrepublik, Landesbischof Schönherr, Loriot, Frau Gerda Arndt, Leiterin des Dom-Museums.

Im Juli 1987 Lesung und Ausstellung im »TiP« (Theater im Palast), Berlin/DDR. Unten: Bei der Pressekonferenz mit Vera Oelschlägel (Intendantin des TiP) und Evelyn Hamann.

1985–1988

Am 18. Mai 1985 Eröffnung der Ausstellung »Loriot – der Brandenburger« im Dom zu Brandenburg.

Damit hatten die Veranstalter nicht gerechnet: Die sparsam und gezielt verschickten Einladungen hatten das Schneeballprinzip ausgelöst – jedenfalls füllten über tausend Besucher am Abend des 18. Mai den Brandenburger Dom, um die Eröffnung einer Sonderausstellung mit Zeichnungen des westdeutschen Karikaturisten Loriot mitzuerleben und den fernsehbekannten Meister auch einmal »live« zu sehen. (15)

Was bedeutet Ihnen Ihr Besuch 1985 in Brandenburg?
Ich war eingeladen worden, im Dom auszustellen, und kam zur Ausstellungseröffnung. Es war keine große Ausstellung, aber es war eine Ausstellung in der Stadt, in der ich geboren bin. Was mir dort an Herzlichkeit entgegengebracht wurde, war vielleicht das Bewegendste, was ich je erlebt habe. Daß unter dem Dach der Kirche Menschen zusammensaßen, die einander sonst nicht begegnen, die sehr verschiedener Herkunft, verschiedener politischer Ansichten waren – es war ein Augenblick großen Glücks. *(7)*

Premiere des Spielfilms »Ödipussi« in Berlin Ost und West am 9. März 1988 (siehe Abbildungen Seite 44 und 181–192).

Inszenierung der Oper »Martha« von Friedrich von Flotow an der Staatsoper Stuttgart (Regie, Bühnenbild und Kostüme). Die Premiere ist am 24. Januar 1986 (siehe Abbildungen Seite 44 und 148–163).

Inszenierung der Oper »Der Freischütz« anläßlich der Ludwigsburger Schloßfestspiele (Regie, Bühnenbild und Kostüme). Die Premiere ist am 17. August 1988 (siehe Abbildungen Seite 45 und 164–177).

Probenarbeit zu »Martha«, Dezember 1985. Von oben nach unten:
Mit Rüdiger Wohlers als Lyonel, Krisztina Laki als Martha und Waltraud Meier als Nancy.
Mit Krisztina Laki.
Mit Werner Helbig als »Richard Wagner«.

Bei den Dreharbeiten zum Film »Ödipussi« im Herbst 1987.
Von oben nach unten:
Mit Produzent Horst Wendlandt.
Mit Kameramann Xaver Schwarzenberger.
Mit Maskenbildnerin Martina Angeletti.

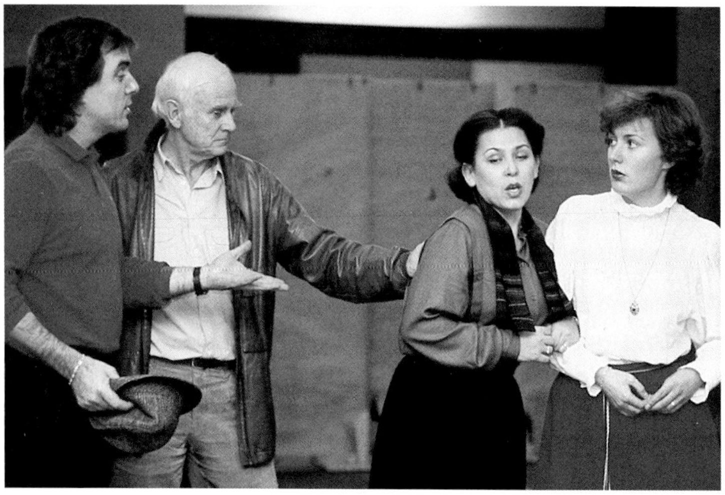

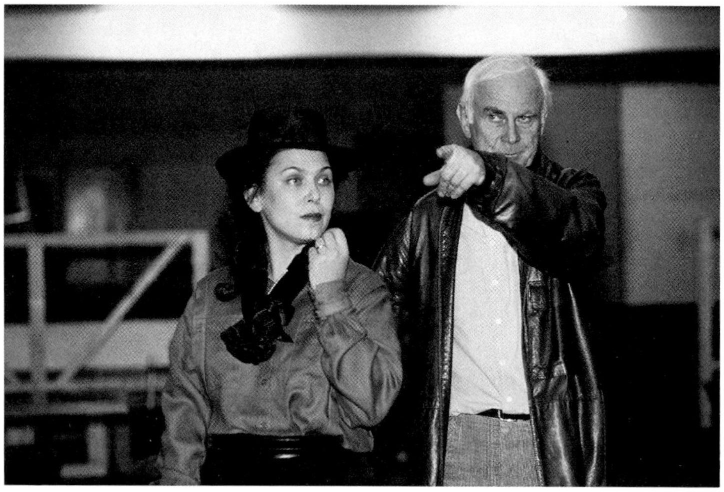

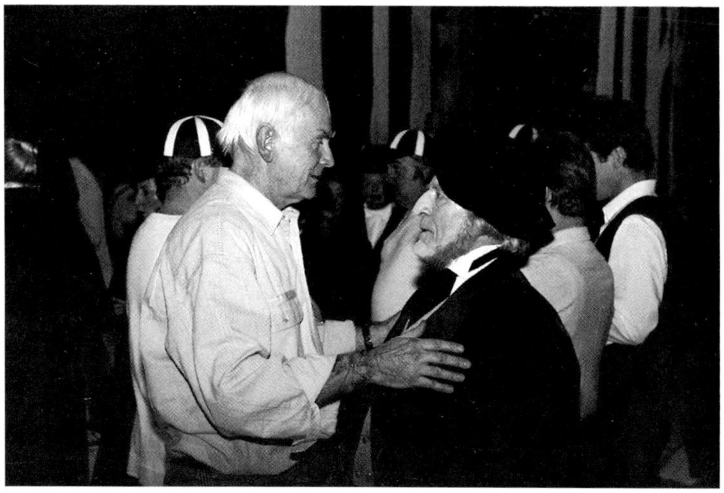

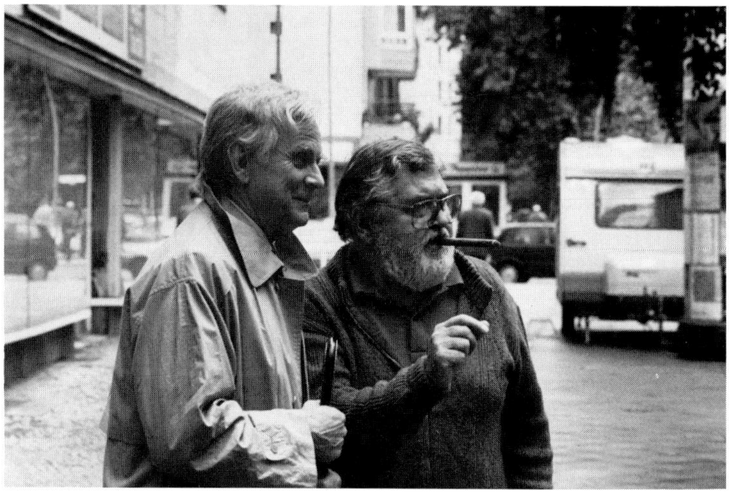

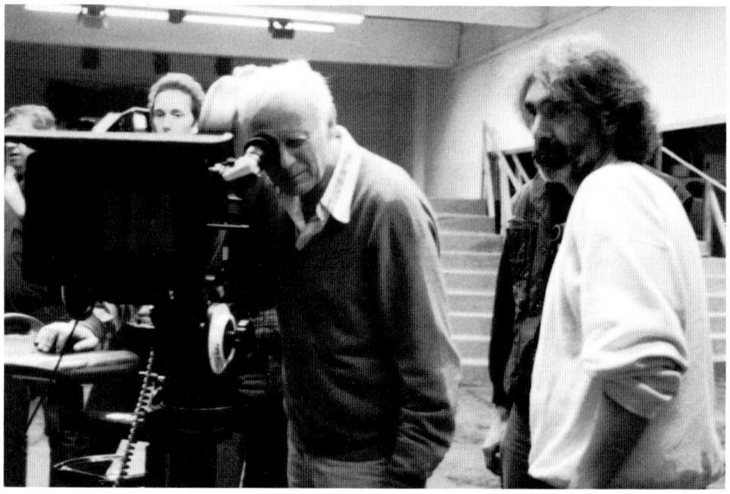

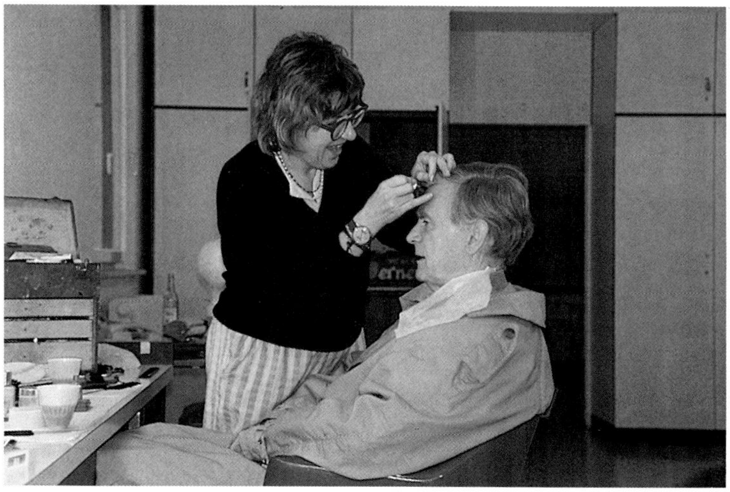

Probenarbeit zum »Freischütz« im Sommer 1988
von oben nach unten:
Mit Nancy Johnson als Agathe.
Mit Ulrike Sonntag als Ännchen.
Mit Uwe Heilmann als Max.

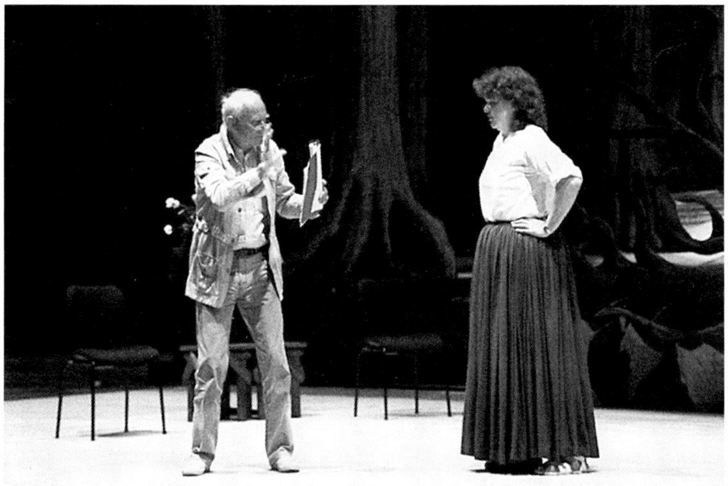

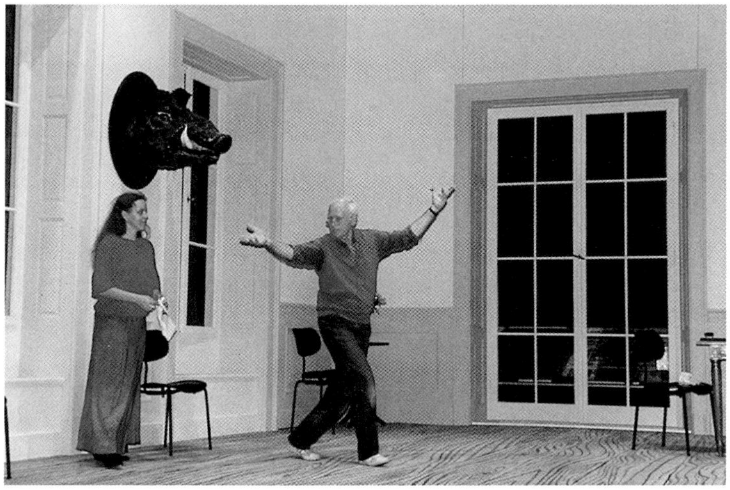

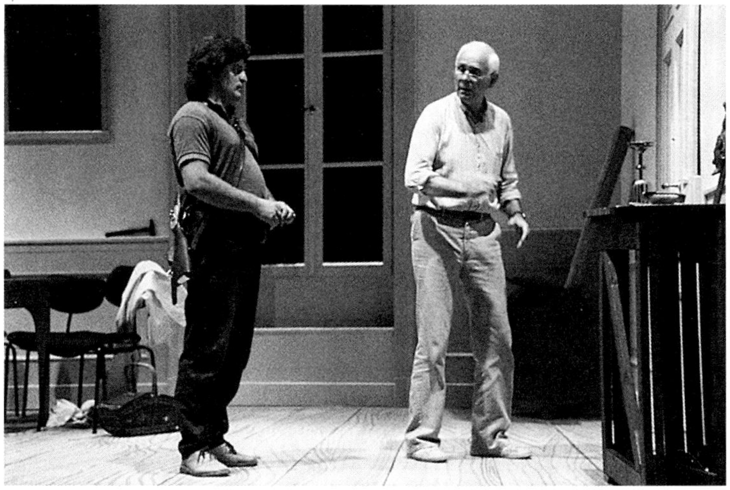

Bei den Dreharbeiten zum Film »Pappa ante Portas« im Sommer und Herbst 1990
Von oben nach unten:
Drehort Seebrücke in Ahlbeck (Usedom).
Beim Damentee.
Mit Regieassistentin Eva-Maria Schönecker.

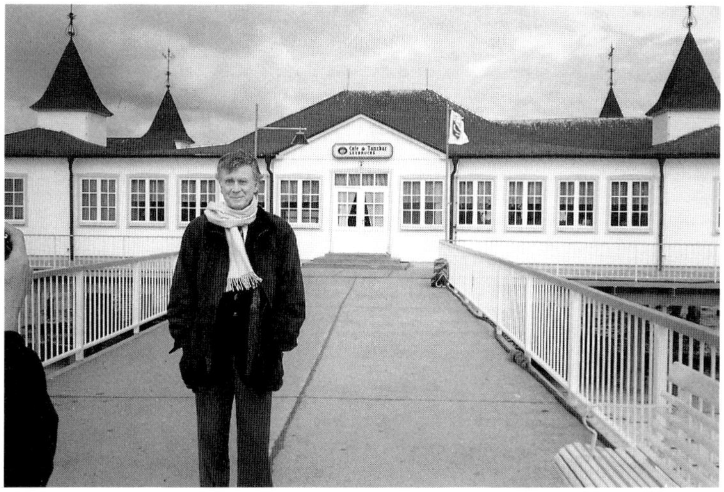

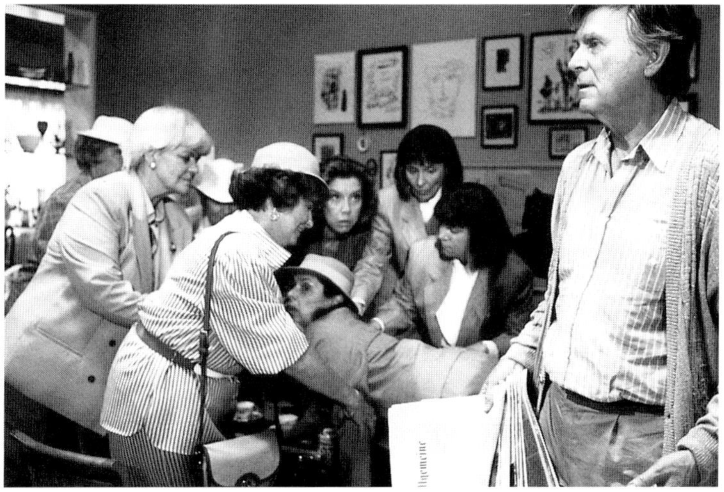

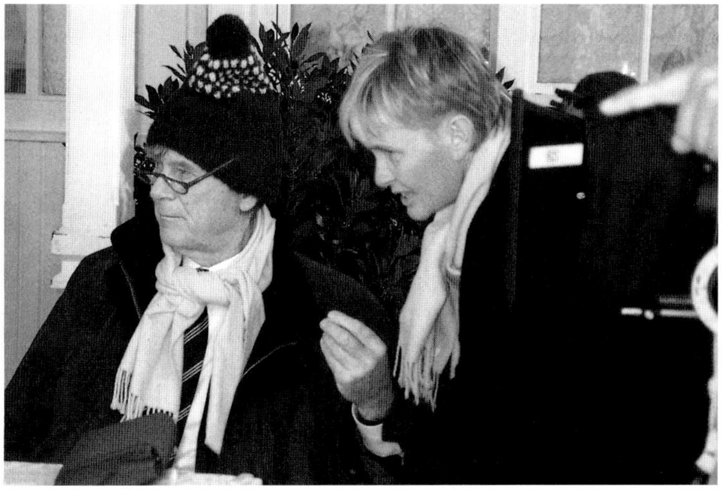

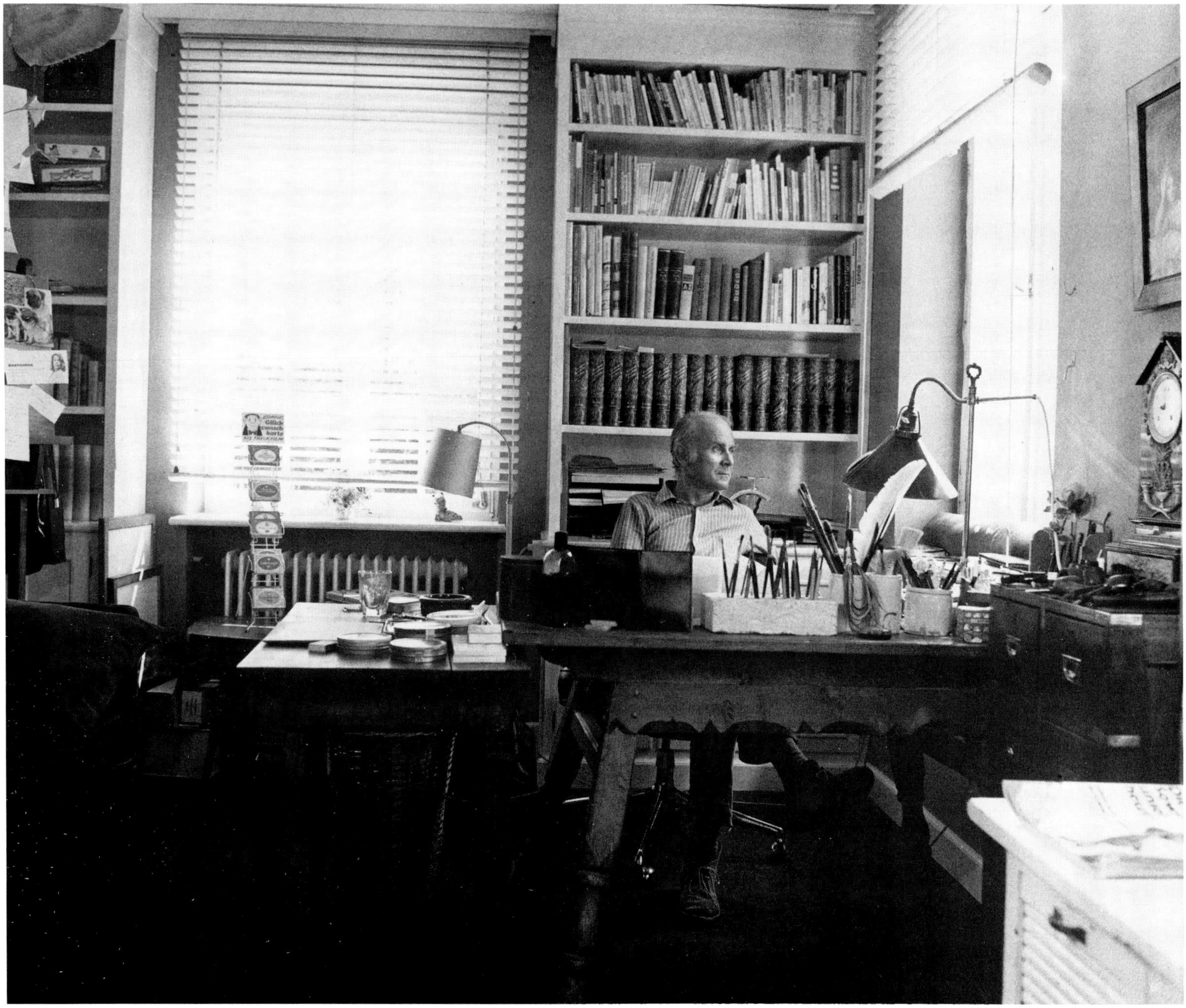

ZEICHNUNGEN

»Pfui!«

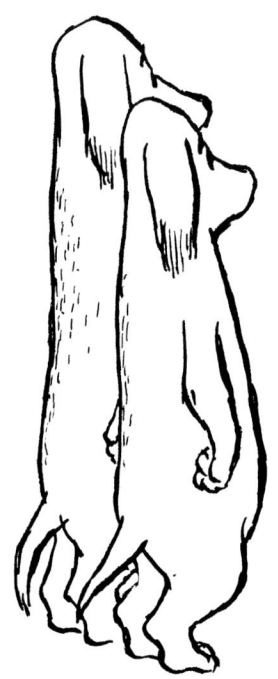 

»Menschen faßt man so an!«

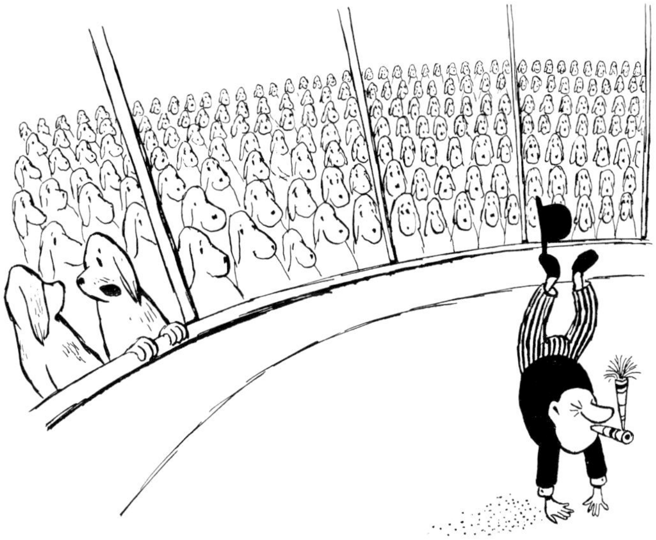

»Einer der klügsten Menschen, die ich je gesehen habe!«

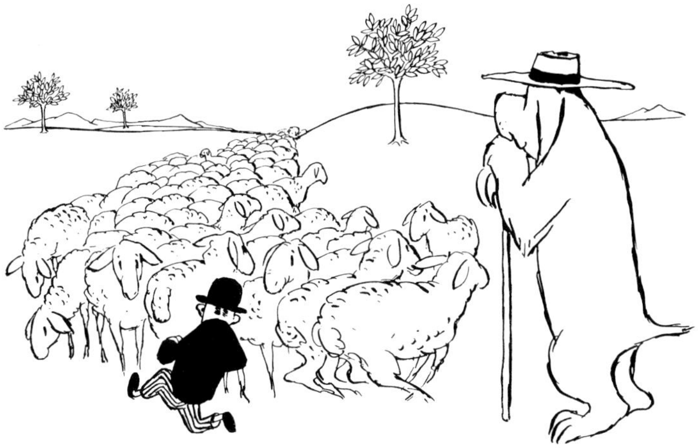

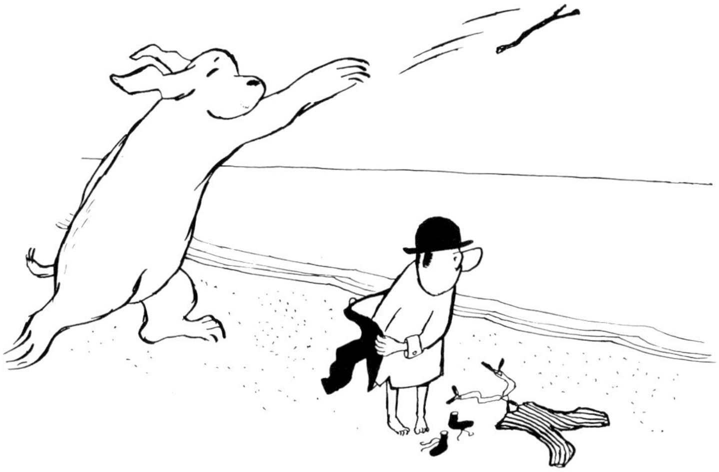

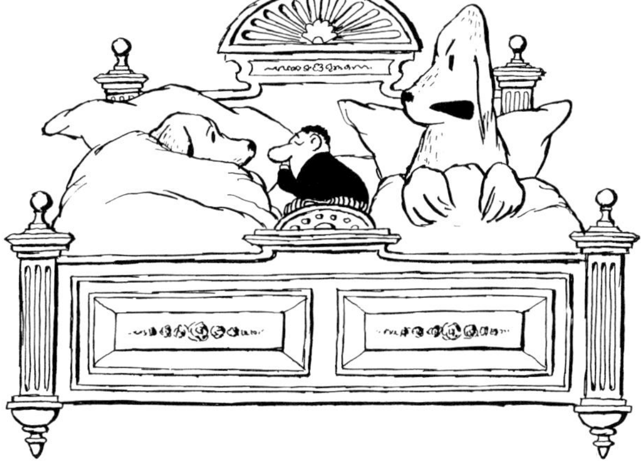

»Einer geht: der Mensch oder ich!«

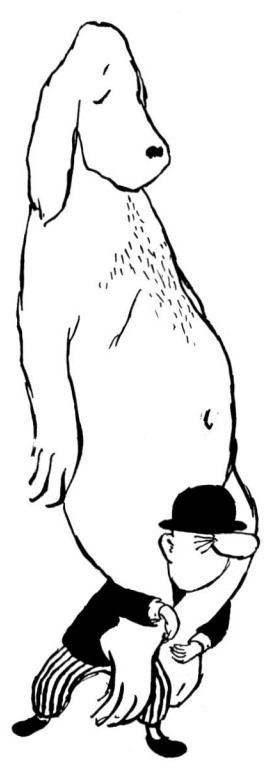

»Wir sind verloren: ich kenne das Biest!«

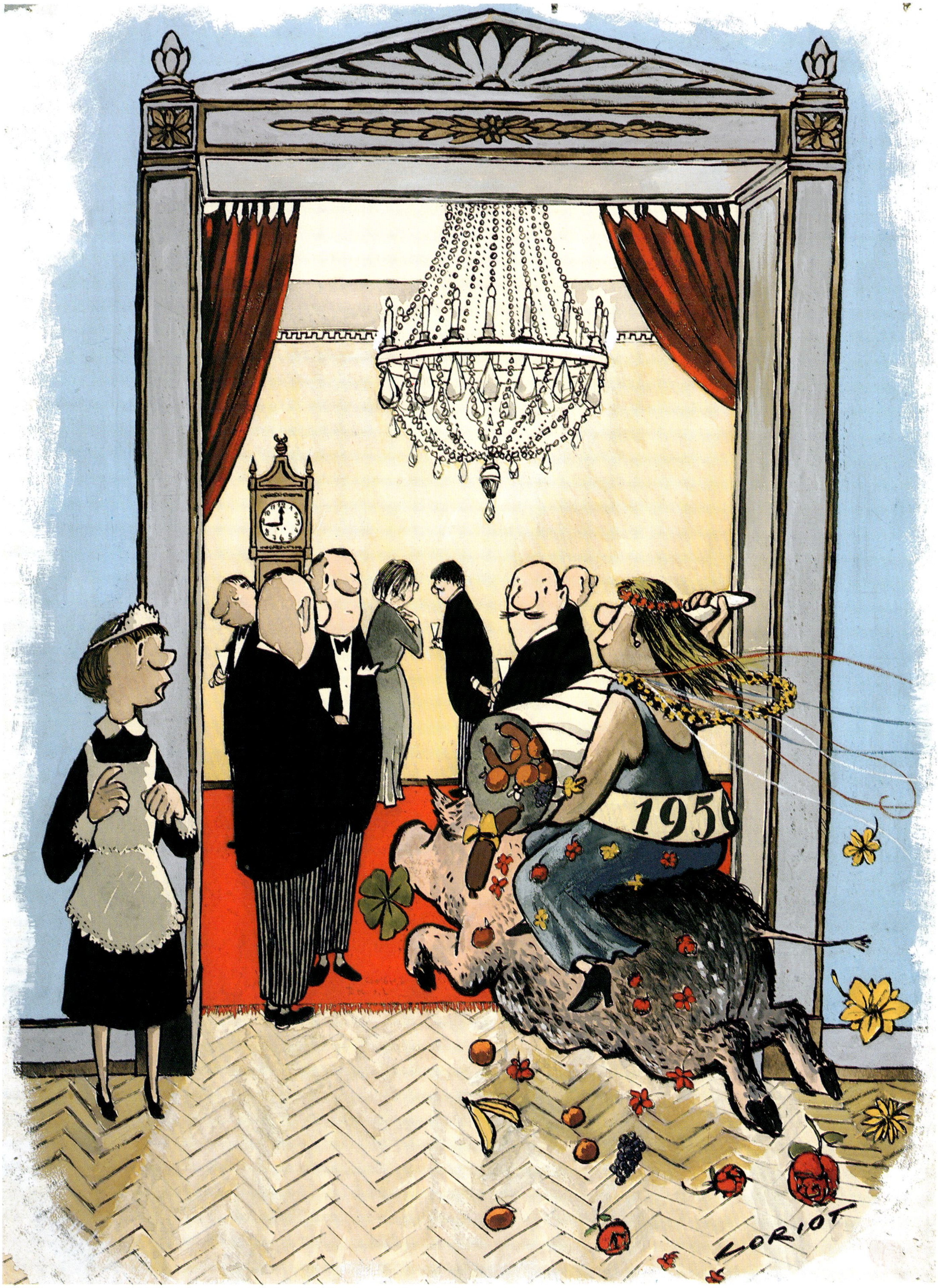
195
LORIOT

»Es ist aber erst Viertel vor, gnä' Frau…«

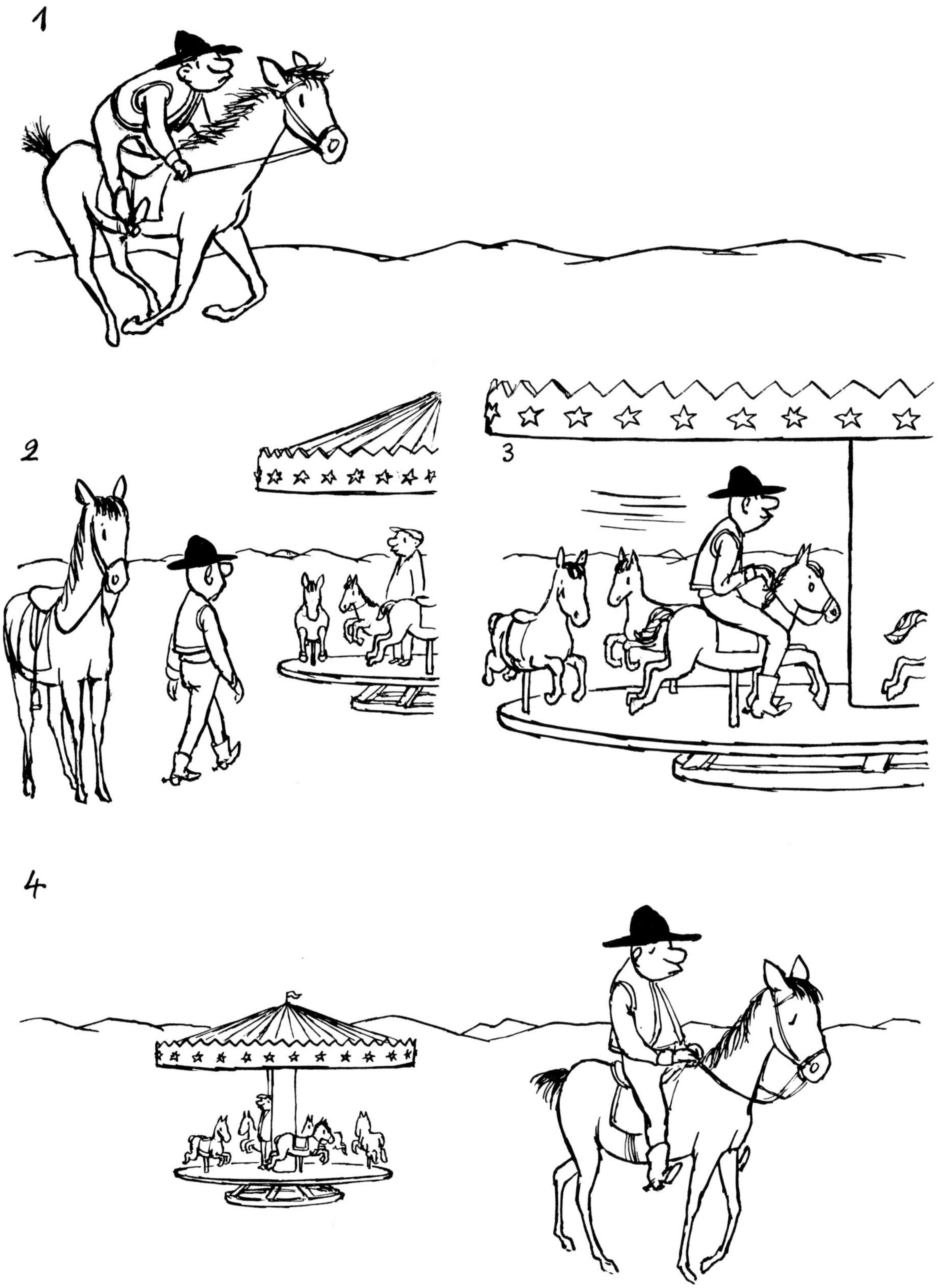
1
2
3
4

Der Name des abgebildeten Cowboys ist nicht, wie ursprünglich angenommen, Wishington C. MacKenzie, sondern Washington C. MacKenzie.

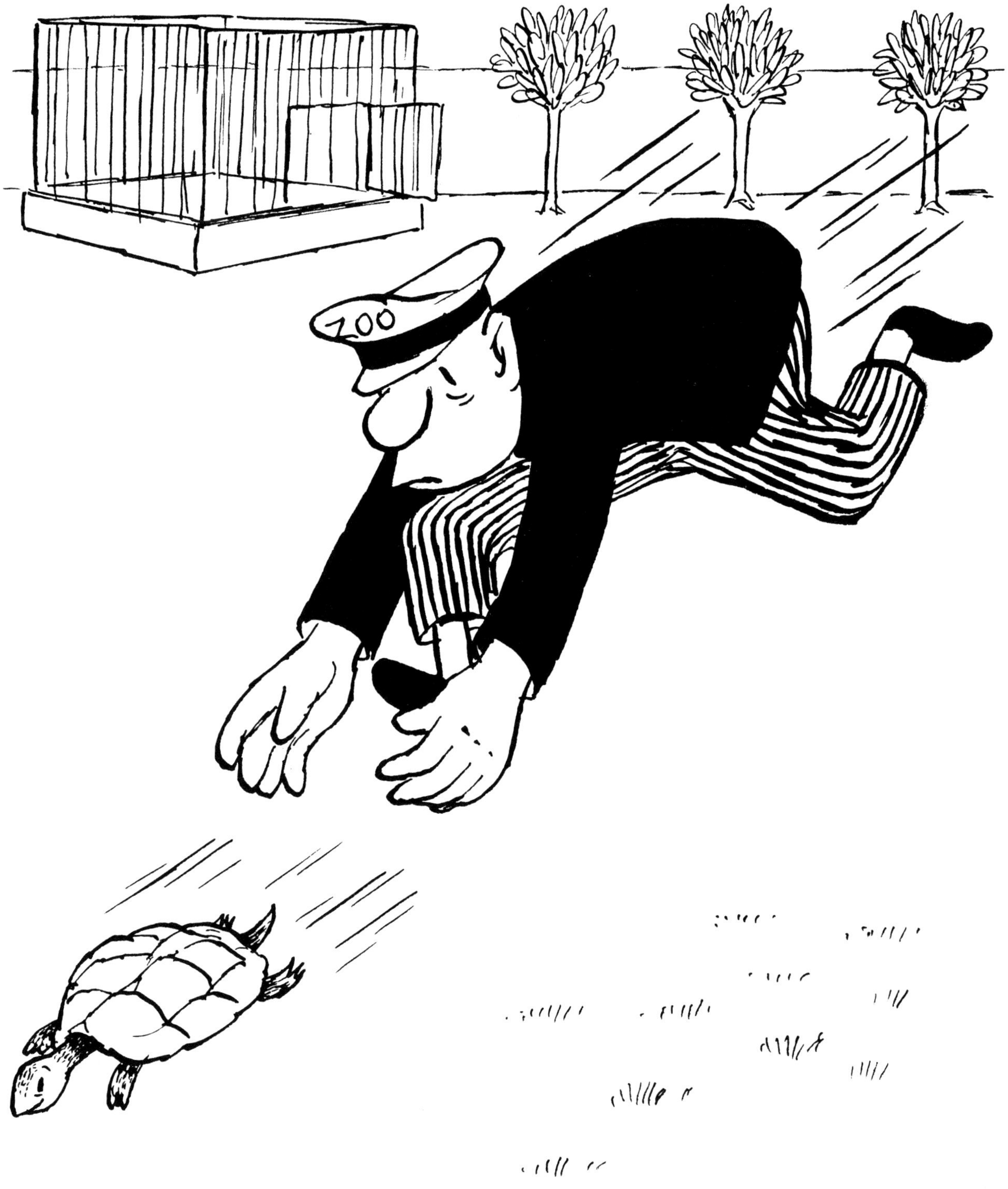
ZOO

Die Schildkröte Cäcilie entwich im Juni 1932 aus dem Münchner Tierpark. Zur Zeit ist man ihr in der Gegend von Southampton hart auf den Fersen.

UMGANG MIT TIEREN

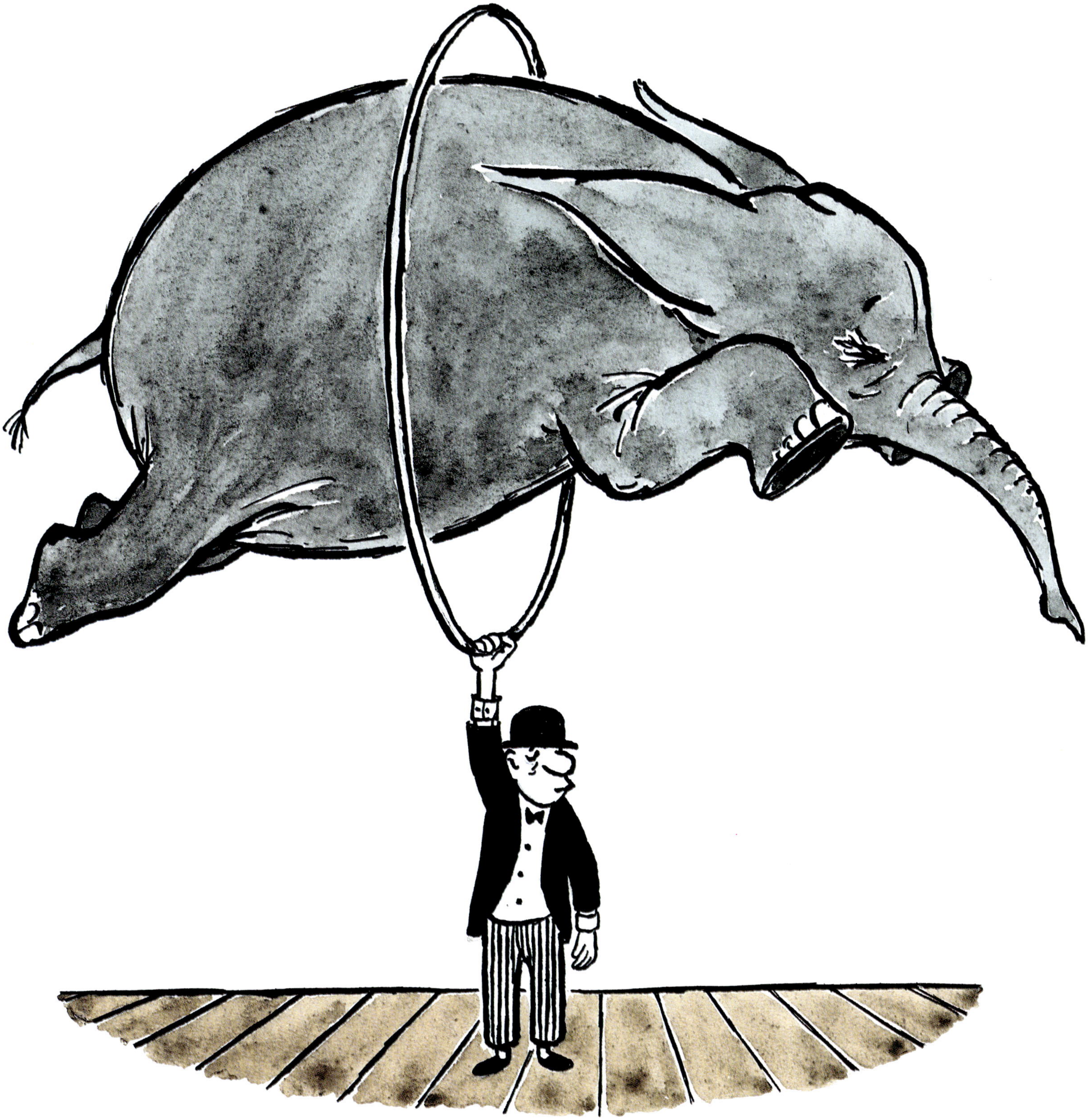

Buchtitel »Umgang mit Tieren«

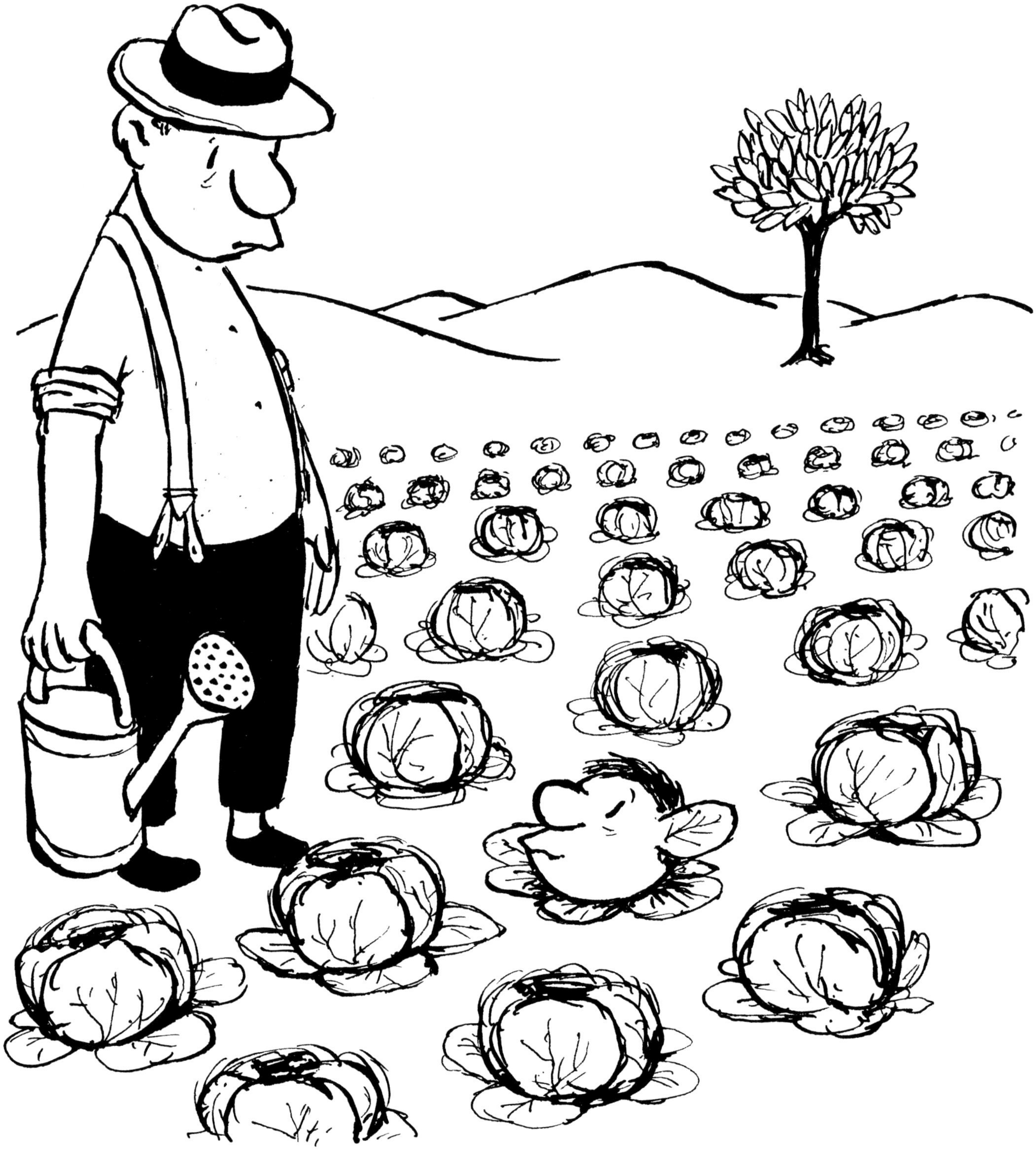

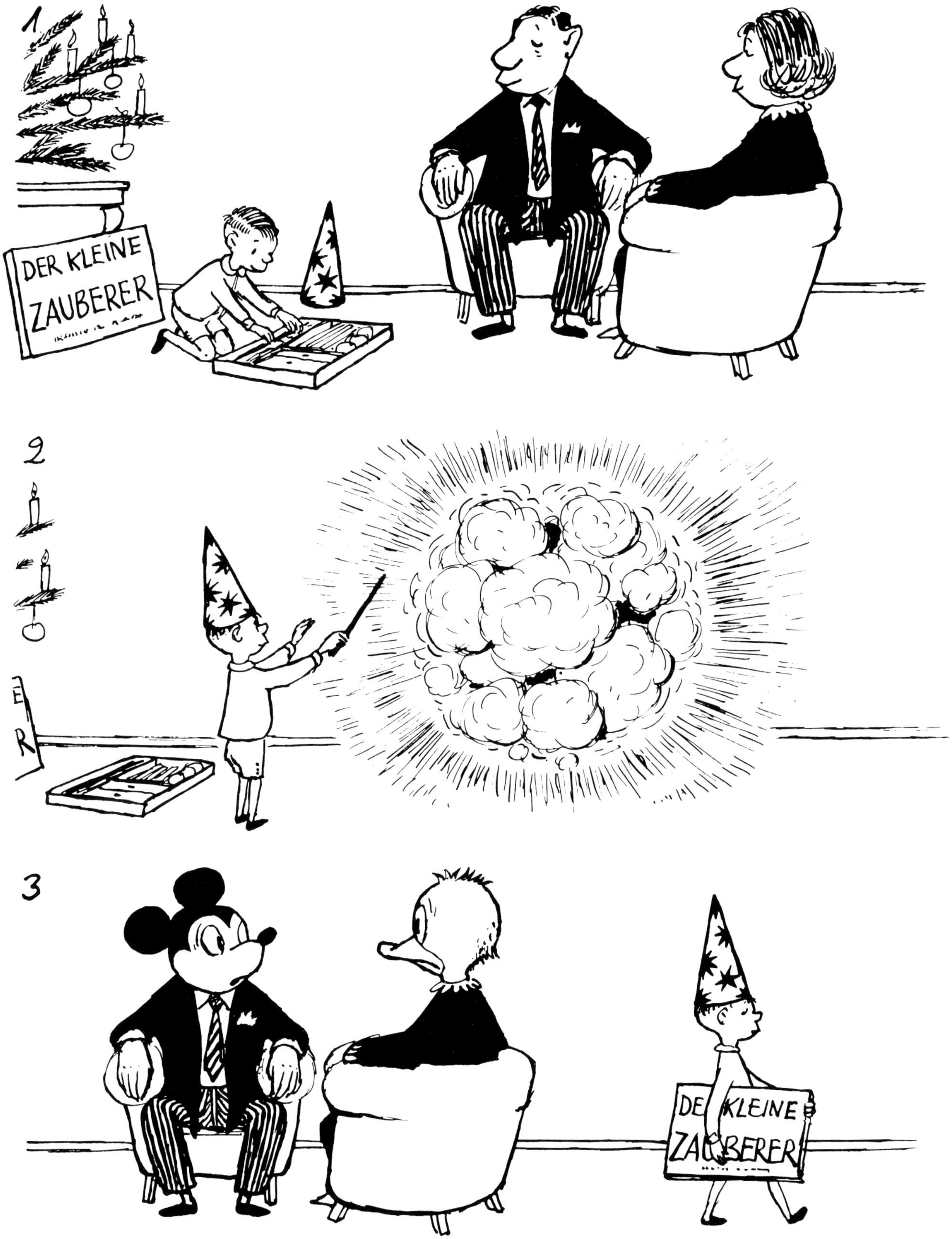
1
DER KLEINE
ZAUBERER
2
3

Seit jenem Weihnachtsabend 1957 blieb eine gewisse Entfremdung zwischen Sohn und Eltern deutlich spürbar.

VERKEHR

Während der Fahrt auf der Achterbahn ist das Hinauslehnen, Aufstehen, Schunkeln, Rauchen und Essen streng verboten.

Die täglichen Beanstandungen am Gleiskörper zwischen Celle und Lüneberg sind mit Sicherheit auf spielende Kinder zurückzuführen.

VERKEHR

Durch steigende Investitionen gelang es der Bundesbahn, mit der verkehrstechnischen Entwicklung Schritt zu halten.

Der Besitz eines Automobils hat in erster Linie eine Steigerung des Selbstbewußtseins zur Folge.

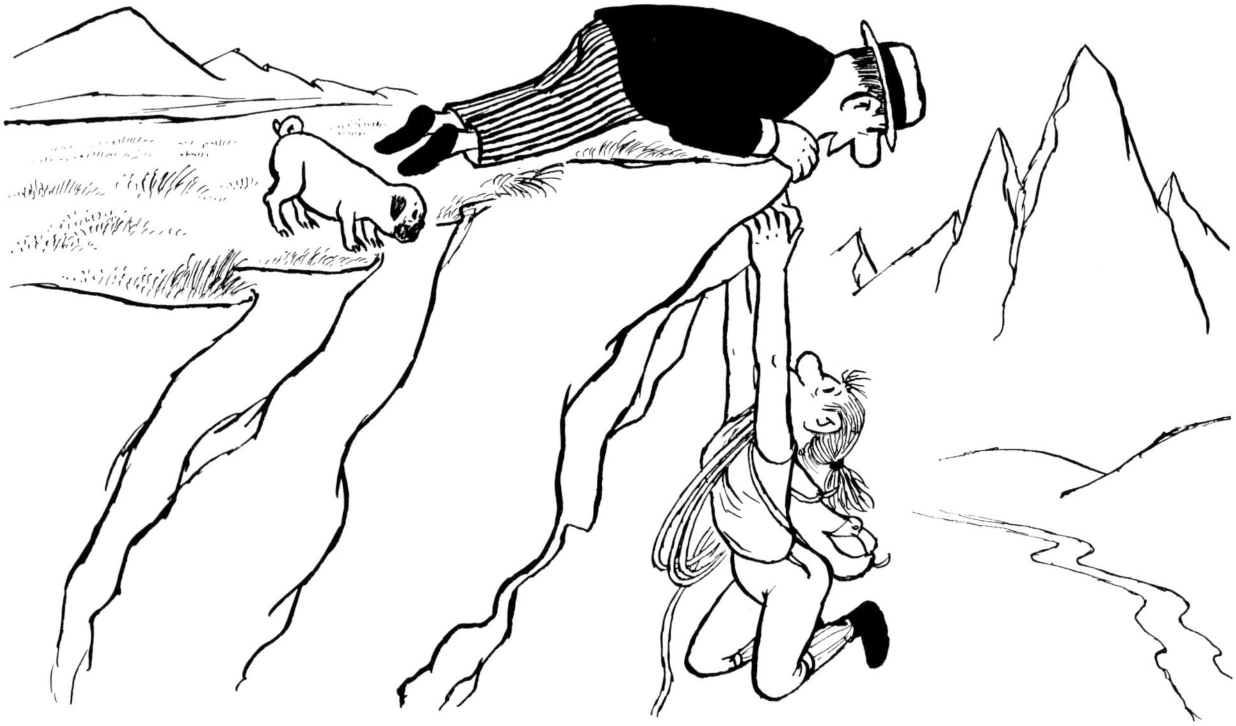

Der virtuose Meister des Flirts findet stets das richtige Wort zur richtigen Zeit. Hier: »Hat Ihnen schon mal jemand gesagt, was für schöne braune Augen Sie haben?«

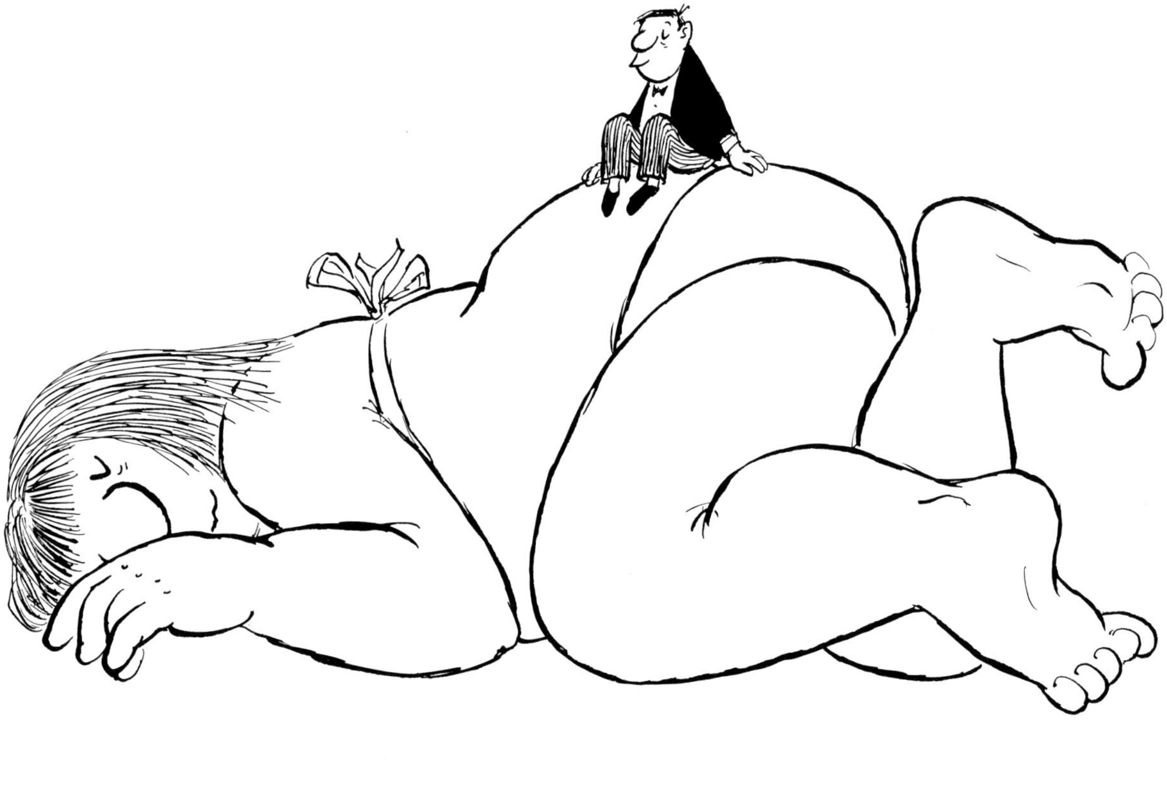

MANN UND FRAU

Bescheidenen familiären Ansprüchen genügt eine einfache Laubsägearbeit, die auf ebenso originelle wie eindringliche Weise ein kurzweiliges Abendprogramm vermittelt.

Der Besitz eines Fernsehapparates ist kein Grund zur Langeweile. Das Gerät ermöglicht bei richtiger Verwendung unvergeßliche Abende jugendfreier Unterhaltung.

»Du störst überhaupt nicht, Elsbeth – ich habe ja *ewig* nichts von dir gehört!«

»O – ich dachte, es wäre die Post! …«

MANN UND FRAU

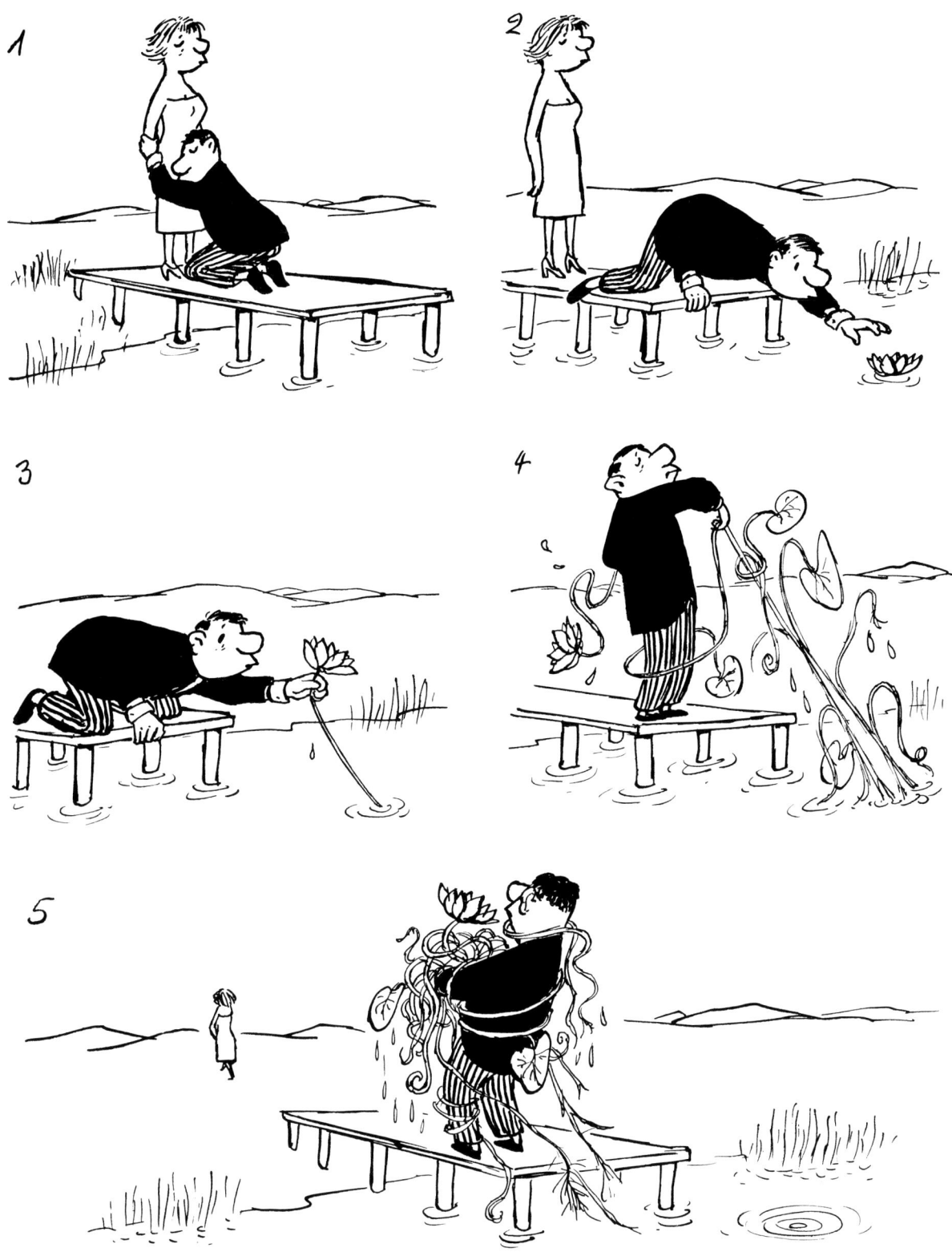

Bei der abgebildeten Seerose handelt es sich um ein besonders schönes
Exemplar der Nymphaea alba aus der Familie der Nymphaeaceae.

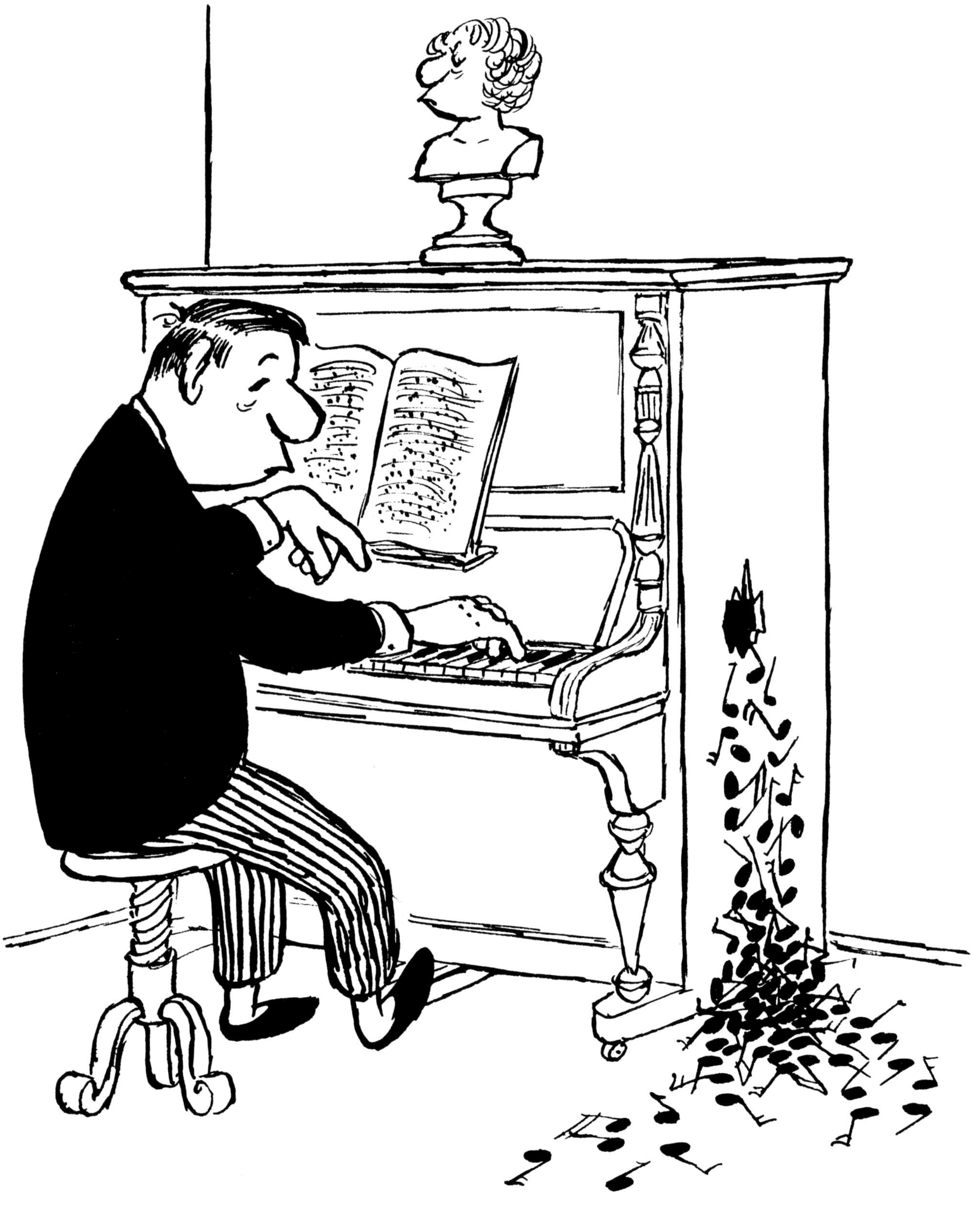

Beethovens Klaviersonate Nr. 31 in As-dur, Opus 110, stellt im dritten Satz Anforderungen, denen durchschnittliche Pianisten nicht gewachsen sind.

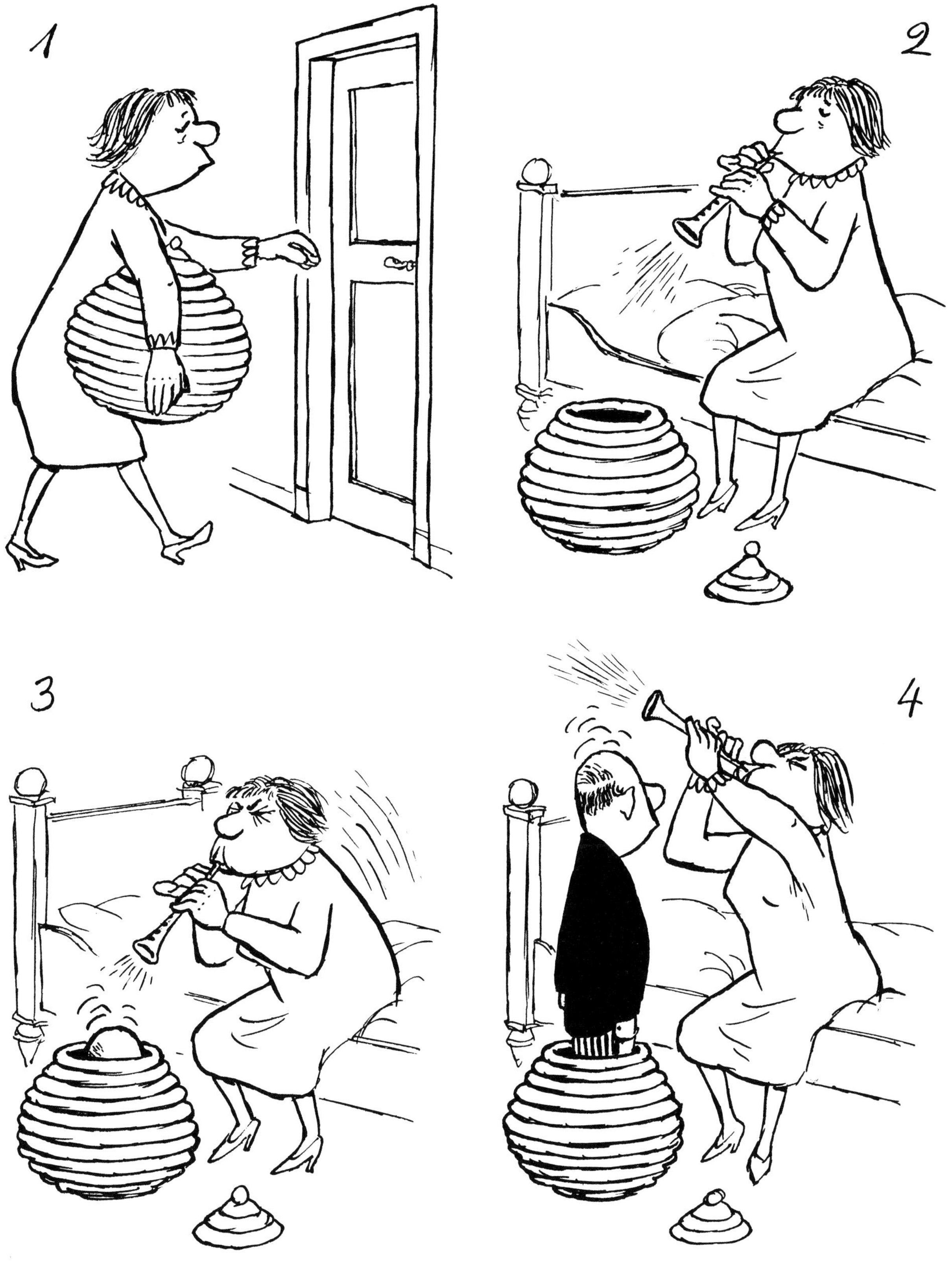
1
2
3
4

Ungewöhnlich ist hier die Tatsache, daß es einer Untermieterin gestattet ist, nach 22 Uhr auf ihrem Zimmer zu blasen.

MILITÄR

Generalleutnant Dallwitz (links) ist bei der Neubesetzung des Oberkommandos der Heeresgruppe Mitte in engerer Wahl.

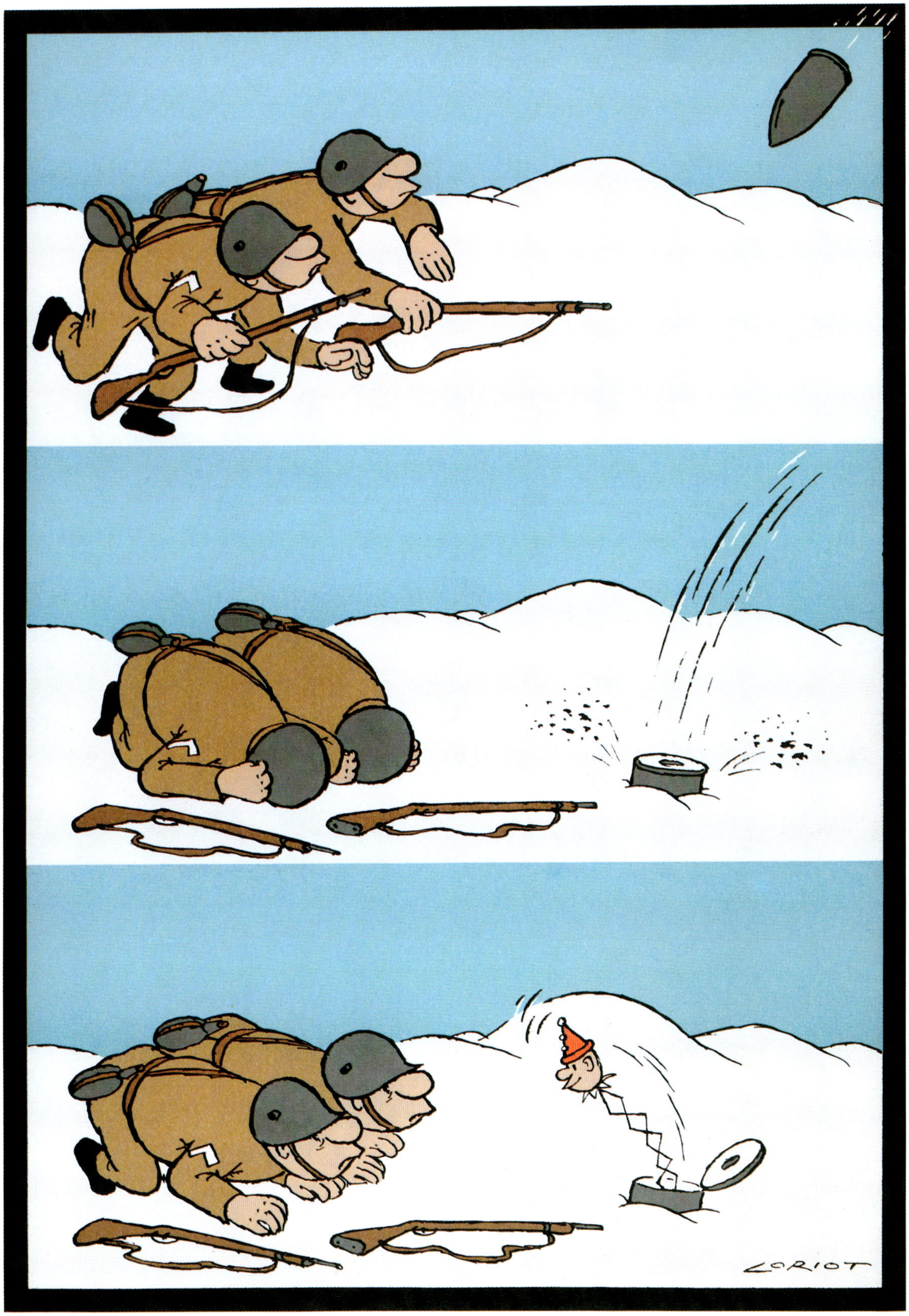
LORIOT

Maßgebende Kreise bezweifeln, ob man nach diesem Vorfall Kriege überhaupt noch als wünschenswert bezeichnen könne.

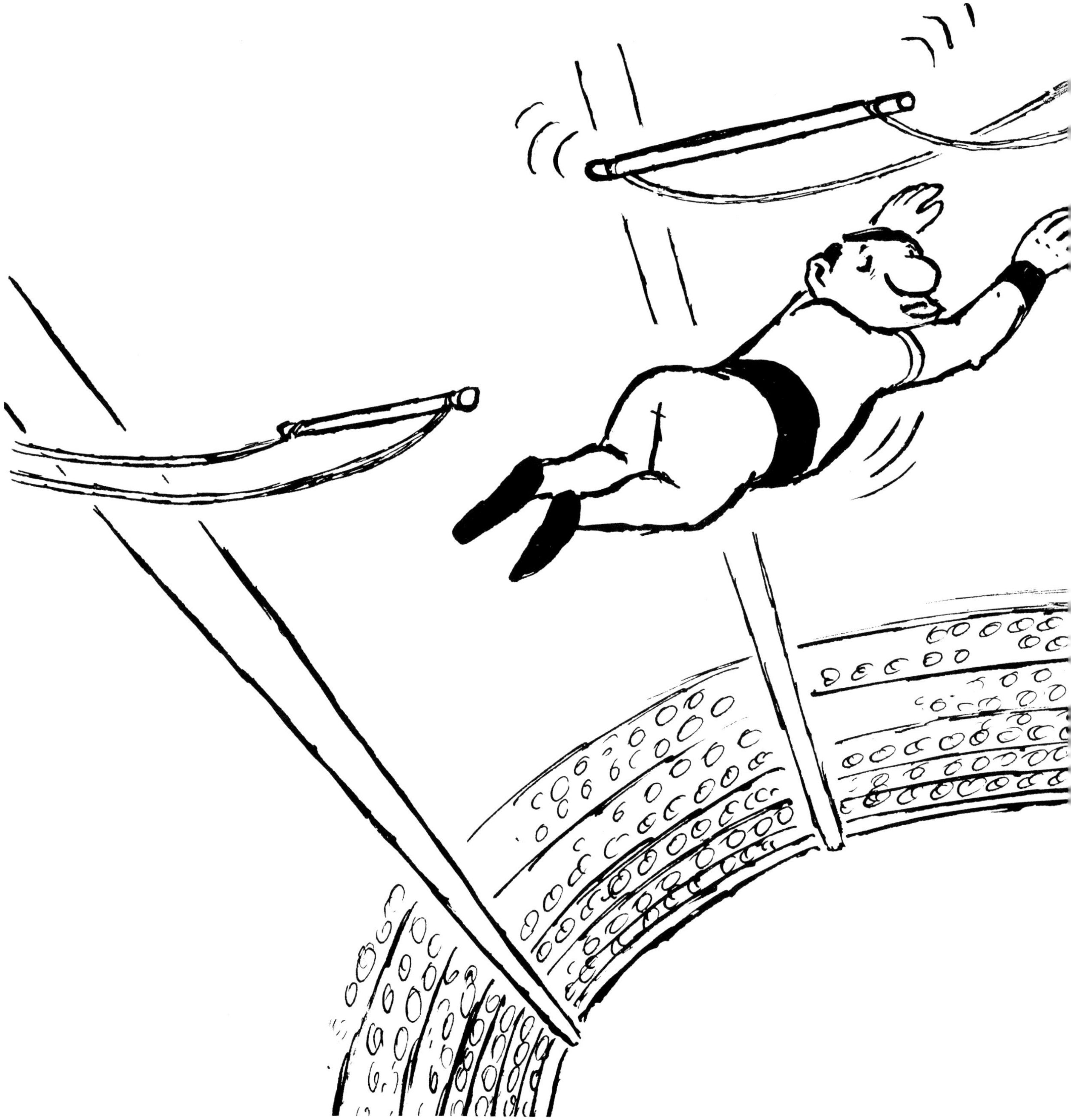

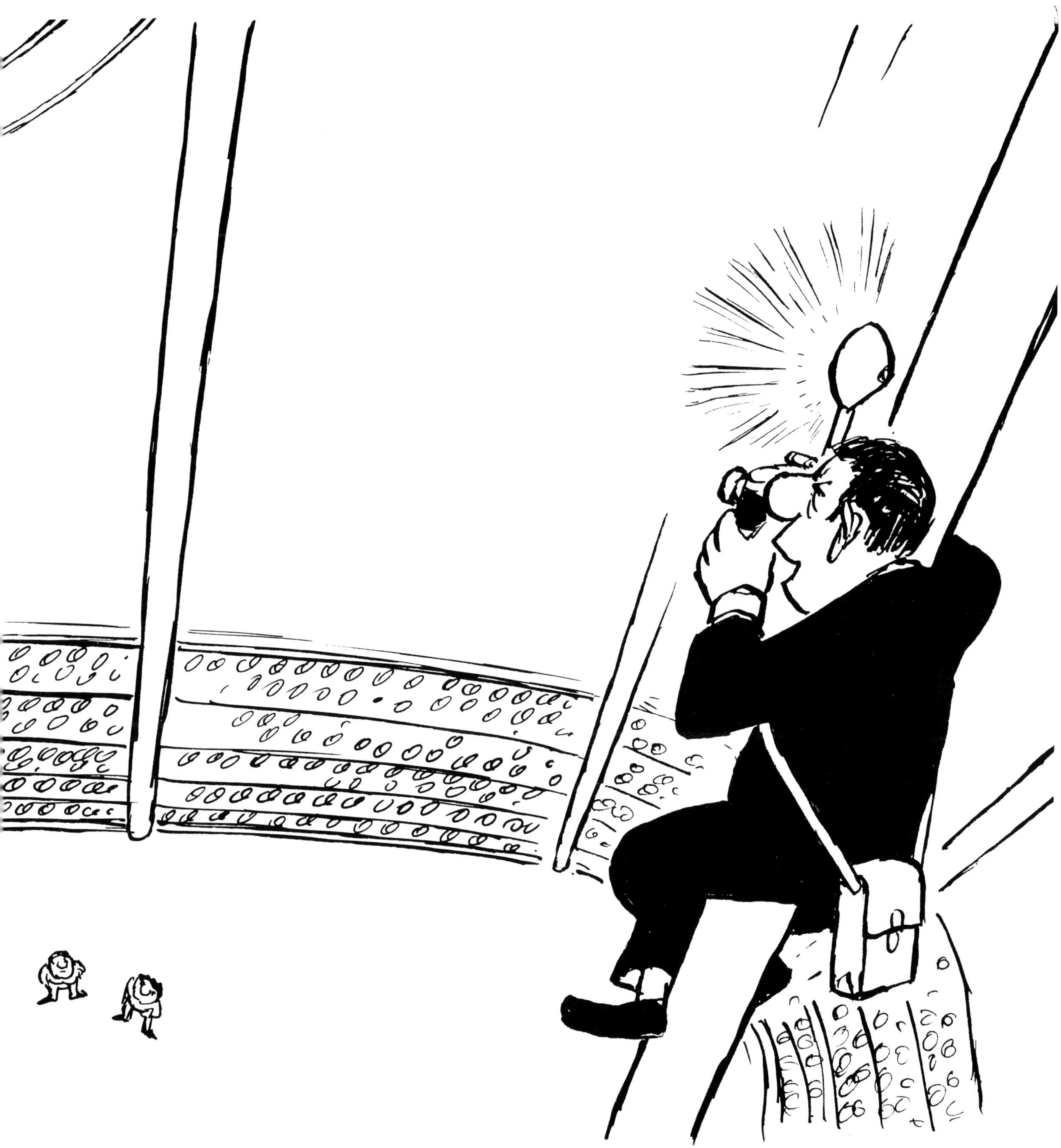

»Danke, aber der Ausdruck muß noch gelöster werden!«

SPIELE FÜR ERWACHSENE

»Ich bin eine historische Persönlichkeit mit N – aber mehr sag ich nicht.«

»Etwas näher 'ran, bitte!«

»Mag der Herr keine Pilze?«

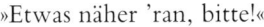

Übertriebener Tafelschmuck läßt nicht die richtige Stimmung aufkommen. Zu strenge Dekorationen verraten zwar Stilgefühl, verhindern aber auch die erwünschte Ausgelassenheit.

Hemmen Sie nicht den Ablauf des Essens durch unnötiges Zögern. Nur blitzschnelles Zugreifen sichert Ihnen die besten Stücke und beweist der Hausfrau, daß Sie sich wohl fühlen. Daher oberstes Gesetz für jedes Diner: *Sei lebhaft*.

Wenn Sie ausschließlich am Essen teilzunehmen beabsichtigen, da Sie das anschließende gesellige Beisammensein langweilt, gilt das Verhalten wie in Schnellimbissen. Der Kavalier legt seinen linken Handschuh ab.

»Ich glaube fast, Sie erschweren mir meine Arbeit absichtlich!«

»Der D 87 hat nur 1. Klasse und Speisewagen...«

UNIFORMIERTES

Brandmeister Dröge versichert, diese Darbietung in dringenden Fällen auch mit zwei Bällen zeigen zu können, vorausgesetzt, daß ihm zwei Schläuche zur Verfügung gestellt werden.

Der Beruf des Polizeibeamten bietet jedem idealistischen jungen Menschen eine willkommene Gelegenheit zum Dienst an der Gemeinschaft.

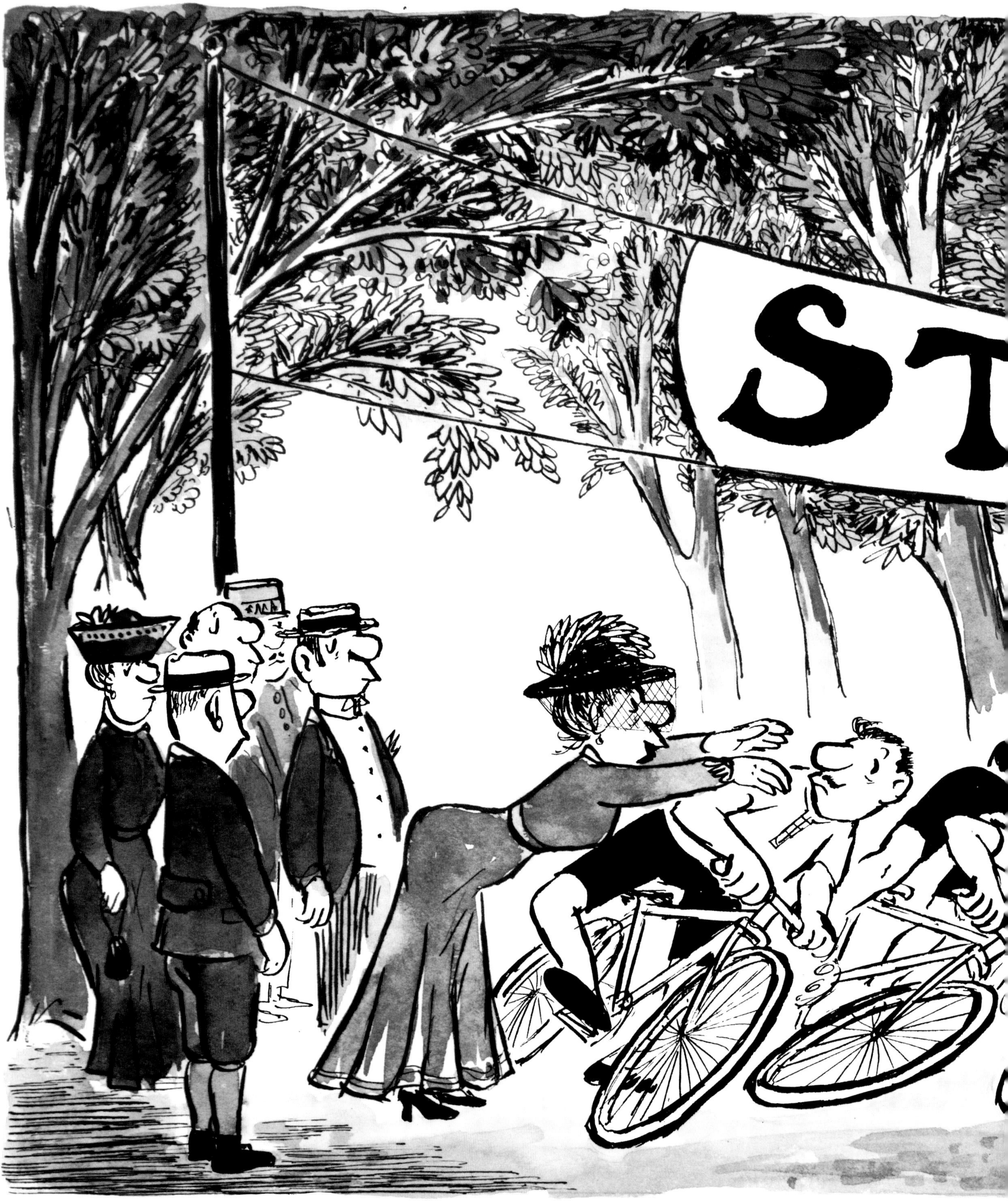

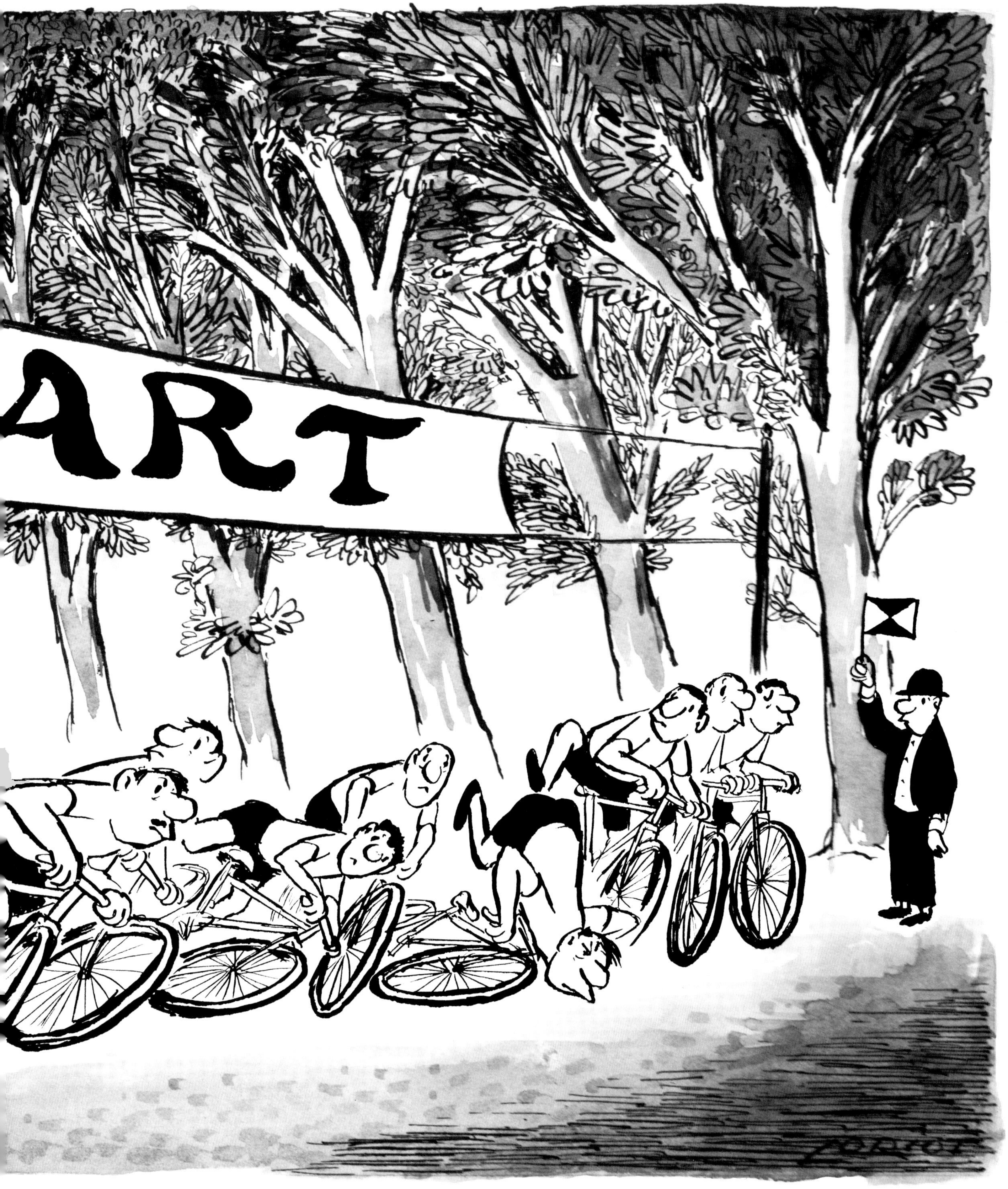
ART

Millionen am Bildschirm verfolgten die eindrucksvollen Leistungen der berühmten Läuferreihe des VfB Bredenbeck.

Das spielentscheidende Tor fiel in der 84. Minute durch einen Kopfball vom Linksaußen Willi Dombrowski (Pfeil).

SPORT

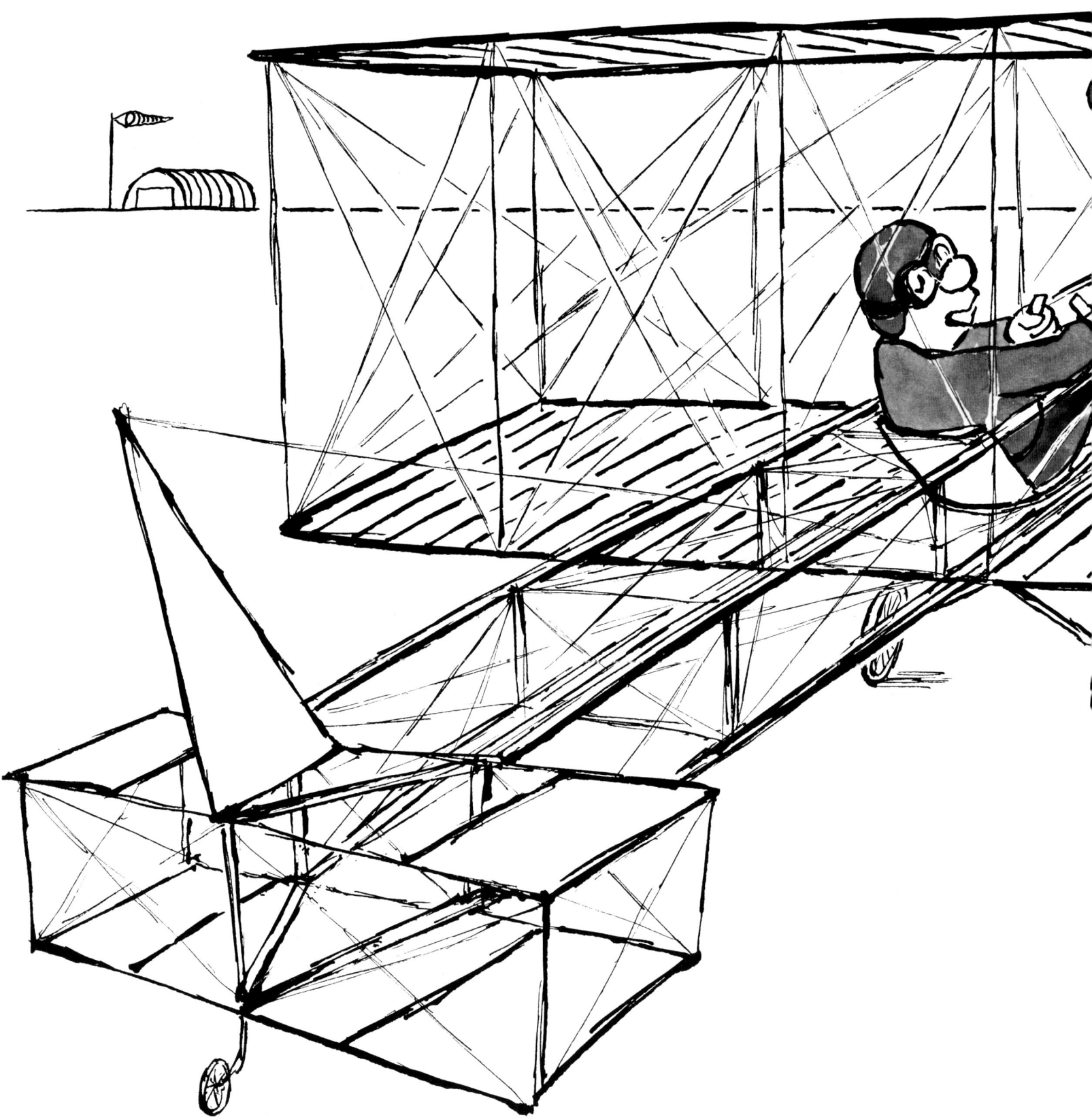

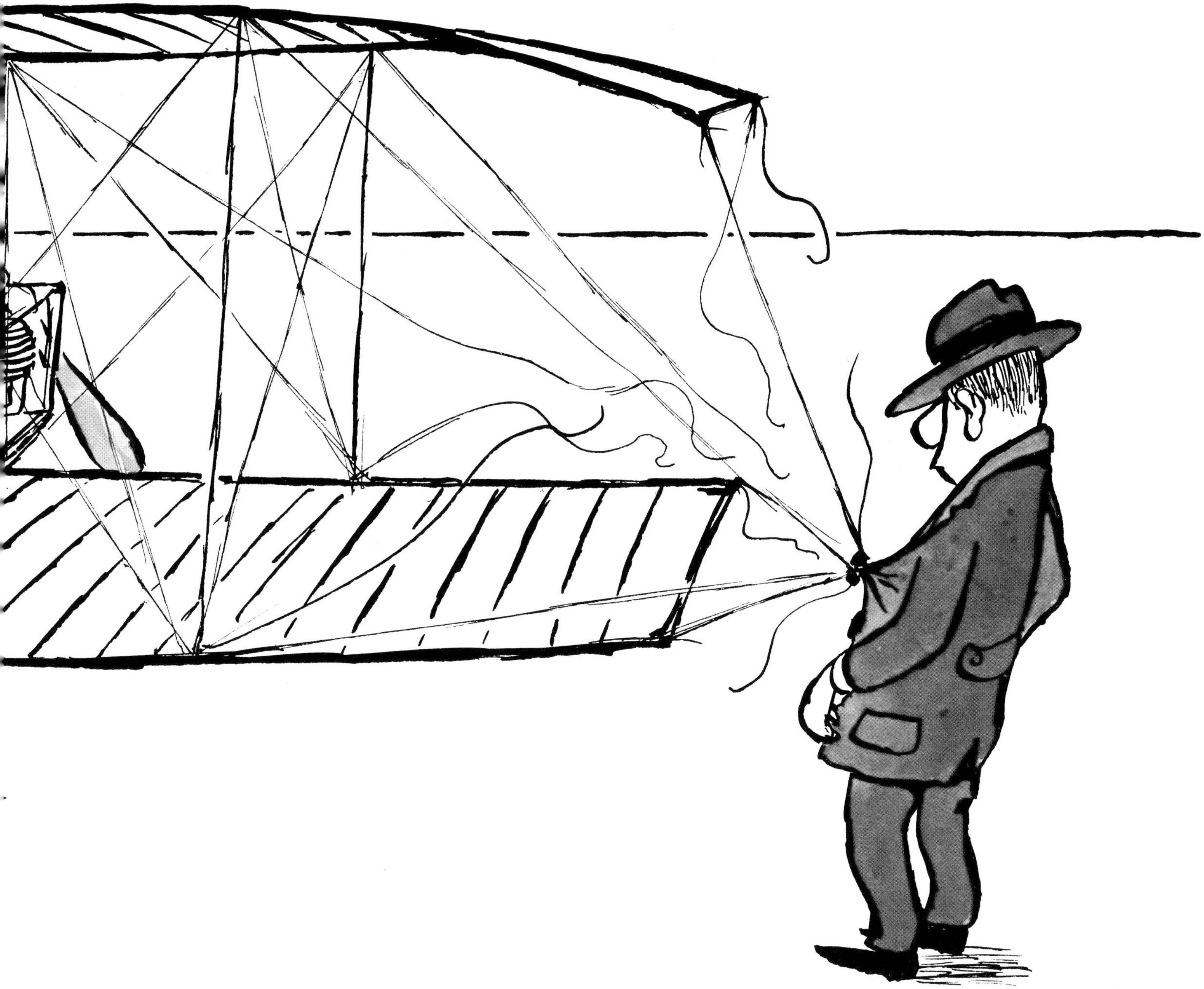

»Nicht mit Gewalt!«

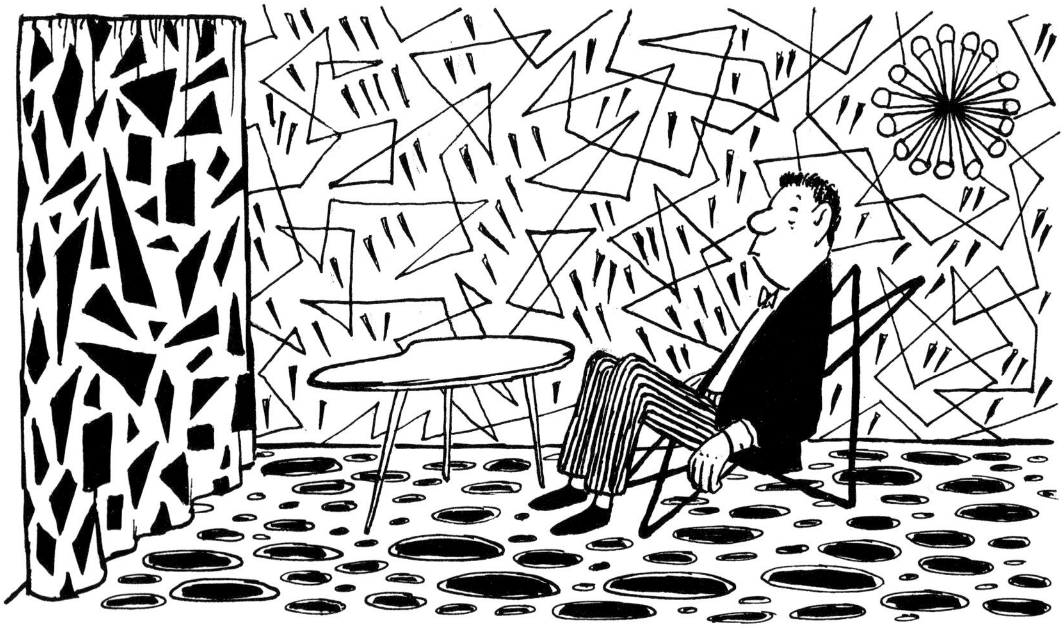

Moderne Menschen richten sich zeitgemäß ein. Aparte Dekorationsstoffe vermitteln ihnen das Gefühl behaglicher Nestwärme. Merke: *Die Wohnung sei der Spiegel Ihres Inneren.*

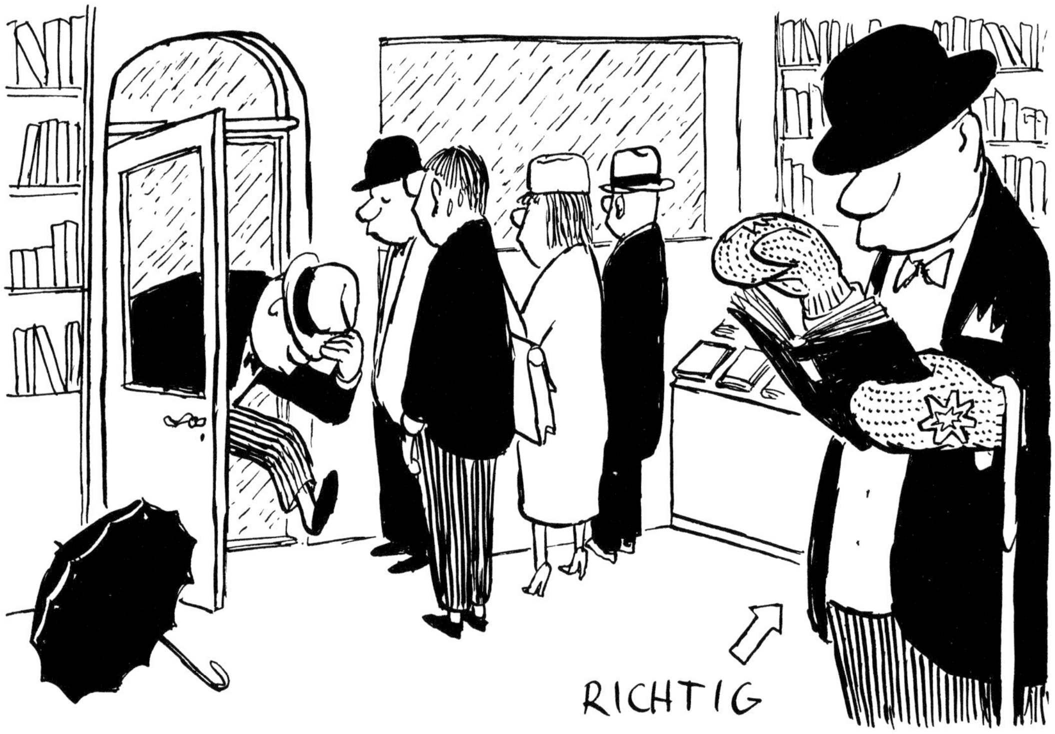
RICHTIG

Plötzliche Regenfälle können zum Betreten einer Buchhandlung zwingen. Meistern Sie Ihre Unsicherheit in der ungewohnten Umgebung. Beim Blättern in Büchern Handschuhe und Fäustlinge (auch nasse) anbehalten, um Verschmutzung der teils wertvollen Werke durch die bloße Hand zu vermeiden. Das Herausreißen einzelner Seiten verrät geistige Regsamkeit. Merke: *Nicht auf die Bücher spucken.*

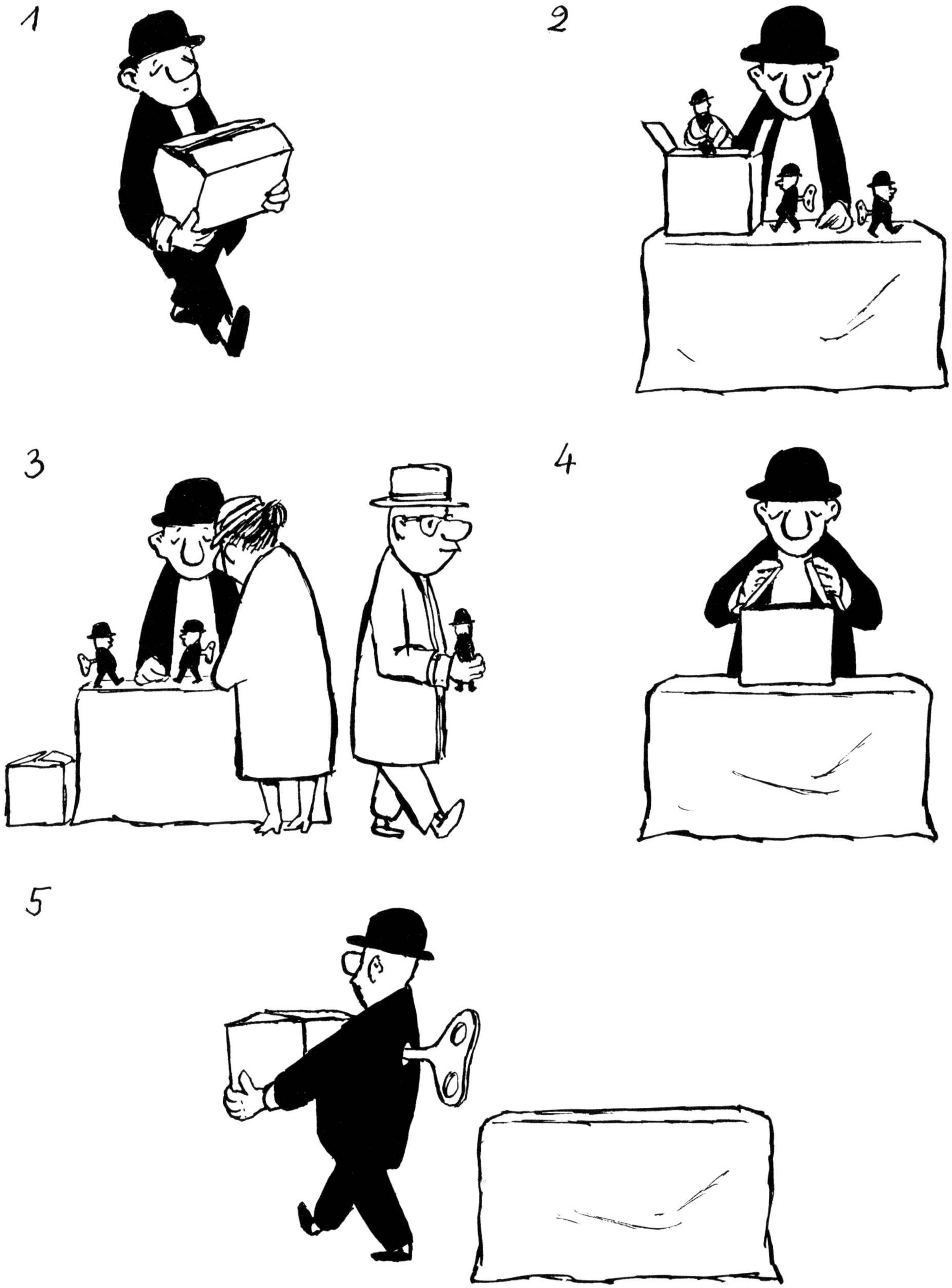
1
2
3
4
5

Zufällige Beobachter dieser Szene stimmten in der Behauptung überein, es handele sich bei dem Herrn mit hellem Hut keinesfalls um einen gewissen Harry Laubenheim.

Präzise Ermittlungen führender Institute zur Erforschung der öffentlichen Meinung haben ergeben, daß 76 Prozent aller Zeitungsleser sich ausschließlich für den Leitartikel interessieren, 15 Prozent bevorzugen Wirtschaftsnachrichten, 9 Prozent den kulturkritischen Teil.

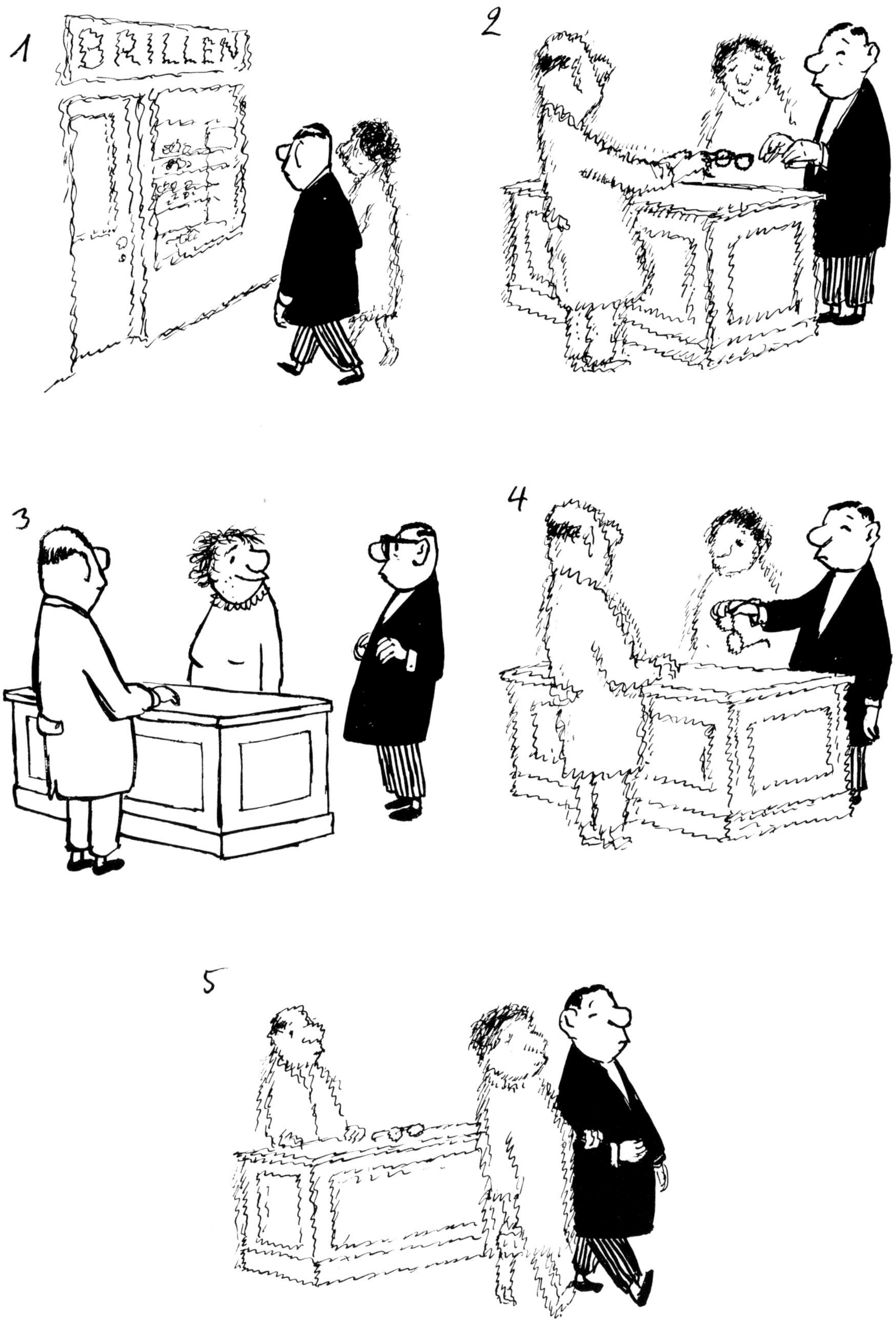
1
BRILLEN
2
3
4
5

Optiker Nolte zog sich zwei Monate später aus dem Geschäftsleben zurück.

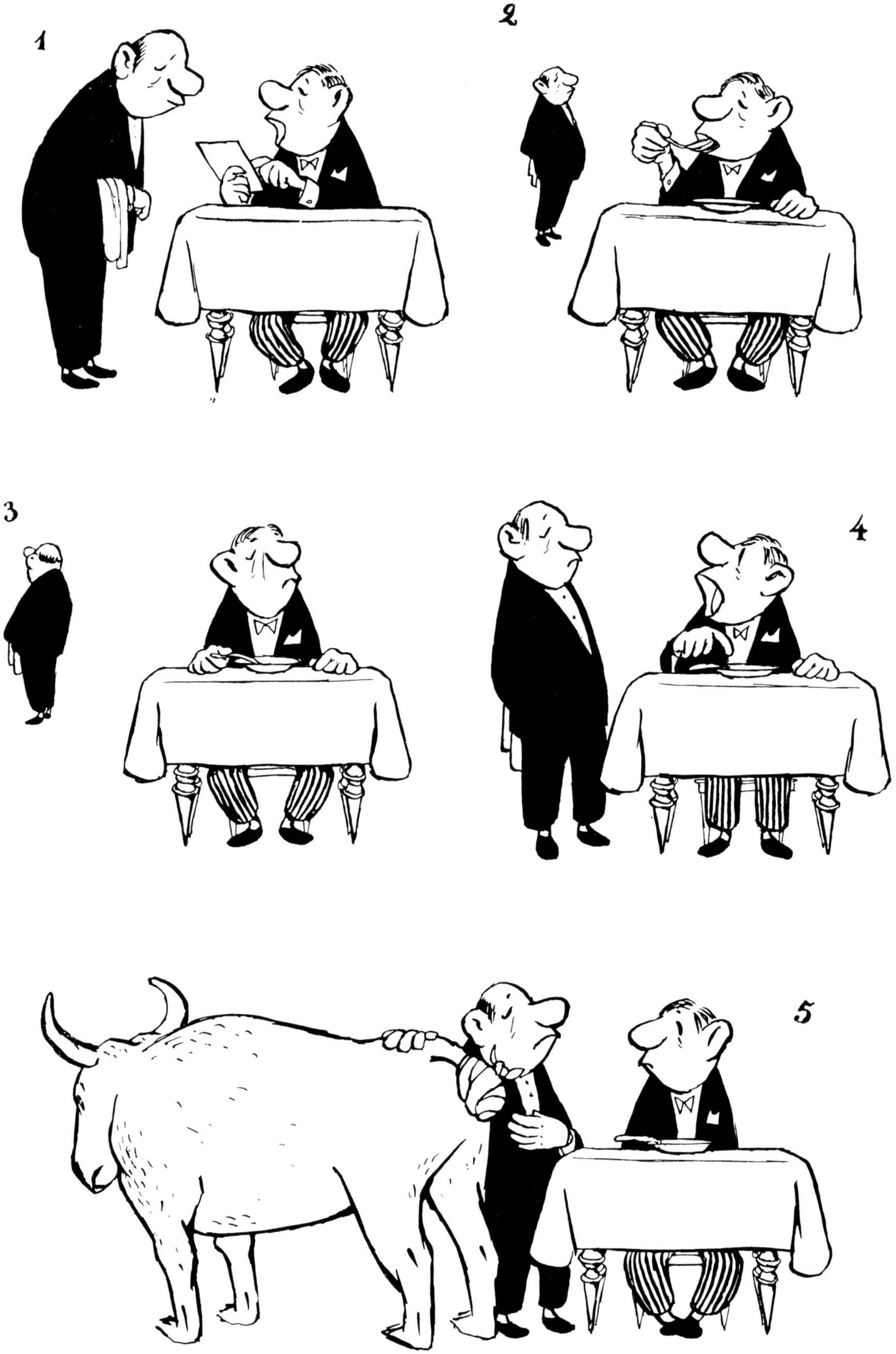
1
2
3
4
5

Wien, Hotel Bonaparte, am 2. Juli 1959.

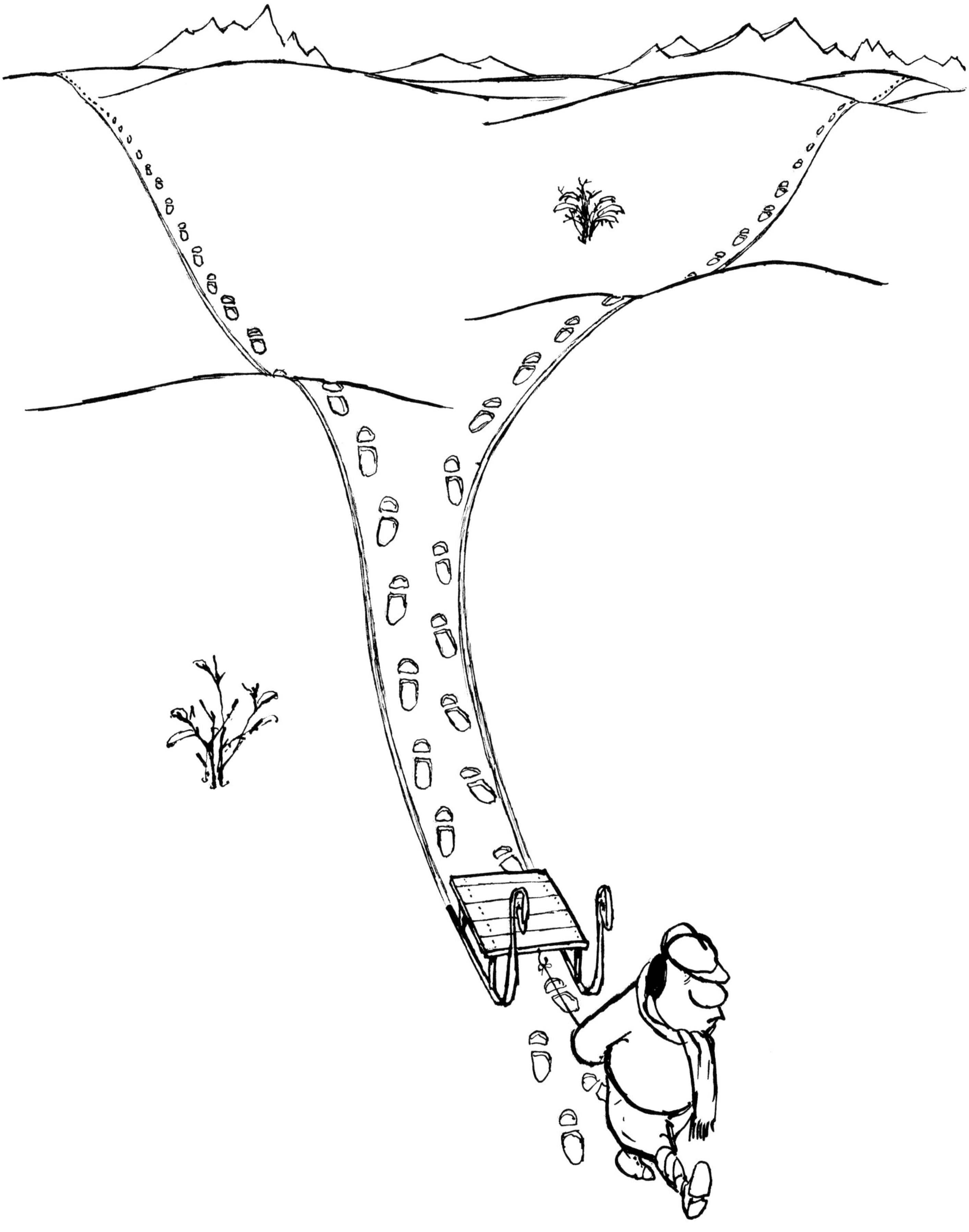

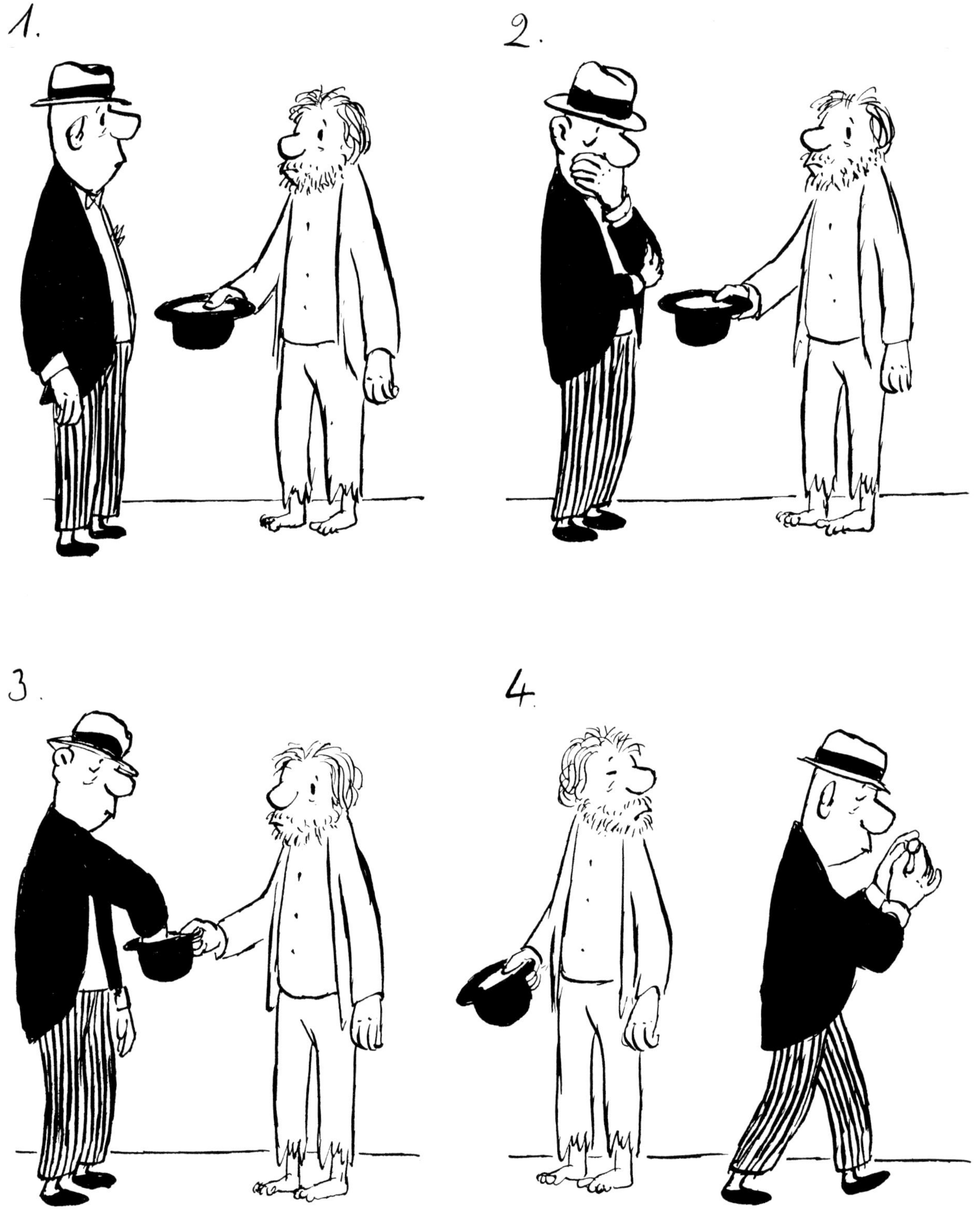
1.
2.
3.
4.

Schon kleinste Beträge helfen in Fällen echter Bedürftigkeit.

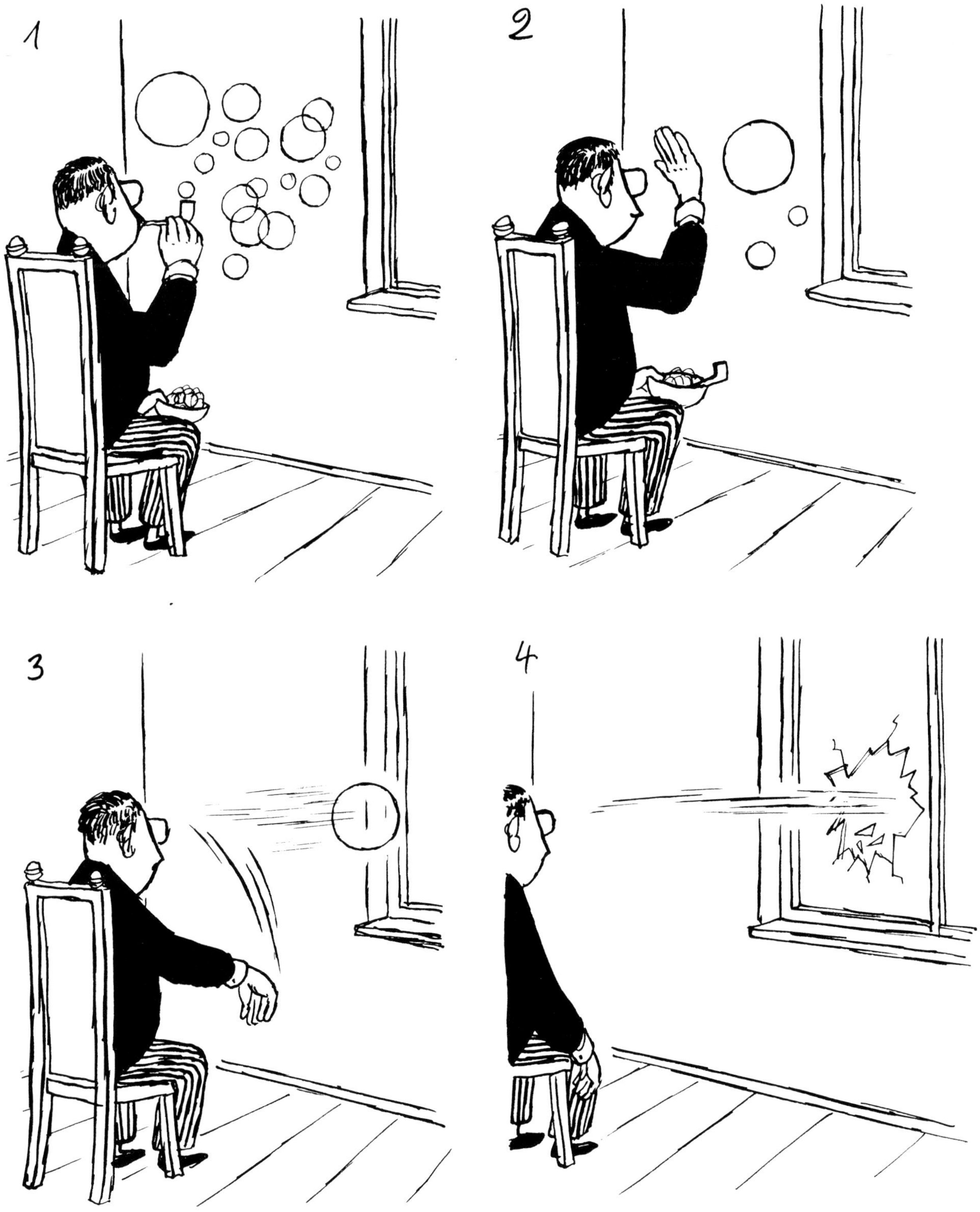
1
2
3
4

Dieses bisher unbekannte sportliche Ereignis fand am 6. Januar 1959 in Berlin-W, Kantstraße 102, statt. Ein ähnlicher Fall soll sich im Jahre 1897 in den Vereinigten Staaten zugetragen haben. Dort handelte es sich allerdings um einen Golfball.

KOCHREZEPTE

Backobst mit Gürteltierklössen

Backobst über Nacht quellen lassen und am nächsten Morgen mit reichlich Zimt und einer Zitronenschale auf kleiner Flamme langsam gar kochen. Für die Zubereitung der Gürteltierklöße hält man sich genau an das bekannte Rezept für Kartoffelklöße, nur daß statt der Kartoffeln Gürteltiere (A) verwendet werden. Zum Formen des Kloßes befindet sich die linke Hand unter, die rechte Hand jedoch über demselben (B und C). Drehbewegung in Pfeilrichtung.

Bauernomelette

Ein bis zwei zarte Landwirte (A und B) werden durch ein feines Sieb gestrichen. Das Gericht, ein Rezept aus der Entdeckerzeit Australiens, ist uns leider nur unvollständig überliefert. Eine Hausfrau mit Lust und Liebe zur Kochkunst (C) hat jedoch Gelegenheit, ihrer Experimentierfreude freien Lauf zu lassen.

KOCHREZEPTE

Nilpferd in Burgunder

Etwas für festliche Tage, vorausgesetzt, daß sich das Nilpferd in Burgunder wohl fühlt. Nilpferd waschen und trocknen, in passendem Schmortopf mit 2000 Litern Burgunder, 6 bis 8 Zwiebeln, 2 kleinen Mohrrüben und einigen Nelken 8 bis 14 Tage kochen, herausnehmen, abtropfen lassen und mit Petersilie servieren.

Walfisch, Tiroler Art

Den gut abgehangenen Walfisch (A) ausnehmen und ein bis zwei Jahre wässern. Einen halben Liter Milch mit feingewiegten Zwiebeln, Delikateßgurken und Gewürzkörnern abschmecken. Die sorgfältig entgräteten Walfischfilets hineingeben und mit einem Lorbeerblatt servieren. B: Eine Innsbrucker Hausfrau nach dem Entgräten.

DIE ENTWICKLUNG DES MOPSES

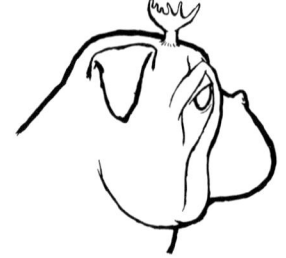
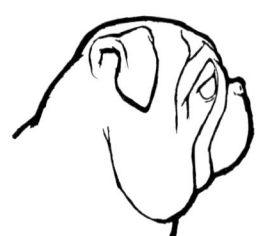

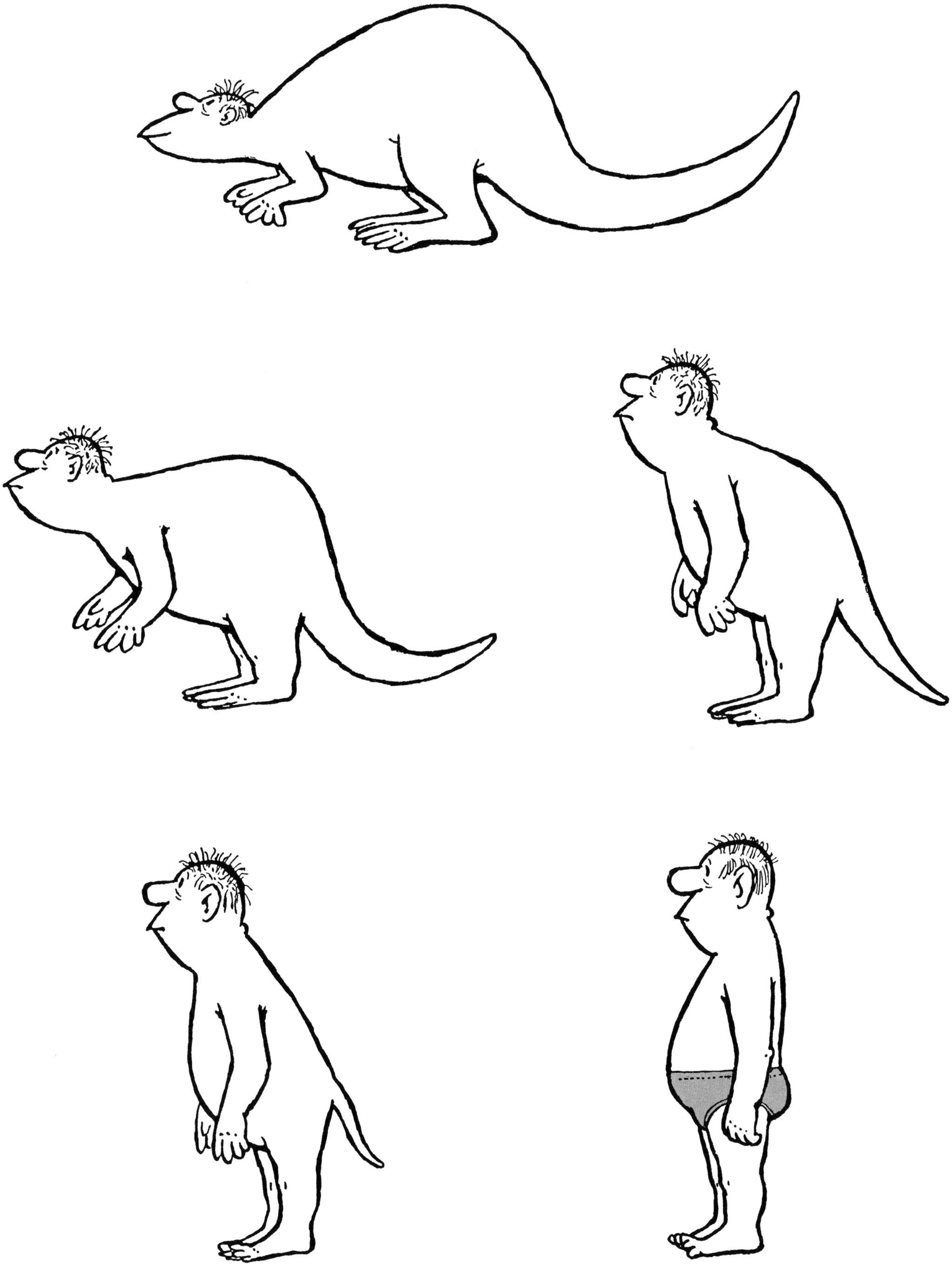

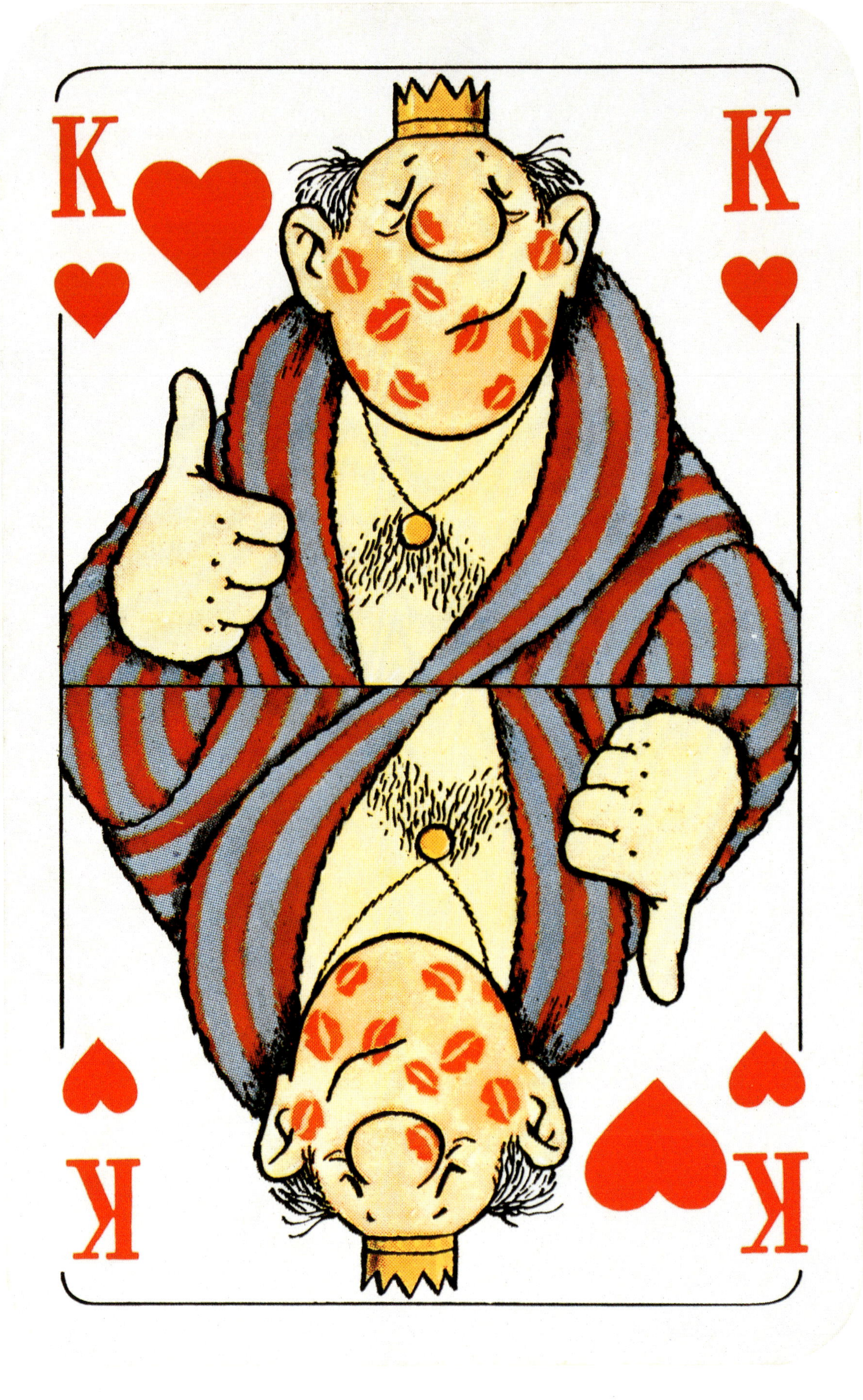
K
K
K
K

SPIELKARTEN

Pik König · Pik Dame

Herz Bube · Herz Dame

Karo Dame · Karo König

Pik Bube · Kreuz Dame

KARNEVAL DER TIERE

Text zur Komposition von Camille Saint-Saëns (1835–1921)

Niemand hätte die beschwerliche Reise und den ungewohnten Kostümzwang auf sich genommen, wenn es sich nicht um ein kulturelles Ereignis von erregender Einmaligkeit handelte: den Karneval der Tiere.

Eine nicht mehr ganz junge Waldameise tippt dem vor ihr sitzenden Erdferkel auf die Schulter: »Entschuldigen Sie, ich kann nichts sehen, wenn Sie den Hut aufbehalten.« Mürrisch nimmt das Erdferkel seinen Kopfputz ab, ein sperriges Flechtwerk aus Spargelkraut und Hühnerfedern. Die Ameise bedankt sich und läßt den Blick über die Urwaldlichtung schweifen. 4791 seltsam kostümierte Tiere zählt sie allein auf den Sitzplätzen der Arena, ganz zu schweigen von unzähligen Affen und Vögeln, die sich in den überlasteten Wipfeln der Bäume drängen.

Soeben kommt eine leichte Unruhe auf, denn der Mond löst sich zum Zeichen des Beginns aus den Ästen des Mangobaumes. »Ich glaube, ich höre etwas«, sagt eine Taube, und sie hat so unrecht nicht, denn dort drüben neben dem Eingang, in den Zweigen der kahlen Eiche setzen 64 Uhus ihre Instrumente an ... und jetzt hebt der Marabu den Taktstock ... die beiden Eichhörnchen an den Klavieren greifen in die Tasten ... und da tritt *er* in die Arena, mit der ganzen königlichen Verwandtschaft, seine Majestät, der Löwe ...

KÖNIGLICHER MARSCH DER LÖWEN
Andante maestoso – Allegro non troppo – Piu allegro

Der Löwe hat unter mäßigem Beifall zwei Runden abgeschritten und gelangweilt in die Menge gewinkt. Sodann hat er sich samt seiner Gattin, seinen drei Söhnen, einer Tochter, fünf Vettern und Cousinen sowie einer fehlfarbenen Tante auf den Ehrenplätzen niedergelassen und die Augen geschlossen.

»Kommen jetzt die Hühner?« fragt der Fuchs seine Lebensgefährtin. »Nimm dich zusammen«, will sie sagen, aber es verschlägt ihr die Sprache. Eine kunstvolle, fünf Meter hohe Pyramide aus 77 gutgewachsenen braunen Hühnern trippelt herein ... auf ihrer Spitze balanciert ein Hahn im Kostüm des Kaisers Napoleon!

HÜHNER UND HÄHNE
Allegro moderato – Animato

Die Hühner eilen erhitzt dem Ausgang zu, der Hahn nimmt starren Auges den Applaus entgegen ... und da stürmen sechs wilde Esel in die Manege ...

WILDE ESEL
Presto furioso

»Bravo«, applaudieren die Säugetiere, auch alle Fische, Vögel und Insekten. Nur ein auffällig nackter Mehlwurm schüttelt den Kopf und sagt: »*Ich* bevorzuge das Pariser Schildkröten-Ballett ... oh, sie kommen ... sie kommen ... seht nur, wie rhythmisch sie die Beine heben!«

SCHILDKRÖTEN
Andante maestoso

Der Mehlwurm wirft den Schildkröten Kußhändchen zu. »Toll«, sagt er. Sein Nachbar, ein afrikanischer Elefant mit angeklebtem Schnurrbart, teilt diese Ansicht nicht: Einer Schildkröte fehle zum Tanz die nötige Anmut, meint er von oben herab und und fügt hinzu, *er* kenne überhaupt nur eine einzige lebende Tänzerin von Format, seine Gattin nämlich ... und da schwingt sie auch schon herein, in wehende weiße Schleier gehüllt, Kopf und Rüssel stolz erhoben, die Augen halb geschlossen in verhaltener Leidenschaft.

DER ELEFANT
Allegretto pomposo

»Na, was sagen Sie nun?« Der Elefant sieht dem Mehlwurm scharf ins Auge. Dieser möchte weder lügen noch den empfindlichen Elefanten unnötig reizen, und so sagt er: »Tja ...« Der Elefant hat eine Erwiderung auf der Zunge, aber ganz unerwartet hüpfen Känguruhs mit weißen Häubchen zwischen die Reihen, um Erfrischungen anzubieten.

KÄNGURUHS
Moderato

Ein verspätetes Nilpferd findet seinen Sitz in der elften Reihe von einem Krokodil belegt, das zu schlafen scheint. Einen Augenblick belauscht das Nilpferd die gleichmäßigen Atemzüge des Krokodils und nimmt dann vorsichtig auf dem unteren Ende des länglichen Tieres Platz.

Inzwischen haben vier Esel ein kugeliges Aquarium in die Manege getragen. Sieben lachsfarbene Schleierschwänze schwimmen darin im Kreise und lassen silberne Bläschen steigen, wobei sie zu lächeln versuchen.

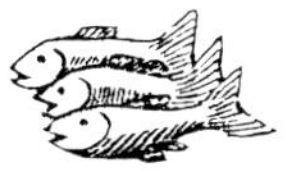

Das Aquarium
Andantino

... Und während die Esel das Aquarium samt Schleierschwänzen von dannen tragen, singen sie eine alte Weise von Liebe, Lust und Leid.

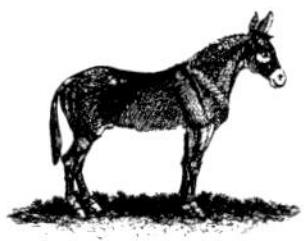

Persönlichkeiten mit langen Ohren
Tempo ad libitum

Ein Murmeltier hat sich die Ohren zugehalten. »Heute singt auch jeder Esel«, sagt es und beäugt den Kuckuck im schlecht sitzenden Federkleid, der für seine Gesangsdarbietung im höchsten Wipfel des Affenbrotbaumes Platz genommen hat.

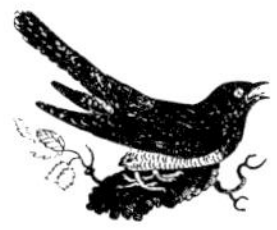

Der Kuckuck
Andante

Der Kuckuck ist verstummt, und es herrscht tiefe Stille. Das Erdferkel hat verweinte Augen. Auch der Elefant ... auch das Nilpferd und der Fuchs ... die Ameise und der Mehlwurm auch ...
»Kommt jetzt der Schwan?« fragen drei junge Katzen. »Nein ... die Kolibris«, sagt die alte Katze ... »Seht nur ... 2000 Kolibris!«

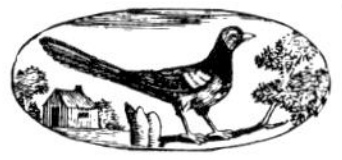

Das Vogelhaus
Moderato grazioso

Und ... husch ... wie sie kamen, schwirren sie davon ... schräg durch die kahle Eiche, daß die 64 Uhus sich ducken müssen ... »Kommt jetzt der Schwan?« fragen die jungen Katzen. »Sitzt grade und haltet den Schnabel«, sagt die Alte ... »Schaut! ... Die beiden Eichhörnchen geben zwei Wasserschweinen Klavierunterricht!«

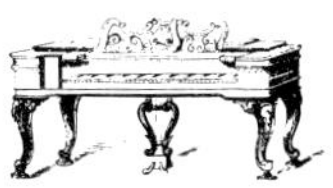

Die Pianisten
Allegro moderato

Noch während die Eichhörnchen und Wasserschweine zierliche Verbeugungen machen, tritt ein dicklicher Biber in die Runde. Leider, so sagt er, finde der Gesang der Fossilien nicht wie vorgesehen statt. Das hohe Alter des einst weltberühmten Gesangsquartetts – man spreche von mehreren Millionen Jahren – habe es an der Reise gehindert. Zum Glück jedoch seien die 64 Uhus bereit, die Fossilien-Schlager auf ihren Instrumenten vorzutragen. Er wünsche angenehme Unterhaltung.
»Kommt jetzt der Schwan?« fragen die jungen Katzen. »Pscht!« sagt die Alte.

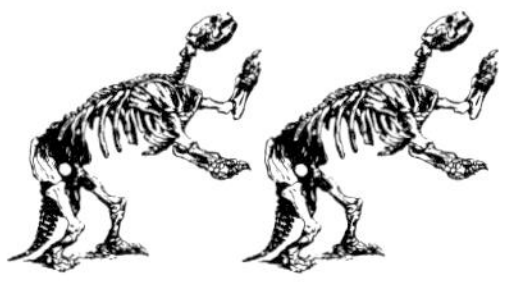

Die Fossilien
Allegro ridicolo

Nach freundlichem Beifall, vornehmlich aus den Reihen älterer Leguane, Nashörner und Schildkröten, nähert sich das Fest dem Höhepunkt: 29 Maulwürfe haben ein Bachbett vom nahen Urwaldsee bis zum Rande der Manege gewühlt ... und nun löst der Biber das versteckte Wehr ... gänzlich unerwartet wächst ein Teich inmitten der verblüfften Festgemeinde ... und da kommt der Schwan hereingeglitten ... im Mondlicht silberweiß ... geschmückt mit duftenden Hibiskusblüten ...
»Ein eitler Schwachkopf«, sagt der Fuchs. Doch niemand hört es.

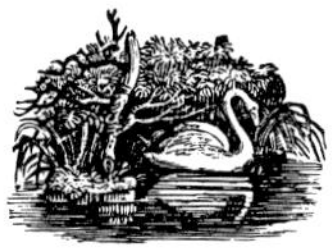

Der Schwan
Andantino grazioso

»Da capo!« applaudiert ein gesprenkeltes Kaninchen ... aber das Fest ist zu Ende. Schon gibt der Löwe das Zeichen zum Aufbruch. Der Marabu hebt noch einmal den Taktstock ... die Eichhörnchen greifen in die Tasten ... die Uhus fallen ein ... der Löwe schreitet dem Ausgang zu ... und mit ihm die Elefanten und Erdferkel, die Biber, Ameisen, Mehlwürmer, Maulwürfe, Känguruhs, Katzen und Schildkröten, die Esel, Hühner, Füchse und Kolibris ... hüpfend und tirilierend entschwinden sie hinter Bäumen und Bergen, woher sie gekommen waren.

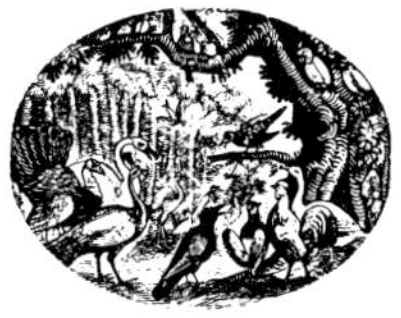

Finale
Molto allegro

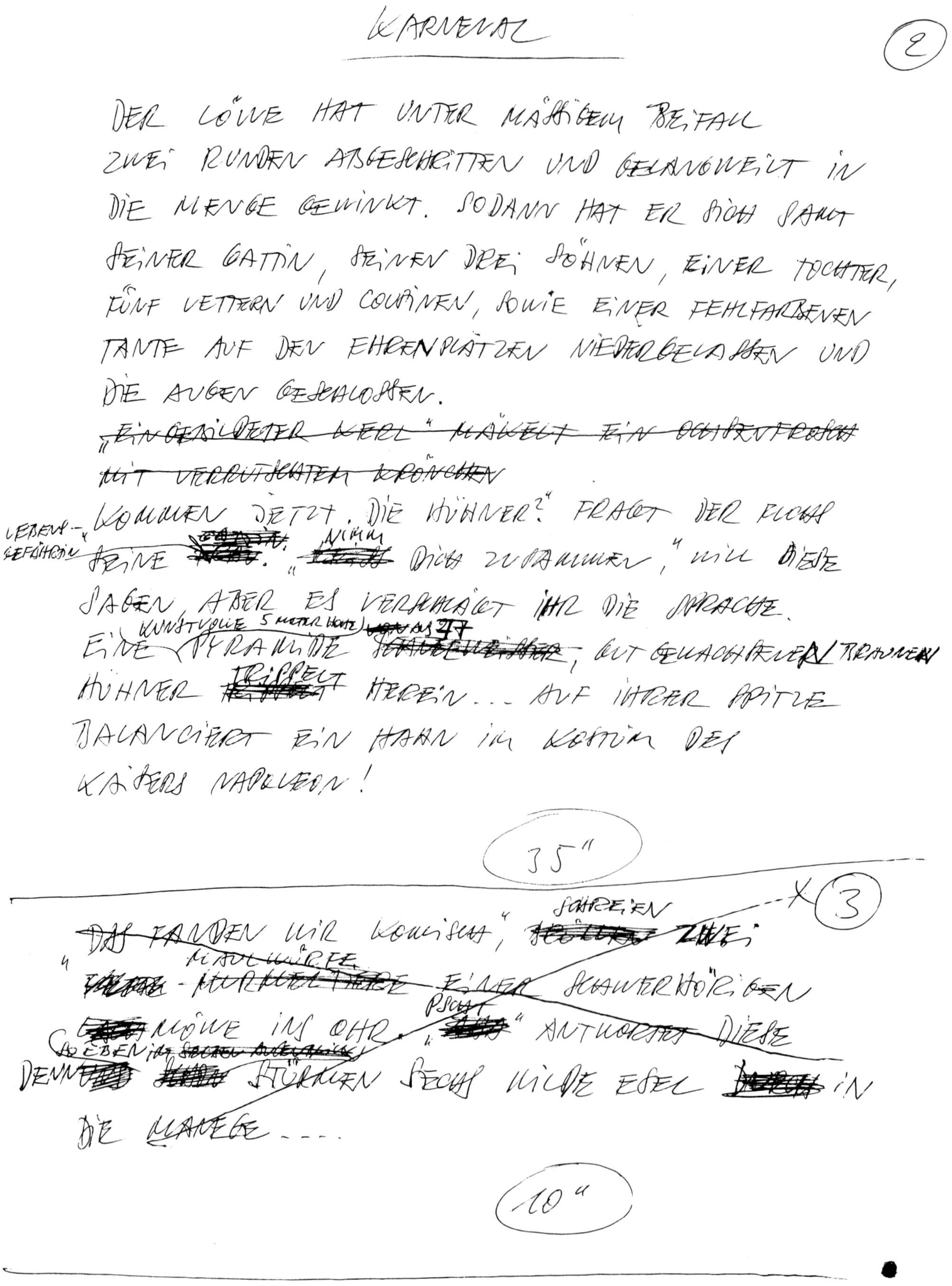
KARNEVAL

(2)

DER LÖWE HAT UNTER MÄSSIGEM BEIFALL ZWEI RUNDEN ABGESCHRITTEN UND GELANGWEILT IN DIE MENGE GEWINKT. SODANN HAT ER SICH SAMT SEINER GATTIN, SEINEN DREI SÖHNEN, EINER TOCHTER, FÜNF VETTERN UND COUSINEN, SOWIE EINER FEHLFARBENEN TANTE AUF DEN EHRENPLÄTZEN NIEDERGELASSEN UND DIE AUGEN GESCHLOSSEN.

~~„EIN GEBILDETER KERL" MÄKELT EIN OCHSENFROSCH MIT VERRUTSCHTEM KRÖNCHEN~~

„KOMMEN JETZT DIE HÜHNER?" FRAGT DER FLOH. „LEBENSGEFÄHRLICH" SEINE: „NIMM DICH ZUSAMMEN," WILL DIESE SAGEN, ABER ES VERSCHLÄGT IHR DIE SPRACHE.

EINE KUNSTVOLLE 5 METER HOHE PYRAMIDE AUS 27 GUTGEWACHSENEN BRAUNEN HÜHNER TRIPPELT HEREIN... AUF IHRER SPITZE BALANCIERT EIN HAHN IM KOSTÜM DES KAISERS NAPOLEON!

35"

(3)

DAS FANDEN WIR KOMISCH, SCHREIEN ZWEI „MAULWÜRFE EINER SCHWERHÖRIGEN MÖWE INS OHR. „PSCHT" ANTWORTET DIESE. DENN SOEBEN STÜRMEN SECHS WILDE ESEL IN DIE MANEGE...

10"

Manuskript zu »Königlicher Marsch der Löwen«

KARNEVAL DER TIERE · PETER UND DER WOLF

Abbildung auf der Schallplattenhülle

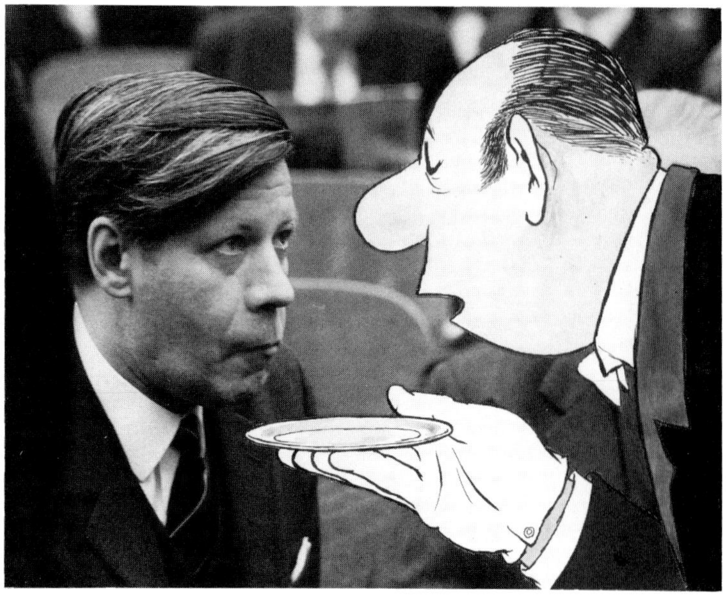

»Herr Schmidt, Sie sollten den Bonbon sofort herausgeben – er gehört Herrn Wehner.«

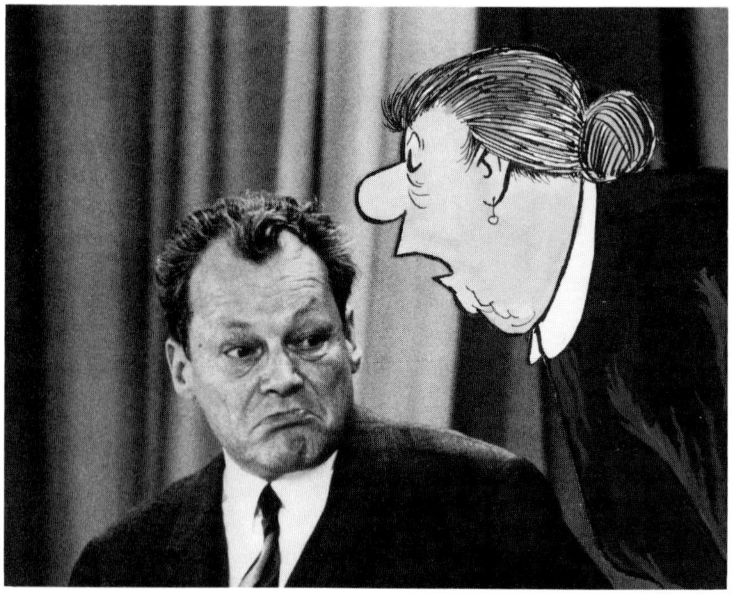

»Willst Du wohl dem netten Onkel von der CDU das Händchen geben, Willi!«

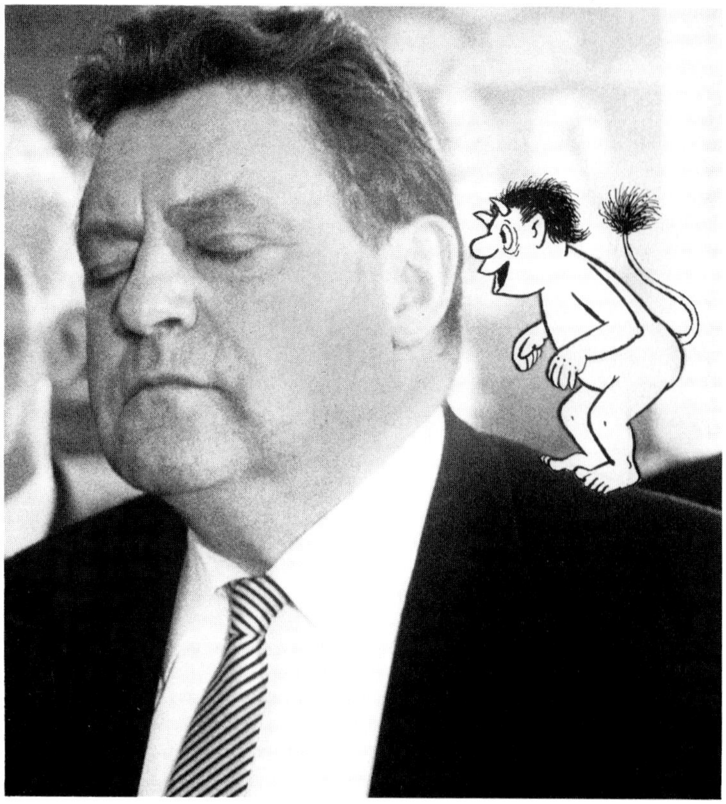

»Jetzt stehst Du auf und sagst folgendes: ...«

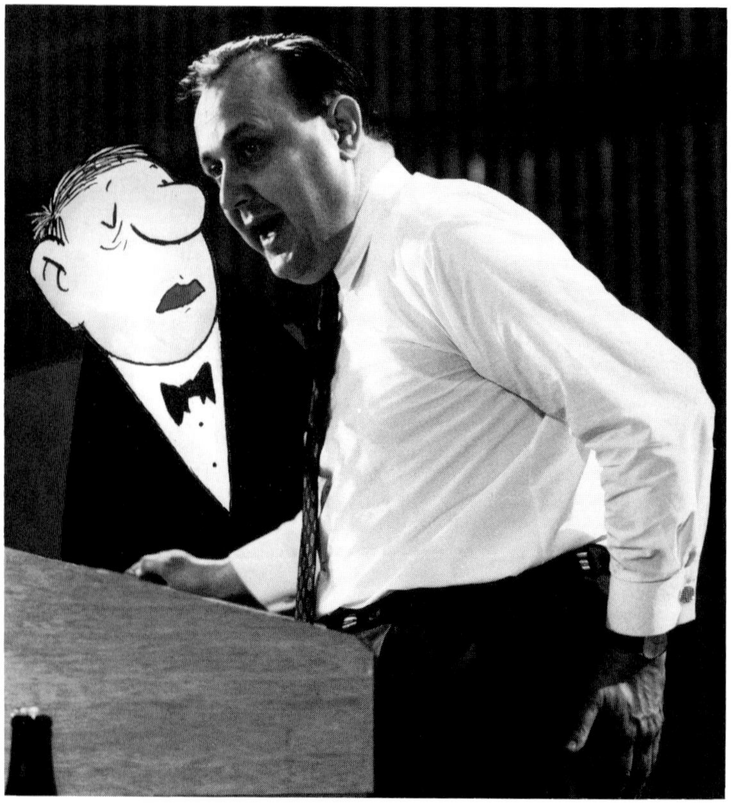

»Sicher ist Ihrem Parteifreund der Fuß nur ausgerutscht, Herr Genscher.«

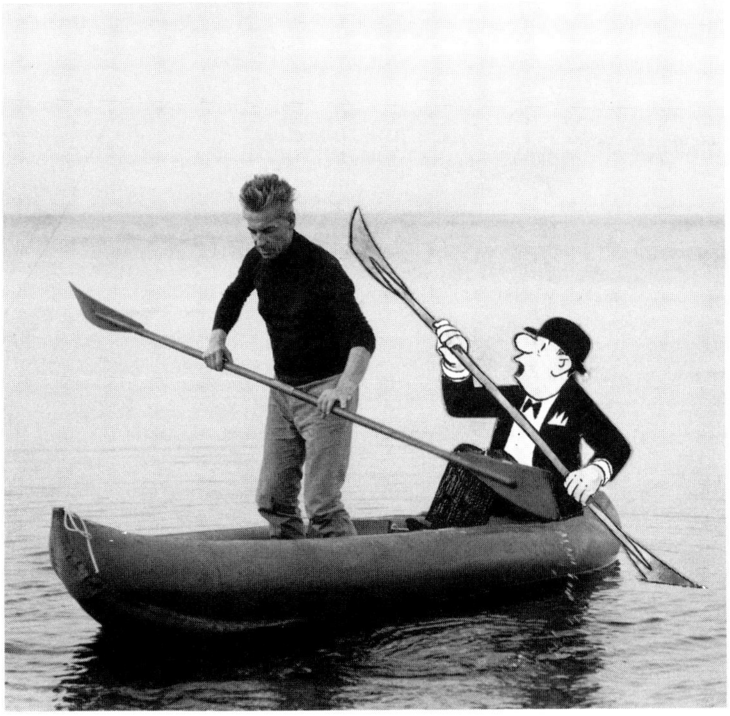

»Das Konzert beginnt erst um neun, aber es sind noch siebzig Seemeilen bis New York, Herr v. Karajan!«

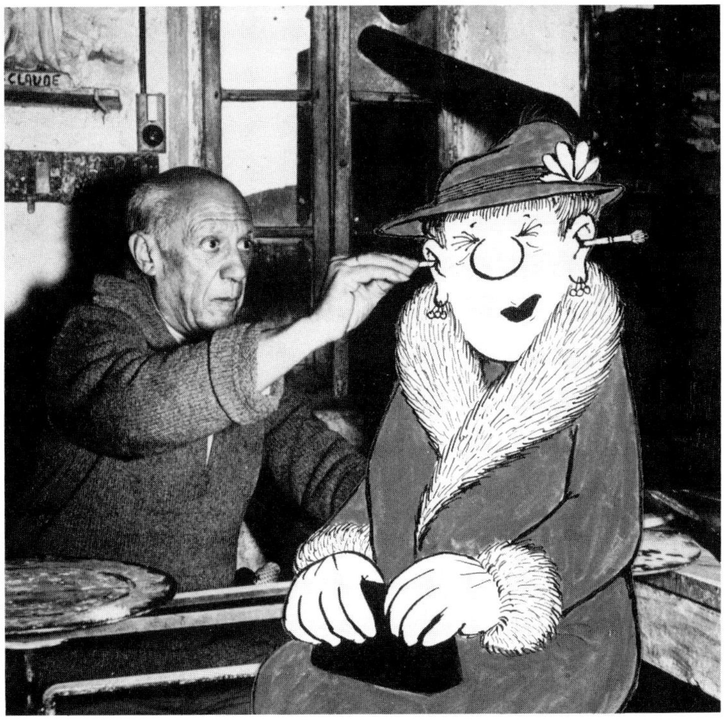
CLAUDE

»Hauptsache, mein Porträt wird wirklich ähnlich, Herr Picasso.«

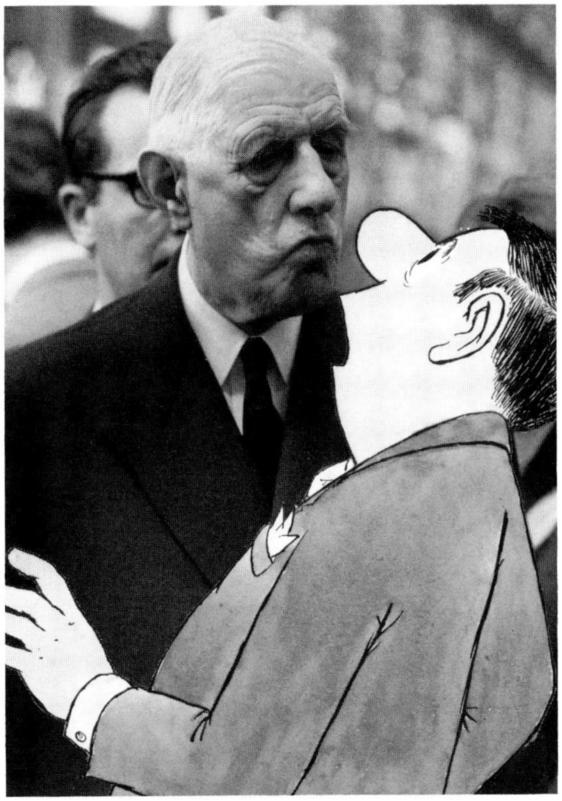

»Ich schreie, wenn Sie mich küssen, Herr General!«

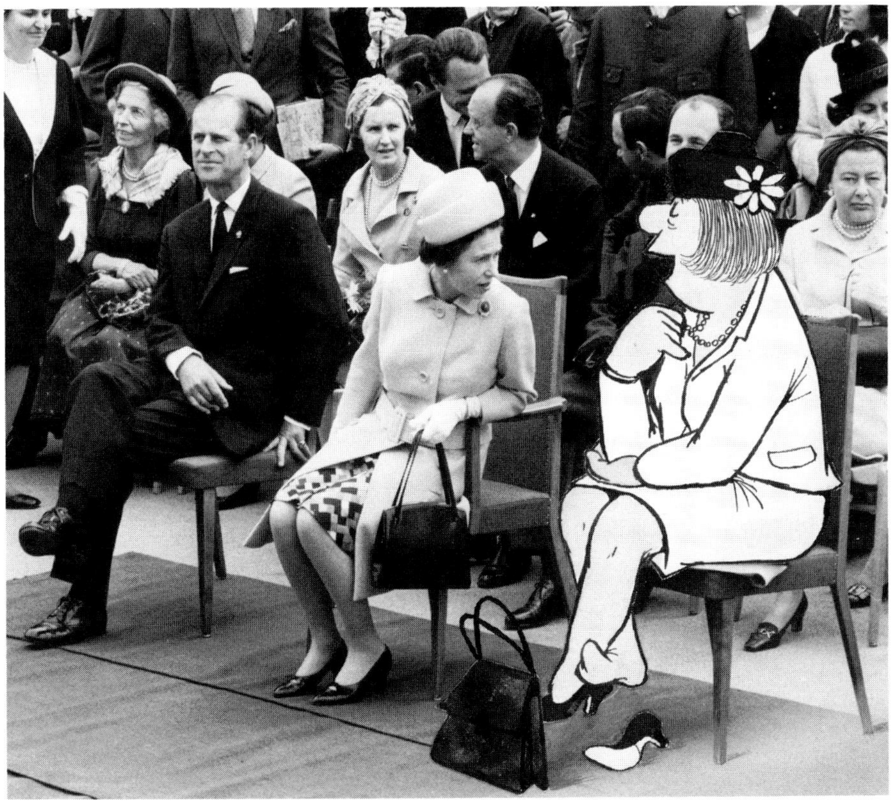

»Ihr Ältester will König werden? Na, das gibt sich wieder!«

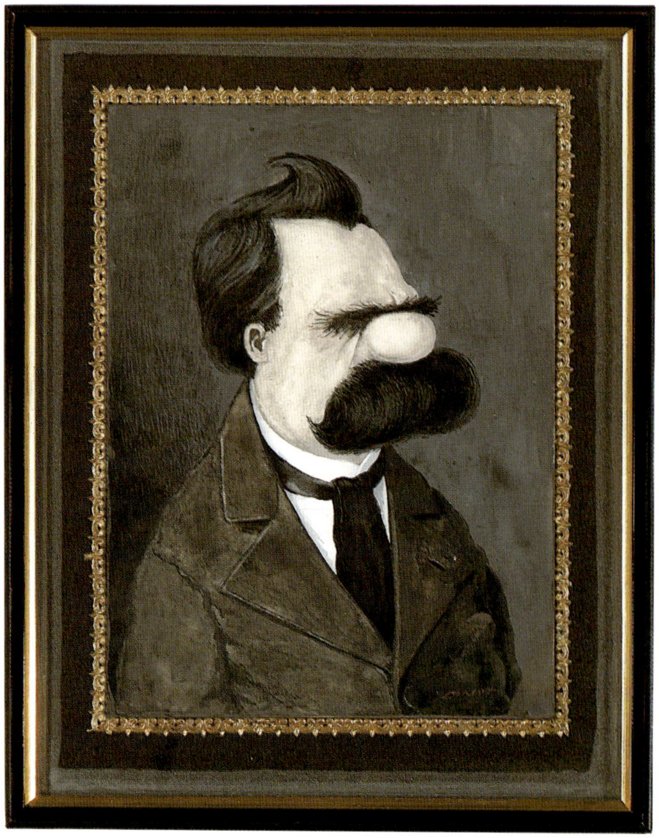

Friedrich Nietzsche

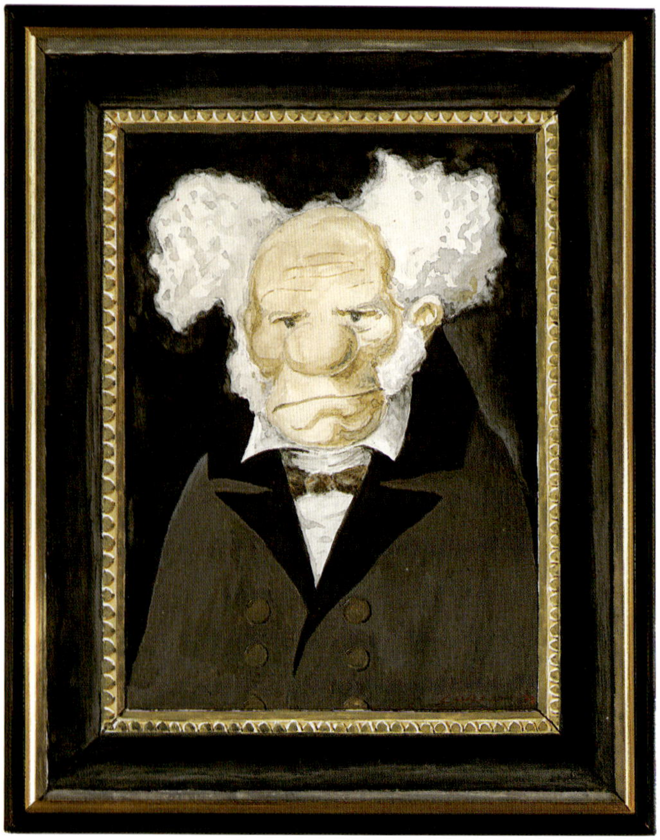

Arthur Schopenhauer

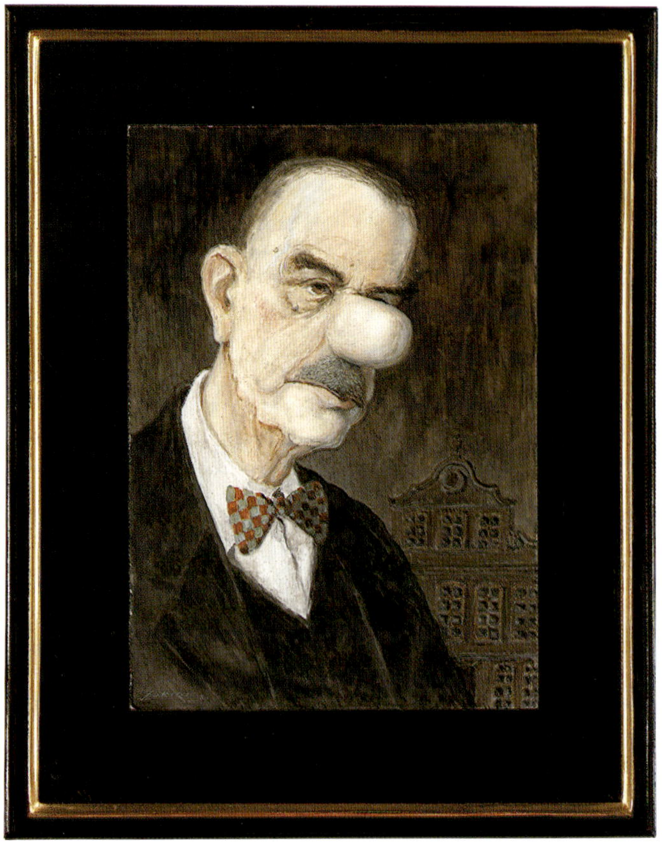

Thomas Mann

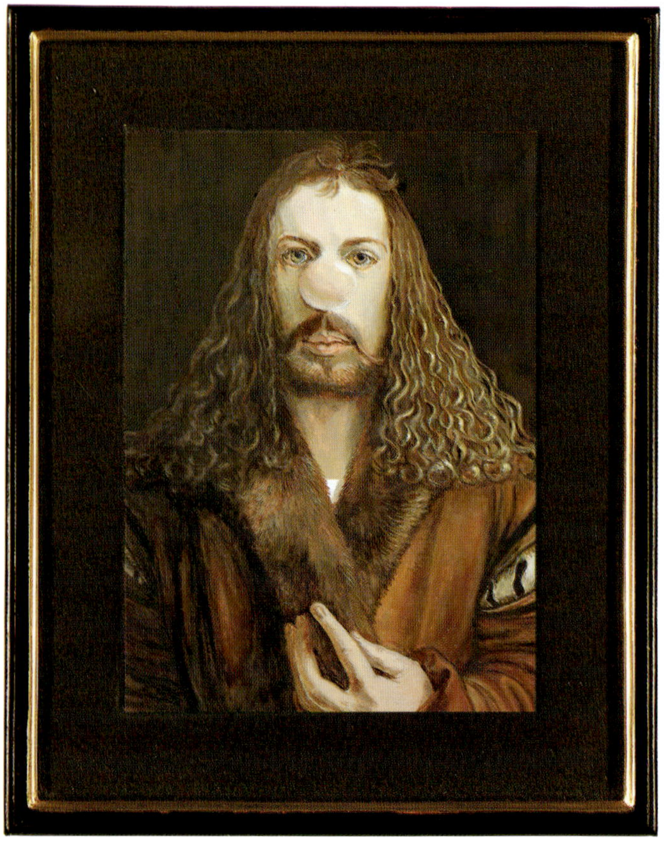

Albrecht Dürer

GROSSE DEUTSCHE

Cosima Wagner

Richard Wagner

Johann Wolfgang von Goethe

GEDANKEN ZU EINEM GEDICHT VON LORIOT

Von Wolfgang Hildesheimer

Im Jahr 1799 schreibt Caroline Schlegel an ihre Tochter: »Schillers Musenkalender ist auch da. Beim *Lied von der Glocke* sind wir gestern fast von den Stühlen gefallen vor Lachen.« »Wir«, das sind die Brüder Schlegel und ihre Frauen Caroline und Dorothea, vielleicht auch Tieck und Novalis. Der Tatsache, daß Caroline und Dorothea eine Parodie der folgenden Passagen geschrieben haben, entnehmen wir genau, um welche es sich handelt:

> Und drinnen waltet die züchtige Hausfrau,
> Die Mutter der Kinder,
> Und herrschet weise
> Im häuslichen Kreise
> Und lehret die Mädchen
> Und wehret der Knaben
> Und reget ohn' Ende
> Die fleißigen Hände.

Caroline und Dorothea waren höchst emanzipierte Intellektuelle und daher weit davon entfernt, etwa die Schillersche Hausfrau als weibliches Ideal anzuerkennen. Und wären die jeweiligen Männer der beiden – die Schlegels waren ja nicht die einzigen – so spießbürgerlich gewesen, wie Schiller es, zumindest in seinen Ansichten, war, so wären die beiden Frauen in allem eigene Wege gegangen, wozu sie, ihrer Natur und ihrer Weltsicht nach, durchaus imstande gewesen wären.

Bei wiederholter Lektüre des wunderbaren Gedichtes »Advent« von Loriot, das wohl der Periode seiner mittleren Reifezeit zuzurechnen ist, habe ich mich hin und wieder gefragt, was wohl die beiden Damen von der Heldin *dieses* Gedichtes gehalten hätten, die, ohne jegliche Hilfe von außen, mutig und gefaßt, ihren eigenen Weg einschlägt. Ich denke, hier wäre ihnen das Lachen vergangen, sie wären nachdenklich geworden. Eine Genugtuung hätte für sie allein schon darin gelegen, daß hier eine Frau besungen wird, die mit beiden Beinen im Leben – freilich mit einem vielleicht schon in der Vollzugsanstalt – steht. Denn die weibliche Heldin ist in der deutschen Poesie selten. Mir fällt nur Bürgers Lenore und Goethes Johanna Sebus ein, die beide, jede auf ihre Weise, völlig anders angelegt sind als die Försterin Loriots. Wo der fundamentale Unterschied liegt, soll hier nicht erörtert werden. Ich behalte mir vor, eine separate Studie darüber zu schreiben.

Allerdings bin ich nicht sicher, ob die beiden Damen Schlegel nicht vielleicht doch ein leises Lächeln hätten unterdrücken müssen, angesichts dieser beiden Zeilen (bei denen Hugo Wolf, hätte er diese Strophen vertont, von d-moll nach C-Dur übergegangen wäre).

> Er war ihr bei des Heimes Pflege
> seit langer Zeit schon sehr im Wege.

Und wir selbst mögen uns ebenfalls fragen, ob hier nicht doch ein allzu bürgerlich-prosaisches Element anklingt, ähnlich dem des Liedes von der Glocke. Denn ein solches Motiv würde das Verfahren der Försterin zu kleinlicher Häuslichkeit reduzieren, während sie sonst um einiges größer angelegt erscheint. Dazu kommt ein thematischer Einwand: es erscheint dem Leser offensichtlich, daß die Heldin dieses Heim nicht mehr lange pflegen wird, denn gewiß handelt es sich um eine Dienstwohnung, von der sie sich nunmehr wohl trennen muß, um fortan in der Stadt von der mageren Hinterbliebenenrente des Ministeriums für Landwirtschaft und Forsten zu leben, es sei denn, daß sie, resolut, wie sie ist, sich auf andere Weise zu helfen weiß, oder daß sie, wie schon gesagt, ihr Dasein fürderhin im Zuchthaus fristet. Da wir nun schon bei den – wahrhaftig geringen – Schwächen des Werkes sind:

Der Gedanke:

> Voll Sorgfalt legt sie Glied auf Glied
> (was der Gemahl bisher vermied) –,

an sich ein schöner Gedanke, befriedigt dennoch nicht vollends. Hier wäre das Perfekt am Platz gewesen, denn dieses so subtil angedeutete Verhalten liegt nunmehr in einer abgeschlossenen Vergangenheit, daher auch das Wort »bisher« etwas Irreführendes hat. Denn es hätte ja zu bedeuten, daß der Zustand, auf den es sich bezieht, sich in Zukunft ändern mag, wovon kaum die Rede sein kann.

Sonst aber erscheint mir dieses Gedicht vollkommen. Das Lyrische und das Balladeske halten einander die Waage. Der thematische Aufbau der Waldnacht ist ein Stimmungsbild, das uns unwillkürlich an das »Abendlied« des Matthias Claudius erinnert, es entspricht derselben Innigkeit, und man möchte sich beinah die Worte »Verschon' uns, Herr, mit Strafen« aus dem Mund der Försterin vorstellen. Der Leser wird durch den Tann – vielleicht auch durch Birk und Busch – langsam dem erleuchteten Fenster entgegengeführt, hinter dem die gute Frau bei vorweihnachtlichem Kerzenschimmer schweigend, oder gar ein Liedchen summend, ihrer geheimnisvollen Tätigkeit nachgeht. Hier denn ist behutsam ins Dichterische abgewandelter Realismus, dem sich alsbald das Märchenelement zugesellt. Mit Silberschellen kündigt sich himmlisches Geschehen an, begleitet von dem irdischen Geräusch des Hundebellens, und schwebt, als betörender Adventszauber in Form des hirschreitenden Knecht Ruprecht näher. Der goldene Schlitten ist, so denke ich, für die milden Gaben, die hier um sechs Köstlichkeiten bereichert werden. Der munterderben Frage Knecht Ruprechts: »He, gute Frau...« antwortet die Frau in schöner Bescheidung: »'s ist alles, was ich geben kann.« Aus diesen Worten spricht edle Genügsamkeit. Die Försterin nimmt ihr Schicksal auf sich und gibt sich über ihre Witwenrente keinen Illusionen hin. Loriot hat den Mut zur Schlichtheit. Er wird niemals hermetisch, aber auch, trotz der lapidaren Wucht der Mitteilung, niemals grob realitätsbezogen; immer hebt das vorherrschende Erhabene die nüchterne Mitteilung in seinen Bereich. Der Dichter bleibt stets in souveränem Bewußtsein der Zusammenwirkung alles Bestehenden.

> In dieser wunderschönen Nacht
> hat sie den Förster umgebracht.

In der großartigen Selbstverständlichkeit der Reihung mitunter starker Kontraste liegt die Stärke Loriots. Denn obwohl sie den Charakter einer Sendung niemals völlig verleugnet, enthält sie kein Pathos wie das Werk Stefan Georges und auch kein Selbstmitleid wie das Rilkes. Loriot ist einer jener Großen, die, obgleich sie tief in den Dingen stecken, niemals von sich selbst sprechen.

So gehört denn auch dieses Gedicht in jedes deutsche Haus, es wird nicht altern, sondern in seinem stillen Glanz, seiner verhaltenen Gemütstiefe, ewig frisch bleiben. Dazu kommt, daß jedes Kind es zu verstehen, wenn vielleicht auch noch nicht in seiner letzten Tiefendimension auszuloten vermag, in jener sublimen Einheit von Stoff und Form, die das große Kunstwerk ausmacht. *(16)*

ADVENT

Es blaut die Nacht, die Sternlein blinken,
Schneeflöcklein leis herniedersinken.
Auf Edeltännleins grünem Wipfel
häuft sich ein kleiner weißer Zipfel.
Und dort vom Fenster her durchbricht
den dunklen Tann ein warmes Licht.
Im Forsthaus kniet bei Kerzenschimmer
die Försterin im Herrenzimmer.
In dieser wunderschönen Nacht
hat sie den Förster umgebracht.
Er war ihr bei des Heimes Pflege
seit langer Zeit schon sehr im Wege.
So kam sie mit sich überein:
am Niklasabend muß es sein.
Und als das Rehlein ging zur Ruh',
das Häslein tat die Augen zu,
erlegte sie direkt von vorn
den Gatten über Kimm und Korn.
Vom Knall geweckt rümpft nur der Hase
zwei-, drei-, viermal die Schnuppernase
und ruhet weiter süß im Dunkeln,
derweil die Sternlein traulich funkeln.
Und in der guten Stube drinnen
da läuft des Försters Blut von hinnen.
Nun muß die Försterin sich eilen,
den Gatten sauber zu zerteilen.
Schnell hat sie ihn bis auf die Knochen
nach Waidmanns Sitte aufgebrochen.
Voll Sorgfalt legt sie Glied auf Glied
(was der Gemahl bisher vermied) –,
behält ein Teil Filet zurück
als festtägliches Bratenstück
und packt zum Schluß, es geht auf vier,
die Reste in Geschenkpapier.
Da tönt's von fern wie Silberschellen,
im Dorfe hört man Hunde bellen.
Wer ist's, der in so tiefer Nacht
im Schnee noch seine Runde macht?
Knecht Ruprecht kommt mit goldnem Schlitten
auf einem Hirsch herangeritten!
»He, gute Frau, habt ihr noch Sachen,
die armen Menschen Freude machen?«
Des Försters Haus ist tief verschneit,
doch seine Frau steht schon bereit:
»Die sechs Pakete, heil'ger Mann,
's ist alles, was ich geben kann.«
Die Silberschellen klingen leise,
Knecht Ruprecht macht sich auf die Reise.
Im Försterhaus die Kerze brennt,
ein Sternlein blinkt – es ist Advent.

FERNSEHEN

Dramatische Werke soll es seit etwa zweitausendfünfhundert Jahren geben. Das kann stimmen, es gab in Berlin schon Theateraufführungen, als ich noch ein Kind war. Man spielte damals Stücke von Shakespeare, Molière, Lessing, Goethe, Schiller, Kleist, Ibsen, Strindberg, Hauptmann und ähnliches. Heute sind die genannten Autoren unbekannt und ihre Werke in Vergessenheit geraten. Das Publikum ist anspruchsvoller geworden. Es erwartet die dramatische Verarbeitung von Problemen aus dem eigenen Lebensbereich.
Infolge mannigfaltiger Belastungen durch Beruf, Familie und Freizeit ist der moderne Mensch jedoch kaum noch imstande, sich auf ein mehrstündiges Bühnenwerk zu konzentrieren. Aus diesem Grunde überschreitet so gut wie keines meiner Dramen eine Länge von fünf Minuten. Damit sind sie dem biologischen Rhythmus von Menschen und weißen Mäusen angepaßt.
Nur der Bildschirmzuschauer hat die Möglichkeit, während der Vorstellung flüssige und feste Nahrung zu sich zu nehmen, zu telefonieren oder sich auf andere Weise frisch zu halten. Das Fernsehen bietet somit den geeignetsten Rahmen zur Begegnung mit zeitgenössischem Bildungsgut. Das hat mich bewogen, für dieses Medium zu arbeiten. *(17)*

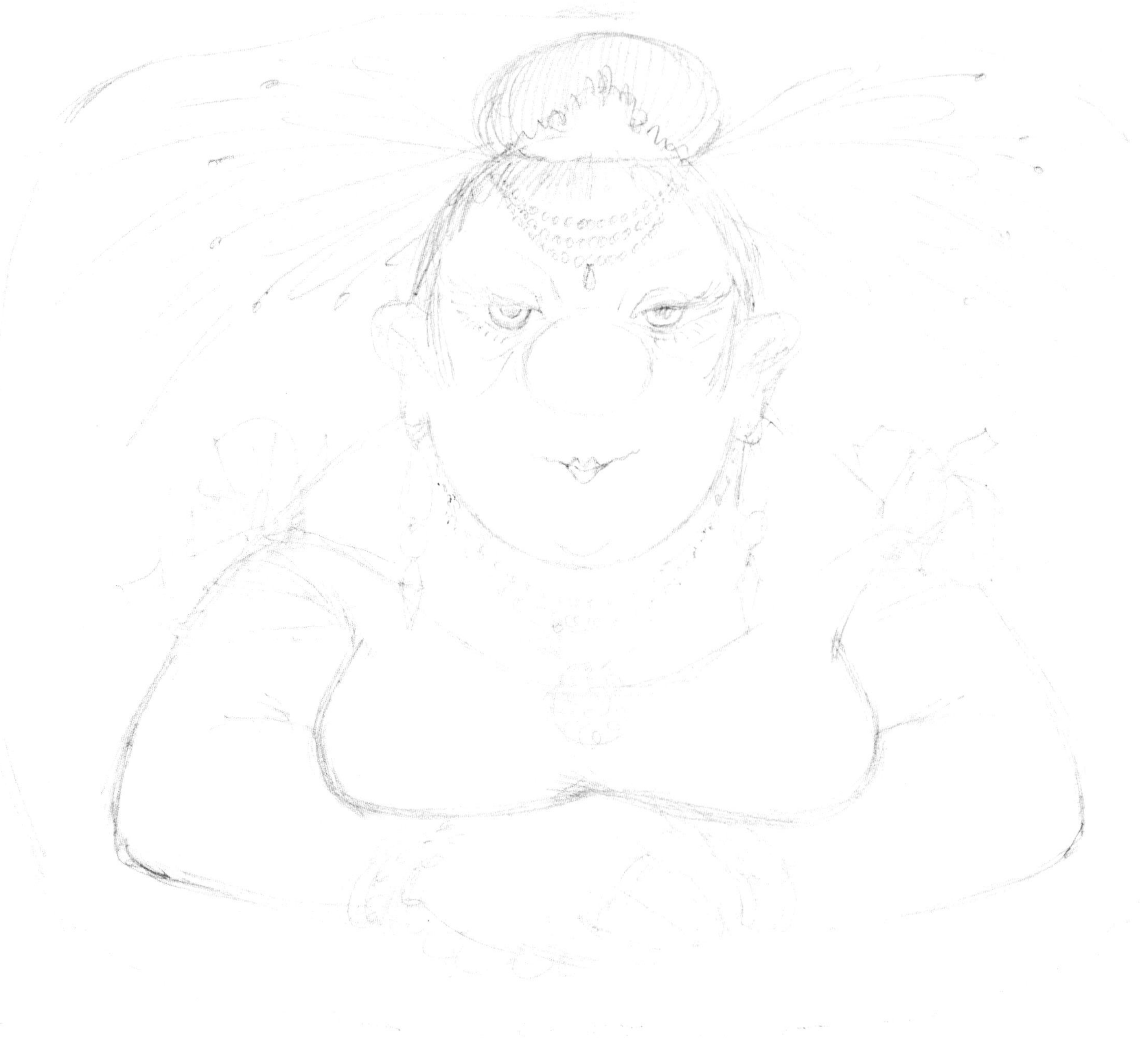

»Meine Damen und Herren, der Südfunk Stuttgart setzt nun das Programm fort mit einer neuen Folge seiner Sendereihe ›Cartoon‹. Wir wünschen Ihnen viel Vergnügen mit äh … mit äh …«

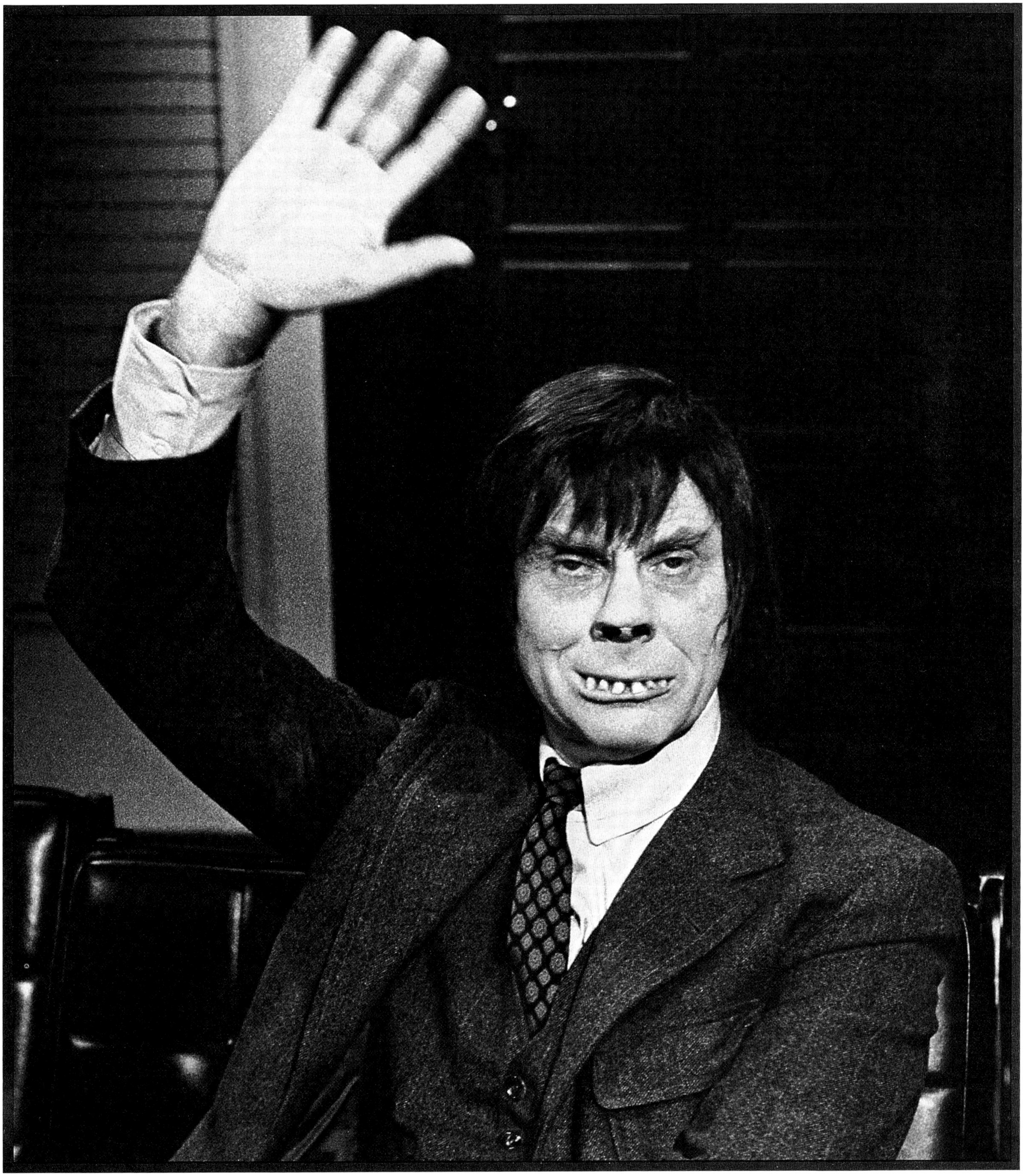

DER VAMPYR

Meine Damen und Herren. Haben Sie sich schon einmal Gedanken darüber gemacht, daß es in unserem Wohlstandsstaat eine notleidende Bevölkerungsgruppe gibt, an der sogar die Reformpläne einer sozialistischen Regierung vorübergegangen sind?
Der Vampyr gehört in der Bundesrepublik zu einer Minderheit. Als Wähler ist er somit uninteressant. Noch vor wenigen Jahren in aller Munde, ist er heute nahezu in Vergessenheit geraten. Was wird für alternde oder unverschuldet in Not geratene Vampyre getan? Nichts! Im Gegenteil: wir werden unter Mißachtung des Grundgesetzes in der freien Ausübung unserer Lebensgewohnheiten vorsätzlich behindert. Es sind Fälle bekannt, in denen unbescholtene Vampyre öffentlicher Verfolgung ausgesetzt wurden, weil sie nächtlichen Straßenpassanten, in netter Form, Blut entnommen hatten. Ein gesunder Vampyr benötigt pro Nacht ein bis zwei Liter frisches Damen- oder Herrenblut. Dafür verzichtet er aber auch auf Teigwaren, Obst, Käse und Gemüse.
Durch die ablehnende Haltung der Bevölkerung greifen schwere Depressionen und Ernährungsschäden gerade unter jugendlichen Vampyren in erschreckendem Maße um sich. Allein in Rheinland-Pfalz waren im Jahre 1970 mehr als 2000 Vampyre zwischen zwei- und dreihundert Jahren bettlägerig.
Was ist das für ein Staat, der in jedem Jahr Milliarden für die Rüstung ausgibt und keinen Tropfen Blut für seine Vampyre übrig hat. Da stimmt doch was nicht!
Es ist kurz vor 12. Wir wenden uns an die Öffentlichkeit. Wer spendet Blut, Särge, warme Decken und Zahnersatz? Wer nimmt junge Vampyre in den Ferien auf? Wer schnell hilft, hilft doppelt. Geldspenden erbeten auf Postscheckkonto Baden-Baden 22648.

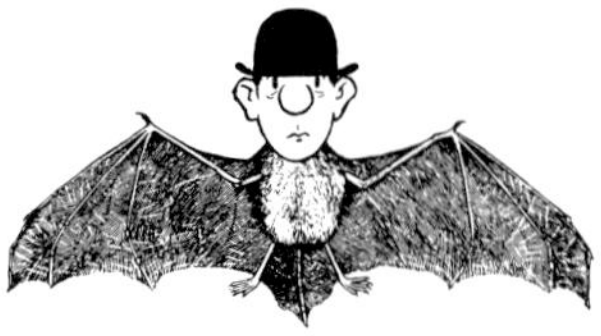

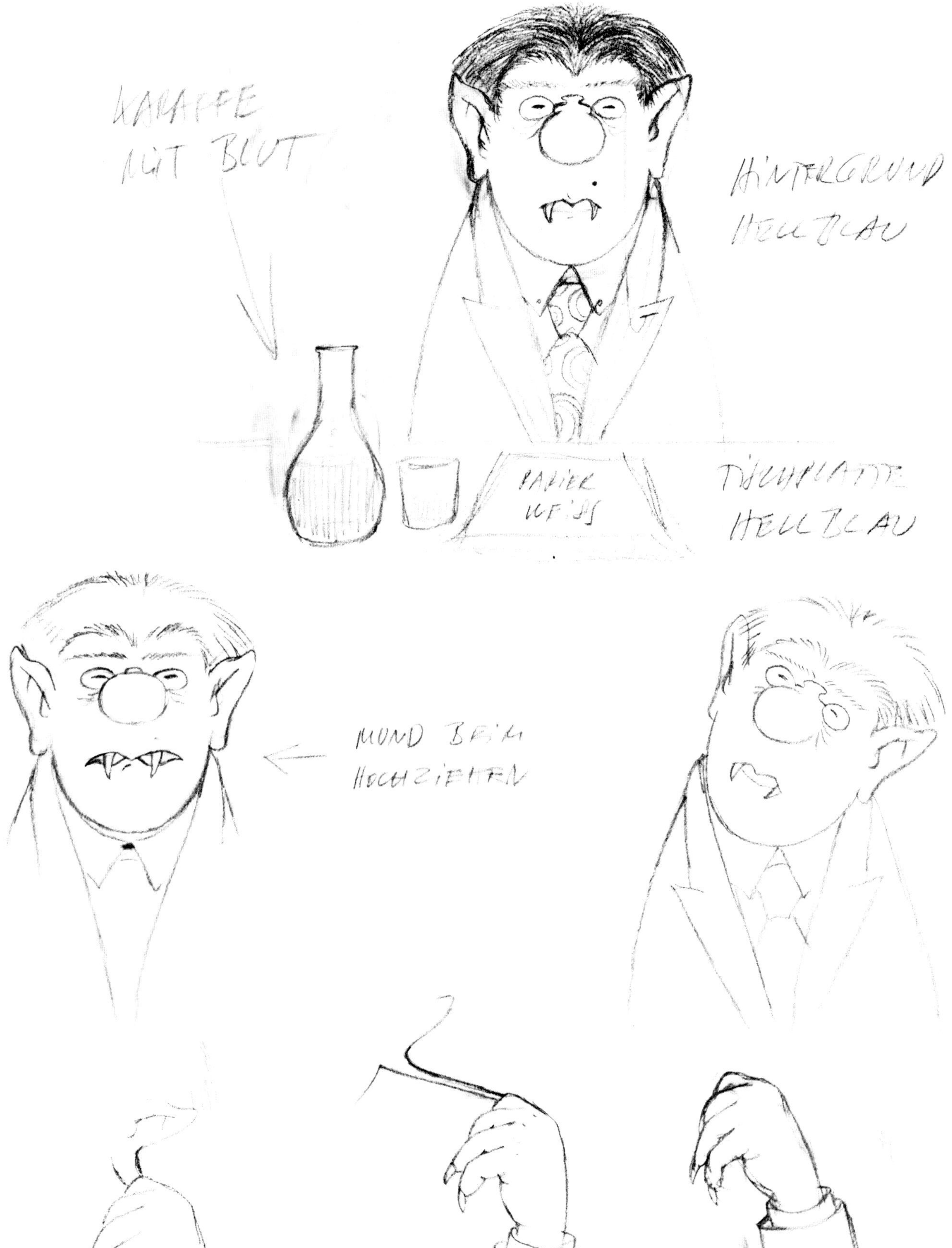
KARAFFE MIT BLUT
HINTERGRUND HELLBLAU
PAPIER WEISS
TISCHPLATTE HELLBLAU
MUND BEIM HOCHZIEHEN

Hauptphasen für den Zeichentrickfilm »Der Vampyr«.

LORIOTS MASKEN

Von links nach rechts

Professor Grzimek in
»Die Steinlaus«

Kritiker in
»Literaturkritik«

Moderator in
»Bundestagsrede«

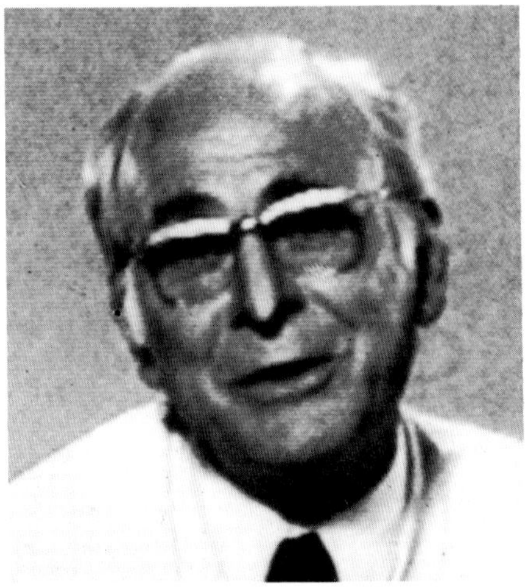
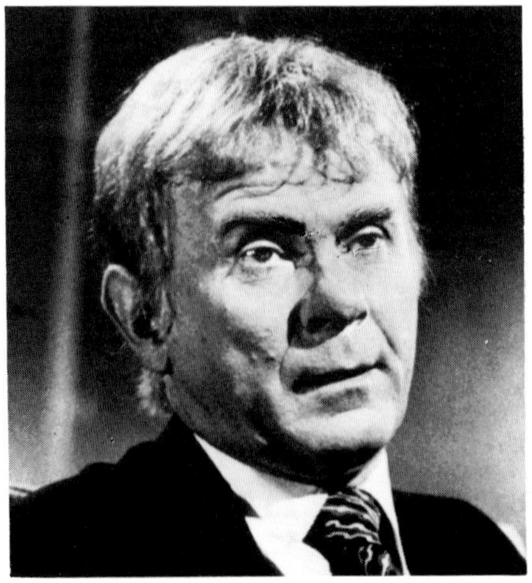
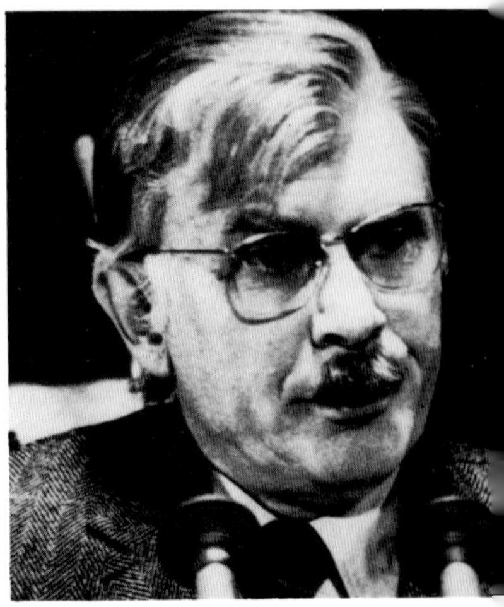

Ludwig II.

Bovell in
»Im ewigen Eis«

Ted Braun in
»Das ist Ihr Leben«

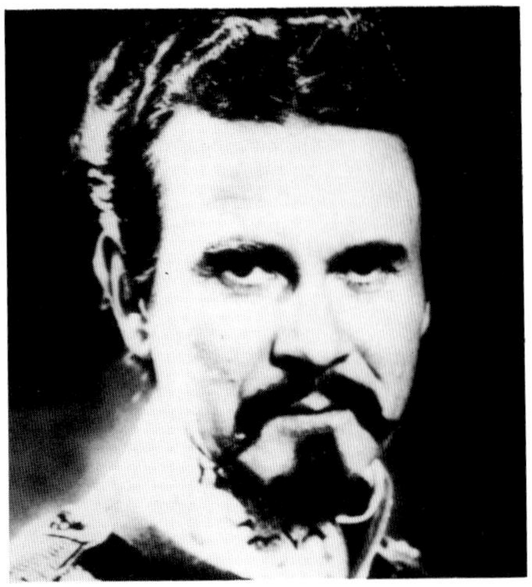
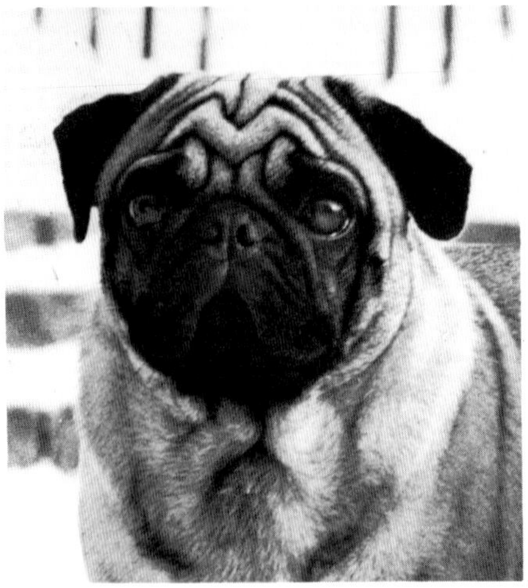
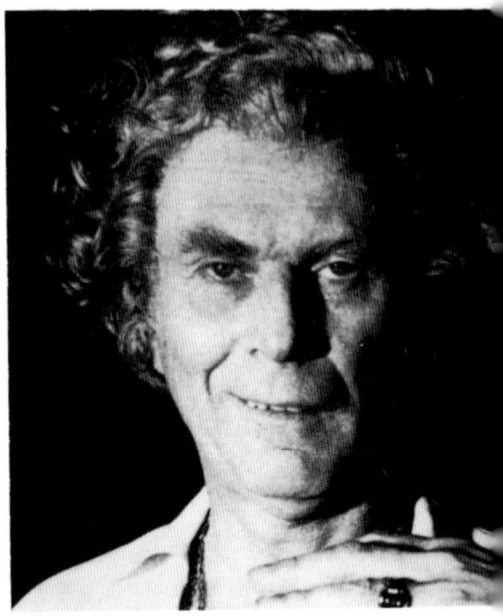

Opa Hoppenstedt in
»Weihnacht«

Dirigent beim
Jubiläumskonzert der
Berliner Philharmoniker

Klaviertransporteur
beim Kanzlerfest in der
Berliner Philharmonie

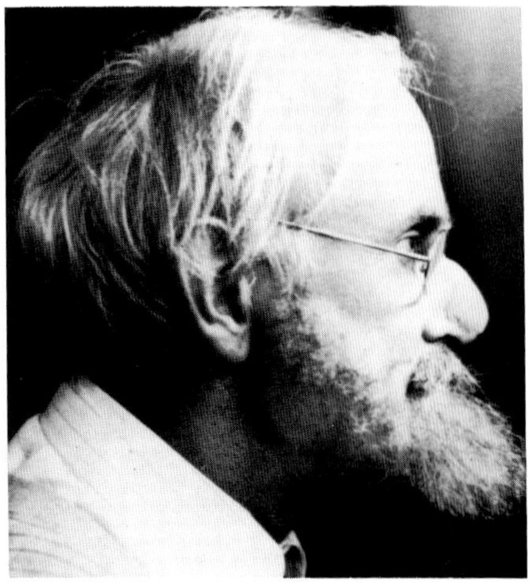
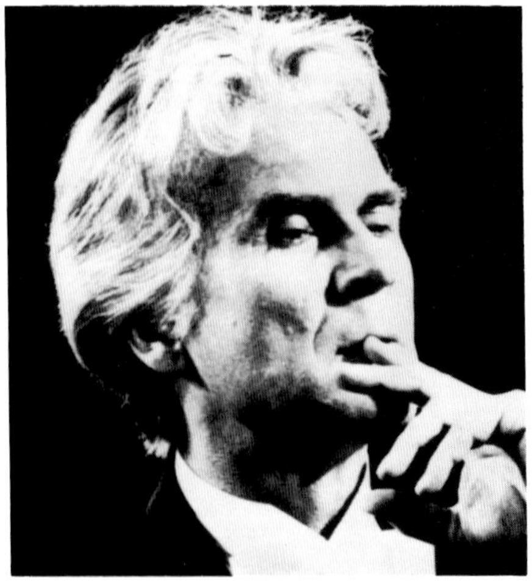
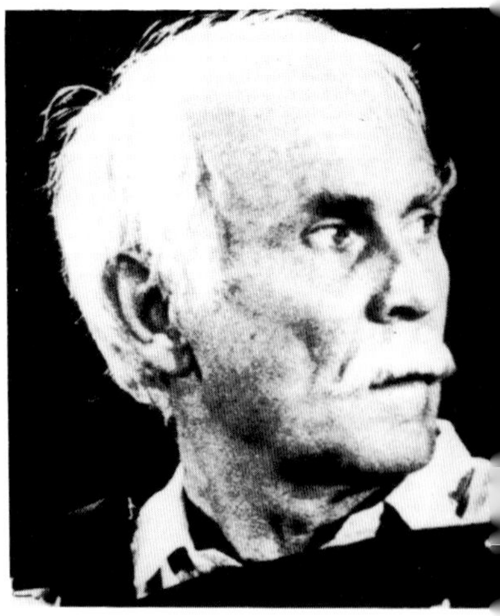

Dr. Klemm in
»Olympia-Boykott 1980«

Professor E. Damholzer

Herr Moosbach in »Skat«

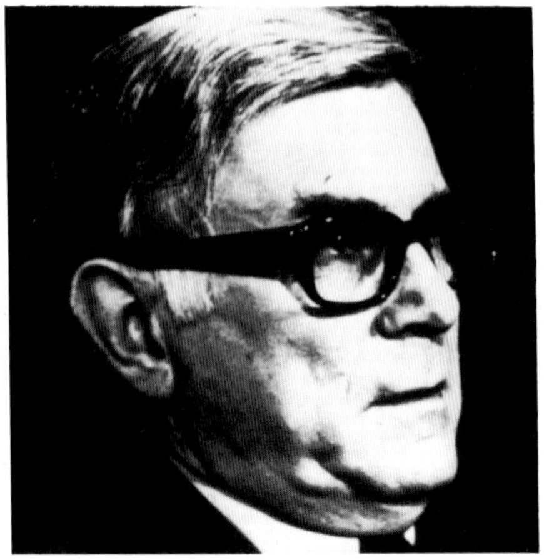
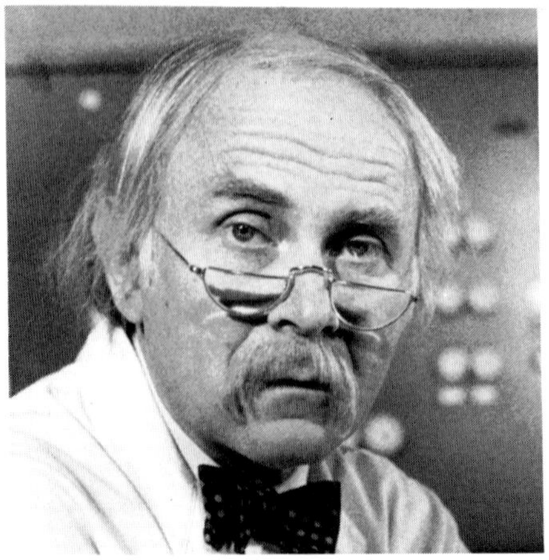
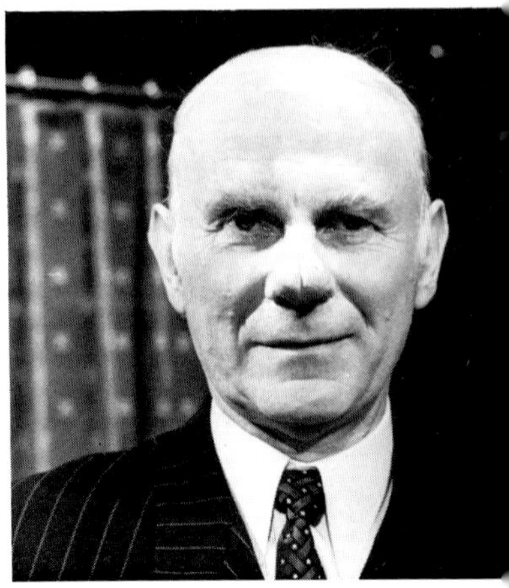

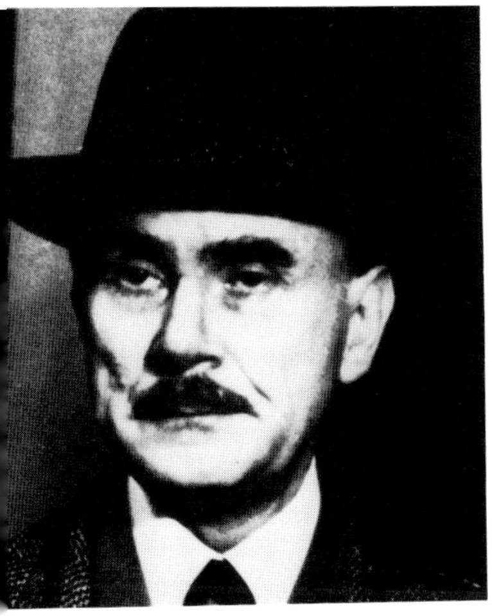
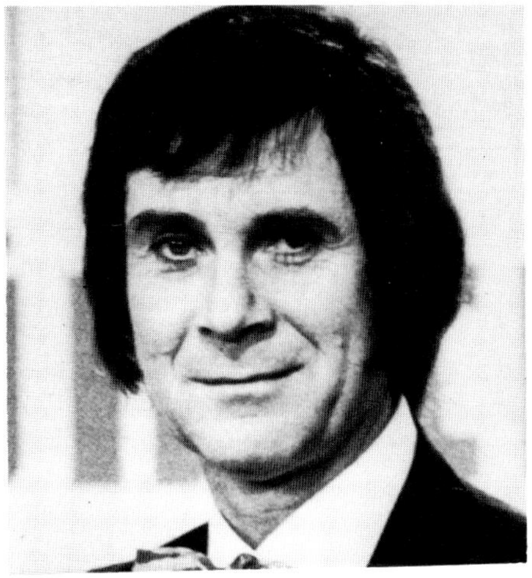
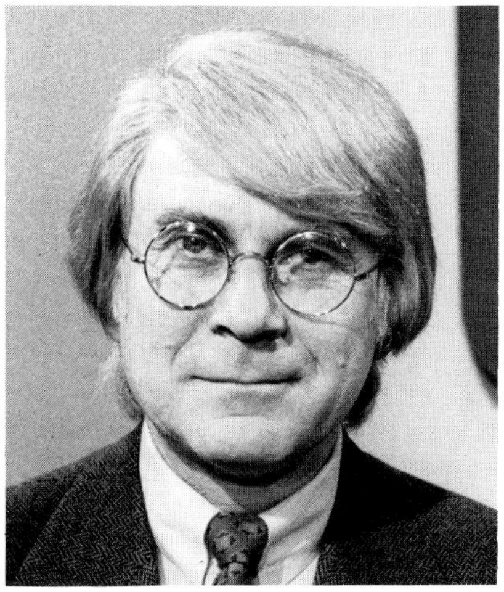

Thomas Mann in
»Felix Krull«

Dietmar in
»Wünsch Dir was«

Moderator in »Filmanalyse«

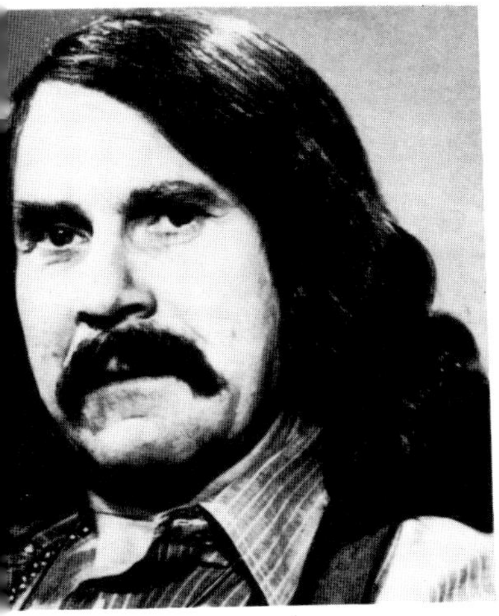
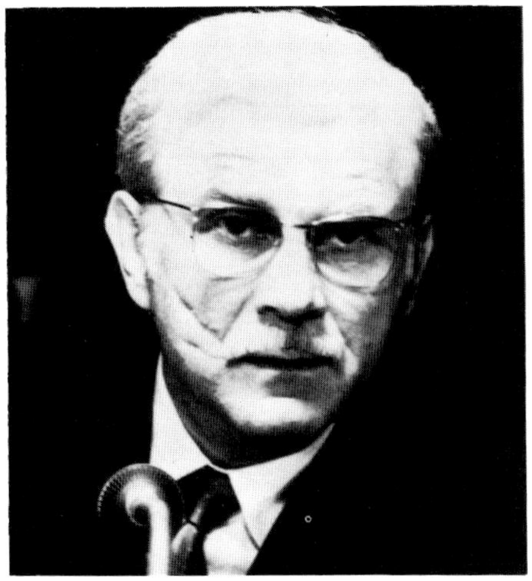
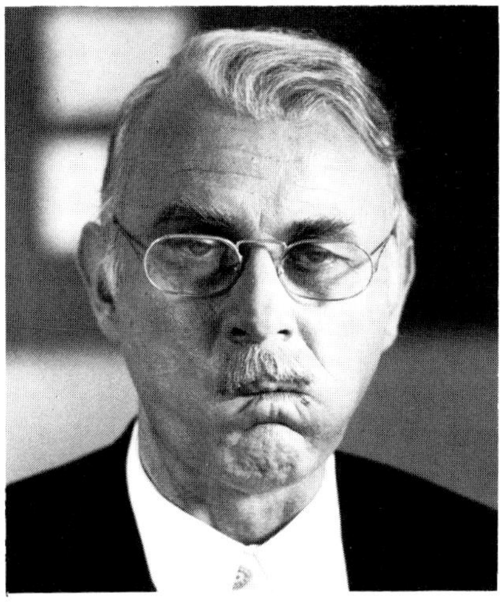

Eduard Geigendorfer in
»Der Jungfilmer«

Werner Bornheim in
»Bundestagsrede«

Herr Blühmel in
»Anstandsunterricht«

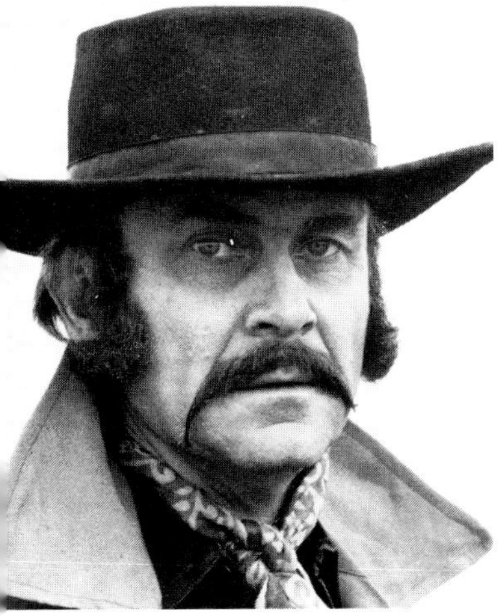
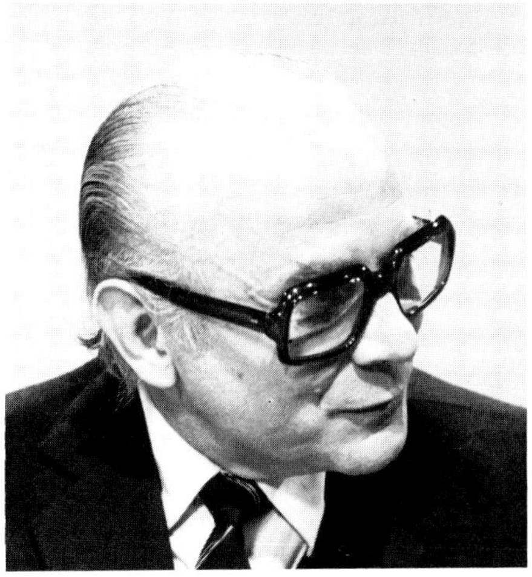
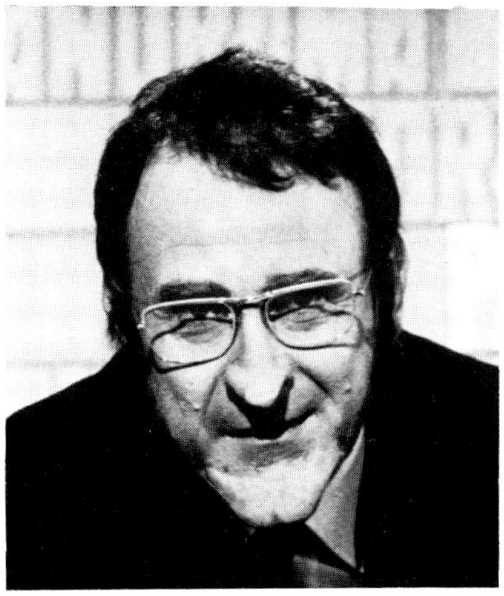

Wildwestdarsteller in
»Liebesgeschichte«

Werner Höfer in
»Der internationale
Frühschoppen«

Peter Merseburger in
»Panorama«

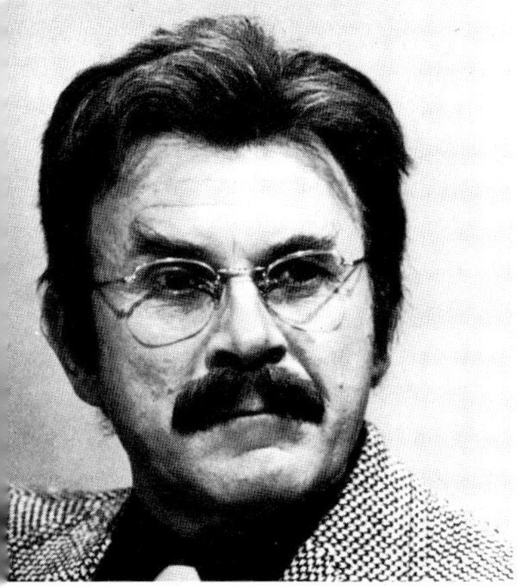
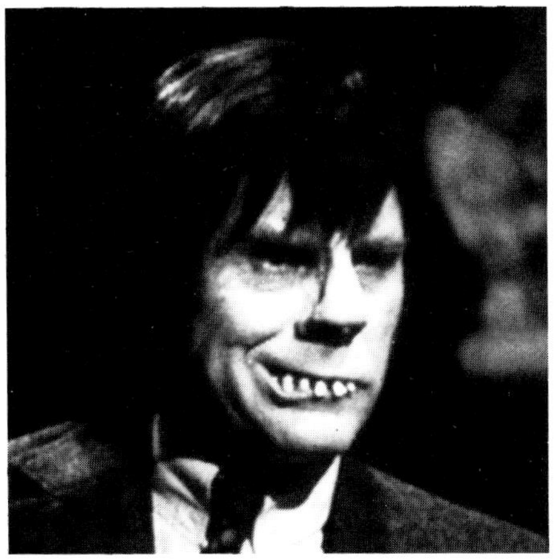
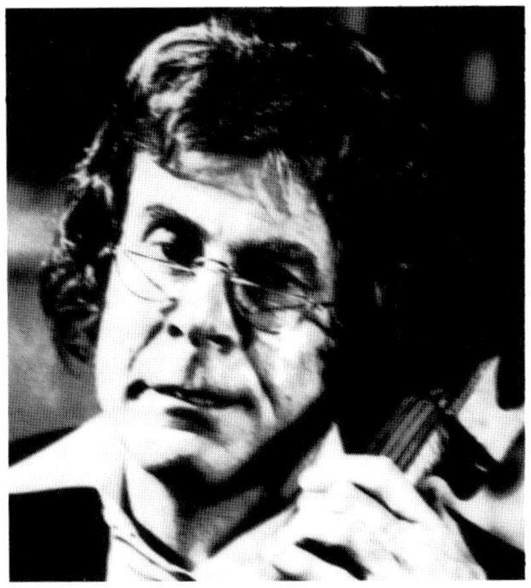

Moderator
Viktor Schmoller
in »Der Astronaut«

Vic Dorn in
»Das Filmmonster«

Herr Pochlow in
»Das Beethoventrio«

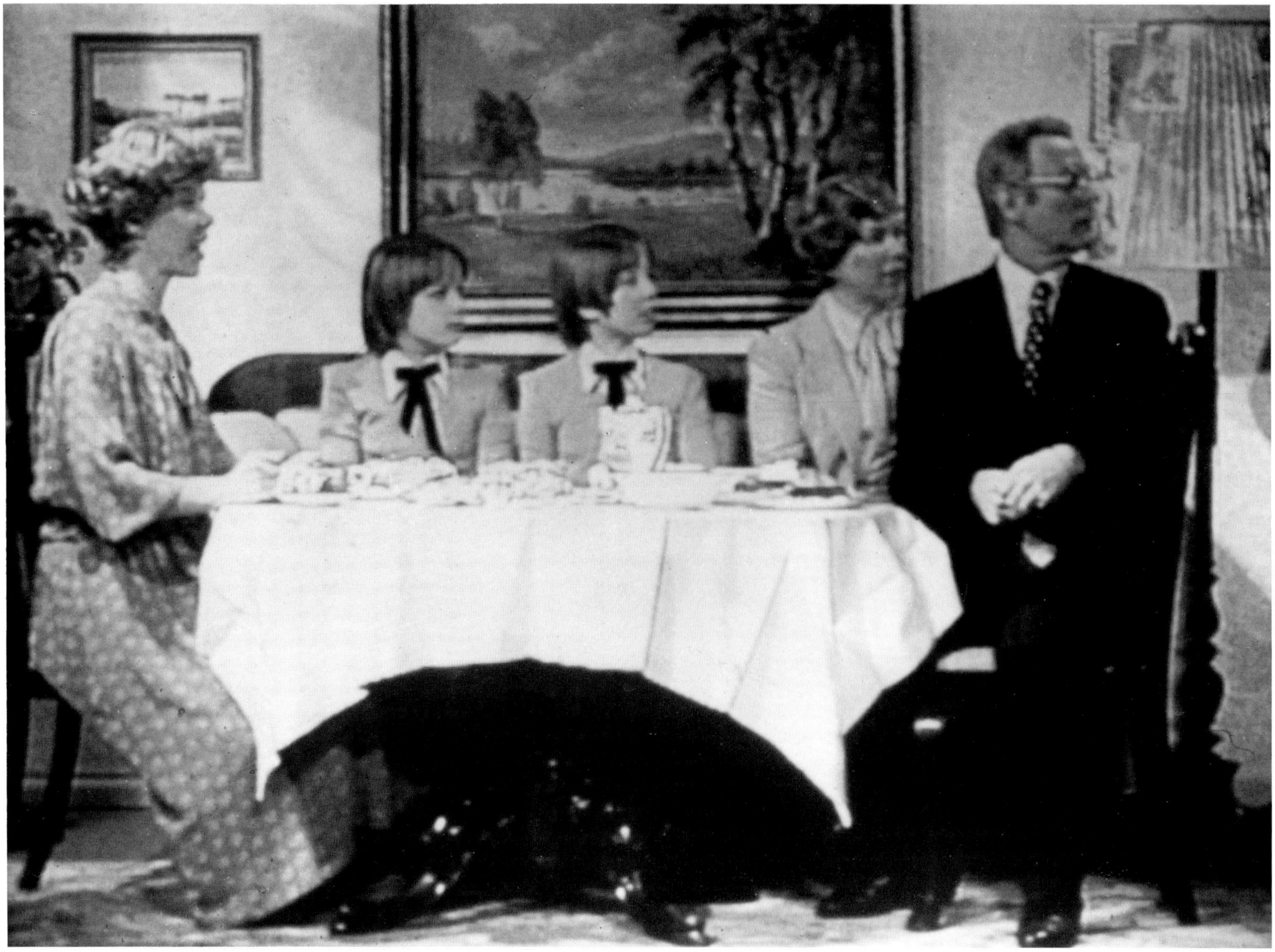

MUTTERS KLAVIER

Zwei Möbelträger stellen ein Klavier vor einer Wohnungstür ab und klingeln.

VATI. *(Die Tür öffnend)* Aha!
TRÄGER. *(Lieferschein ablesend)* Ist das hier richtig bei ... Panislowski?
VATI. *(In die Wohnung zurückrufend)* Thomas! Also, Netzschalter auf »On«, gleichzeitig die Tasten »Start« und »Aufnahme« drücken, aber die Kamera erst auslösen, wenn die beiden Herren mit dem Klavier in der Wohnzimmertür erscheinen...
TRÄGER. Sind wir hier richtig bei ... Panislowski?
VATI. Thomas!
THOMAS. *(Von innen)* Ja...
VATI. Hast du verstanden?
THOMAS. Ja...
VATI. Na, dann sag doch was!
TRÄGER. Wir kommen von der Firma...
VATI. Ich weiß, meine Herren, dieses Instrument ist ein Geschenk von meiner Mutter, die in Massachusetts lebt, in den Vereinigten Staaten. Es hat also immerhin eine Reise per Schiff von 8000 Kilometern hinter sich, und wir möchten die Ankunft des Klavieres und die freudige Überraschung im Familienkreis als Film festhalten ... also nicht Film ... so Video ... Videorecorder ... auf Kassette ... wir haben ein TV-Heimgerät, und wir schicken dann die Kassette meiner Mutter in die Staaten ... *(nach hinten)* Thomas, läuft das Band?
THOMAS. Ja...
VATI. Also bitte, dann kommen Sie jetzt...
TRÄGER. Zu ... gleich ... *(tragen das Klavier in den Flur)*
VATI. *(Neben ihnen hergehend)* ... Und wenn Sie den Wohnraum betreten, sagen Sie einfach »Guten Tag« oder was Sie eben so sagen, und das Ganze ein bißchen lebhaft, wissen Sie, es soll fröhlich wirken...
THOMAS. Vati, du mußt aber hier mit im Zimmer sein...
VATI. Ich komme ... Warten Sie, bis ich »jetzt« sage! *(Er eilt ins Wohnzimmer. Dort sitzen um einen gedeckten Kaffeetisch die strickende*

Mami, Schwiegertochter Helga und zwei etwa zehnjährige Enkel. In der gegenüberliegenden Zimmerecke steht der 35jährige Sohn Thomas hinter der Videokamera)

VATI. Also Kinder, alles wie besprochen ... Mamilein, du klatschst in die Hände und rufst »Was ist denn *das*?« ... so richtig freudig überrascht ... Klaus-Dieter und Heinz-Herbert ... »Schau mal, Opa, das schöne Klavier!« ... und du Helga ... wie war das?

HELGA. Ein Klavier ... ein Klavier!

VATI. Ach ja ... dann sage ich »Mutter, wir danken dir!«, und Thomas, du achtest drauf, daß das Klavier immer schön im Bild ist ...

THOMAS. Jaja ...

VATI. *(Sieht durch die Tür in den Flur)* Jetzt! *(setzt sich rasch)* Läuft das Band?

THOMAS. Ja doch! *(richtet die Kamera auf die Tür. – Die Tür wird aufgestoßen. Beide Träger kommen ohne Klavier ins Zimmer)*

TRÄGER. Guten Tag!

MAMI. *(Klatscht in die Hände)* Was ist denn *das*?!

KINDER. *(Im Chor)* Schau mal, Opa, das schöne Klavier!

HELGA. Ein Klavier ... ein Klavier!

VATI. Halt ... Haaalt! So geht das nicht ... meine Herren, wir hatten natürlich angenommen, Sie hätten das Klavier bei sich!

TRÄGER. Soll es hier rein?

VATI. Ganz recht ... dort an die Wand ...

(Die Träger wenden sich zum Gehen)

Ach, und es wäre vielleicht doch gut, wenn – nachdem meine Frau »Was ist denn das?« gesagt hat – wenn Sie dann sagen würden: »Das ist ein Geschenk von Frau Berta Panislowski aus Massachusetts!« ... das ist meine Mutter ...

(Träger aus dem Zimmer)

VATI. ... Und Helga, du sitzt da so steif, es muß natürlicher aussehen, iß doch ein Stück Kuchen ... *(zu den Kindern)* ... Das gilt auch für euch ... *(nach draußen)* So ... bitte sehr ... *(zum Sohn)* Läuft die Kassette?

THOMAS. *(Ärgerlich)* Ja ...

(Die Tür öffnet sich. Die Träger tragen das Klavier herein und sitzen mit einem üblen Geräusch an der Anrichte fest)

TRÄGER. Guten Tag ...

MAMI. Mein Gott, die ruinieren mir ja die ganze Anrichte ...

TRÄGER. Das ist ein Geschenk von Frau ... äh ... von Berta ...

KINDER. *(Mit vollem Mund)* Schau mal, Opa, das schöne Klavier!

HELGA. *(Mit vollem Mund)* Ein Klavier ... ein Klavier!

VATI. *(Unterbrechend)* Halt, halt, halt, halt! Mamilein, *bitte*, du mußt dich genau an deinen Satz halten ... »Was ist denn *das*?« ...

MAMI. Aber die haben mir die Anrichte verschrammt ...

VATI. Das braucht doch meine Mutter nicht zu wissen ... immerhin schenkt sie uns das Klavier!

(Die Träger haben das Klavier abgesetzt)

TRÄGER. ... also da an die Wand?

VATI. Herr ... äh ... wie ist Ihr Name?

TRÄGER. Finke ...

VATI. Herr Finke, wir müssen die Aufnahme wiederholen ... und meine Mutter heißt Panislowski, Berta Panislowski aus Massachusetts ... *(Die Träger tragen das Klavier zurück in den Flur)* ... Entschuldigen Sie, daß wir Sie nochmal bemühen müssen ... aber für Sie ist es doch auch mal was anderes ... *(zum Sohn)* Läuft das Band?

THOMAS. *(Enerviert)* Ja doch!

VATI. *(Nach draußen)* Sie können kommen!

(Es passiert nichts. Vati steht auf, geht an die Tür und will hinaussehen. Da geht die Tür unerwartet auf und knallt ihm an den Kopf. Er hält sich das Auge. Die Träger tragen das Klavier herein)

TRÄGER. Guten Tag ...

MAMI. *(Ohne hinzusehen)* Was ist denn *das*?

1. TRÄGER. Das ist ein Geschenk von Frau Berta Plani ... Plopski ...

KINDER. *(Mit vollem Mund)* Schau mal, Opa, das schöne Klavier!

HELGA. *(Mit vollem Mund)* Ein Klavier ... ein Klavier!

VATI. *(Sich das Auge haltend)* Nein ... nein ... meine Mutter heißt Berta Panislowski und wohnt in Massachusetts ... bitte, wenn Sie noch einmal hereinkommen würden ...

(Die Träger tragen das Klavier hinaus)

HELGA. Sollen wir denn immer noch Kuchen essen?

MAMI. Ich muß dann auch in die Küche und Abendessen machen ...

VATI. *(Mit zugekniffenem Auge, ärgerlich)* Wir sitzen jetzt gemütlich am Kaffeetisch und essen Kuchen ... Mutters Klavier kommt aus Amerika zu ihrer harmonischen kleinen Familie in Deutschland ... ist das zuviel verlangt? *(nach draußen)* Bitte, meine Herren ... *(zum Sohn)* Läuft das Band?

THOMAS. *(Gereizt)* Jawohl, es läuft!
VATI. Ich wünsche nicht, daß du in diesem Ton zu deinem Vater sprichst!
(Die Träger tragen das Klavier herein)
TRÄGER. Guten Tag...
MAMI. Was ist denn das?
TRÄGER. Das ist ein Geschenk von Frau Berta Panislowski aus Matscha... wie war das?
KINDER. *(Mit vollem Mund)* Schau mal, Opa, das schöne Klavier!
HELGA. *(Mit vollem Mund)* Ein Klavier... ein Klavier!
VATI. Beinah... wir hatten es beinah... Herr Finke, wenn Sie Schwierigkeiten mit dem Namen Massachusetts haben, lassen Sie ihn weg und sagen Sie einfach nur, daß es eben ein Geschenk von meiner Mutter ist... also bitte noch einmal...
(Die Träger tragen das Klavier hinaus)
KIND. Mir ist schlecht...
VATI. Nimm dich zusammen, Junge... *(Blick zu Thomas)* Thomas! *(deutet auf Recorder)*
THOMAS *(Düsterer Blick zum Vater)*

VATI. ... Und herein bitte...
(Die Träger tragen das Klavier herein)
TRÄGER. Guten Tag...
MAMI. Was *ist* denn das?
TRÄGER. Das ist ein Geschenk von meiner Mutter...
KINDER. Schau mal, Opa, das schöne Klavier...
HELGA. Ein Klavier... ein Klavier!
VATI. Halt... neinneinneinnein! Herr Finke, das ist eben nicht ein Geschenk von *Ihrer* Frau Mutter... es ist ein Geschenk von *meiner* Mutter!
TRÄGER. *(Tonlos)* Ach so...
(Die Träger tragen das Klavier hinaus)
VATI. *(Hinterherrufend)* ... Von Frau Berta Panislowski... also bitte ... und alles ein bißchen lebhafter... Helga, gib doch den Kindern mal ein frisches Klavier... äh... ein... *(zeigt auf die Torte)* ... na...
HELGA. *(Kuchen verteilend, mit vollem Mund)* Torte...
VATI. Ja... und bitte herein!
(Die Träger tragen das Klavier herein)
TRÄGER. Guten Tag...
MAMI. *(Gähnend)* Was ist denn das?
TRÄGER. Das ist ein Klavier... ein Geschenk von Berta... aus Panislowski...
KINDER. *(Gequält, mit vollem Mund)* Schau mal, Opa, das schöne Klavier...
HELGA. Ein Klavier... ein Klavier...
VATI. Mutter, wir danken dir!... Es war nicht ganz korrekt, aber lassen wir's mal so... Vielen Dank, meine Herren...
MAMI. Dann geh ich jetzt mal ans Abendessen...
HELGA. *(Kämpft mit vorgehaltener Serviette gegen Übelkeit)*

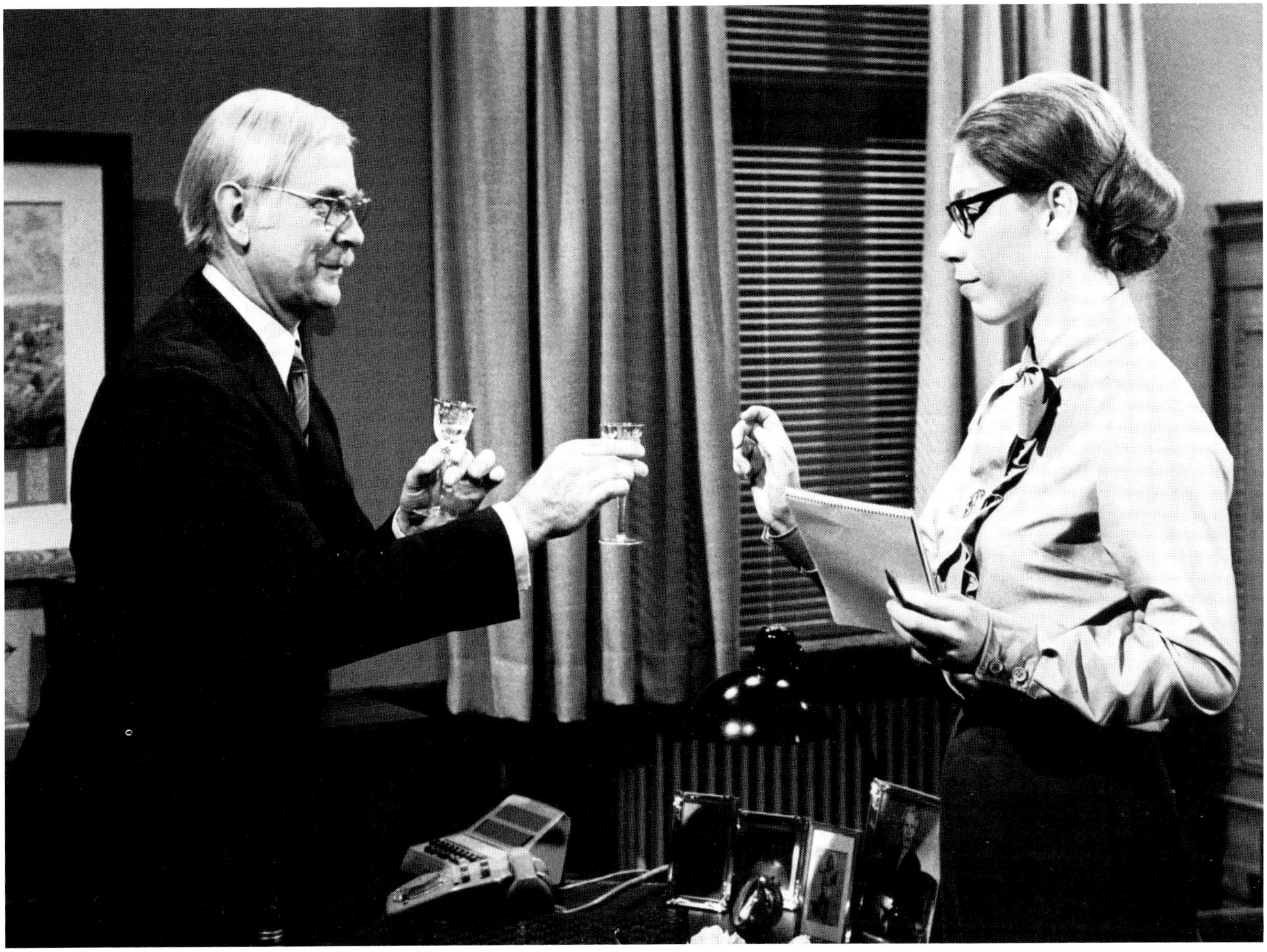

LIEBE IM BÜRO

Im Büro des Firmeninhabers. Der Chef zieht die Gardinen zu, stellt sich hinter seinen Schreibtisch, wischt zwei Gläser mit seinem Taschentuch aus und gießt Likör ein. Dann drückt er auf die Taste der Gegensprechanlage.

CHEF. Fräulein Dinkel ... *(er wartet und ruft dann laut ins Vorzimmer)* ... Fräulein Dinkel!
SEKRETÄRIN. *(Erscheint mit Stenoblock in der Tür)* Sie haben gerufen?
CHEF. *(Zeigt auf den Stuhl vor seinem Schreibtisch)* Ja, bitte schön...
SEKRETÄRIN. *(Setzt sich, Chef bleibt stehen)*
CHEF. Heute sind es auf den Tag genau...
SEKRETÄRIN. *(Schreibt)* ... Tag genau...
CHEF. Nicht mitschreiben ... heute sind es auf den Tag genau fünfzehn Jahre, daß Sie für mich tätig sind ... Korrespondenz, Ablage, Sekretariat...
SEKRETÄRIN. Daß Sie daran gedacht haben...
CHEF. Fünfzehn Jahre ... und darum erlaube ich mir ... aus diesem Anlaß ... darum würden Sie mir eine Freude machen, darauf mit Ihnen anzustoßen.
SEKRETÄRIN. Nein, daß Sie daran gedacht haben, Herr Direktor! *(sie stoßen an)*
CHEF. Ein bißchen Musik? *(stellt das Radio an)*
SEKRETÄRIN. Aber ich muß noch die Post fertigmachen ... *(will gehen)*
CHEF. Nein-nein ... bitte ... *(mit Kloß im Hals)* bitte treten Sie doch mal zu mir herüber...
SEKRETÄRIN. *(Kommt)*
CHEF. ... Und nun setzen Sie sich mal *da* hin! *(zeigt auf seinen Stuhl)*
SEKRETÄRIN. In Ihren Sessel? Sie machen mich ganz verlegen, Herr Meltzer! *(sie setzt sich auf den Chefsessel)*
CHEF. *(Zieht sich einen zweiten Sessel heran und setzt sich dicht vor Fräulein Dinkel)* ... Ich habe da auch noch eine Kleinigkeit für Sie ... *(ergreift einen bereitgelegten kümmerlichen Blumenstrauß)*
SEKRETÄRIN. Ach, wie entzückend, Herr Meltzer, aber das ist doch nicht nötig...

LIEBE IM BÜRO

CHEF. (*Sieht ihr tief in die Augen*) ... Doch, Fräulein Dinkel, das ist nötig ... fünfzehn Jahre ... (*rutscht mit seinem Sessel noch näher an sie heran*)
SEKRETÄRIN. Sie sind sehr freundlich, Herr Meltzer...
CHEF. Sagen Sie Karl-Heinz zu mir...
SEKRETÄRIN. (*Tonlos*) ... Karl-Heinz...
CHEF. Wie heißen Sie mit Vornamen?
SEKRETÄRIN. Renate...
CHEF. Renate!... und weiter?
SEKRETÄRIN. Dinkel...
CHEF. Ach ja!... Renate...
SEKRETÄRIN. Ja...
CHEF. ... Würden Sie für mich Ihr Haar lösen...?
SEKRETÄRIN. Herr Meltzer!
CHEF. Bitte!
SEKRETÄRIN. (*Beginnt ihr Haar zu lösen*)
CHEF. Ist eigentlich das Schreiben an die Firma Plötzmann raus?
SEKRETÄRIN. (*Mit einer Haarspange im Mund*) Ja ... zusammen mit der Rechnung und drei Durchschlägen...

CHEF. Renate...
SEKRETÄRIN. Ja...
CHEF. ... Darf ich Sie küssen?
SEKRETÄRIN. Sie machen mich ganz verrückt, Herr Meltzer...
(*Er versucht sie zu küssen. Die Brillen stören*) ... darf ich meine Brille absetzen?
CHEF. Ganz recht ... natürlich ... Sie haben da schon Übung, was?! (*lacht blöde*)
(*Beide nehmen die Brillen ab und kneifen die Augen zusammen*)
SEKRETÄRIN. (*Sieht stumpf, den Mund halbgeöffnet, suchend an ihm vorbei*)
CHEF. Hier...
SEKRETÄRIN. Wo?
CHEF. Hier bin ich...
(*Sie wollen sich umarmen. Es macht Schwierigkeiten*)
Vielleicht sollten wir es doch lieber nebeneinander ... Lassen Sie nur ... ich mach das schon ... (*Er rollt seinen Sessel neben sie und versucht, sie zu umarmen*) ... da unten muß ein kleiner Griff sein ... (*zeigt unter ihren Sessel*)

SEKRETÄRIN. Wo? (*sucht mit der Hand*)
CHEF. Hinten unten! ... (*greift über sie an den Kippmechanismus und preßt sich dabei unabsichtlich an sie*) ... warten Sie, ich habe es gleich ... (*Der Mechanismus wird ausgelöst. Fräulein Dinkel fällt mit dem Sitz in eine groteske Schräglage*)
CHEF. Da! Sehen Sie!
SEKRETÄRIN. Sie machen mich ganz verrückt, Herr Meltzer!
CHEF. Sie waren mir noch nie so nah, Renate...
(*Das Telefon klingelt*)
Wieso läutet es hier, und nicht im Vorzimmer?
SEKRETÄRIN. Ich habe auf Ihren Apparat umgeschaltet.
CHEF. Na dann heben Sie doch ab, mein Gott!
(*Beide praktizieren den Hörer an ihr Ohr*)
SEKRETÄRIN. Vereinigte Europa-Trikotagen GmbH Meltzer & Co Vertriebsleitung, guten Tag ... ich will versuchen, ob ich Herrn Direktor Meltzer noch erreiche ... wen darf ich melden? ... (*hält die Muschel zu und spricht zum Chef*) ... Herr Kröger von der IFAG Mannheim ... Moment, Herr Kröger, ich verbinde ... (*übergibt den Hörer*)

Chef. Meltzer ... Herr Kröger, der Auftrag der IFAG ist bisher nicht eingegangen! ... Nein ... Aber die Konditionen sind uns ja bekannt ... vierhundert Arosa schlitzverstärkt mit kurzem Arm ... selbstverständlich ... Aufwiedersehn!
Sekretärin. Meine Hand schläft ein ...
Chef. *(Steht auf)* ... Stehen Sie auf, Renate ...
Sekretärin. *(Steht auf)* Sie machen mich ganz verrückt, Herr Meltzer ...
Chef. Machen Sie Ihr linkes Ohr frei ...
Sekretärin. *(flüsternd)* ... Ja ... *(macht Ohr frei)*
Chef. Seit fünfzehn Jahren ... *(starrt sie kurz an, stürzt sich auf sie)*
Sekretärin. Ha! ... Sie blasen mir ins Ohr!
Chef. Bleiben Sie ganz ruhig ... *(er beugt sich langsam zu ihr, sie biegt sich, an den Schreibtisch gelehnt, ebenso langsam zurück)*
Sekretärin. Küssen Sie mich!
Chef. Ja, aber es geht nicht, wenn Sie den Kopf so weit zurücknehmen!
Sekretärin. Ich habe nicht so viel Übung wie Sie!
Chef. Renate, lassen Sie uns zur Sitzgruppe gehen ...
Sekretärin. Ja ...
(Sie tänzeln zur Sitzgruppe)
Chef. Nehmen Sie doch Platz ...
Sekretärin. *(Setzt sich in einen der beiden tiefen Sessel)* Ich bin doch nur ein Abenteuer für Sie ...
Chef. *(Schiebt den zweiten Sessel an ihre Füße)* ... Legen Sie schon mal die Füße hoch ... ich komme dann ganz gemütlich zu Ihnen ...
Sekretärin. Sie machen mich noch ganz verrückt, Herr Meltzer ...
Chef. *(Versucht, sich neben sie zu legen, rutscht jedoch zwischen die auseinandergleitenden Sessel)*
Sekretärin. Sie können mit Frauen umgehen, Herr Meltzer ...
Chef. *(Halb auf dem Boden, in verklemmter Stellung)* ... Küssen Sie mich ...
Sekretärin. ... Es geht nicht ...
Chef. Aber es *muß* gehen ... andere machen es doch auch!
Sekretärin. ... Es darf nur nicht zur Routine werden ...
Chef. Drehen Sie doch Ihren Kopf ein bißchen ... nein, so geht das nicht ... *(rappelt sich hoch)* ... geben Sie mir Ihre Hand, Renate! *(kniet zwischen Sitzgruppe und Schreibtisch auf dem Boden)* ... Kommen Sie ... kommen Sie hierher!

Sekretärin. Da ... auf die Auslegeware?
Chef. *(Zieht sie langsam zu sich herunter, beugt sich auf alle vieren über sie)*
Sekretärin. *(Mit geschlossenen Augen)* ... Sie machen mich ganz verrückt, Herr Meltzer ...
Chef. *(Nähert seine Lippen den ihren; dabei fällt sein Blick auf etwas unter dem Schreibtisch)* ... Was ist denn das?
Sekretärin. Was?
Chef. *(Holt ein Schriftstück unter dem Schreibtisch hervor und liest)* ... Da ist ja das Schreiben von der IFAG Mannheim ... *(tastet nach der Brille, setzt sie auf)* ... Bitte! ... Vierhundert Arosa schlitzverstärkt mit kurzem Arm ... auf dieses Schreiben warten wir seit vierzehn Tagen ... und wo liegt es? ... unter meinem Schreibtisch!
Sekretärin. Aber ich ...
Chef. Als führendes Unternehmen der Trikotagenbranche können wir uns Unkorrektheiten dieser Art nicht leisten!
Sekretärin. Karl-Heinz ...
Chef. Sagen Sie nicht Karl-Heinz zu mir!

SKAT

Eine ziemlich leere Kneipe. In der Mitte ein Tisch mit Herrn Striebel und Herrn Vogel. Auf dem Tisch befinden sich zwei halbleere Biergläser und ein Kartenspiel mit Block und Bleistift. An einem anderen Tisch sitzt Herr Moosbach und liest Zeitung!

HERR STRIEBEL. Ach entschuldigen Sie ... hallo ...
HERR MOOSBACH. Ja bitte ...
HERR STRIEBEL. Spielen Sie Skat?
HERR MOOSBACH. Im Moment nicht ...
HERR STRIEBEL. ... Uns fehlt nämlich der dritte Mann!
HERR MOOSBACH. Ach!
HERR STRIEBEL. ... Wenn Sie mit uns ein paar Runden spielen wollen ...
HERR MOOSBACH. Gern ... *(er kommt an den Tisch, setzt sich in die Mitte und stellt sich vor)* Moosbach ist mein Name ...
HERR STRIEBEL. Striebel ...
HERR VOGEL. Vogel ...
HERR MOOSBACH. Angenehm ...
HERR VOGEL. *(Zum Wirt)* Ein Bier bitte ...
HERR STRIEBEL. Mir auch ...
WIRT. *(Zu Herrn Moosbach)* Der Herr auch ein Bier?
HERR MOOSBACH. Nein danke, ich bin mit dem Magen nicht ganz in Ordnung ...
HERR STRIEBEL. Sind Sie Tunierspieler? *(mischt die Karten und gibt sie Herrn Vogel zum Abheben)*
HERR MOOSBACH. Nein, nicht direkt ... ich habe auch länger nicht gespielt, aber ich spiele gern ...
HERR STRIEBEL. Aha ... *(gibt)*
HERR MOOSBACH. Spielen, richtig verstanden, ist etwas Wunderschönes ... Es kann auch grade für junge Menschen eine gute charakterliche Schulung sein ...
HERR STRIEBEL. Contra nach'm ersten Stich und Null ohne Re ...
HERR MOOSBACH. Bitte?
HERR VOGEL. Verlorenes Contra: drei Bock, drei Ramsch ...
HERR STRIEBEL. Du sagst was, Herr Moosbach ist vorne ...
HERR MOOSBACH. Ach!
HERR VOGEL. *(Zu Herrn Moosbach)* Achtzehn ...
HERR MOOSBACH. Was? ... Ach so ... ja ...
HERR VOGEL. Zwanzig ...
HERR MOOSBACH. Ja ...

HERR VOGEL. Zwo ... drei ...
HERR MOOSBACH. Jaja ... *(lächelt ahnungslos)*
HERR VOGEL. Vier ...
HERR MOOSBACH. *(Nickt freundlich)*
HERR VOGEL. Sieben ...
HERR MOOSBACH. Tjajajajaja ...
HERR VOGEL. Dreißig!
HERR MOOSBACH. Hmmm ... hm ... *(nickt liebenswürdig)*
HERR STRIEBEL. Na, der hat'n Blatt!
HERR MOOSBACH. Ich? Sie scherzen! neinneinnein!
HERR VOGEL. Also keine dreiunddreißig?
HERR MOOSBACH. Neinnein ... Neinnein ...
HERR STRIEBEL. Weg ...
HERR VOGEL. *(Nimmt Skat auf)*
HERR STRIEBEL. Wie heißt er?
HERR MOOSBACH. Moosbach!
HERR VOGEL. Grand!
HERR STRIEBEL. *(Zu Herrn Moosbach)* Sie kommen raus!
HERR MOOSBACH. Wo? ... *(sieht zur Tür)* ... Ach so ... *(lächelt verschmitzt und legt eine Karte auf den Tisch)*
HERR VOGEL. *(Spielt eine Karte)*
HERR STRIEBEL. *(Spielt eine Karte)*
HERR VOGEL. *(Nimmt den Stich, knallt einen Buben auf den Tisch)*
HERR STRIEBEL. *(Knallt einen höheren Buben drauf)*
HERR MOOSBACH. *(Legt schüchtern etwas dazu)*
HERR VOGEL. Haben sie keinen Buben?
HERR MOOSBACH. *(Singsang)* Das *sag* ich nicht!
HERR STRIEBEL. Wir spielen Grand, Herr Moosbach!
HERR MOOSBACH. Ach! ... *(nimmt die Karte zurück und zeigt sein Blatt Herrn Vogel, der sich abwendet)* ... Ist das ein Bube? *(wendet sich zu Herrn Striebel)*
HERR STRIEBEL. Jawohl!
HERR MOOSBACH. Ich kann Buben und Damen so schlecht auseinanderhalten! *(kichert albern und legt den Buben dazu)*

HERR STRIEBEL. *(Nimmt den Stich)* ... Und den! *(knallt ein As auf den Tisch)*
HERR MOOSBACH. *(Legt eine Karte ab)*
HERR VOGEL. *(Bedient)*
HERR STRIEBEL. *(Will den Stich nehmen)*
HERR MOOSBACH. *(Greift rasch zu)* ... Nein! Das sind jetzt meine! Jeder der Herren hat einmal die Karten an sich genommen ... ich habe es genau beobachtet!
HERR STRIEBEL. Ich bitte Sie, das ist mein As, Sie haben abgeworfen, und Herr Vogel hat bedient! *(nimmt den Stich)*
HERR MOOSBACH. Bitte sehr, bitte sehr ... aber gerecht ist es nicht ...
HERR STRIEBEL. *(Haut alle Karten nacheinander auf den Tisch)* ... Und den ... und den ... und den ... und den ... Pech gehabt, Dicker ...
HERR VOGEL. Jaja ...
HERR STRIEBEL. Herr Moosbach, Sie geben ... *(Wirt bringt Bier, Striebel schreibt an)* Ohne zwei spielt drei, Schneider vier, Grand, 80 ...
HERR MOOSBACH. *(Hat alle Karten auf dem Tisch ausgebreitet und rührt darin herum)*
HERR VOGEL. Was machen Sie denn da?
HERR MOOSBACH. Nur auf diese Weise werden die Karten wirklich gemischt ... damit man nicht immer dieselben bekommt ... *(singt vor sich hin)* ... Im Grunde genommen ist Skat ein Spiel, das den Intellekt schult ... *(Er gibt umständlich eine Karte nach der anderen)*
HERR STRIEBEL. *(Zu Herrn Vogel)* 18 ...
HERR VOGEL. Ja ...
HERR STRIEBEL. 20 ...
HERR VOGEL. Ja ...
HERR STRIEBEL. Zwo ...
HERR VOGEL. Weg ...
HERR MOOSBACH. Weg ...
HERR VOGEL. Wie heißt er?
HERR MOOSBACH. Wer ...
HERR STRIEBEL. Karo ... Du kommst raus ...
HERR MOOSBACH. Was ist Trumpf?

HERR STRIEBEL. Karo...
HERR VOGEL. *(Spielt aus)*
HERR STRIEBEL. *(Knallt eine Karte drauf)*
HERR MOOSBACH. *(Überlegt lange, summt vor sich hin)* Was ist Trumpf?
HERR VOGEL. Karo...
HERR MOOSBACH. *(Sinnend)* ... Ka ... ro ... Dann ist also eine Karo-Dame höher als ein Herz-König!
HERR VOGEL. *(Sich zur Ruhe zwingend)* Ja ...
HERR MOOSBACH. ... Aber nicht so hoch wie eine Karo Zehn!

HERR STRIEBEL. Nein...
HERR MOOSBACH. Also, *was* ist Trumpf?
HERR STRIEBEL. *(Sehr scharf)* Ka ... ro!
HERR MOOSBACH. Richtig! ... Also *(zieht ruckartig eine Karte, alle Karten fliegen über den Tisch, eine fällt in das Bierglas von Herrn Striebel)* ... Hoppla!
(Herr Striebel und Herr Vogel beherrschen sich mühsam)
HERR MOOSBACH. *(Fingert die Karte aus dem Bierglas und legt sie auf den Tisch)* ... Ich spiele zu gern!
HERR VOGEL. *(Bedient)*

HERR STRIEBEL. *(Nimmt den Stich, spielt klein aus)* ... Pik!
HERR MOOSBACH. *(Bedient)*
HERR VOGEL. *(Sticht und spielt aus)* ... Herzen!
HERR STRIEBEL. *(Bedient)*
HERR MOOSBACH. *(Spielt aus)*
HERR STRIEBEL. *(Zu Herrn Moosbach)* ... Das ist Ihr Stich!
HERR MOOSBACH. Ach was! ... Natürlich! ... Herr Vogel hat die Herz-Sieben ausgespielt, dann hat Herr Striebel die Herz-Acht draufgelegt, und ich bin mit der Herz-Neun einfach drübergegangen ... das ist mein Stich! ... Die Herz-Sieben kommt von Herrn Vogel, dann die Acht von Herrn Striebel und – Zack – komm ich mit der Neun! ... So war's doch! ... Herr Striebel dachte schon, er könnte da mit der Herz-Acht die Herz-Sieben ... Neinnein – Zack! – Ha-ha! ... Herr Striebel hätte ja stechen können, hat er aber nicht, und darum habe *ich* einfach – Zack! – mit der Herz-Neun ... *(lacht triumphierend)*
HERR VOGEL. *(Wirft seine Karten enerviert auf den Tisch)*
HERR MOOSBACH. *(Zu Herrn Vogel)* ... Ein guter Spieler läßt sich *nichts* anmerken, Herr Vogel! Spielen ist in erster Linie eine Charakterfrage ...
HERR STRIEBEL. *(Mühsam beherrscht)* ... Vielleicht erlaubt es Ihr Charakter, jetzt eine Karte auszuspielen!
HERR MOOSBACH. Dochdoch ... gewiß ... aber beim Skat will jeder Stich genau überlegt sein! Wenn man nicht ernst spielt, macht es keinen Spaß! *(überlegt, sieht Herrn Vogel kurz in die Karten, lächelt verschmitzt und spielt bedeutungsvoll eine Karte aus)*
HERR VOGEL. *(Sticht sofort)*
HERR MOOSBACH. *(Will seine Karte zurücknehmen)* ... Neinnein ... ich habe mich geirrt!
HERR VOGEL. Was liegt, liegt!
HERR MOOSBACH. Es war ein Versehen, Herr Vogel!
HERR VOGEL. Sie haben...
HERR MOOSBACH. Ich sagte, es war ein Versehen!

HERR STRIEBEL. *(Streng)* Sie haben ausgespielt, Herr Vogel hat gestochen, und *so* bleibt es liegen ... Hier wird Skat gespielt, Herr Moosbach! *(knallt eine Karte drauf, nimmt den Stich und spielt aus)*
HERR MOOSBACH. *(Heiter)* Kennen Sie Schnipp-Schnapp? Das ist auch ein Spiel für drei Personen...
HERR STRIEBEL. *(Scharf)* ... Nein, Schnipp-Schnapp kenne ich *nicht*! Aber *Sie* spielen jetzt eine Karte aus und legen sie hier drauf!
HERR VOGEL. ... Und *da* bleibt sie auch liegen!
HERR MOOSBACH. Nein, meine Herren, *so* nicht! Spiel ist etwas Heiteres ... es soll Freude machen ... im übrigen brauchen *Sie* einen dritten Mann! *Ich* nicht! *(will gehen)*
HERR STRIEBEL. Nun bleiben Sie doch sitzen ...
HERR VOGEL. So war es ja nicht gemeint ...
HERR MOOSBACH. *(Bleibt sitzen, spielt aus)* Bitte sehr ...
HERR VOGEL. *(Sticht, nimmt und legt die Karten hin)* ... Der Rest ist bei mir ... *(sammelt die Karten ein, mischt)*
HERR STRIEBEL. *(Schreibt an)* Mit zwei spielt drei, Karo, siebenundzwanzig...
HERR MOOSBACH. Darf ich den Herren mal ein ganz kleines Kartenkunststück zeigen?
HERR VOGEL. *(Tauscht mit Herrn Striebel einen Blick und gibt Herrn Moosbach die Karten)* ... Bitte sehr ...
HERR MOOSBACH. Aber erst mal nicht gucken!
(Beide Herren wenden sich enerviert ab. Herr Moosbach knifft viele Karten zu kleinen Dächern und stellt sie vor sich auf den Tisch) ... So, Sie können sich umdrehen. Jeder darf sich ein Häuschen nehmen ... Herr Striebel fängt an ...

FILMANALYSE

Eine Fernsehdiskussion. Der Moderator sitzt in der Mitte, Herr Kriegel links, Professor Lemmer rechts.

Moderator. Zu unserem Filmspektrum haben wir heute zwei intime Kenner der Materie ins Studio gebeten ... Den Filmkritiker der »Offenbacher Rundschau«, Herrn Heiner Kriegel, und den Leiter der Hochschule für Film und Fernsehen in Bebra, Herrn Professor Wolf Lemmer. Wir wollen heute anhand eines betont heiteren Filmes auch einmal die Unterhaltung zu ihrem Recht kommen lassen, die leichte Film-Muse sozusagen...
Kriegel. Entschuldigen Sie, wenn ich unterbreche...
Moderator. Oh bitte...
Kriegel. Es handelt sich hier um eines der entscheidenden Werke der Filmgeschichte. Begriffe wie »Leichte Muse« oder »Unterhaltung« sind da völlig fehl am Platze.
Moderator. Ja ... das habe ich grade sagen wollen...
Lemmer. Dieser Streifen ist ... im Bereich der Filmkunst ... die erste ernsthafte Auseinandersetzung mit der drohenden psychischen Isolierung des Menschen durch die Technik ... im Stil der klassischen griechischen Tragödie...
Moderator. Eben!
Kriegel. Oh nein, Herr ... Lemmer, wir begegnen hier ganz zweifellos einer filmischen Symbolisierung der Ausbeutung unterprivilegierter Volksschichten durch die besitzende Klasse. Das ist doch keine Tragödie!
Moderator. Richtig ... aber ich würde sagen, bevor wir weiterdiskutieren, sollten wir den Film erst einmal zeigen. Film ab!
Der Film läuft: Buster Keaton erhebt sich senkrecht aus einem fahrbaren Mülleimer, dessen Deckel auf dem Kopf balancierend, verliert das Gleichgewicht und kippt in die Horizontale. Die Szene dauert etwa fünf Sekunden.
Moderator. Herr Lemmer, vielleicht beginnen Sie...
Lemmer. Zunächst eine sehr interessante Frage ... haben Sie bemerkt, wie kurz dieser Film ist?
Kriegel. Nein...
Moderator. Nein...
Lemmer. Sehen Sie! Der komprimierte Inhalt, die Fülle von Informationen auf engstem Raum täuschen normale Spielfilmlänge vor, die er in Wahrheit nicht hat...

MODERATOR. Ach...
LEMMER. ... aber an diesem Film ist eben auch zweieinhalb Jahre gearbeitet worden ... der ist nicht so hingeschludert, wie das heute allgemein üblich ist...
KRIEGEL. Herr Lemmer...
LEMMER. Diese unerwartete Drehung um neunzig Grad in die Horizontale – ohne Zwischenschnitt – das hat Filmgeschichte gemacht! Noch heute arbeiten bedeutende Regisseure nach dieser Grundidee. Denken Sie nur an Bergman, Sinkel, Fellini ... Können wir das nochmal sehen...
MODERATOR. Ja bitte ... Film ab!
Der Film wird wiederholt.
LEMMER. Das ist gran-di-os gemacht ... Verstehen Sie, was ich meine?
KRIEGEL. Nein...
MODERATOR. Ich habe mal einen zauberhaften Film gesehen mit ... äh ... mit ... äh...
KRIEGEL. Herr Lemmer, ich muß sagen, mir ist die Mache ziemlich schnuppe ... es geht doch um das politische Anliegen des Films...
MODERATOR. Mickymaus ... jetzt weiß ich's wieder, es war ein Film mit Mickymaus...
KRIEGEL. Der Mensch im Abfallbehälter ... das ist doch das Volk im Abfall jener Konsumgüter, deren Produktionsstätten sich im Besitz des Großkapitals befinden ... das wird doch mehr als deutlich! Bitte Film ab!
MODERATOR. Film ab!
Der Film wird wiederholt.
KRIEGEL. Haben Sie verstanden, was ich meine?
MODERATOR. Ja.
LEMMER. Nein ... Der Mensch ist eingeschlossen in den komplizierten Mechanismus unserer Zivilisation, der bei der geringsten falschen Bewegung aus dem Gleichgewicht gerät...
KRIEGEL. Herr Lemmer...
LEMMER. ... und wenn der Mann den Deckel dieses Mechanismus lüftet ... sieht er sich allein gelassen ... von jeder Seite ... auch von links, Herr Kriegel ... auch von links! Bitte Film ab!
MODERATOR. Film ab!
Der Film wird wiederholt.
LEMMER. Das ist eine menschliche, völlig unpolitische Konfliktsituation ... vielleicht verstehen Sie jetzt, was ich mit »Tragödie« meine...
KRIEGEL. Nein...
MODERATOR. Herr Lemmer meint das mehr irgendwie menschlich...
KRIEGEL. Herr Lemmer, der Film ist eminent politisch! Dieser Mann signalisiert Systemveränderung! Das kommt doch auch in dieser repressiven Kopfbedeckung zum Ausdruck, von der er sich – im Sturz! – befreit ... Bitte Film ab!
MODERATOR. Film ab!
Der Film wird wiederholt.
KRIEGEL. Das ist nie ergreifender inszeniert worden! ... Da erhebt sich das ausgebeutete Individuum aus dem Untergrund und bietet seinen Unterdrückern die Stirn!
MODERATOR. In diesen Mickymaus-Filmen kam doch auch immer irgendeiner irgendwo raus...
LEMMER. Herr Kriegel, es muß auch eins noch gesagt werden ... neben seiner grandiosen dynamischen Präsenz hat der Sturz des Mannes – im Rahmen der Tragödie – auch so etwas wie eine ... heitere Attitüde ...

KRIEGEL. *(Fassungslos)* Heitere Attitüde? In der Tatsache, daß eine mißhandelte Kreatur um ihre Freiheit kämpft, sehen Sie eine »heitere Attitüde«? Ist Ihnen entgangen, daß der Mann den Verschluß seines Gefängnisses wie eine Krone trägt? Film ab!
MODERATOR. Film ab!
Der Film wird wiederholt.
KRIEGEL. ... Sagten Sie »heiter«, Herr Professor?
LEMMER. *(Erregt)* Herr Kriegel, es kann Ihnen doch nicht entgangen sein, daß der Sturz dieses Mannes mit der Tonne in gewisser Weise das Gebiet der Komik streift, womit die Gefahr der *Unterhaltung* nicht ganz auszuschließen ist!
KRIEGEL. *(Erregt)* Ein Mensch, der auf der Suche nach Licht und Freiheit strauchelt, dient Ihrer Unterhaltung?!
LEMMER. Das haben *Sie* gesagt!
KRIEGEL. *(Schlägt mit der Hand auf den Tisch)*
MODERATOR. *(Der etwas eingenickt war, schreckt auf)* Möchten Sie den Film nochmal sehen?
LEMMER. Nein...
KRIEGEL. Nein...
MODERATOR. Ach...

DER ASTRONAUT

Fernsehstudio. Dem Moderator Schmoller sitzt ein Herr mittleren Alters gegenüber.

SCHMOLLER. Die drei amerikanischen Astronauten Perdy, Elden und Brown sind zu dieser Stunde Gäste des Bundespräsidenten. Ab morgen werden sie auf einer Tournee die größten Städte der Bundesrepublik besuchen. Da keiner der drei Astronauten für ein Interview zur Verfügung stand, baten wir Raumpilot Major Gary Wickliff zu uns ins Studio, der sich seit 1964 bereits zweimal auf einer Mondumlaufbahn befand. Wir möchten ihm Fragen stellen, die uns weniger der technischen als der menschlichen Seite der Raumfahrt näherbringen sollen.
Mr. Wickliff, you are, I understand, an astronaut with considerable experience in deep space flight and have in fact been twice around the moon...
W. Wie bitte?
SCHMOLLER. Oh – Sie sprechen deutsch?
W. Jawohl...
SCHMOLLER. Ja, dann ist ja alles viel einfacher! Also – Sie waren bereits zweimal auf einer Mondumlaufbahn...
W. Nein.
SCHMOLLER. Nicht, aha, ah-so, aber schließlich sind Sie ja Astronaut, nicht wahr?
W. Nein.
SCHMOLLER. Nicht. Aber nach meiner Information ... äh ... Sind Sie sicher, daß Sie nicht Astronaut sind?
W. Ja.
SCHMOLLER. Aha – und Sie sind nicht früher mal Astronaut gewesen?
W. Nein, ich bin Verwaltungsinspektor.
SCHMOLLER. Bitte?
W. Ich bin Verwaltungsinspektor.
SCHMOLLER. Ah ja! Verwaltungsinspektor, Herr...
W. Wieland.
SCHMOLLER. Herr Wieland... Verwaltungsinspektor, das ist ein erregender, abenteuerlicher Beruf...
W. Jaaa-eh...
SCHMOLLER. Um als.... Verwaltungsinspektor unter Tausenden von Bewerbern in die engere Wahl zu kommen, mußten Sie sich ungewöhnlichen harten körperlichen Tests unterziehen.
W. Nein.
SCHMOLLER. Nicht – aha – und die Schwerelosigkeit ist auch wohl nicht das Hauptproblem der ... des Verwaltungsapparates...
W. Nein.
SCHMOLLER. Herr Wieland, was war bisher die äußerste Beschleunigung, der die ausgesetzt waren?
W. Ja, alles in allem, in 18 Sekunden auf 100... Mein Wagen...
SCHMOLLER. Und Ihr Kreislauf hat bisher nicht darunter gelitten?
W. Nein.
SCHMOLLER. Nicht ... aha ... das ... das ist erstaunlich ... Herr Wieland, Sie sind verheiratet...
W. Ja.
SCHMOLLER. Sie haben nicht den Eindruck, daß Ihr Beruf für Ihre Gattin eine unzumutbare Belastung darstellt...
W. Nein.
SCHMOLLER. Sie vertreten also auch nicht die Ansicht, daß Verwaltungsbeamte grundsätzlich unverheiratet bleiben sollten...
W. Nein.
SCHMOLLER. Nicht ... hm-hm ... ja ... was war bisher die äußerste Entfernung von der Erdoberfläche, in der Sie gearbeitet haben?
W. Ja, wir arbeiten jetzt im ... äh ... dritten Obergeschoß.
SCHMOLLER. Mhm, mhm ... haben Sie jemals befürchtet, einmal von dort oben nicht mehr zurückzukehren?
W. Nein.
SCHMOLLER. Nicht ... aber trotzdem können Sie wohl fest damit rechnen, daß Ihnen nach dem ... daß Ihnen nach dem Ausscheiden aus der ... aus dem ... aus dem Verwaltungsdienst eine repräsentative Stellung in der Industrie angeboten wird?
W. Was?!
SCHMOLLER. Herr Wieland, wir danken Ihnen für dieses Gespräch.

PROFESSOR E. DAMHOLZER

WALLNER. Herr Professor Damholzer, Sie wissen, daß vor drei Jahren der Versuch Ihres Kollegen, Professor Mutzenberger, Frauen in Kaninchen zu verwandeln, zwar geglückt ist, aber doch, zumindest in wissenschaftlichen Kreisen, auf Bedenken stieß. Was hat Sie bewogen, dennoch an einer weiteren Mutation zu arbeiten, in diesem Fall an einer starken körperlichen Verkleinerung lebender Menschen?
DAMHOLZER. Herr ... Wallner, zunächst einmal ist zum Mutzenbergerschen Versuch zu sagen, daß der Gedanke einer drastischen Einschränkung des derzeitigen Frauenüberschusses durchaus zu begrüßen war. Nur hat die massenweise Verwandlung von Frauen in Kaninchen ein neues, ernstes Problem aufgeworfen: die Kaninchenplage.
WALLNER. Herr Professor, Sie meinen also...
DAMHOLZER. Ich konnte nachweisen, daß man die Frau als solche auch in Massen kaum noch als Belästigung betrachtet, wenn sie kleiner ist als 10 Zentimeter. Ich bewies darüber hinaus, daß durch biochemische Größenkorrektur, also künstliche Ver-klei-ne-rung aller Menschen – auch der Männer –, sämtliche Umweltprobleme zu lösen sind.
WALLNER. Herr Professor, gestern ist Ihnen der Nobelpreis verliehen worden für die erste gelungene Verkleinerung eines niedersächsischen Ministerialrats von 1 Meter 78 auf 0 Komma 002 Millimeter. Können Sie uns, in vereinfachter Form, erklären, wie das gelang?
DAMHOLZER. Natürlich ... Mit Hilfe von lauwarmer Askorbinsäure in Verbindung mit polarisiertem Diamethylentetramin.
WALLNER. Natürlich ... Herr Professor, ist daran gedacht, sämtliche Ministerialräte stark zu verkleinern?
DAMHOLZER. Nein, Herr Wallner, neinnein, es wird erwogen, alle Kraftfahrzeugbesitzer auf eine Durchschnittsgröße von 0 Komma 8 Millimeter zu bringen. Zunächst auf freiwilliger Basis.
WALLNER. Befürchten Sie da für den Autofahrer nicht Schwierigkeiten beim Lenken des Kraftfahrzeugs?
DAMHOLZER. Nun, Herr Wallner, einmal ist das wohl eine Gewohnheitssache und zum andern ein Problem der Automobilindustrie. Für uns ist entscheidend, daß rund fünfzigtausend Personen bequem in einem Mittelklassewagen Platz finden. Das heißt, daß sämtliche Einwohner der Bundesrepublik in etwa 200 Automobilen nach Italien reisen könnten.
WALLNER. Herr Professor...
DAMHOLZER. Das heißt, daß in dieser Streichholzschachtel alle Bundestagsabgeordneten zu einer Plenarsitzung Platz nehmen könnten, ohne daß ihre geistige Regsamkeit merklich nachlassen würde.
WALLNER. Herr Professor, es wäre also möglich...
DAMHOLZER. Es wäre möglich, auf Geburtenregelung völlig zu verzichten und einer lustbetonten, natürlichen Fortpflanzung weitere zwei Millionen Jahre ihren Lauf zu lassen, da unser Planet rund 146 Trilliarden Kleinstmenschen mühelos ernähren könnte. Allein der derzeitige Weltvorrat an Blattspinat böte eine ausreichende Sättigungsgrundlage für mehrere Millionen Jahre.
WALLNER. Die Wissenschaft wäre demnach in der Lage...
DAMHOLZER. Die Wissenschaft garantiert den Fortschritt *und* ... die einzigen möglichen Auswege aus drohenden Katastrophen. Wissenschaft bedeutet Verantwortung. Über Wohl und Wehe der Menschheit entscheiden in Zukunft nicht die Politiker *(hebt Streichholzschachtel hoch)*, sondern wir Wissenschaftler.
WALLNER. Herr Professor, wären Sie bereit, uns Ihre Entdeckung hier praktisch zu ... äh ... praktisch vorzuführen?
DAMHOLZER. Selbstverständlich *(trinkt aus einem Reagenzglas ... sieht nach der Uhr ... verschwindet plötzlich)*.
WALLNER. *(Sieht ratlos auf dem Tisch hin und her, entdeckt etwas sehr Kleines, schlägt mit der Hand darauf und sieht verstört in die Kamera)*

LITERATURKRITIK

Der Literaturkritiker einer Fernsehanstalt erscheint auf dem Bildschirm und beginnt mit der Geziertheit des intellektuellen Fernsehschaffenden zu sprechen.

Die Frankfurter Buchmesse liegt nun drei Monate zurück, aber diese Zeit war erforderlich, das Angebot zu sichten, Wesentliches von Überflüssigem zu trennen, Bedeutendes von Unbedeutendem zu scheiden.
Lassen Sie mich aus der Fülle der wichtigen Neuerscheinungen ein Werk herausgreifen. Hier werden Dinge in einer Eindringlichkeit und Präzision beschrieben, die bisher in der schöngeistigen Literatur nicht zu finden waren. Der Autor zieht es vor, anonym zu bleiben. Das überrascht, denn bei aller Offenheit zeigt das Werk eine ungewöhnliche Reinheit der Sprache, und man sollte nicht zögern, es gerade der heranreifenden Jugend in die Hände zu legen, um sie mit den ganz natürlichen Vorgängen des Lebens vertraut zu machen. Keine deutsche Fernsehanstalt hat es bisher gewagt, eine Leseprobe der zu Unrecht umstrittenen Stellen zuzulassen. Aber bitte urteilen Sie selbst. Ich beginne auf Seite 294:
Germersheim ab 12.36 Uhr
Westheim 12.42 Uhr
Lustadt an 12.46 Uhr
Schon diese Stelle ist ein kleines Meisterwerk. Ein nur scheinbar harmloses Zeugnis für die bestürzende Sachkenntnis des Verfassers. Kurz darauf steigert sich das Werk zu einem seiner vielen dramatischen Höhepunkte:
Landau ab 12.32 Uhr
Anweiler 12.47 Uhr
Pirmasens an 13.13 Uhr
Das ist fein beobachtet. Jedermann weiß, wie peinlich solche Stellen gerade bei Literaten minderer Qualität wirken können. Mit den Worten »in Saarbrücken Hauptbahnhof kann mit Anschluß nicht gerechnet werden« schließt das Werk. Es sollte in keinem Bücherschrank fehlen.

DER JUNGFILMER

Hartwig Hummel sprach mit dem deutschen Jungfilmer Eduard Geigendorfer über seinen Film »Ludwig II.«.

HUMMEL. Herr Geigendorfer, das tragische Leben Ludwigs II. wurde in jüngster Zeit mehrfach zum Inhalt großer Filmwerke. Was hat Sie als Jungfilmer veranlaßt, dieses Thema aufzugreifen?
GEIGENDORFER. So ist es.
HUMMEL. Und was ... ich meine ... wie haben Sie ...
GEIGENDORFER. Die Bedeutung meines Filmes liegt zunächst in seiner dokumentarischen Aufrichtigkeit. Wir haben zwei Jahre gründlich recherchiert, bevor wir mit den Dreharbeiten begannen.
HUMMEL. Hat nicht auch Visconti ...
GEIGENDORFER. Visconti ist *nicht* unbegabt, aber sein Film ist, historisch gesehen, völlig bedeutungslos. Denken Sie doch nur an das Dreiecksverhältnis Ludwig, Susi und Beethoven. Das hat Visconti einfach unterschlagen.
HUMMEL. Aber damals war Beethoven doch schon 50 Jahre tot!
GEIGENDORFER. Sehen Sie, so geht es schon los! Neinneinnein ... ich sehe das Leitmotiv in Ludwigs unerfüllter Liebe zu seiner Tante Susi ... bevor sie Kaiserin von Ostpreußen wurde ...
HUMMEL. Wer?
GEIGENDORFER. Susi.
HUMMEL. Sissi!
GEIGENDORFER. Susi oder Sissi – denken Sie doch an die Susi-Filme mit Frau Schneider ...
HUMMEL. War das nicht seine Cousine? Ich habe Romy Schneider als Kaiserin von Ostpreußen nicht mehr so deutlich in Erinnerung.
GEIGENDORFER. Daran sehen Sie, wie unzureichend diese Filme historisch informieren. Tatsache ist doch, daß die Familie Schneider seit dem 16. Jahrhundert in Ostpreußen ansässig war und daher kaum noch Ansprüche auf den bayrischen Thron besaß. Daß Ludwig II. eine Verbindung der Dynastie Wittelsbach mit dem Hause Schneider im Auge hatte, kam Beethoven sehr ungelegen. Hier liegt doch die Wurzel der Tragödie. Zumal Beethoven infolge eines Ohrenleidens von Susi schon seit Jahren nichts mehr gehört hatte.
HUMMEL. So!
GEIGENDORFER. Und hier, Herr Hummel, setzt mein Film ein. Der Ausschnitt, den Sie sahen, stellt den Höhepunkt des Werkes dar. Die historische Szene ... der tragische, durch äußere Umstände bewirkte Verzicht ... Bewußtmachung, Aussage und Anliegen. Das ist es, Herr Hummel.
HUMMEL. Vielen Dank, Herr Geigendorfer!

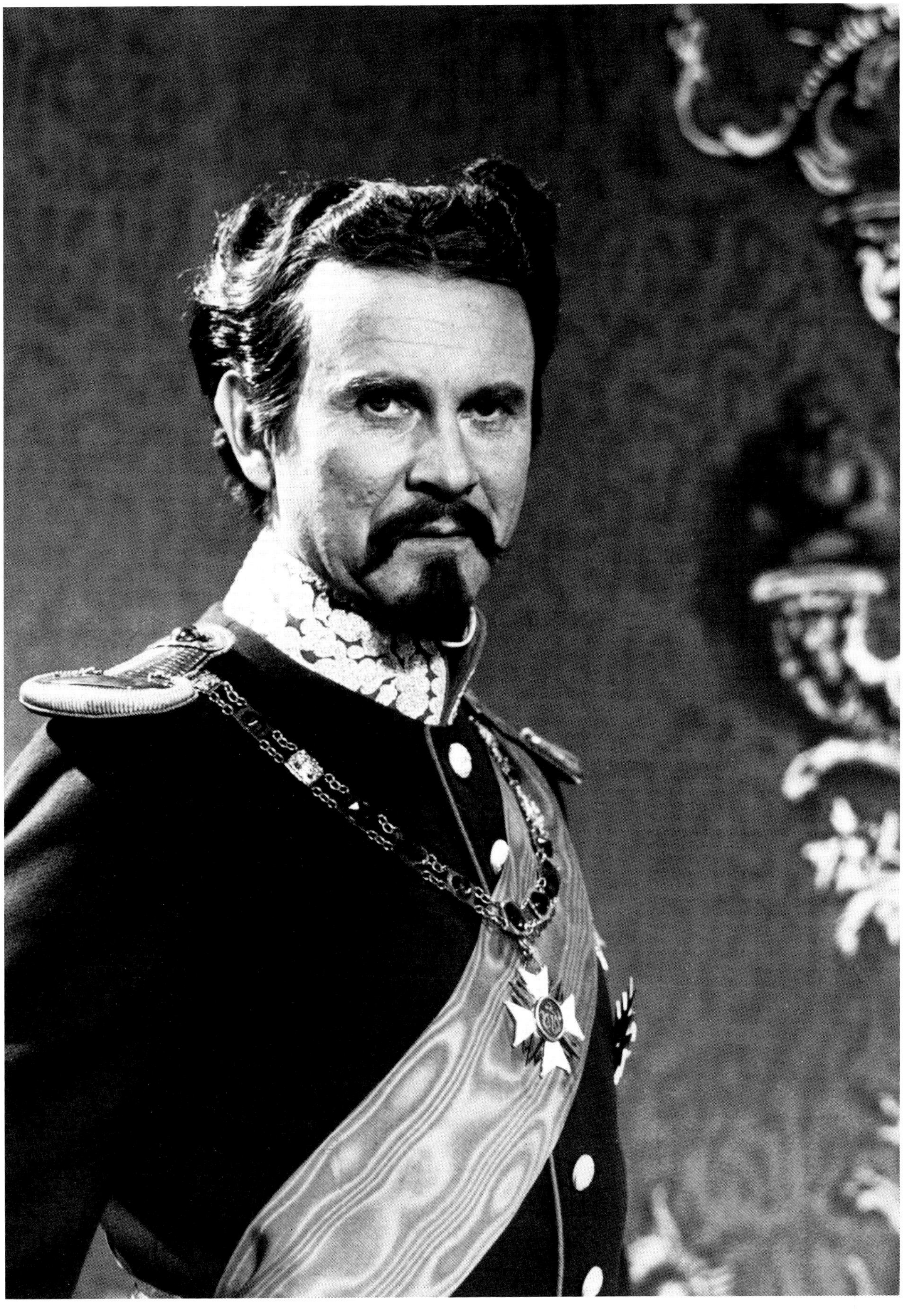

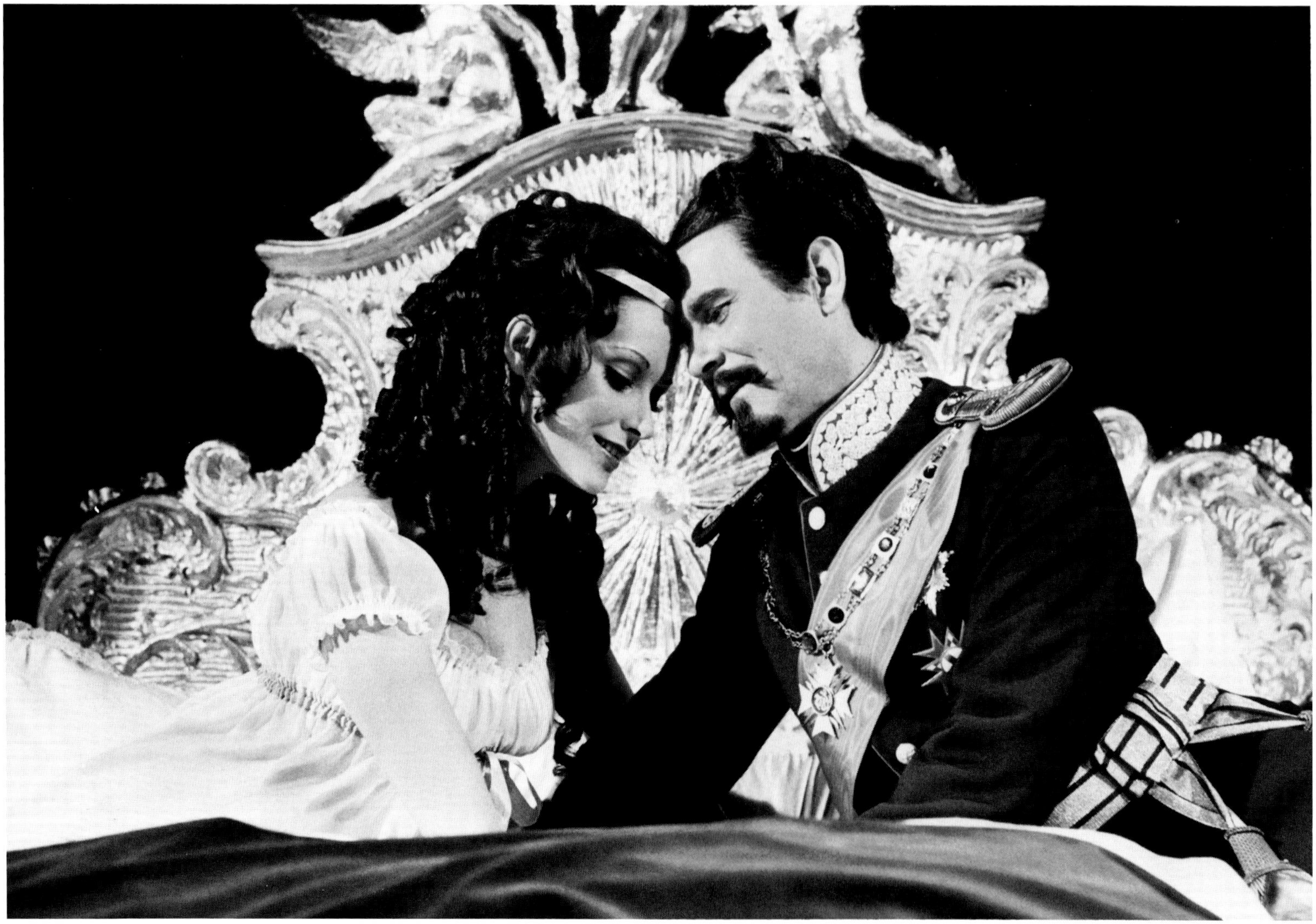

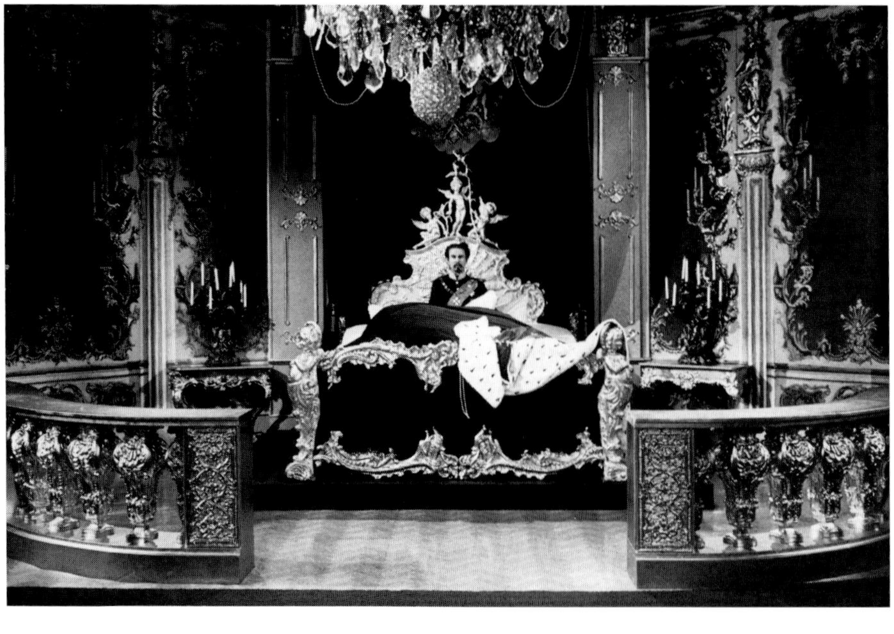

DER SPRECHENDE HUND

DER SPRECHENDE HUND

Fernsehinterview. Ein Reporter spricht mit Herrn Dr. Sommer und seinem Hund. Es handelt sich um ein großes, dickes, langhaariges Tier, das zwischen den beiden Herren sitzt.

REPORTER. Guten Abend, meine Damen und Herren ... als Gast im Studio begrüßen wir heute Herrn Dr. Sommer, den Gründer und Leiter der Tierpädagogischen Hochschule in Cuxhaven und seinen besten Freund und Schüler ...
HUND. *(Macht ein unanständiges Geräusch mit der Zunge)*
REPORTER. Herr Dr. Sommer, Sie erteilen diesem Hund seit Jahren Sprechunterricht ...
DR. SOMMER. Jawohl ...
REPORTER. In deutscher Sprache ...
DR. SOMMER. Richtig ...
REPORTER. ... Und Ihre Bemühungen hatten Erfolg ...
DR. SOMMER. So ist es ...
REPORTER. Der Hund kann also sprechen?
DR. SOMMER. Jawohl ...
REPORTER. Richtig sprechen wie ein Mensch?
DR. SOMMER. Ja ...
REPORTER. Das ist sen-sa-tio-nell! Wie heißt denn das Tier?
DR. SOMMER. Bello ...
REPORTER. ... Und was kann er sprechen?
DR. SOMMER. Was Sie wollen ...
REPORTER. Ja, was denn so zum Beispiel?
DR. SOMMER. Na, sagen Sie irgendwas ...
REPORTER. Ich soll was sagen?
DR. SOMMER. Ja ...
REPORTER. Äh ... *(denkt nach)* ... mein Gott, *ich kann* doch sprechen! Der *Hund* soll irgendwas sagen!
DR. SOMMER. Jaja, aber sagen *Sie* doch, was er sagen soll!
REPORTER. Äh ... na zum Beispiel den Namen von irgendeinem berühmten Schauspieler ...
DR. SOMMER. ... Und welchen?
REPORTER. ... Irgendeinen ... wie heißt denn dieser Blonde?
DR. SOMMER. Heinz Rühmann ...
REPORTER. Nein, der andere ...
DR. SOMMER. Curd Jürgens ...
REPORTER. Neinnein ... irgendwas mit »F« ...
DR. SOMMER. Mit »F« ...
REPORTER. ... Oder »P« ...
DR. SOMMER. Marlene Dietrich ...
REPORTER. So ähnlich ...
DR. SOMMER. Hat er nicht in dem Film mitgespielt?
REPORTER. In welchem?
DR. SOMMER. ... Von diesem italienischen Regisseur ... ich komme jetzt nicht auf den Namen ...
REPORTER. ... Mit »I«?

DR. SOMMER. Er heißt so ähnlich wie eine Autofirma...
REPORTER. BMW...
DR. SOMMER. Neinnein ... äh ... dieser Fußballspieler fährt so einen...
REPORTER. Welcher Fußballspieler?
DR. SOMMER. ... Der das Tor in dem Endspiel geschossen hat...
REPORTER. Wo? In Hamburg?
DR. SOMMER. Nein...
REPORTER. In Bremen?
DR. SOMMER. Nein ... äh...
REPORTER. Herr Dr. Sommer, mit welcher Methode haben Sie dem Hund Sprechen beigebracht, und wie lange hat es gedauert?
DR. SOMMER. Über vier Jahre habe ich das Tier täglich acht Stunden unterrichtet, durch langsames Vorsprechen, Zungenübungen und intensive Atemtechnik...
HUND. *(Macht ein unanständiges Geräusch mit der Zunge)*
REPORTER. Sen-sa-tio-nell! Herr Dr. Sommer, könnte der Hund jetzt mal irgendwas sprechen?
DR. SOMMER. Gern ... *(zum Hund)* ... Bello! ... Sag mal »Wo«...
HUND. Ho...
REPORTER. Ah ... ja ... Jetzt vielleicht etwas Längeres...
DR. SOMMER. ... Und was für ein Thema hätten Sie gern...
REPORTER. Das ist ganz egal...
DR. SOMMER. Vielleicht etwas Politisches...
REPORTER. Neinnein...
DR. SOMMER. ... Oder aus dem kirchlichen Bereich?
REPORTER. Ach nein...
DR. SOMMER. Ja, was denn nun?
REPORTER. Irgendwas Nettes, Normales...
DR. SOMMER. Bitte sehr ... *(zum Hund)* ... Bello ...sag mal ... Otto holt große rote Rosen...
HUND. Hoho ho hoho hoho hoho...
REPORTER. Man muß schon sehr genau hinhören!
DR. SOMMER. Botanische Themen liegen ihm nicht so...
REPORTER. Also meinetwegen etwas aus dem kirchlichen Bereich...
DR. SOMMER. Gern ... *(zum Hund)* Bello ... sag mal ... Neun Nonnen holen Kohlen zum Kohleofen...
HUND. Ho hoho hoho hoho ho hohohoho...
REPORTER. Ich weiß nicht, Herr Doktor, ich weiß nicht, ob das Tier diesem Thema gewachsen ist ... Vielleicht sollten wir religiöse Bereiche überhaupt ausklammern...
DR. SOMMER. Wie Sie wünschen ... dann eventuell doch noch eine politische Äußerung?
HUND. *(Macht ein unanständiges Geräusch mit der Zunge)*
REPORTER. Neinnein...
DR. SOMMER. ... Oder etwas aus der Wirtschaft?
REPORTER. Ja bitte...
DR. SOMMER. ... Über Atomstrom...
REPORTER. Nein, das sagt er nicht! Politische Äußerungen von Hunden sind auf dem Bildschirm unerwünscht...
DR. SOMMER. Aber ich versichere Ihnen, das...
REPORTER. Neinnein...
DR. SOMMER. Ich versichere Ihnen, das Tier äußert sich rein privat ... ohne jeden politischen Aspekt...
REPORTER. Atomstrom *ist* ein politischer Aspekt...
DR. SOMMER. Na wenn schon...
REPORTER. ... Und nicht Hunde, sondern Politiker haben darüber zu sprechen!
DR. SOMMER. Bello hat das Recht, über Atomstrom zu sprechen ... wie ein Politiker!
HUND. *(Macht ein unanständiges Geräusch mit der Zunge)*
REPORTER. Aber er weiß ja nicht, wovon er spricht!
DR. SOMMER. ... Wie ein Politiker!
REPORTER. Also gut ... aber nicht länger als eine Minute...
DR. SOMMER. Bello ... sag mal ... Herr Otto Mohl fühlt sich unwohl am Pol ohne Atomstrom...
HUND. Ho Hoho ho ho ho hoho ho ho hoho hohoho...
REPORTER. Solche Äußerungen heizen die Diskussion wieder ganz unnötig an...
DR. SOMMER. Also gut ... Bello ... sag mal ... Otto Kohl fühlt sich wohl bei der Oberpostdirektion...
HUND. Hoho ho ho ho ho hoho Hohohohohoho...
REPORTER. Na, das hat ja nun wieder überhaupt keinen aktuellen Bezug! Kann er nichts aus dem Themenkreis des Fernseh-Programms...
DR. SOMMER. ... Bello ... sag mal ... Talkshow...
HUND. Hoho...
REPORTER. Herr Dr. Sommer, darf ich offen sprechen?
DR. SOMMER. Na und...?
REPORTER. Der Hund *kann* überhaupt nicht sprechen!
DR. SOMMER. Das ist eine unverschämte Behauptung!
REPORTER. Der Hund beherrscht nur einen einzigen Buchstaben ... so etwas wie »O«...
HUND. *(Stößt einen langgezogenen, jaulenden Klagelaut aus)*
REPORTER. Was hat er denn jetzt wieder gesagt?
DR. SOMMER. Fischers Fritze fischt frische Fische...
HUND. *(Macht ein unanständiges Geräusch mit der Zunge)*

HERREN IM BAD

Bad eines Hotelappartements. In der leeren Badewanne sitzen sich zwei vollschlanke, nackte Herren reiferen Alters gegenüber.

HERR I. Ich möchte ja nicht unhöflich erscheinen ... aber ich wäre jetzt ganz gern allein ...
HERR II. Wer sind Sie denn überhaupt?
HERR I. Mein Name ist Müller-Lüdenscheidt ...
HERR II. Klöbner ... Doktor Klöbner ...
MÜLLER-L. Angenehm ...
DR. KLÖBNER. Angenehm ...
MÜLLER-L. Können Sie mir sagen, warum Sie in meiner Badewanne sitzen?
DR. KLÖBNER. Ich kam vom Pingpong-Keller und habe mich in der Zimmernummer geirrt ... das Hotel ist etwas unübersichtlich ...
MÜLLER-L. Aber jetzt wissen Sie, daß Sie in einer Fremdwanne sitzen und baden trotzdem weiter ...
DR. KLÖBNER. Von Baden kann nicht die Rede sein, es ist ja kein Wasser in der Wanne.
MÜLLER-L. Als ich das Bad betrat, saßen Sie bereits im warmen Wasser ...
DR. KLÖBNER. Aber Sie haben es ja wieder abgelassen ...
MÜLLER-L. Weil Sie es eingelassen haben, Herr Doktor Klöbner ... in meiner Wanne pflege ich das Badewasser selbst einzulassen ...
DR. KLÖBNER. Na, dann lassen Sie es doch jetzt ein!
MÜLLER-L. Mein Badewasser lasse ich mir ein, wenn ich es für richtig halte ...

DR. KLÖBNER. Gewiß ... natürlich ...
(Pause, Dr. Klöbner pfeift)
Es sitzt sich recht kühl ... einfach so ... in der Wanne ...
MÜLLER-L. Und ich sitze gern mal ohne Wasser in der Wanne ...
DR. KLÖBNER. Ach ...
MÜLLER-L. Was heißt »ach«?
DR. KLÖBNER. »Ach« ... Sie sagten, daß Sie gern so in der Wanne sitzen, und ich meinte »ach« ...
MÜLLER-L. Aha ...
DR. KLÖBNER. Ich hätte auch »aha« sagen können, aber ich wollte meiner Verwunderung darüber Ausdruck geben, daß Sie es vorziehen, ohne Wasser in der Wanne zu sitzen ...
MÜLLER-L. *(Springt auf)* Herr Doktor Klöbner, ich leite eines der bedeutendsten Unternehmen der Schwerindustrie und bin Ihnen in meiner Badewanne keine Rechenschaft schuldig ...!
DR. KLÖBNER. Neinnein ...
MÜLLER-L. *(Setzt sich)* ... Ich entscheide persönlich, ob ich *mit* Wasser bade oder *ohne* ...
DR. KLÖBNER. Jaja ...
MÜLLER-L. Im übrigen sagte ich nur ...
DR. KLÖBNER. Herr Müller-Lüdenscheidt ...
MÜLLER-L. Bitte, lassen Sie mich ausreden ... ich sagte, daß ich ... wenn es die Situation erfordert ... durchaus in der Lage wäre, auch mal ein Wannenbad ohne Wasser zu nehmen ...
DR. KLÖBNER. Jaja ...
MÜLLER-L. Und die Entscheidung darüber, ob ich mein Wannenbad mit oder ohne Wasser zu nehmen habe, lasse ich mir von niemandem aufdrängen ...

Dr. Klöbner. Neinnein...
Müller-L. Auch von Ihnen nicht... Herr Doktor Klöbner...
Dr. Klöbner. Herr Müller-Lüdenscheidt... es wäre ja immerhin denkbar, daß es gewisse Argumente gäbe, die dafür sprächen, das Wasser jetzt einlaufen zu lassen...
Müller-L. Wie wollen *Sie* das beurteilen?
Dr. Klöbner. Mein Gott, ich bade ja auch nicht zum ersten Mal...
Müller-L. So...!
Dr. Klöbner. ...Und nach *meiner* Erfahrung ist eben ein warmes Wannenbad *mit* Wasser zweckmäßiger als *ohne*!
Müller-L. Das ist Ihre ganz persönliche Meinung, Herr Doktor Klöbner... aber man darf ja wohl noch anderer Ansicht sein...
Dr. Klöbner. Ach was!
Müller-L. Sie können sich in *meiner* Wanne eine eigene Meinung überhaupt nicht *leisten*...
Dr. Klöbner. *(Springt auf)* Herr Müller-Lüdenscheidt!
Müller-L. *(Springt auf)* Herr Doktor Klöbner! Ich lasse jetzt das Wasser ein, wenn Sie mich höflich darum bitten...
Dr. Klöbner. Bitte...
Müller-L. Höflich...
Dr. Klöbner. Höflich...
(beide Herren setzen sich)
Müller-L. Na also... *(dreht den Hahn auf)*
Dr. Klöbner. *(Dreht den heißen Hahn zu und den kalten auf)*
Müller-L. Was machen Sie da?
Dr. Klöbner. Ich lasse etwas kühleres Wasser ein...
Müller-L. Das ist sehr aufmerksam, aber ich hätte doch gern noch eine Kleinigkeit von dem heißen... *(dreht kalt zu und heiß auf und zu)*
Dr. Klöbner. Wenn ich jetzt einen Schuß von dem kalten dazu nehmen könnte... *(dreht kalt auf und zu)*
Müller-L. Das war eine Idee zuviel...
Dr. Klöbner. Ach...
Müller-L. Ich glaube, noch ein paar Tropfen heißes, und man könnte sich einigen... *(dreht heiß auf und zu)* Geht es so?
Dr. Klöbner. Oh ja, vielen Dank...
Müller-L. Oh bitte sehr...
Dr. Klöbner. *(Greift nach einer Zelluloidente, die neben ihm auf einem Hocker sitzt)*
Müller-L. Die Ente bleibt draußen...
Dr. Klöbner. Herr Müller-Lüdenscheidt...
Müller-L. ...Die Ente bleibt draußen...
Dr. Klöbner. *(Springt auf)* Herr Müller-Lüdenscheidt, ich bade *immer* mit dieser Ente... *(setzt sich)*
Müller-L. Nicht mit mir!
Dr. Klöbner. Ich *kenne* Sie ja erst seit heute...
Müller-L. Wenn *Sie* die Ente her*ein*lassen, lasse *ich* das Wasser her*aus*!
Dr. Klöbner. Das sind wohl die Erpressermethoden Ihrer Gangsterfirma!
Müller-L. *(Springt auf)* Herr Doktor Klöbner!
Dr. Klöbner. *(Springt auf)* Herr Müller-Lüdenscheidt!
(Beide Herren setzen sich wieder)
Müller-L. Akademiker wollen Sie sein? Ha!
Dr. Klöbner. Also, was ist jetzt?
Müller-L. Ich lasse das Wasser heraus, wenn Sie die Ente hereinlassen...
Dr. Klöbner. Ich nehme meine Ente herein!
Müller-L. Wo ist der Stöpsel?
Dr. Klöbner. Sie sitzen drauf...

Müller-L. *(Zieht den Stöpsel heraus. Das Wasser läuft ab)*
Dr. Klöbner. Wissen Sie eigentlich, daß viele Menschen überhaupt kein Bad besitzen?
Müller-L. Ach, Sozi sind Sie wohl auch noch!
Dr. Klöbner. *(Springt auf)* Herr Müller-Lüdenscheidt!
Müller-L. *(Springt auf)* Herr Doktor Klöbner!
(Beide Herren setzen sich wieder)
Also lassen Sie die Ente in Gottes Namen herein... *(setzt den Stöpsel wieder ein)*
Dr. Klöbner. Nein!... mit Ihnen teilt meine Ente das Wasser nicht!
Müller-L. Sie lassen sofort die Ente zu Wasser...
Dr. Klöbner. Ich denke nicht daran!
Müller-L. Dann tauche ich jetzt so lange, bis Sie die Ente zu Wasser lassen...
Dr. Klöbner. Bitte sehr...
Müller-L. Es ist mir ernst... ich zähle bis drei... eins... zwei... drei... *(taucht)*
Dr. Klöbner. *(Sieht ungerührt zu)*
Müller-L. *(Taucht auf)*
Dr. Klöbner. Da sind Sie ja schon wieder!
Müller-L. Jawohl!
Dr. Klöbner. Passen Sie mal auf! *(taucht)*
(Pause)
Müller-L. Herr Doktor Klöbner... hören Sie?... Wenn Sie nicht sofort auftauchen, verlasse ich die Wanne... die Luft anhalten kann jeder!
Dr. Klöbner. *(Taucht auf)* Was sagen Sie nun?
Müller-L. Sie langweilen mich...
Dr. Klöbner. *Aber* ich kann länger als Sie...
Müller-L. Es gibt Wichtigeres im Leben...
Dr. Klöbner. Was denn?
Müller-L. Ehrlichkeit, Toleranz, Mut, Anstand, Hilfsbereitschaft, Tüchtigkeit, Zähigkeit, Sauberkeit...
Dr. Klöbner. *(Gleichzeitig)* Jaja...jaja...jaja... *Aber* ich kann länger als Sie!
Müller-L. Es kommt auf den Charakter an...
Dr. Klöbner. *Aber* ich kann länger als Sie!
Müller-L. ...Und das glaube ich Ihnen nicht!
Dr. Klöbner. Dann tauchen wir jetzt gleichzeitig!
Müller-L. Wie Sie wünschen...
Dr. Klöbner. Dann werden wir's ja sehen!
Müller-L. Das werden wir sehen!
Dr. Klöbner. ...Ich habe schon ganz verschrumpelte Finger...
Müller-L. Ich auch...
Dr. Klöbner. Also eins... zwei...
Müller-L. Drei...
(Beide Herren tauchen. Pause)
Herr III. *(Betritt nackt mit einem Handtuch über dem Arm das Bad)* Ist hier jemand?... Hallo!
Herr I + II. *(Tauchen auf und sehen Herrn III an)*
Herr III. Entschuldigen Sie, ist das hier Zimmer einhundertsieben?

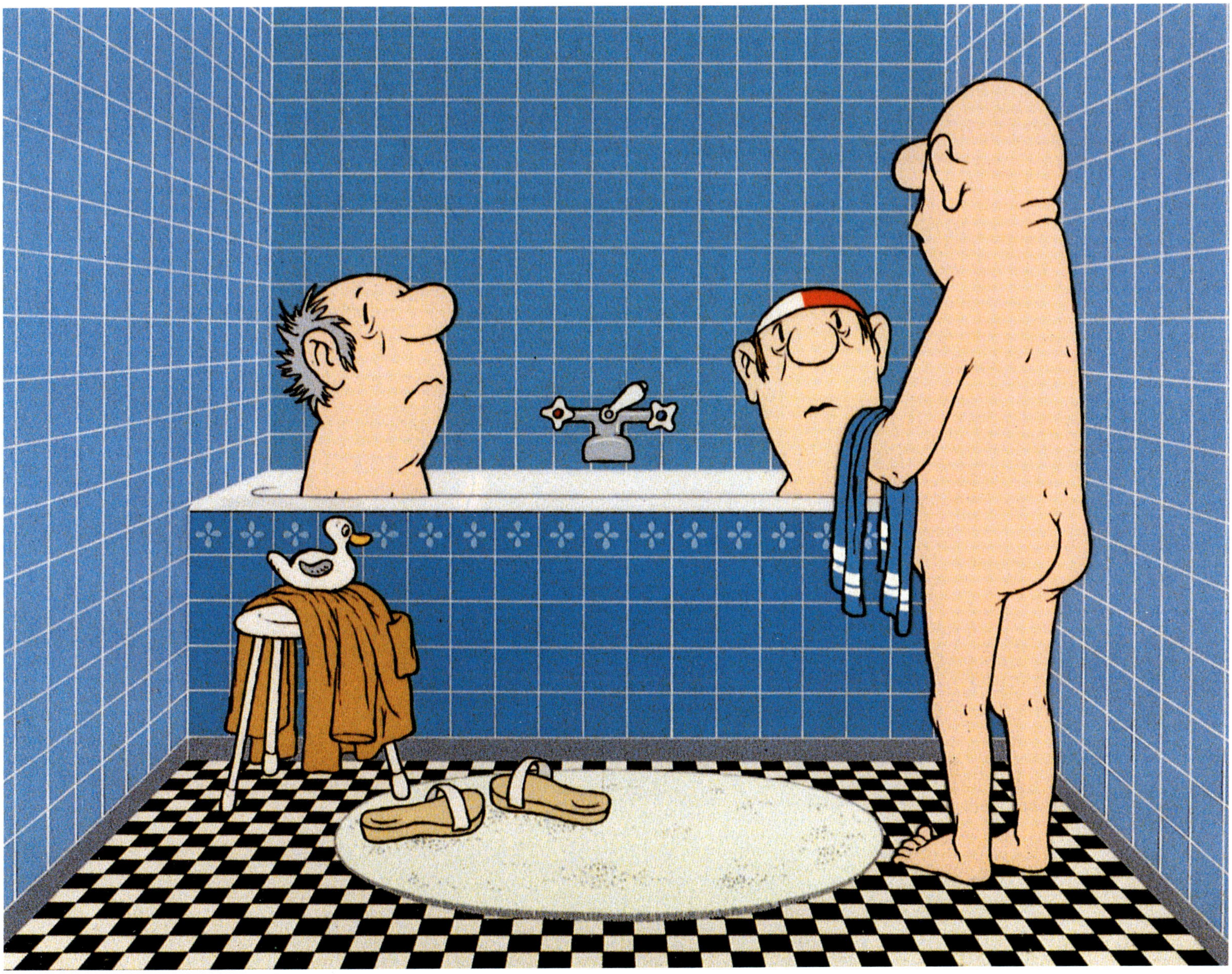

FEIERABEND

Bürgerliches Wohnzimmer. Der Hausherr sitzt im Sessel, hat das Jackett ausgezogen, trägt Hausschuhe und döst vor sich hin. Hinter ihm ist die Tür zur Küche einen Spalt breit geöffnet. Dort geht die Hausfrau emsiger Hausarbeit nach. Ihre Absätze verursachen ein lebhaftes Geräusch auf dem Fliesenboden.

SIE. Hermann ...
ER. Ja ...
SIE. Was machst du da?
ER. Nichts ...
SIE. Nichts? Wieso nichts?
ER. Ich mache nichts ...
SIE. Gar nichts?
ER. Nein ...
(Pause)
SIE. Überhaupt nichts?
ER. Nein ... ich *sitze* hier ...
SIE. Du *sitzt* da?
ER. Ja ...
SIE. Aber irgend etwas *machst* du doch?
ER. Nein ...
(Pause)
SIE. *Denkst* du irgendwas?
ER. Nichts Besonderes ...
SIE. Es könnte ja nicht schaden, wenn du mal etwas spazierengingest ...
ER. Nein-nein ...
SIE. Ich bringe dir deinen Mantel ...
ER. Nein danke ...
SIE. Aber es ist zu kalt ohne Mantel ...
ER. Ich gehe ja nicht spazieren ...
SIE. Aber eben wolltest du doch noch ...
ER. Nein, *du* wolltest, daß ich spazierengehe ...
SIE. Ich? *Mir* ist es doch völlig egal, ob *du* spazieren*gehst ...
ER. Gut ...
SIE. Ich meine nur, es könnte dir nicht schaden, wenn du mal spazierengehen würdest ...
ER. Nein, *schaden* könnte es nicht ...
SIE. Also was willst du denn nun?
ER. Ich möchte hier sitzen ...
SIE. Du kannst einen ja wahnsinnig machen!
ER. Ach ...
SIE. Erst willst du spazierengehen ... dann wieder nicht ... dann soll ich deinen Mantel holen ... dann wieder nicht ... was denn nun?
ER. Ich möchte hier sitzen ...
SIE. Und jetzt möchtest du plötzlich da sitzen ...
ER. Gar nicht plötzlich ... ich wollte immer nur hier sitzen ... und mich entspannen ...
SIE. Wenn du dich wirklich *entspannen* wolltest, würdest du nicht dauernd auf mich *einreden* ...
ER. Ich sag nichts mehr ...
(Pause)
SIE. Jetzt hättest du doch mal Zeit, irgendwas zu tun, was dir Spaß macht ...
ER. Ja ...
SIE. Liest du was?
ER. Im Moment nicht ...
SIE. Dann lies doch mal was ...
ER. Nachher, nachher vielleicht ...
SIE. Hol dir doch die Illustrierten ...
ER. Ich möchte erst noch etwas hier sitzen ...
SIE. Soll *ich* sie dir holen?
ER. Nein-nein, vielen Dank ...
SIE. Will der Herr sich auch noch bedienen lassen, was?
ER. Nein, wirklich nicht ...
SIE. Ich renne den *ganzen Tag* hin und her ... Du könntest doch wohl *einmal* aufstehen und dir die Illustrierten holen ...
ER. Ich möchte jetzt nicht lesen ...
SIE. Dann quengle doch nicht so rum ...
ER. *(schweigt)*
SIE. Hermann!
ER. *(schweigt)*
SIE. Bist du taub?
ER. Nein-nein ...
SIE. Du tust eben *nicht*, was dir Spaß macht ... statt dessen *sitzt* du da!
ER. Ich sitze hier, *weil* es mir Spaß macht ...
SIE. Sei doch nicht gleich so aggressiv!
ER. Ich bin doch nicht aggressiv ...
SIE. Warum schreist du mich dann so an?
ER. *(schreit)* ... Ich schreie dich nicht an!!

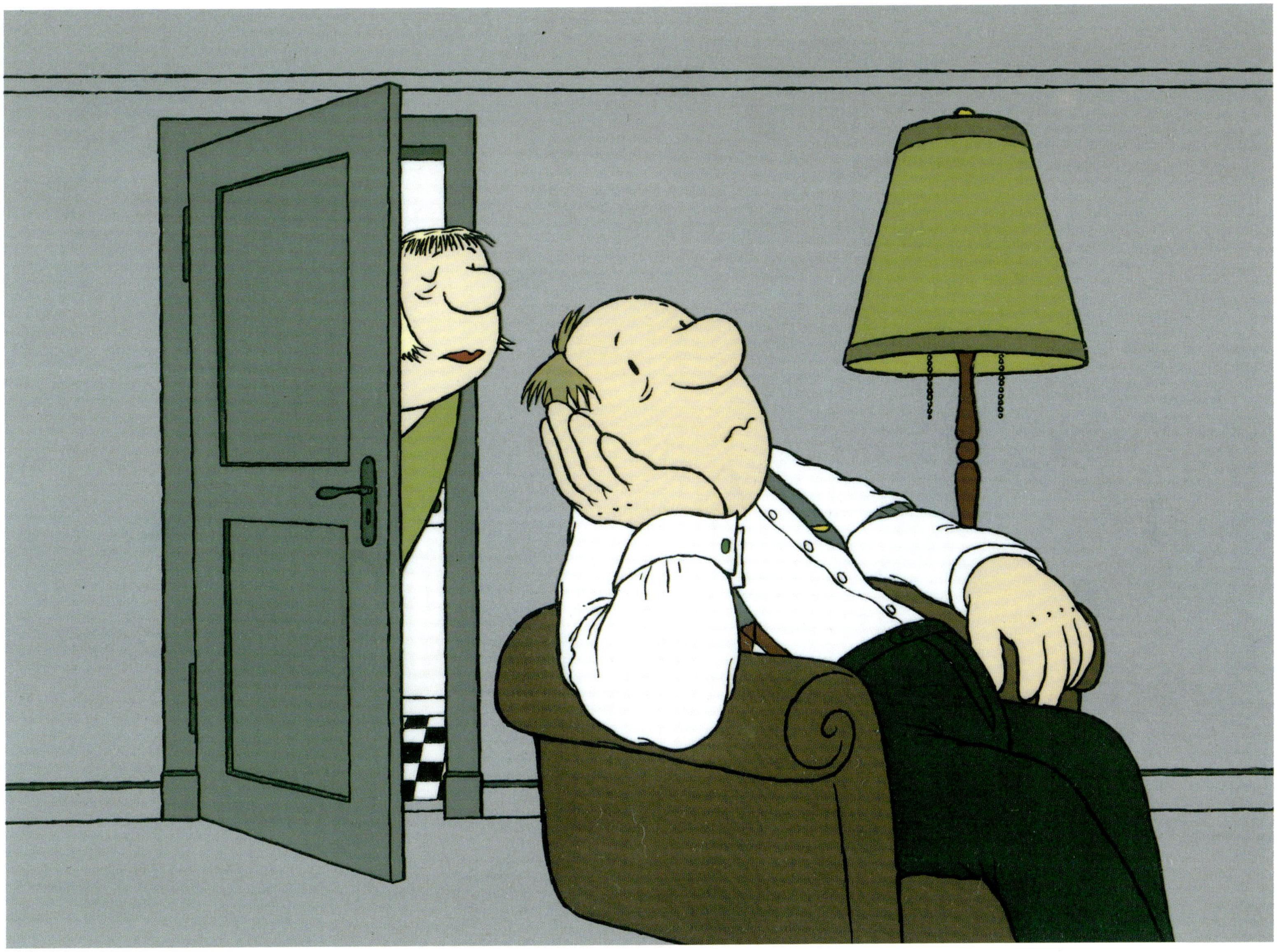

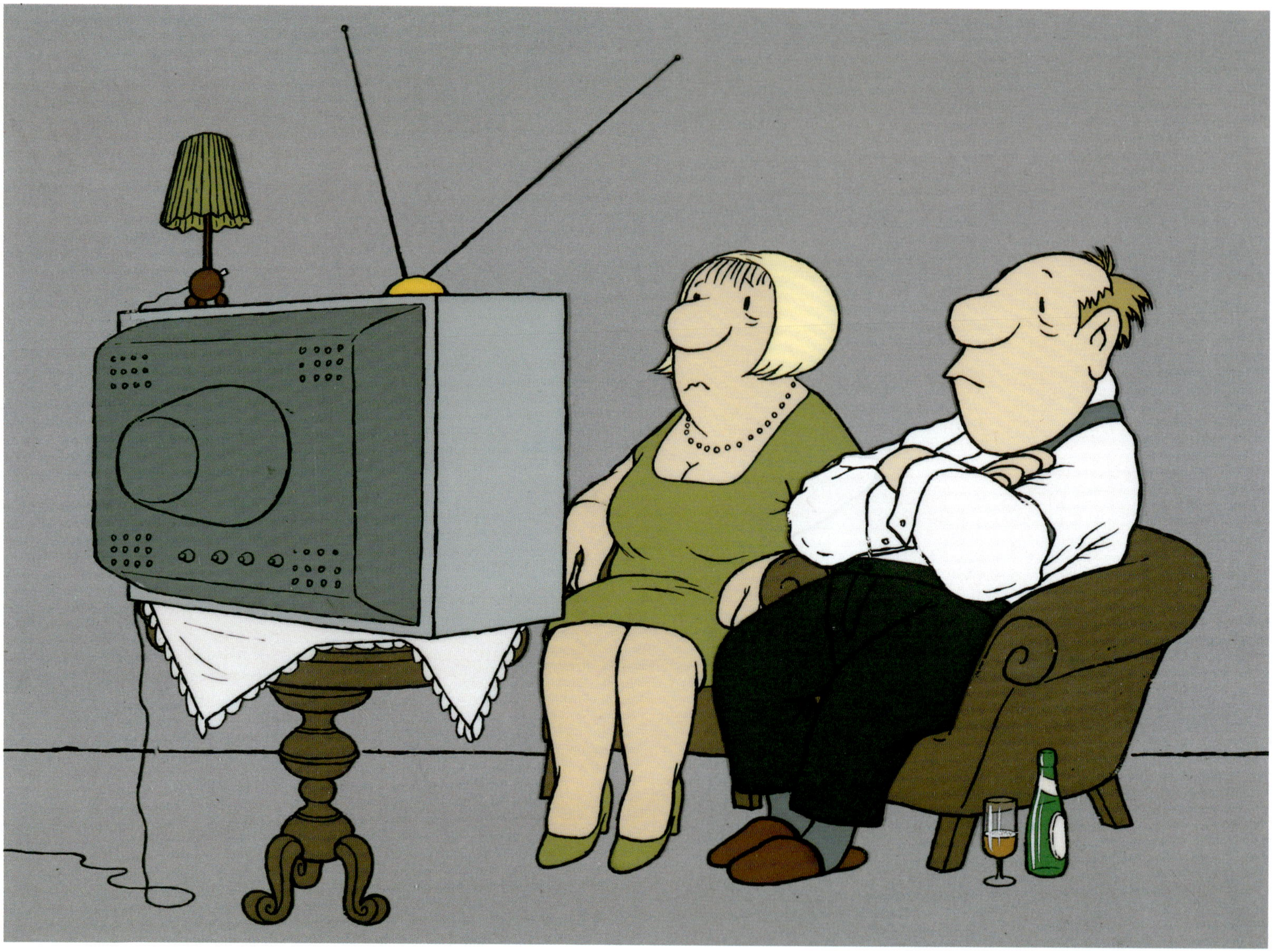

FERNSEHABEND

Ein Ehepaar sitzt vor dem Fernsehgerät. Obwohl die Bildröhre ausgefallen ist und die Mattscheibe dunkel bleibt, starrt das Ehepaar zur gewohnten Stunde in die gewohnte Richtung.

SIE. Wieso geht der Fernseher denn grade heute kaputt?
ER. Die bauen die Geräte absichtlich so, daß sie schnell kaputtgehen ...
(Pause)
SIE. Ich muß nicht unbedingt fernsehen ...
ER. Ich auch nicht ... nicht nur, weil heute der Apparat kaputt ist ... ich meine sowieso ... ich sehe sowieso nicht gern Fernsehen ...
SIE. Es ist ja auch wirklich nichts im Fernsehen, was man gern sehen möchte ...
(Pause)
ER. Heute brauchen wir Gott sei Dank überhaupt nicht erst in den blöden Kasten zu gucken ...
SIE. Nee ... *(Pause)* ... Es sieht aber so aus, als ob du hinguckst ...
ER. Ich?
SIE. Ja ...
ER. Nein ... ich sehe nur ganz allgemein in diese Richtung ... aber du guckst hin ... du guckst da immer hin!
SIE. Ich? Ich gucke da hin? Wie kommst du denn darauf?
ER. Es sieht so aus ...
SIE. Das *kann* gar nicht so aussehen ... ich gucke nämlich vorbei ... ich gucke *absichtlich* vorbei ... und wenn du ein kleines bißchen mehr auf mich achten würdest, hättest du bemerken können, daß ich absichtlich vorbeigucke, aber du interessierst dich ja überhaupt nicht für mich ...
ER. *(fällt ihr ins Wort)* Jaaa ... jaaa ... jaaa ... jaaa ...
SIE. Wir können doch einfach mal ganz woandershin gucken ...
ER. Woanders? ... Wohin denn?
SIE. Zur Seite ... oder nach hinten ...
ER. Nach hinten? Ich soll nach hinten sehen? ... Nur weil der Fernseher kaputt ist, soll ich nach hinten sehen? Ich laß mir doch von einem Fernsehgerät nicht vorschreiben, wo ich hinsehen soll!
(Pause)
SIE. Was wäre denn heute für ein Programm gewesen?
ER. Eine Unterhaltungssendung ...
SIE. Ach ...
ER. Es ist schon eine Un-ver-schämtheit, was einem so Abend für Abend im Fernsehen geboten wird! Ich weiß gar nicht, warum man sich das überhaupt noch ansieht! ... Lesen könnte man statt dessen, Kartenspielen oder ins Kino gehen ... oder ins Theater ... statt dessen sitzt man da und glotzt auf dieses blöde Fernsehprogramm!
SIE. Heute ist der Apparat ja nu kaputt ...
ER. Gott sei Dank!
SIE. Ja ...
ER. Da kann man sich wenigstens mal unterhalten ...
SIE. Oder früh ins Bett gehen ...
ER. Ich gehe nach den Spätnachrichten der Tagesschau ins Bett ...
SIE. Aber der Fernseher ist doch kaputt!
ER. *(energisch)* Ich lasse mir von einem kaputten Fernseher nicht vorschreiben, wann ich ins Bett zu gehen habe!

»An diesem Rätsel, genannt Liebe, Ehe oder Gewohnheit, kann sich L. nicht sattsehen. Beckett, eigentlich ein zäher und konsequenter Autor, hat da viel früher locker gelassen. Auf diesem Felde des Geschlechterkampfs ist L. der Strindberg für alle, die des Schwedischen nicht mächtig sind.«
Reinhard Baumgart

Dame (links). Was sagst Du, sagt er...
Dame (rechts). Ich sage Horst-Herbert, sag ich...
Dame (links). Ge...nau!
Dame (rechts). Und dann sagt er Brigitte, sagt er...
Dame (links). Ge...nau!
Dame (rechts). *Ich* brauche das, sagt er...
Dame (links). Toll!
Dame (rechts). Was?!

Dame (links). Daß er das...äh...
Dame (rechts). Daß er was?
Dame (links). Ich bin doch nicht blöd!
Dame (rechts). So?!
Dame (links). Was braucht ein Mann?
Dame (rechts). Drei Dinge braucht der Mann...
Feuer...Pfeife...Stanwell!

Schaffner. Sie brauchen noch eine Umwegkarte...
Fahrgast. Ha!
Schaffner. und den Eil-Zuschlag...
Fahrgast. Haha!
Schaffner. und eine Zollbescheinigung in dreifacher Ausführung...

Fahrgast. Hahaha!
Schaffner. Sie brauchen...
Fahrgast. Drei Dinge braucht der Mann.
Feuer...Pfeife...Stanwell!

WERBUNG

REPORTER. Sie sind der erfolgreichste Liebhaber von Wanne-Eickel!
LIEBHABER. So ist es!
REPORTER. Wie muß man – ich meine – was braucht man, um – äh...
LIEBHABER. Erstens, natürlich, einen stark ausgeprägten...
REPORTER. Aha – und zweitens –...
LIEBHABER. Zweitens ein sehr-sehr langes...
REPORTER. Also gewissermaßen...
LIEBHABER. Drei Dinge braucht der Mann...
REPORTER. Feuer!
LIEBHABER. Pfeife...
REPORTER. Stanwell!

Zwei Gammler sitzen auf einer Parkbank.

1. GAMMLER. Wissen Sie, was wir brauchen?
2. GAMMLER. Jawohl...
1. GAMMLER. Na, was denn?
2. GAMMLER. Weiß ich nicht...
1. GAMMLER. Drei Dinge...
2. GAMMLER. Klar...!
1. GAMMLER. Welche denn?
2. GAMMLER. Weiß ich nicht...
1. GAMMLER. Ich denke, Sie wissen es?
2. GAMMLER. Wer? Ich?
1. GAMMLER. Ja, Sie!
2. GAMMLER. Ach so, ich! Klar!
1. GAMMLER. Also, was braucht der Mann?
2. GAMMLER. Weiß ich doch nicht!
1. GAMMLER. Drei Dinge braucht der Mann!
2. GAMMLER. Feuer... Pfeife... Stanwell!

OPER

Ein Interview

Als ich bei einer Operninszenierung Ihren Namen als Regisseur entdeckte, dachte ich im ersten Augenblick, es handle sich um eine Opernparodie. Doch Flotows »Martha« war keine Parodie, und demnächst wird auch »Der Freischütz« von Ihnen inszeniert. Darf ich fragen warum?

Als ich mit zwölf Jahren nach einer Blinddarmoperation zur Entschädigung für Aufregung und Schmerzen einen Wunsch äußern durfte, sagte ich, ohne zu zögern: Ich möchte in die Oper. Musik ist nun mal das, was ich am meisten liebe. Leider reichte meine Begabung nicht aus, um einen musikalischen Beruf zu ergreifen. Als man mir anbot, Opernregie zu führen, sah ich die schönste Gelegenheit, meine bisherige Arbeit mit meiner eigentlichen Liebe zu verbinden.

Es geschah also nicht der Regie, sondern der Musik wegen?

Ich will das nicht trennen. Aber ohne die Verführung durch die Musik hätte ich wahrscheinlich abgelehnt. Die Verlockung, an einer Oper zu arbeiten, ist übermächtig, und die Monate, die ich mit dieser Arbeit verbringe, sind für mich wie erfüllte Kinderträume. Über eine Bühne zu gehen und dabei links und rechts zwei singende Menschen im Arm zu haben und sie zu führen, das berührt mich schon sehr. Und ich gerate hin und wieder in Gefahr, ein für diese Situation eigentlich nicht vorgesehenes und auch nicht ratsames Opernglück zu empfinden. Andere Regisseure, die nicht von der musikalischen Seite her kommen, empfinden den Umstand, daß jemand Klavier spielt und der Schauspieler auch noch singen muß, möglicherweise eher als störend. Es belastet Sänger natürlich, wenn sie fühlen, daß ihre Gesangsfunktion kein wesentlicher Teil der Überlegung des Regisseurs ist. Seitdem ich als Kind immer wieder die Opernplatten aus der bescheidenen Sammlung meines Vaters aufgelegt habe, wovon mich auch ständiges Kurbeln und Nadelwechseln nicht abhalten konnte, liebe ich Sänger. Ich würde nie auf einer Bühnenposition der Agathe bestehen, wenn sie sich dort stimmlich nicht wohlfühlte. Es sei denn, ich kann ihre Befürchtungen widerlegen. Sänger und Sängerinnen, die wissen, daß der Regisseur immer auch ihre musikalische Wirkung im Auge behält, sind bessere Schauspieler.

Sehen Sie in der Oper die beste Form des Theaters?

Man kann die Formen des Theaters nicht miteinander vergleichen. Besonders für den, der die Musik nicht liebt, ist Oper bestenfalls verballhorntes Theater. Es ist ja nicht zu leugnen, daß der »Faust« durch die Tatsache, daß er komponiert worden ist, nicht an Bedeutung gewonnen hat. Aber Opern bieten nun mal ganz außerordentliche Ausdrucksmöglichkeiten, die mit dem Wort allein nicht herzustellen sind. Oper hat die Chance, Wort und Musik zu addieren, um etwas Neues, anderes zu machen. Oper und Theater sind keine Konkurrenten. Außerdem entzieht sich die Oper der intellektuellen Beurteilung. Man liebt sie oder liebt sie nicht. Man findet sie unzeitgemäß oder ist ihr verfallen. Auch alles zusammen ist kaum ein Widerspruch.

Glauben Sie, daß Regisseure des Sprechtheaters wegen ihrer Regiekonzeption gelegentlich den Sänger zugunsten des Darstellers opfern?
Es geschieht wohl heute häufiger als früher, daß dem Sänger eine ungünstige Position zugewiesen wird. In einer Zeit, in der die Regie in der Oper keine große Rolle spielte – und das ist nicht lange her –, kam der Sänger, der etwas Bravouröses zu singen hatte, einfach an die Rampe. Das ist zwar im Sinne des Regiekonzepts selten zu verantworten, aber es hat ja auch nicht nur Nachteile. Warum soll man den Zuhörern und den Sängern nicht hin und wieder drei Minuten gegenseitiger Verzückung gönnen? Jedenfalls versetzt mich in der »Walküre« ein nach hinten gesungener Wälseruf in einen Zustand tiefster Verbitterung. Beim modernen Regietheater liegt die Versuchung nahe, an die äußerste Grenze des Vertretbaren zu gehen, das einem Sänger zugemutet werden kann. Ich finde es schade, wenn wichtige Passagen zwar vom Standpunkt des Sprechtheaters mit großer Bühnenwirksamkeit inszeniert werden, aber durch ›unsängerische‹ Placierung der Akteure an musikalischem Gewicht verlieren. Wenn man das in Kauf nimmt, denke ich, wird da zu viel geopfert.
Sind für Sie auch in der Oper Details wichtig?
Ich bin grundsätzlich detailversessen, ob es nun um Film, Theater oder Oper geht. Details sind zur Verdeutlichung bestimmter Verhaltensweisen und Vorkommnisse wichtig. Bei »Martha« lag es mir am Herzen, die verschiedenen Charaktere mit ihren Eigenarten präzise zu zeichnen und auch ihr Umfeld im Detail so genau wie möglich zu erklären. Dabei habe ich mehr Rollen inszeniert, als das Libretto enthält. Das geht bei einer leichten Spieloper. Im »Freischütz« ist das kaum möglich. Übrigens gibt es gewichtige Meinungen, nach denen es unmöglich ist, den »Freischütz« zu inszenieren. Das gehört zwar nicht hierher, aber interessant ist es doch. Jedenfalls trägt es nicht zur Beruhigung bei, wenn man sich grade in die Wolfsschlucht stürzt.
Franco Zeffirelli schreibt in seiner vor kurzem erschienenen Autobiographie, daß die Oper in Italien vor dem Krieg lediglich ein Ausstattungsstück für einen Gesangsstar und wenig mehr als ein Konzert in Kostümen gewesen sei, da die Italiener die Oper wegen der Musik lieben und sie nicht so ernst nehmen wie das Theater. Teilen Sie diese Meinung? War es in Deutschland unter dem Einfluß von Wagner zu diesem Zeitpunkt anders?
Italiener haben ein viel engeres, viel emotionaleres Verhältnis zu ihren Opern als wir. Rossini, Verdi, Puccini und ihre Interpreten waren und sind Volkshelden. Das ist weder Mozart noch Wagner oder Strauss gelungen. Allenfalls Weber. Entsprechend unterscheidet sich die Erwartungserhaltung des italienischen Publikums von unserer. Italiener sind genußfreudiger als wir. In der Mailänder Scala war es durchaus nicht ungewöhnlich, daß man während der Aufführung seine Loge verließ, ein Gläschen Rotwein zu sich nahm oder sich unterhielt und rechtzeitig wieder hineinkam, um »Che gelida manina« zu hören. Die Italiener sind ein Publikum, das vorwiegend auf die sogenannten großen Stellen reagiert und entsprechend temperamentvoll buht oder applaudiert. Sie nehmen viel in Kauf, nur keine Schmälerung des musikalischen Genusses. Das deutsche Publikum ist so diszipliniert, daß es niemals seinen Platz verlassen würde, auch wenn es eigentlich möchte… Das hängt mit unserer Neigung zum Gehorsam zusammen. Außerdem kennen wir seit Wagner die Forderung, daß mit der Oper auch ein Drama zu inszenieren sei. Und da darf man sich eben nicht nur auf die großen Stellen verlassen. Da verstehen wir keinen Spaß.
Bleiben wir beim deutschen Publikum: Die Ausländer, selbst Regisseure, beklagen, daß die Deutschen nicht lachen können; das Lachen sei in Deutschland geradezu verpönt. Wollen Sie – ein Deutscher, der Humorist ist – die Deutschen von einem Klischee befreien?
Es wäre schön, wenn meine Arbeit dazu beigetragen hätte. Aber ein Einwand ist sicher richtig: Der Humor, das Lachen hat in Deutschland einen anderen Stellenwert

als in anderen Ländern. Die Deutschen lachen genauso gerne und soviel wie alle anderen auch; aber auf die Frage, ob ein Lustspiel oder ein Trauerspiel bedeutender sei, würden sie ohne Zögern dem Trauerspiel den Vorrang geben. Das Traurige gilt als wertvoll, dem Komischen wird kein besonderer Wert beigemessen. Die Deutschen haben nun mal dieses verhängnisvolle Wertempfinden. Es ist kein Zufall, daß bei uns eher die »Neunte« komponiert wird als »Gianni Schicchi«.

Welchen Sinn hat die Oper heute?

Das ist eine sehr deutsche Frage...

Ich wollte beim Thema bleiben...

Diese Frage würde kein Engländer oder Italiener stellen. Die Frage nach der Bedeutung der Opernhäuser bringt jeden in Harnisch, der nichts mit der Oper zu tun hat. Aber ist es wirklich so unverantwortlich, daß Steuergelder nur für eine Minderheit verwendet werden? Ach du lieber Himmel, ja, ja ... ich weiß, mit diesem Geld sollten lieber Wohnungen, Krankenhäuser, Schulen, Autobahnen, Jagdbomber und Kraftwerke gebaut werden! Oper ist kostspielig, gewiß; aber wollen wir uns denn zu Lebewesen degradieren, die nur essen und verdauen, leben und sterben? Die Oper trägt, wie verschiedene andere unnütze Dinge, dazu bei, das Leben weniger trostlos erscheinen zu lassen. Dabei kommt es gar nicht so darauf an, daß jeder teil an ihr nimmt, sondern daß alle die Möglichkeit dazu haben.

Man sollte als Zuschauer und als Regisseur in die Oper ein gewisses Maß an Naivität mitbringen. Ich habe nie vergessen, wie enttäuscht ich als Kind war, wenn der Vorhang aufging und meine Erwartungen nicht erfüllt wurden. Ich hatte gelesen, da sei ein Wald, ein Schloß, das Meer und eine Stadt ... Aber auf der Bühne gab es weder Wald noch Schloß, auch kein Meer und keine Stadt. Ich will damit nur sagen, daß man dem Publikum nicht alles vorenthalten muß, wovon man befürchtet, es könne ihm gefallen. Die Sache mit dem Schock ist vorbei. Der Zuschauer hat auf der Bühne schon alles gesehen, was schockieren könnte: Tod, Sex, Blut und Nazis. Damit reißt man keinen Hund mehr vom Sperrsitz. Ich meine nicht, daß man sich um die Probleme drücken soll. Die haben nur langsam eine andere Verpackung nötig. Das ist wahnsinnig schwer, und bei aller Lust stecke ich voller Zweifel. Ich bin mir nur in einem sicher: Der alte verlockende, sündige Reiz der Opernbühne darf nicht auf der Strecke bleiben. *(18)*

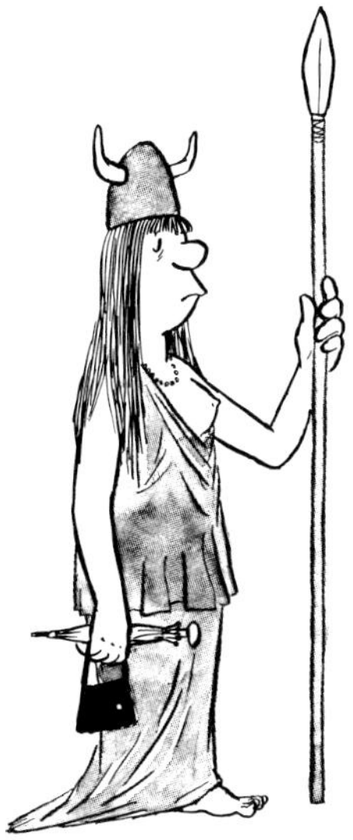

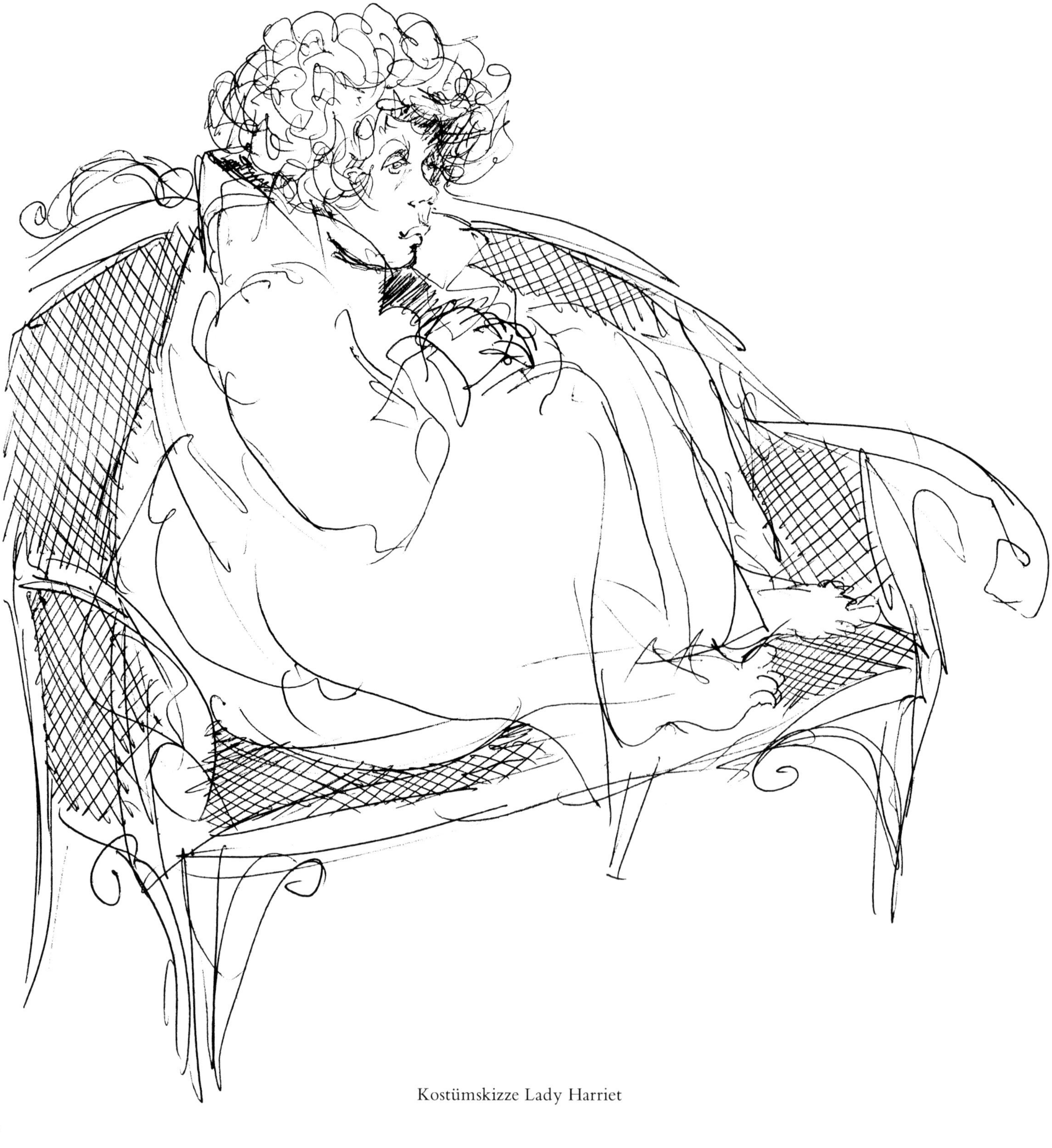

Kostümskizze Lady Harriet

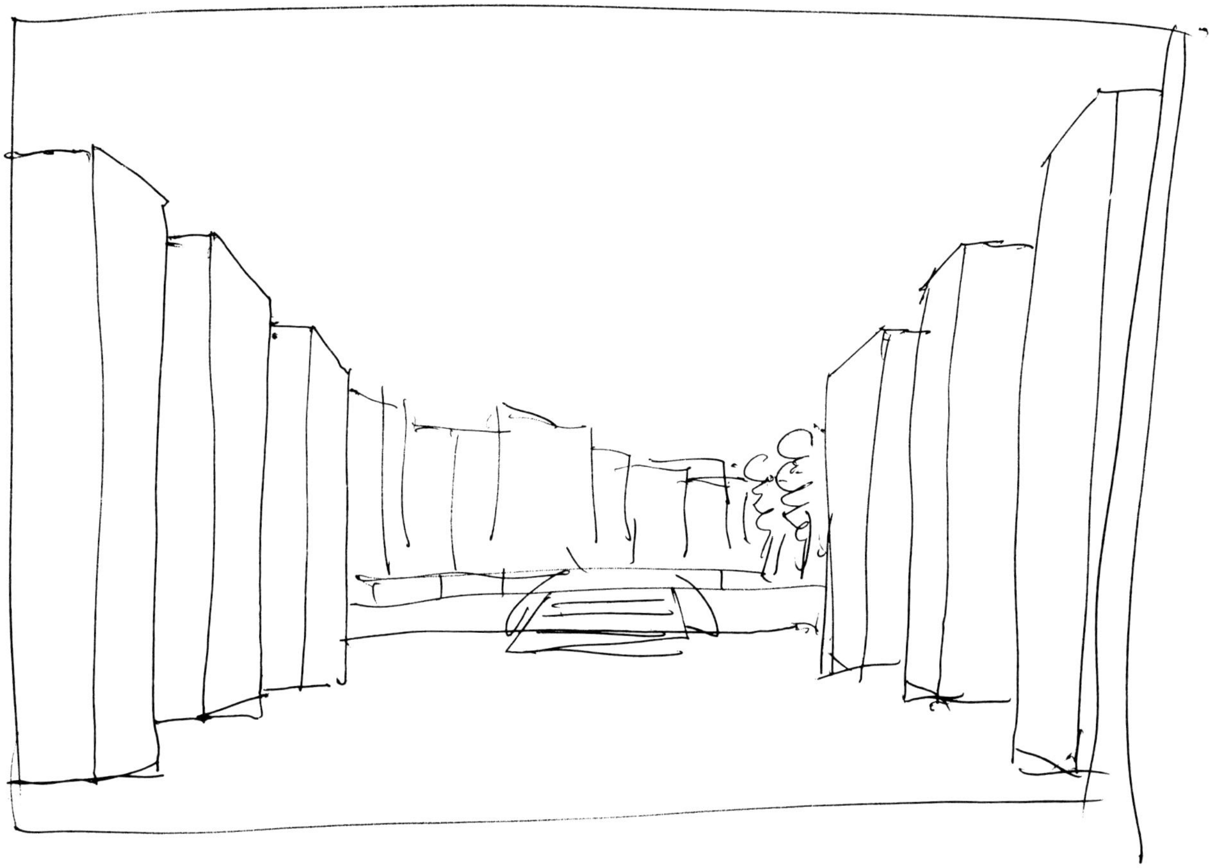

Skizzen zum Marktplatz

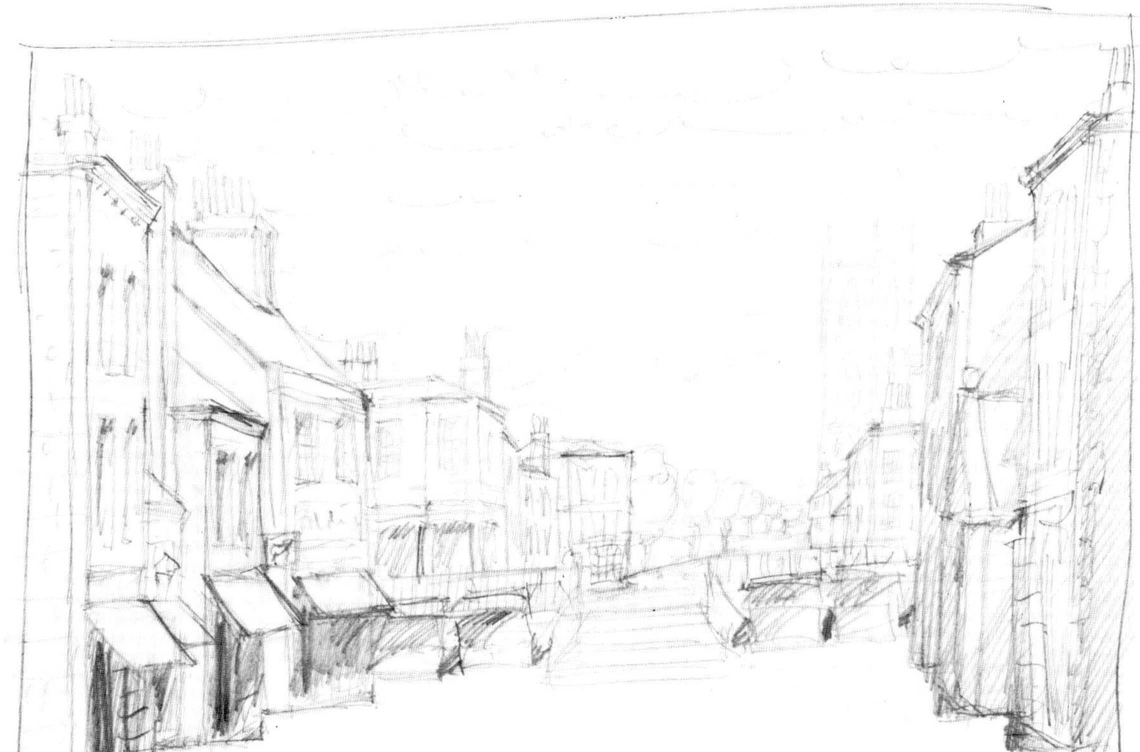

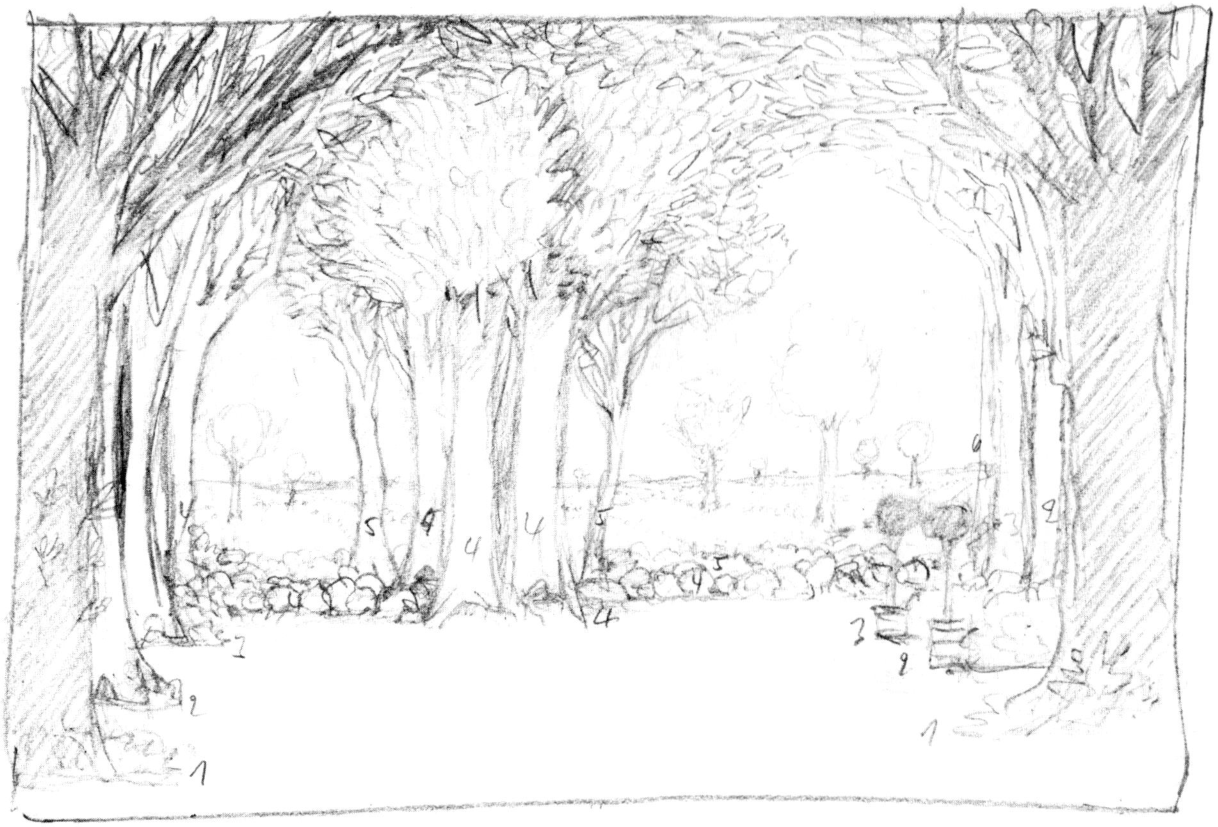

Skizzen zu den Bühnenbildern

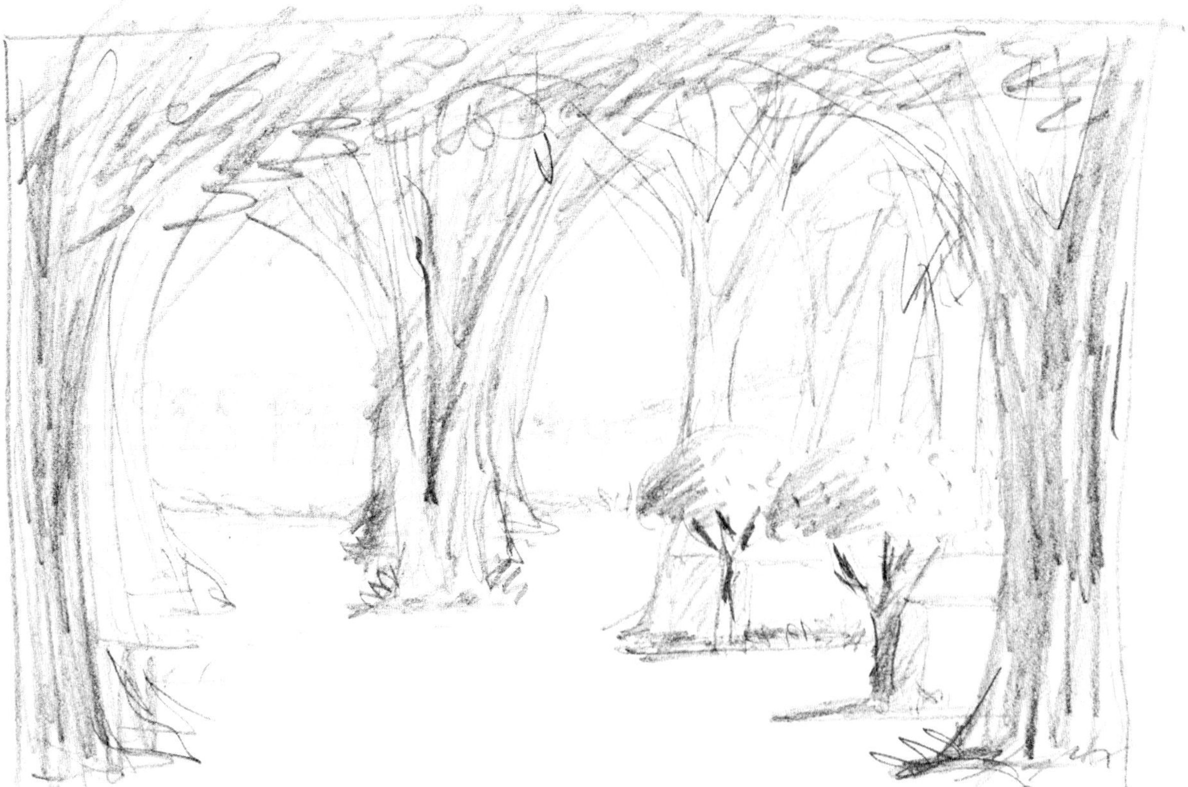

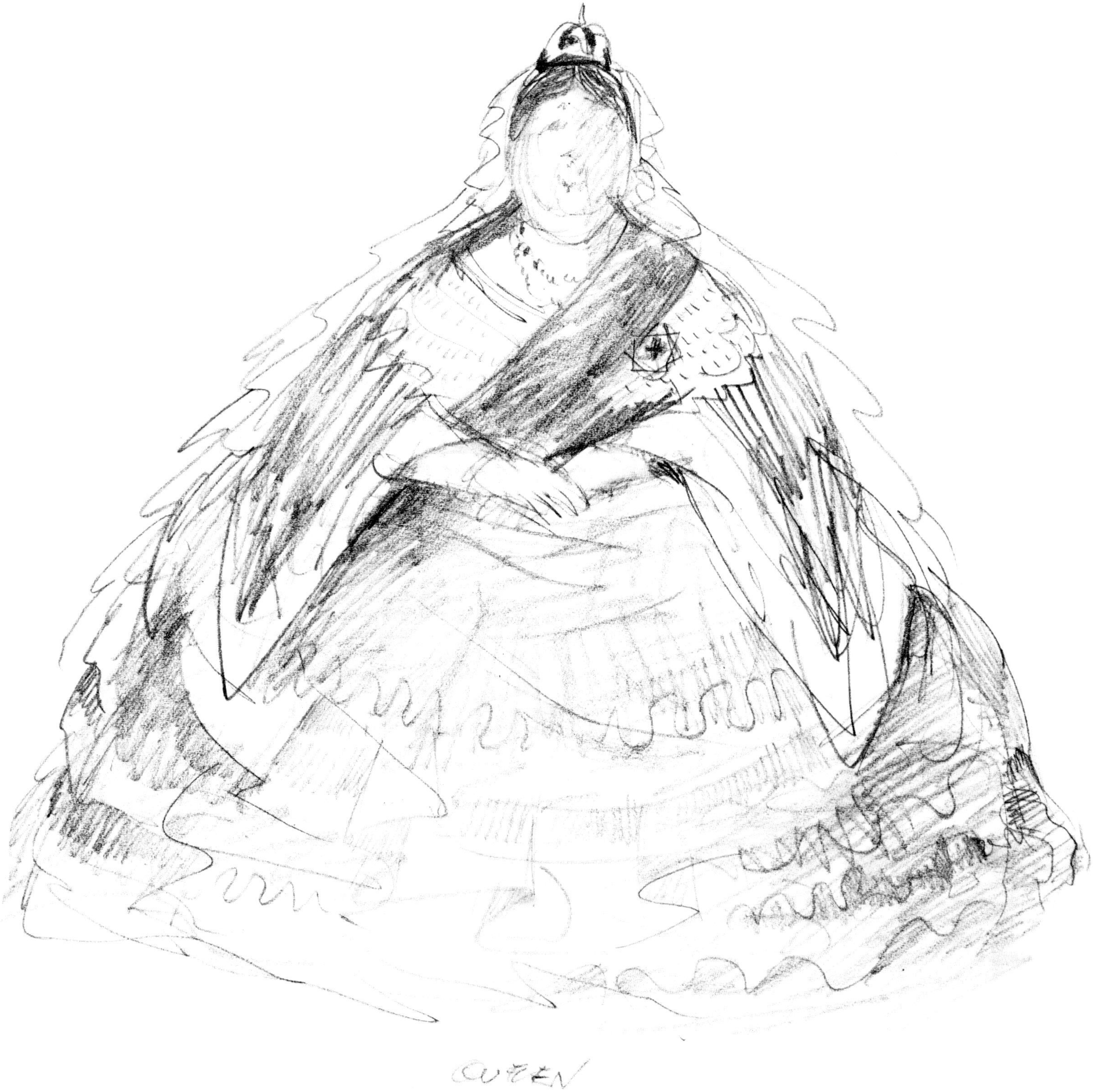
QUEEN

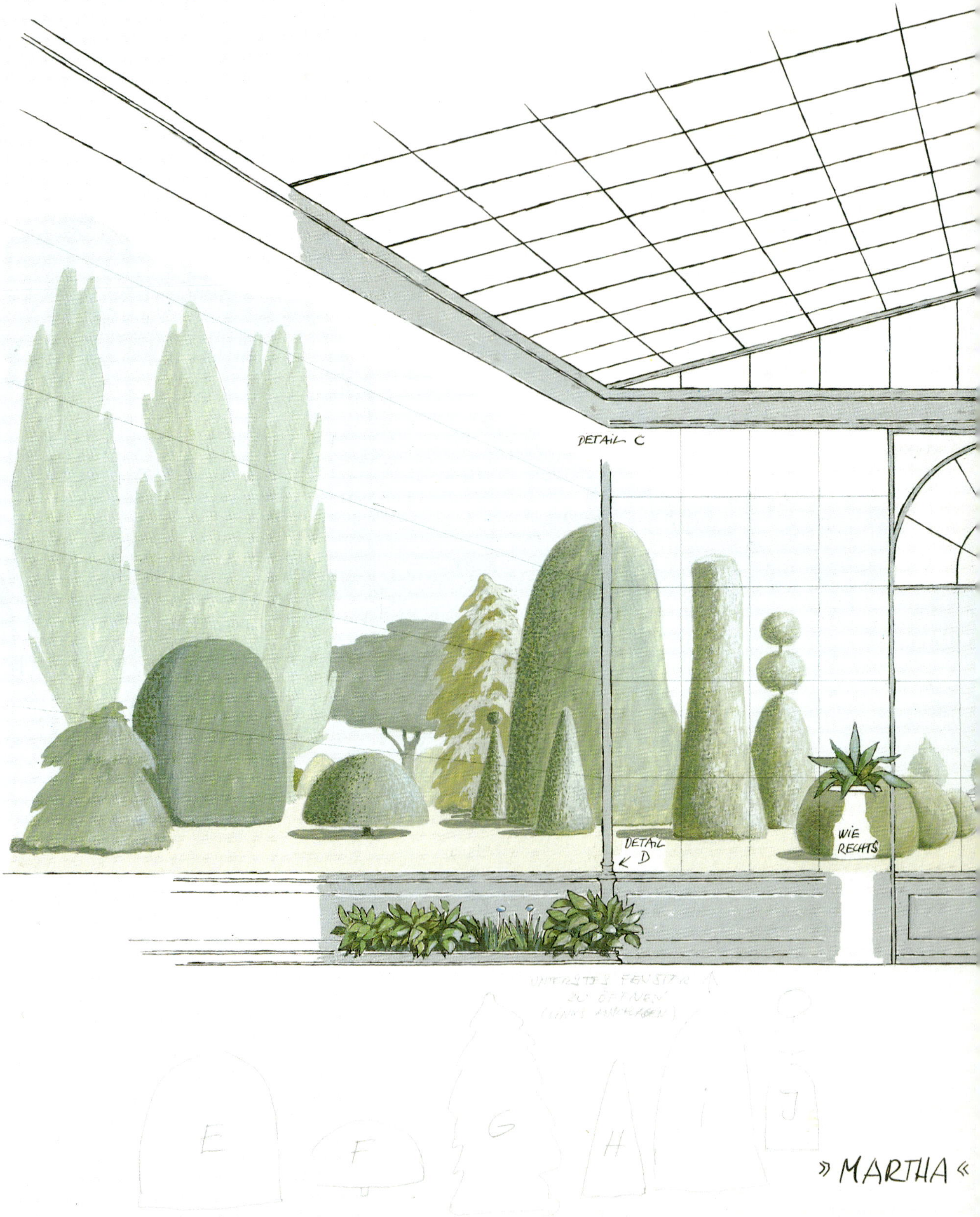
DETAIL C
DETAIL D
WIE RECHTS
E
F
G
H
J

»MARTHA«

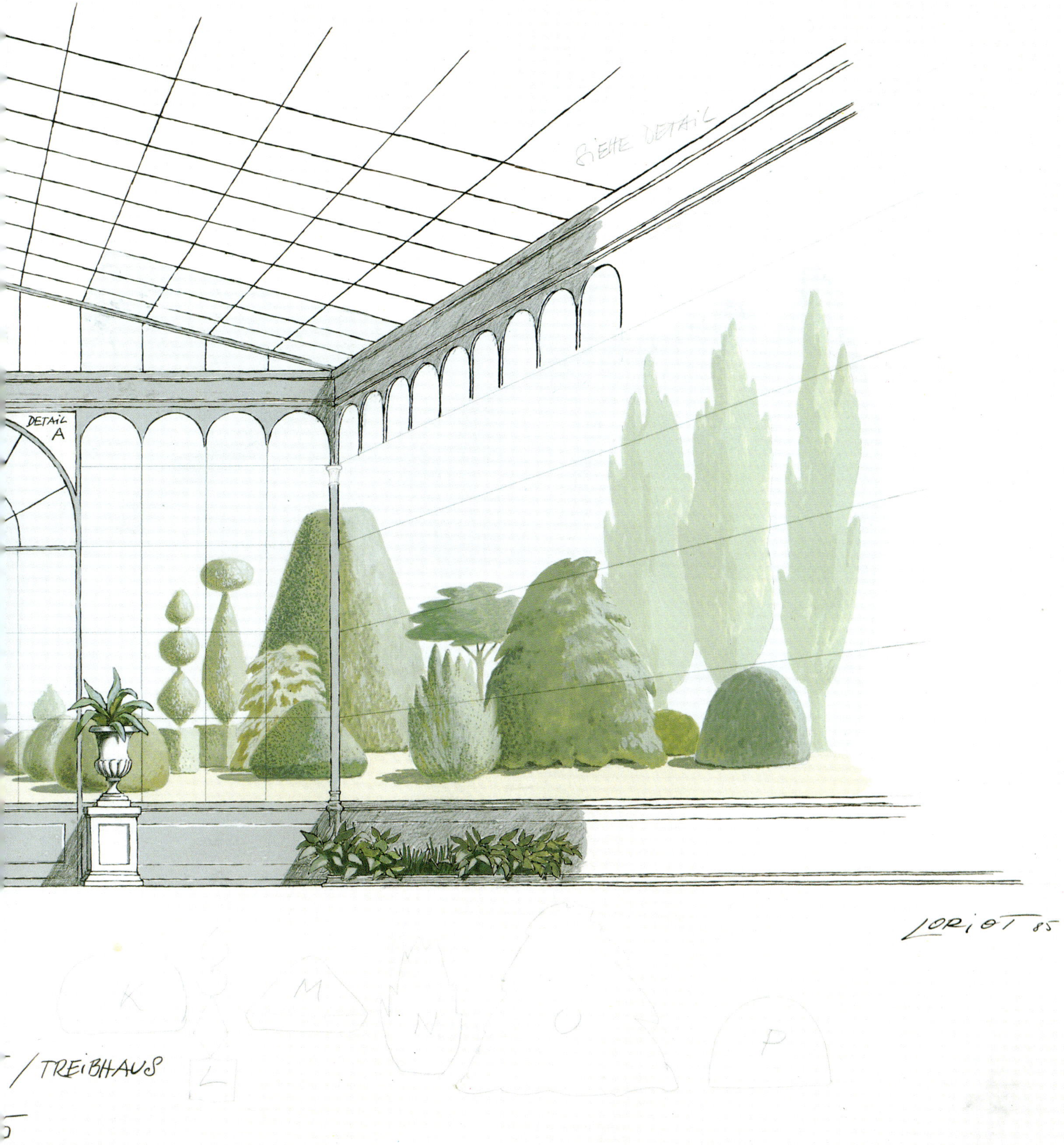
SIEHE DETAIL
DETAIL A
LORIOT 85
K
M
N
O
P
L
/ TREIBHAUS
5

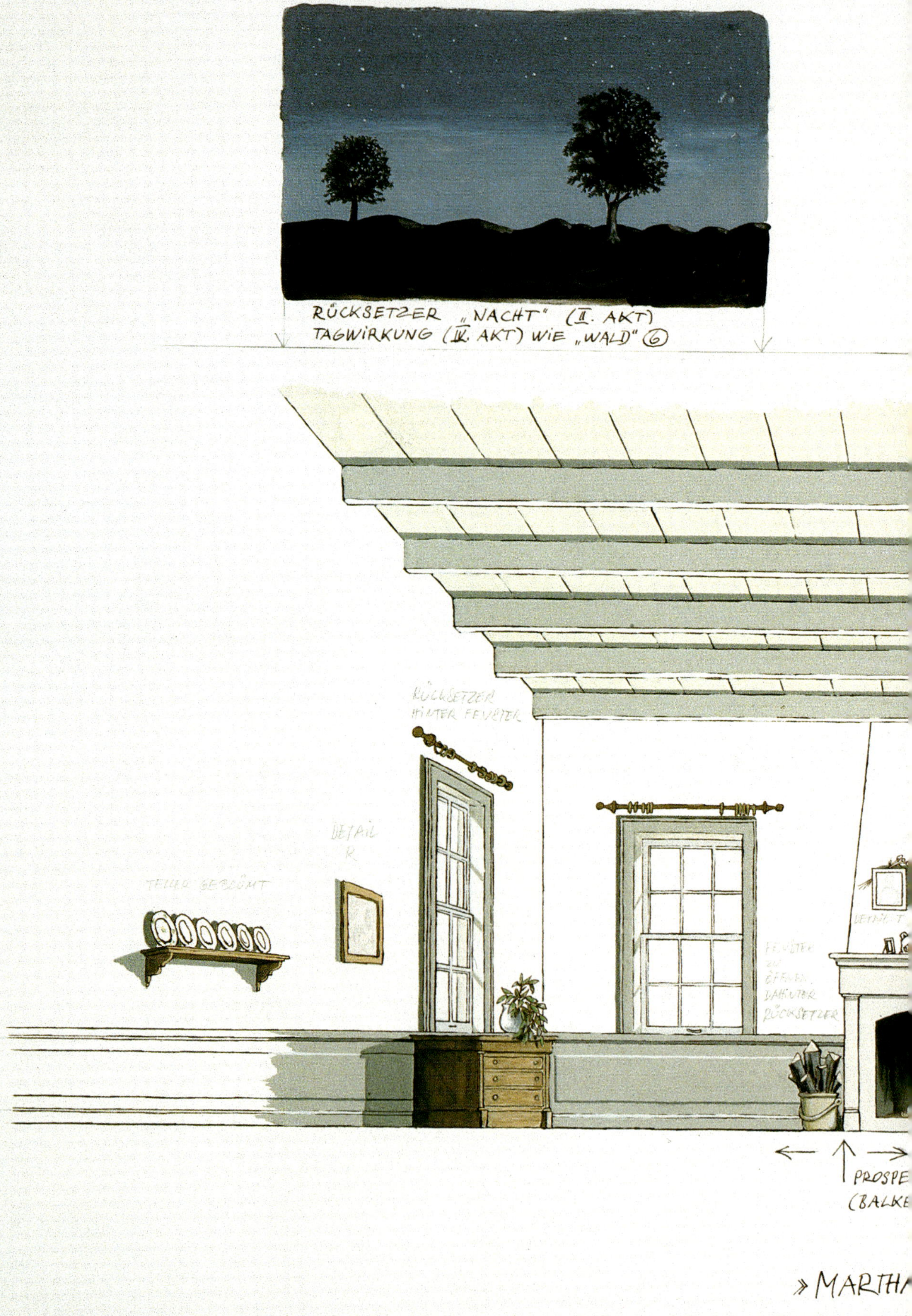
RÜCKSETZER „NACHT" (II. AKT)
TAGWIRKUNG (IV. AKT) WIE „WALD" ⑥

3

…AIN
…NITT)

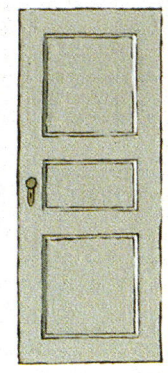

TÜR ZU ÖFFNEN
(DAHINTER RÜCKSETZER)

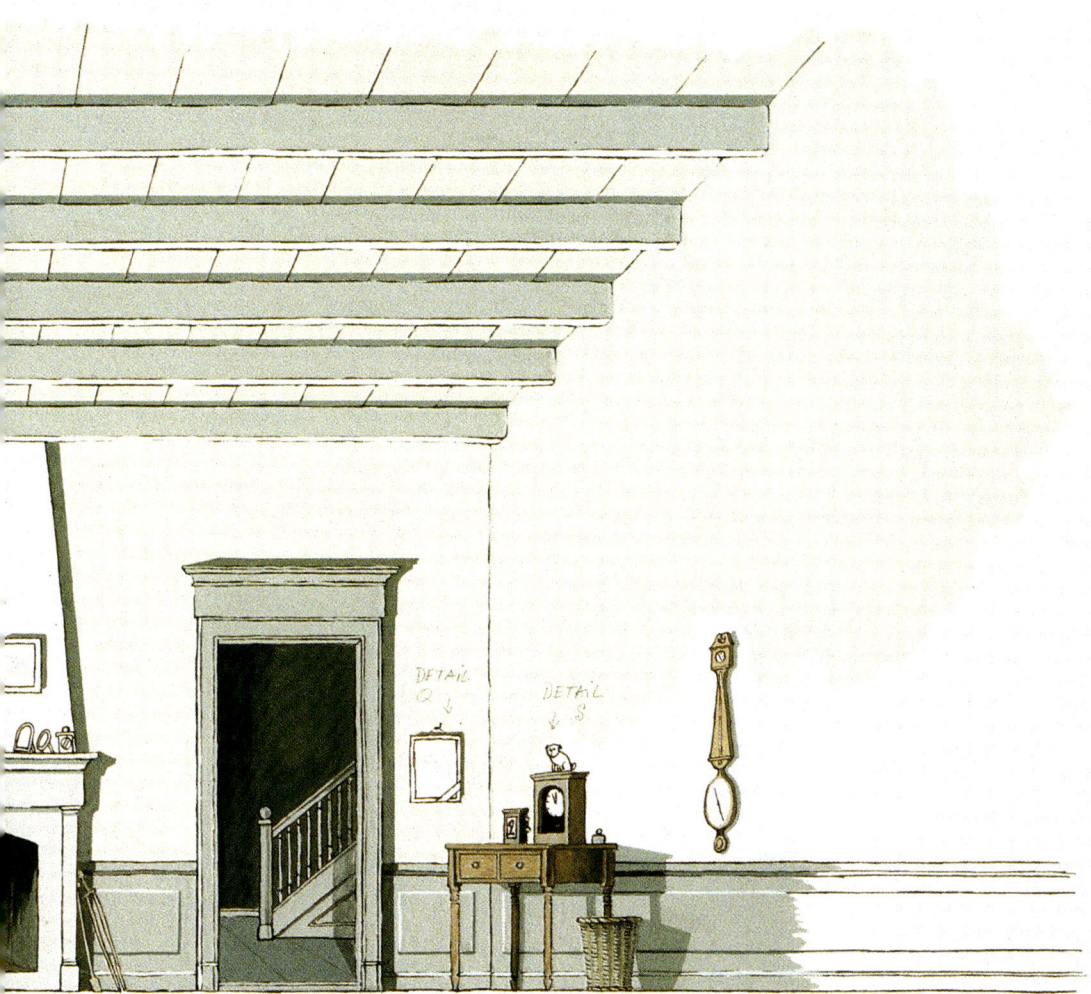

DETAIL
Q
DETAIL
S

…SICH HIER NACH LINKS UND RECHTS
…EIBT STEHEN)

LORIOT 85

…XT / FARMHAUS / NACHT
…XT / " / TAG

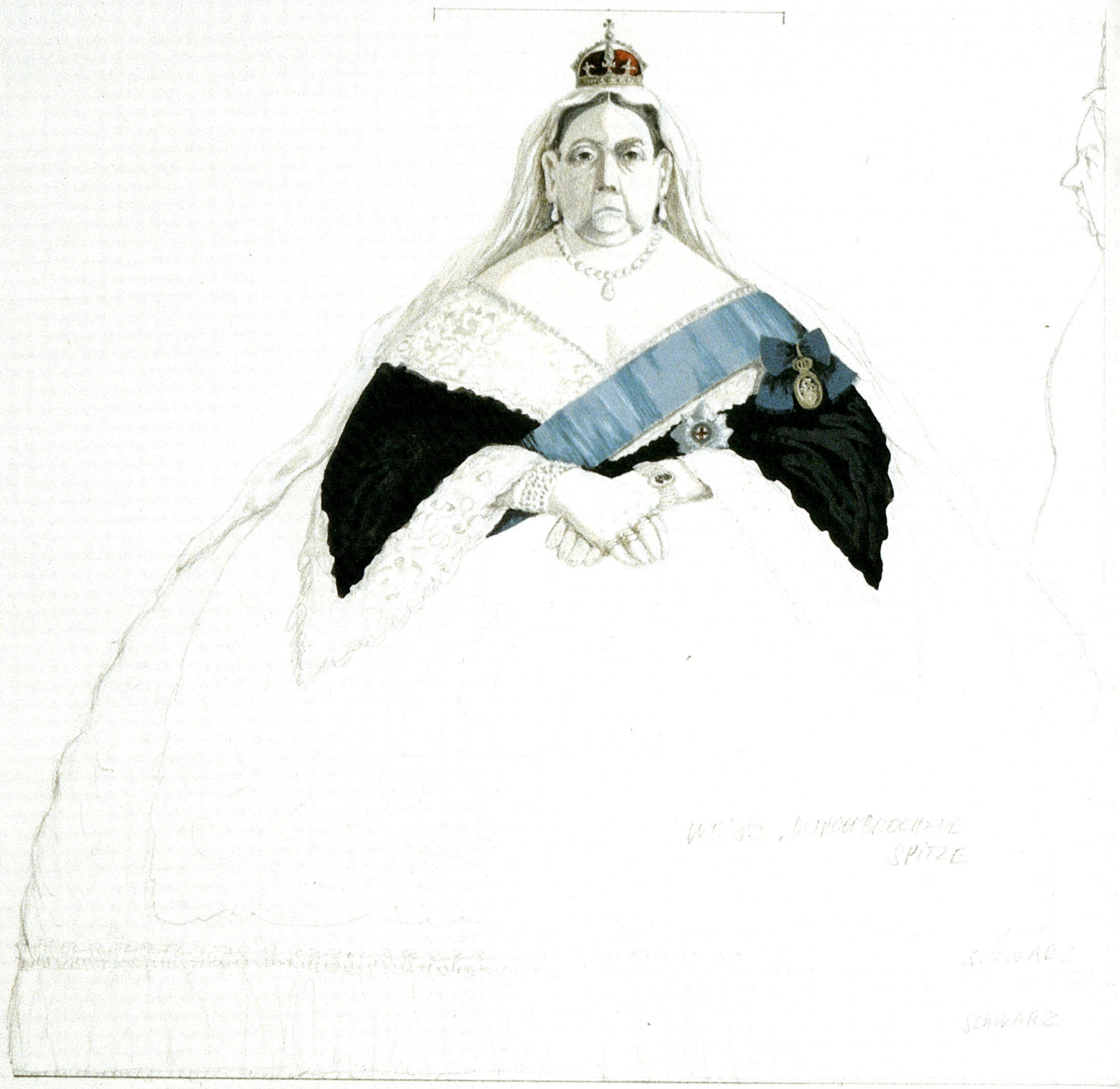

QUEEN VIKTORIA (FINALE) SOWEIT WIE MÖGLICH PLASTISCH

» MARTH

1

RÜCKSEITE
DES BILDES DER QUEEN
(NEGATIV ANLIEGEND)

BILDNISSE DER ELTERN ÜBER DEM KAMIN
(RAHMEN GEMALT)
NEGATIVE ANLIEGEND (KONTERN!)

60 cm

34 cm

TEEKANNE HINTER DER QUEEN VERSTECKT

Loriot 85

FINALE / FARMHAUS
(+ AUFLEGER II. u. IV. AKT)

(WENN KEIN MASZ ANGEGEBEN!)

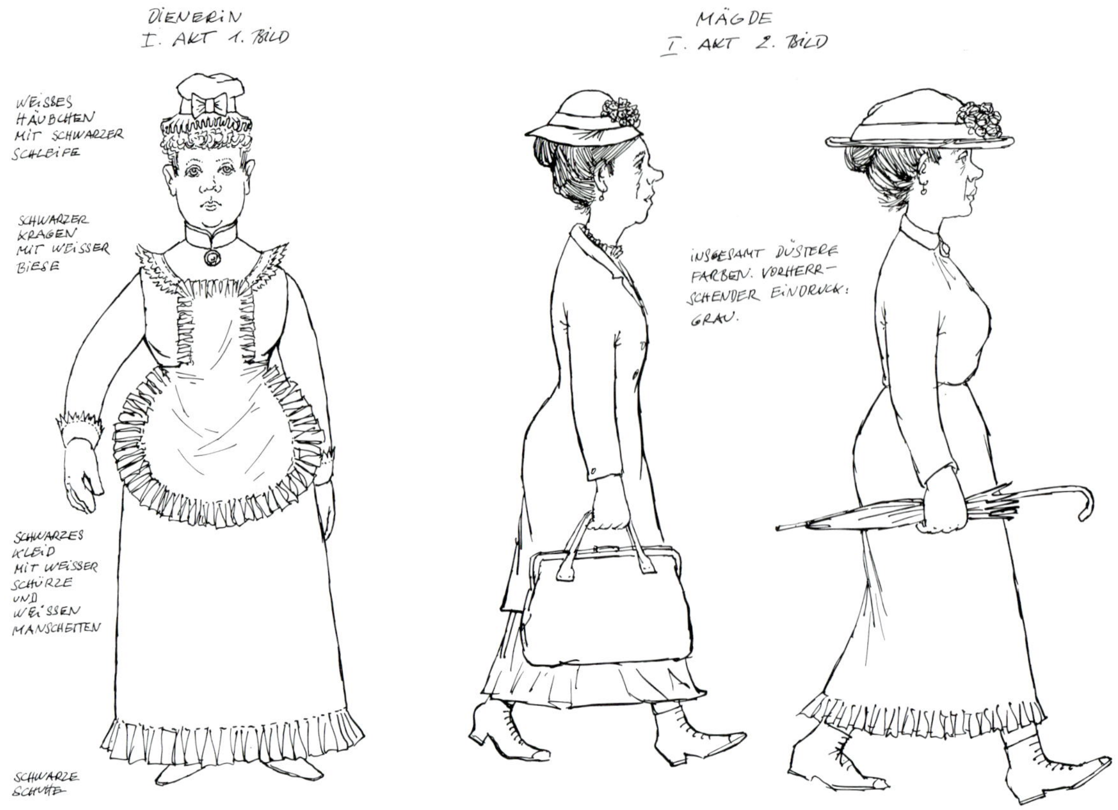
DIENERIN
I. AKT 1. BILD
WEISSES HÄUBCHEN MIT SCHWARZER SCHLEIFE
SCHWARZER KRAGEN MIT WEISSER BIESE
SCHWARZES KLEID MIT WEISSER SCHÜRZE UND WEISSEN MANSCHETTEN
SCHWARZE SCHUHE
MÄGDE
I. AKT 2. BILD
INSGESAMT DÜSTERE FARBEN. VORHERRSCHENDER EINDRUCK: GRAU.

Kostümentwürfe

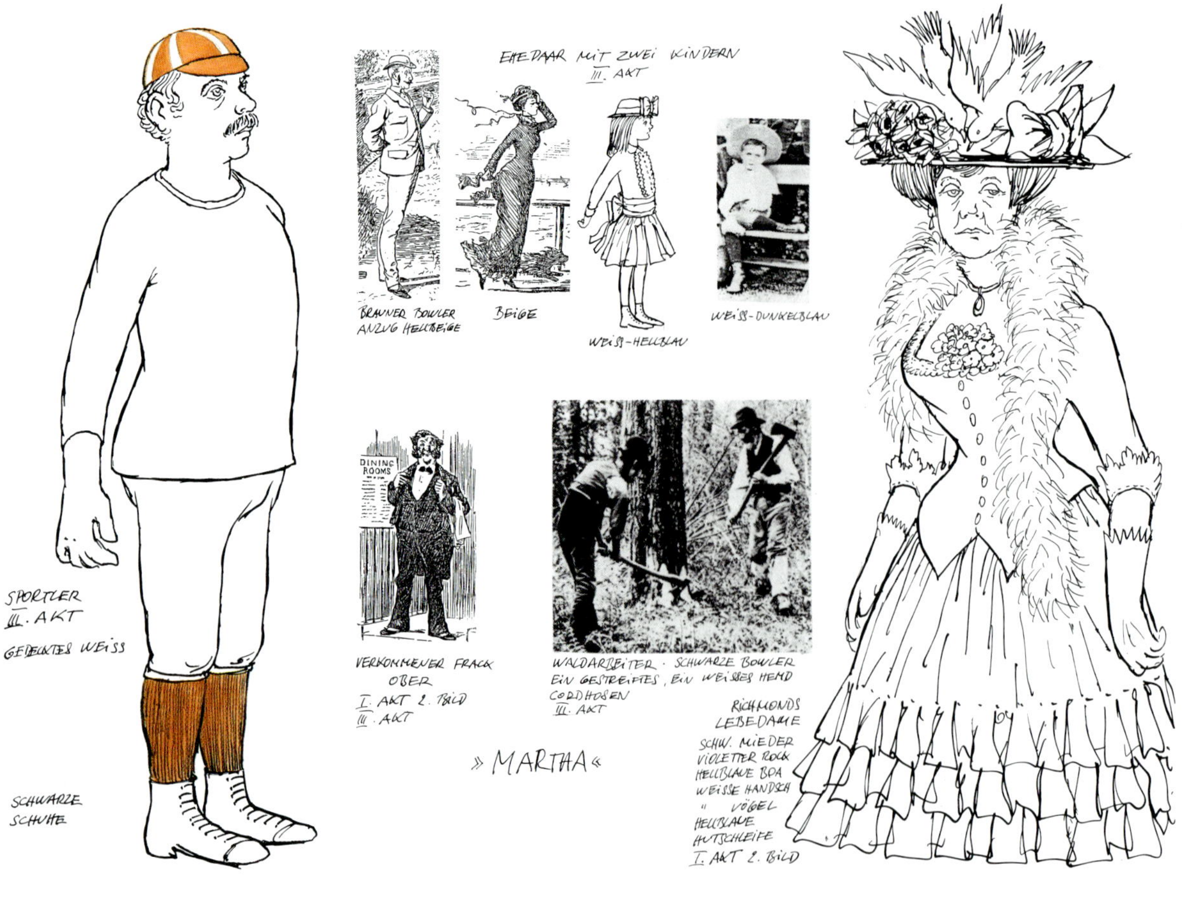
EHEPAAR MIT ZWEI KINDERN
III. AKT
BRAUNER BOWLER ANZUG HELLBEIGE
BEIGE
WEISS-HELLBLAU
WEISS-DUNKELBLAU
SPORTLER
III. AKT
GEDECKTES WEISS
SCHWARZE SCHUHE
DINING ROOMS
VERKOMMENER FRACK OBER
I. AKT 2. BILD
III. AKT
WALDARBEITER · SCHWARZE BOWLER EIN GESTREIFTES, EIN WEISSES HEMD CORDHOSEN
III. AKT
RICHMONDS LEBEDAME
SCHW. MIEDER VIOLETTER ROCK HELLBLAUE BOA WEISSE HANDSCH " VÖGEL HELLBLAUE HUTSCHLEIFE
I. AKT 2. BILD
»MARTHA«

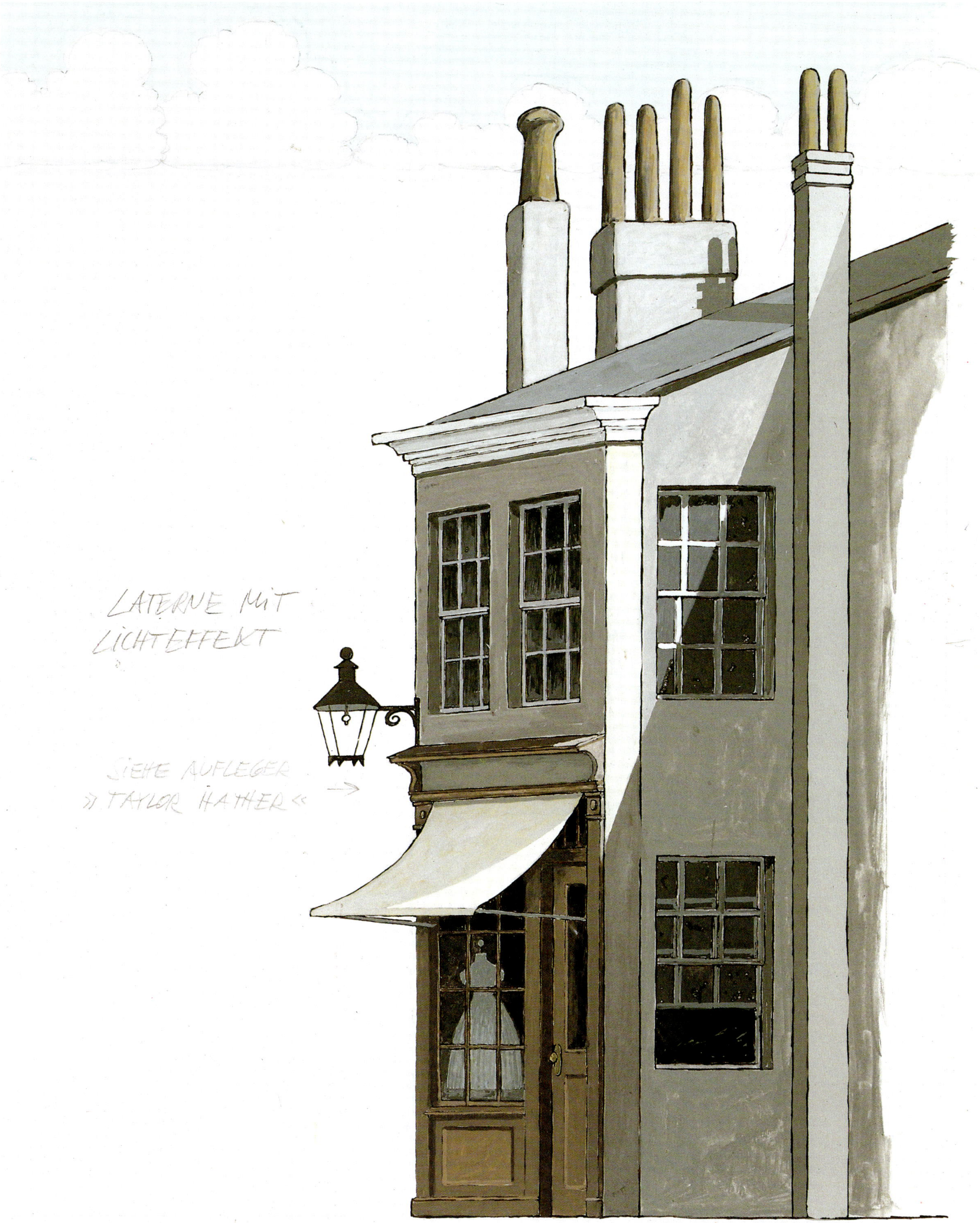
LATERNE MIT
LICHTEFFEKT
SIEHE AUFLEGER
»TAYLOR HATHER«

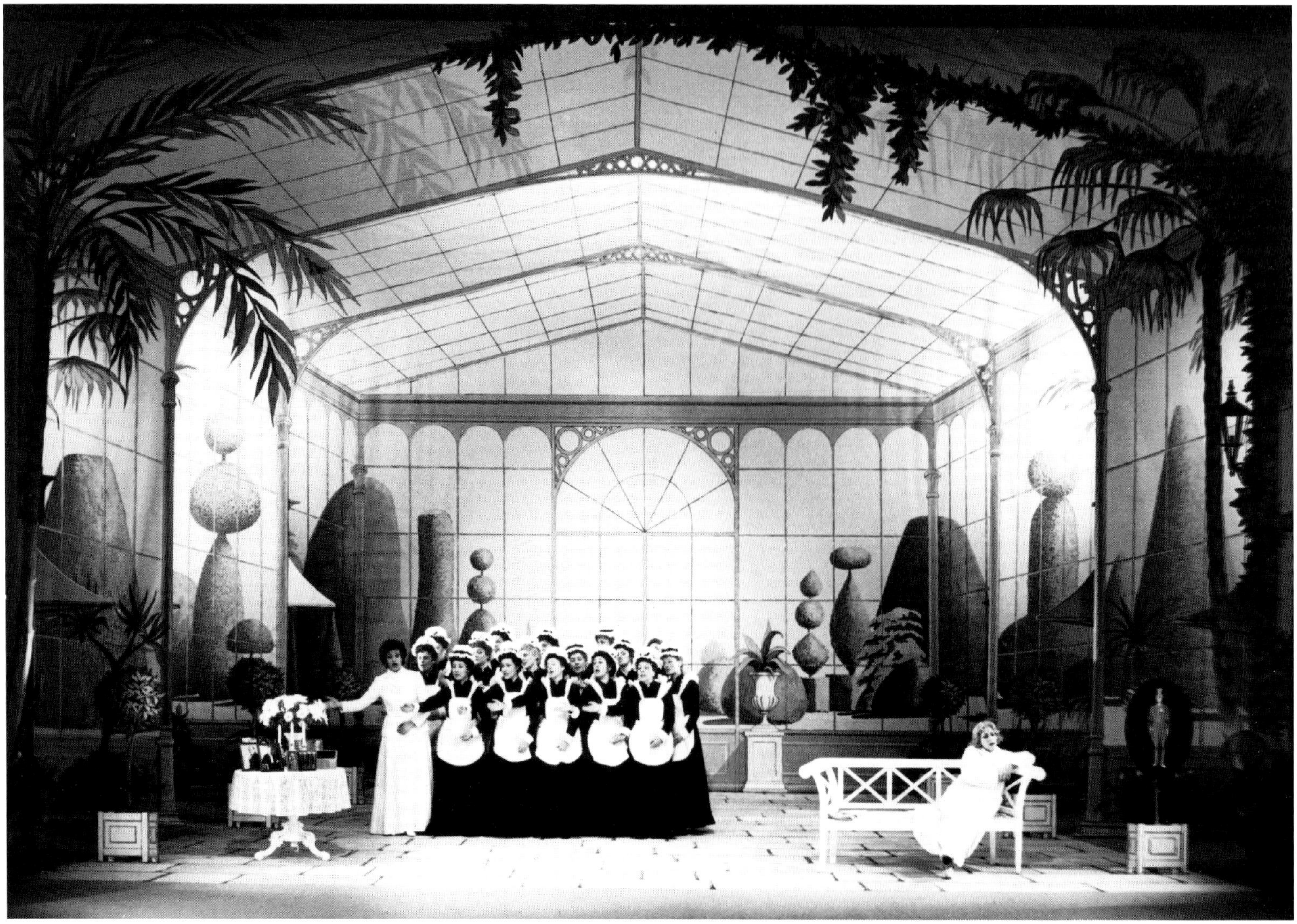

Erster Akt · Treibhaus

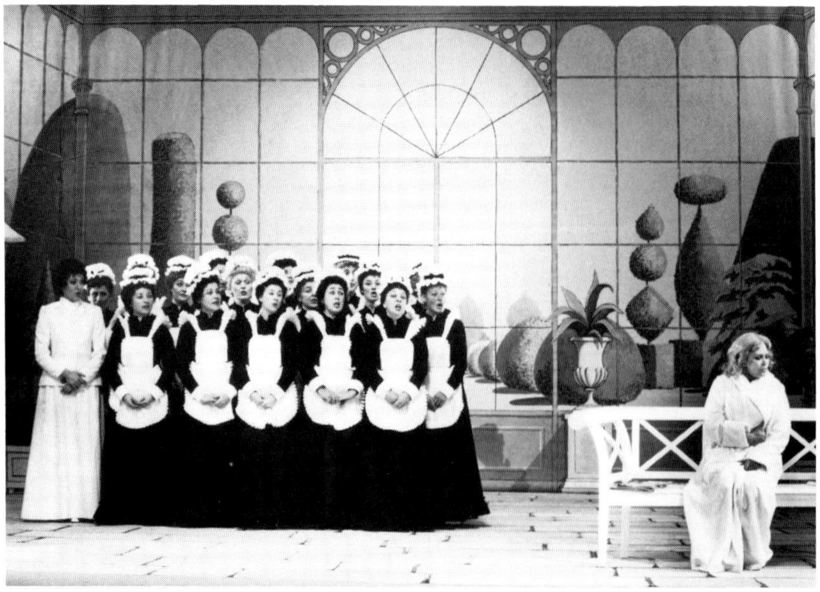

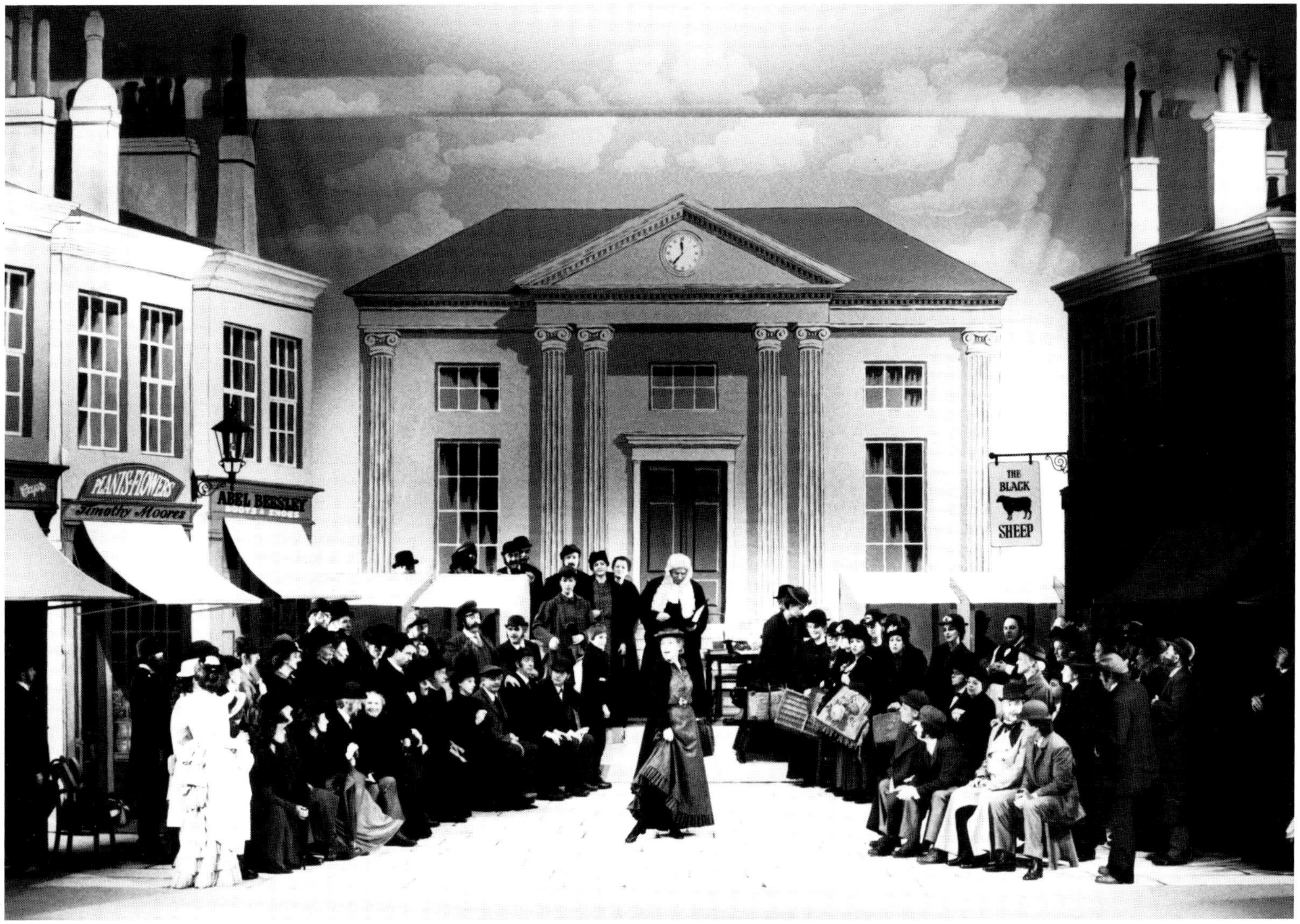
PLANTS·FLOWERS
Timothy Moores
ABEL BEESLEY
THE BLACK SHEEP

Erster Akt · Marktplatz von Richmond

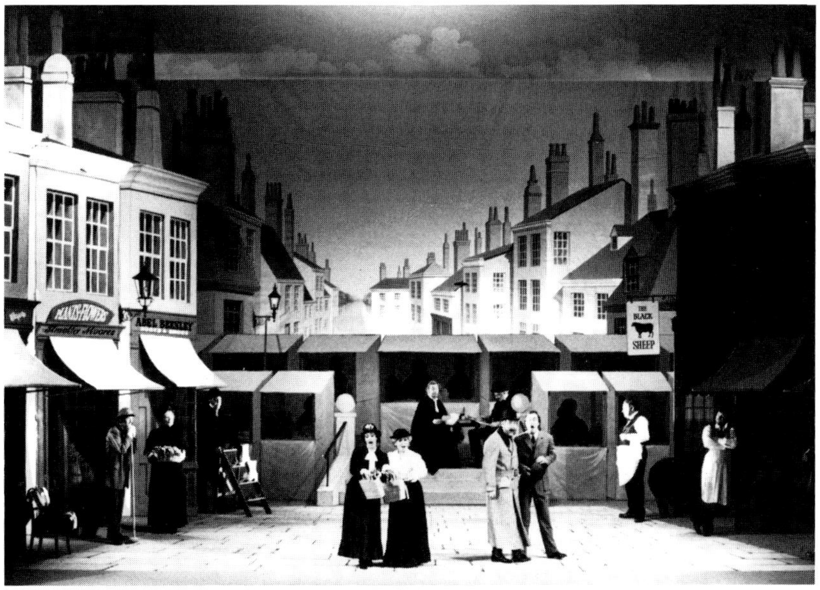

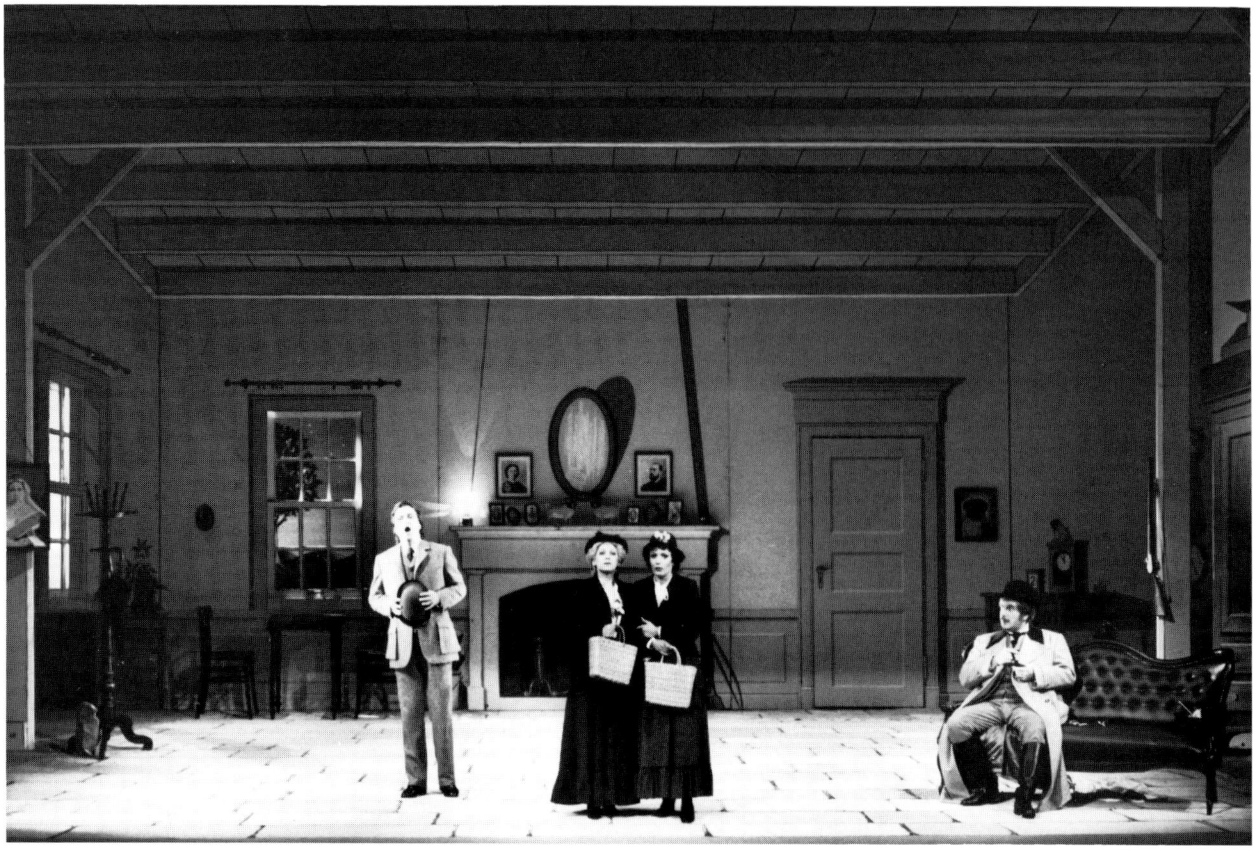

Dritter Akt · Farmhaus und Waldschenke

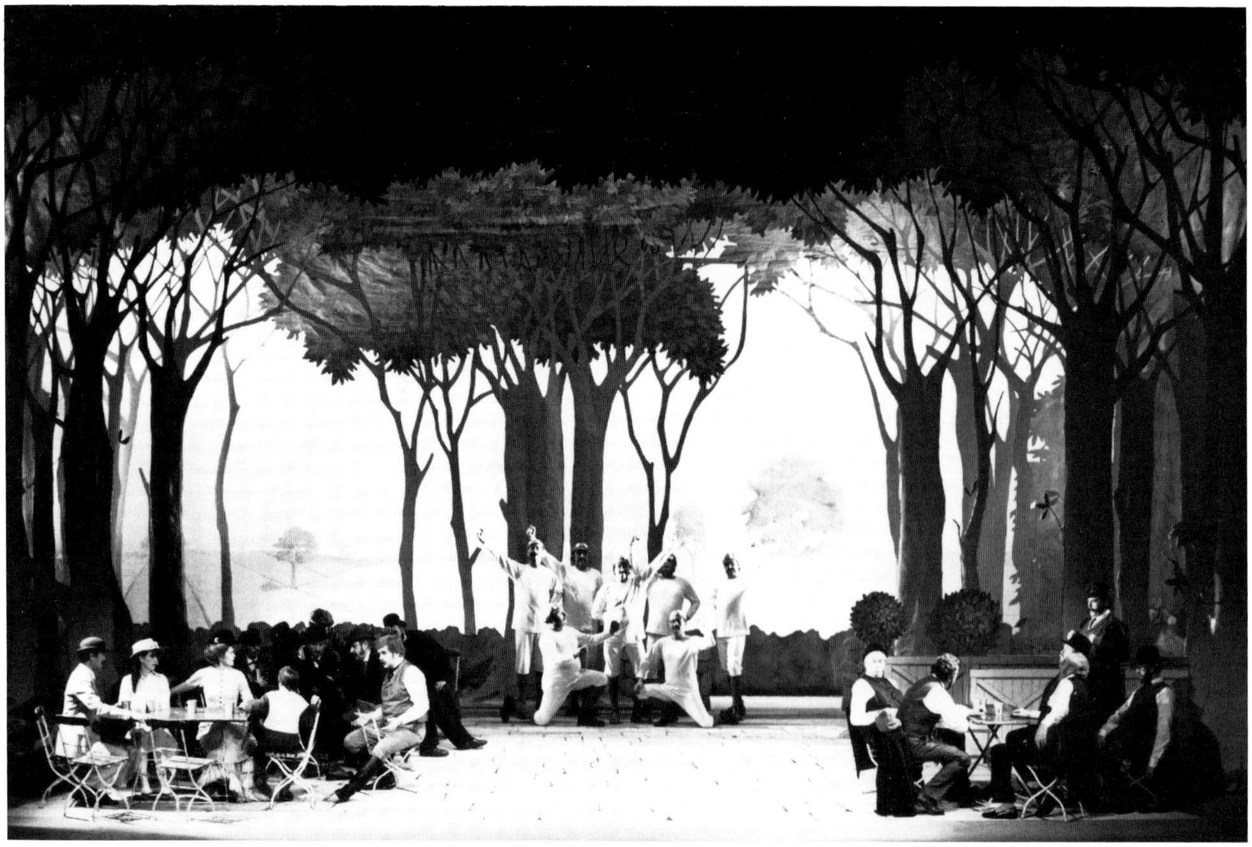

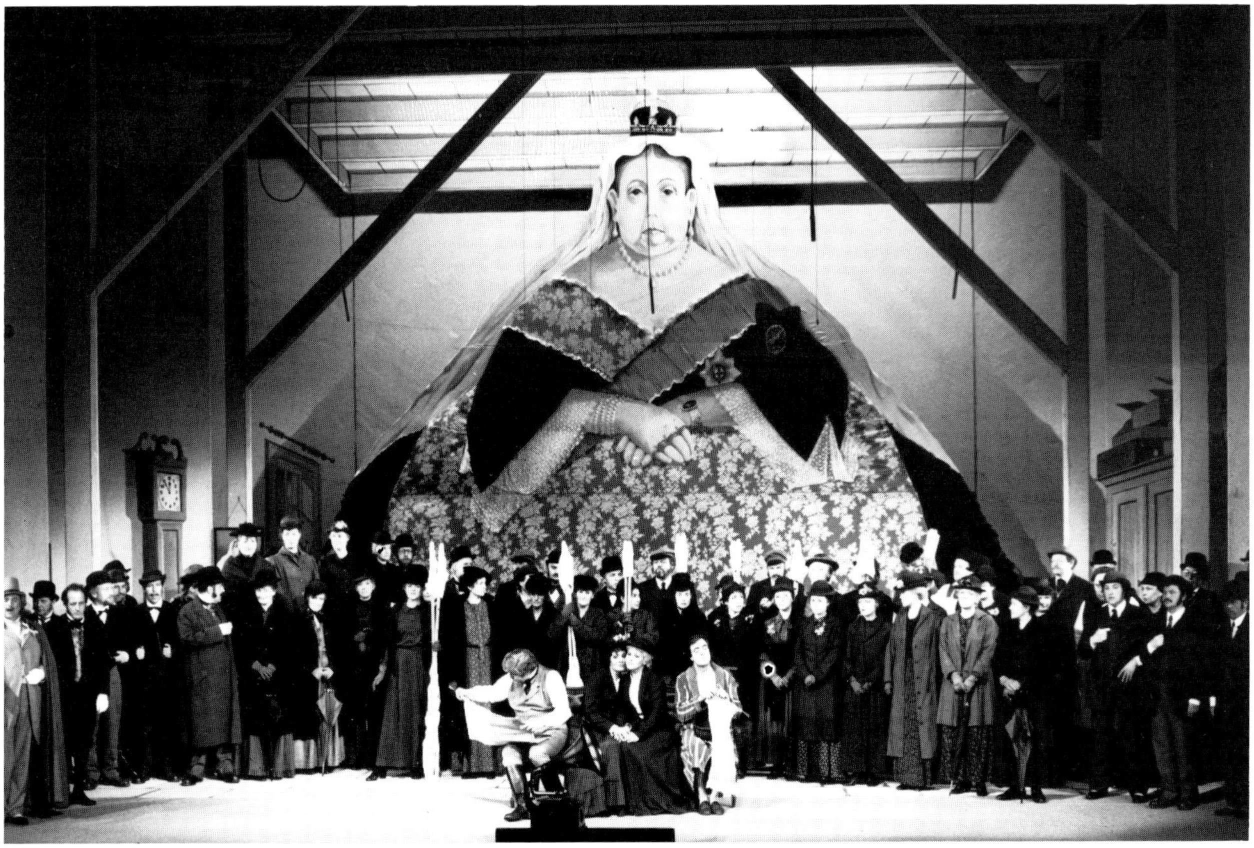

Dritter Akt · Schlußszene

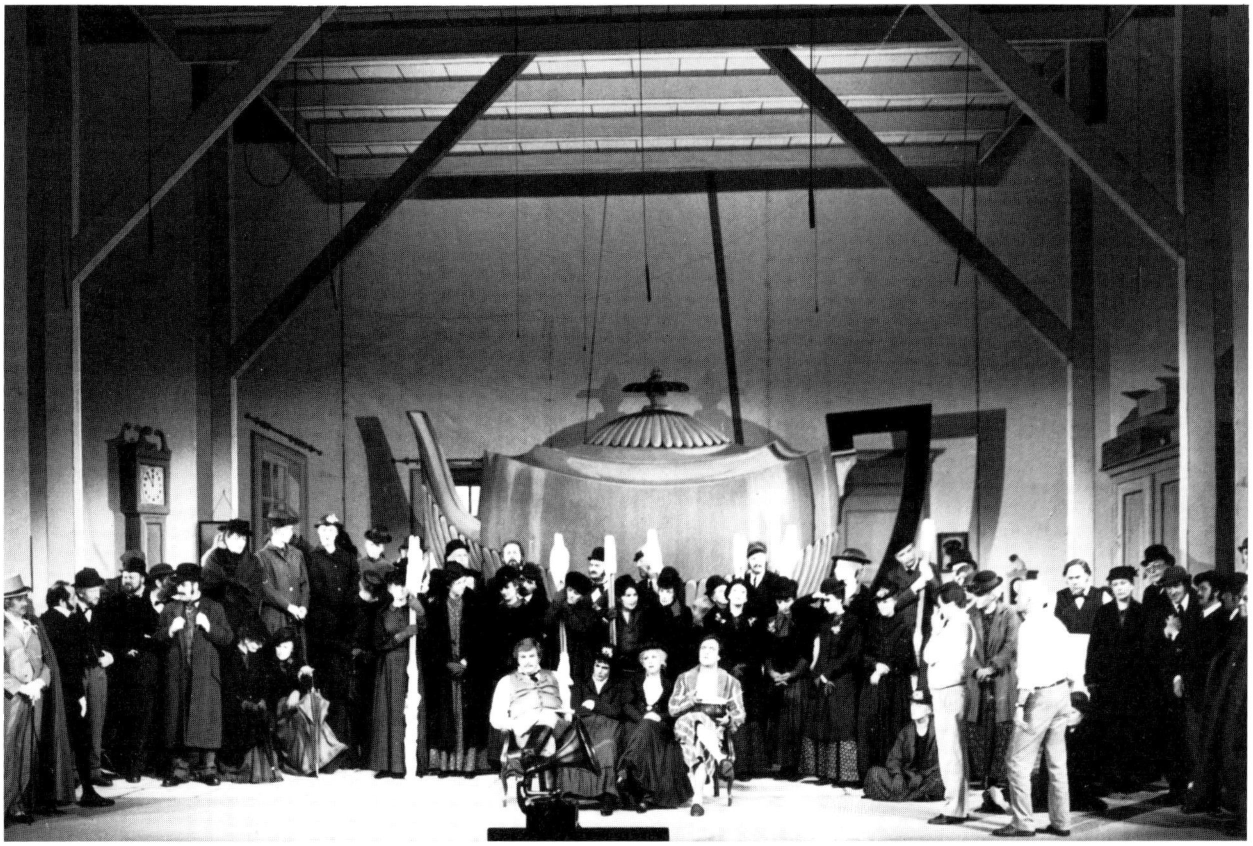

DER FREISCHÜTZ · LUDWIGSBURGER SCHLOSSFESTSPIELE 1988

Entwurf für den Hauptvorhang

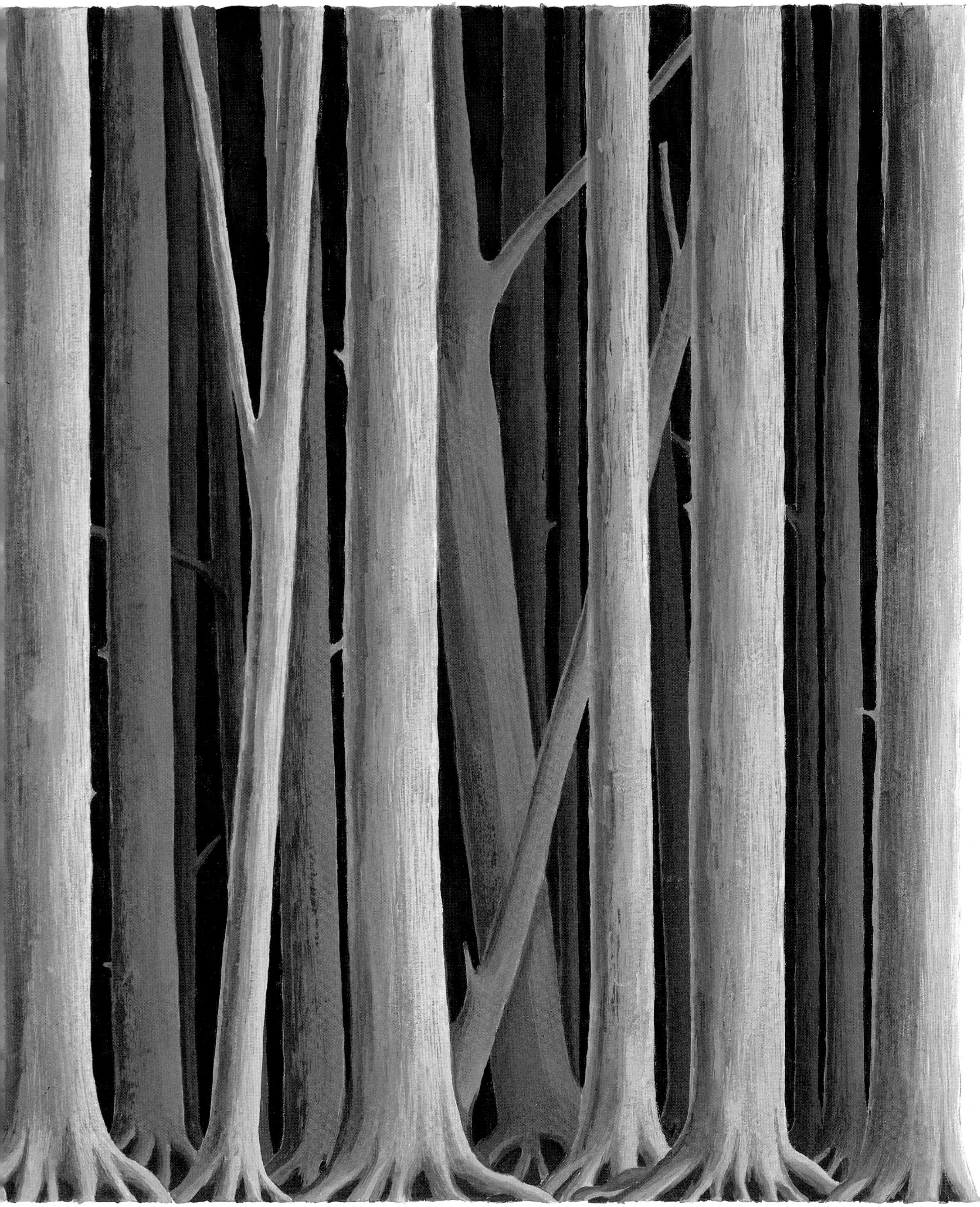

DER FREISCHÜTZ

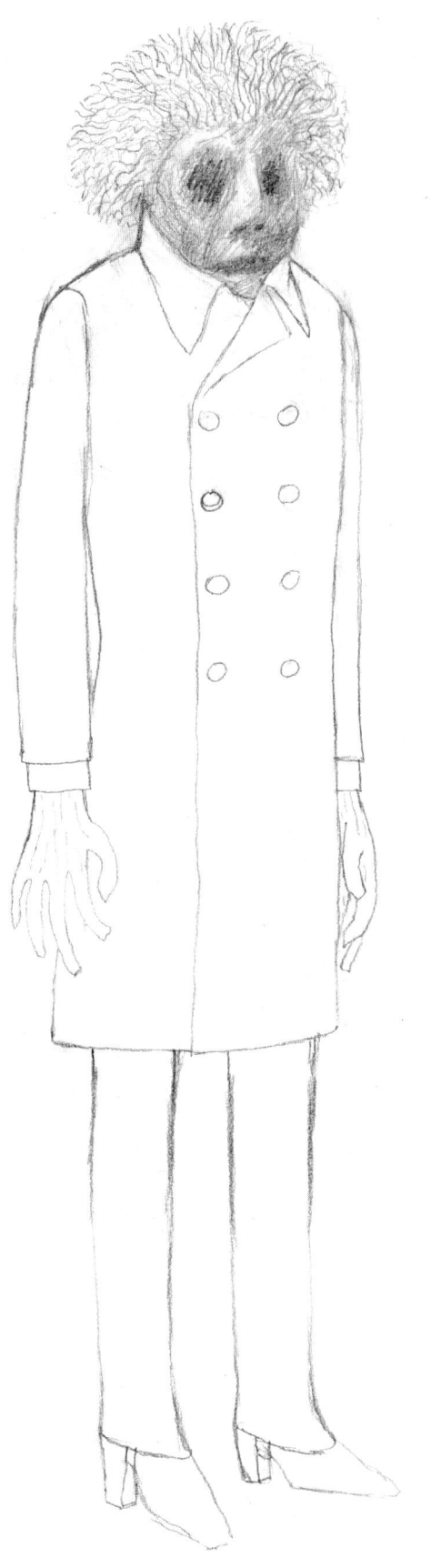

Kostümentwurf Samiel

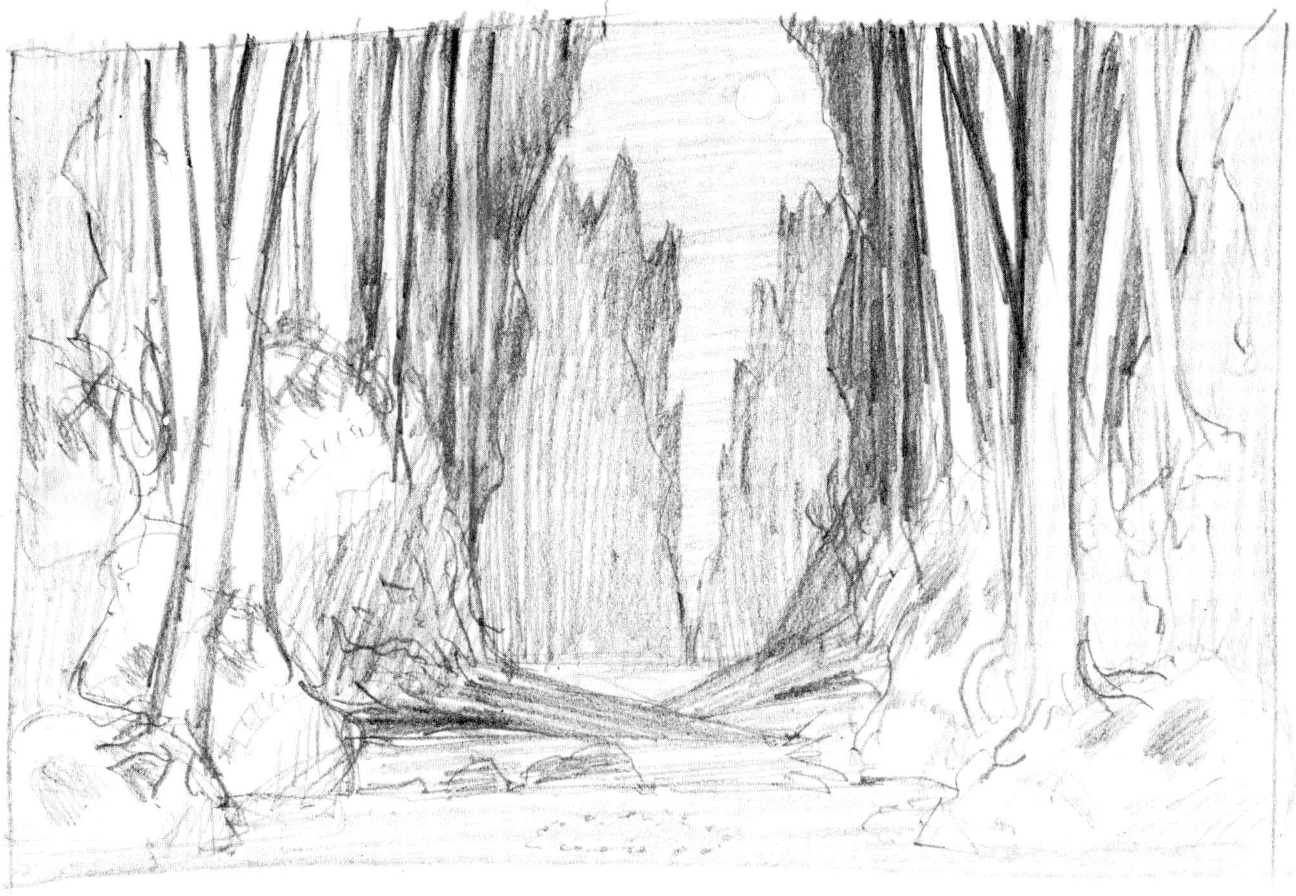

Skizzen zur Wolfsschlucht

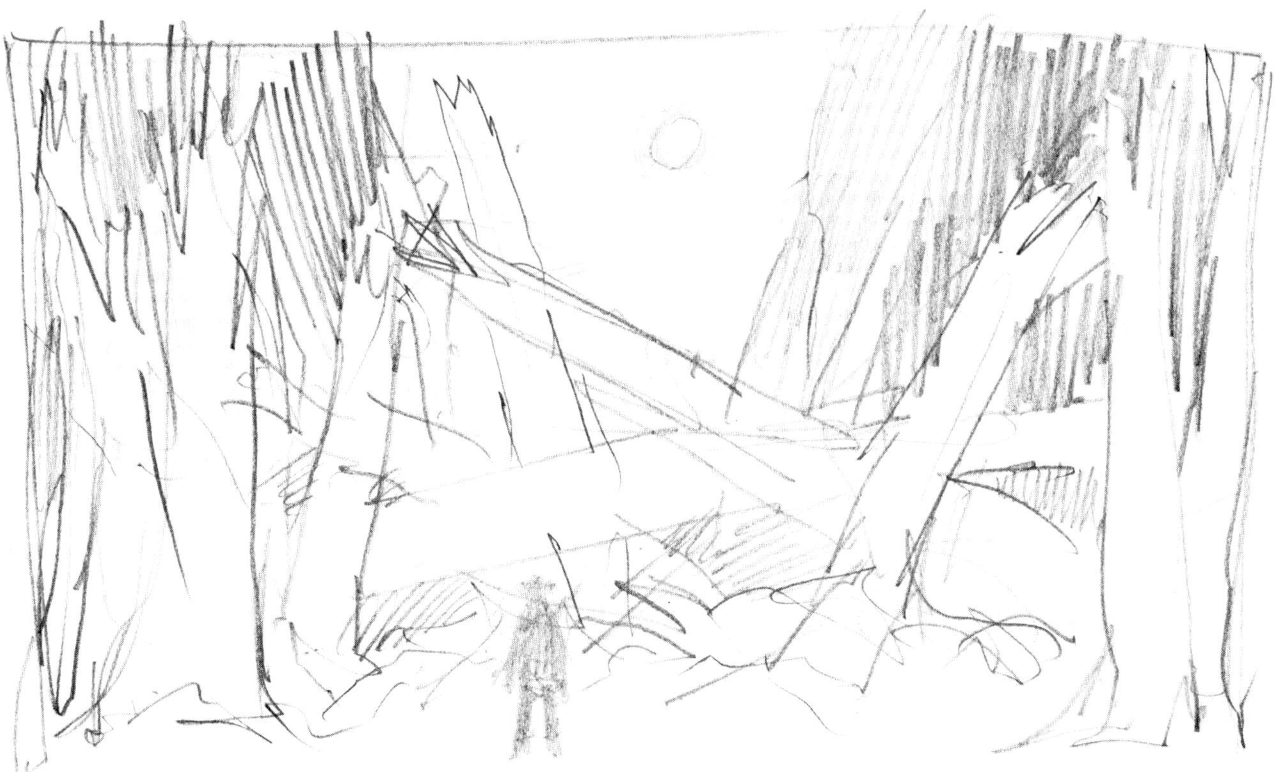

FARBGEBUNG   SOFFITTEN

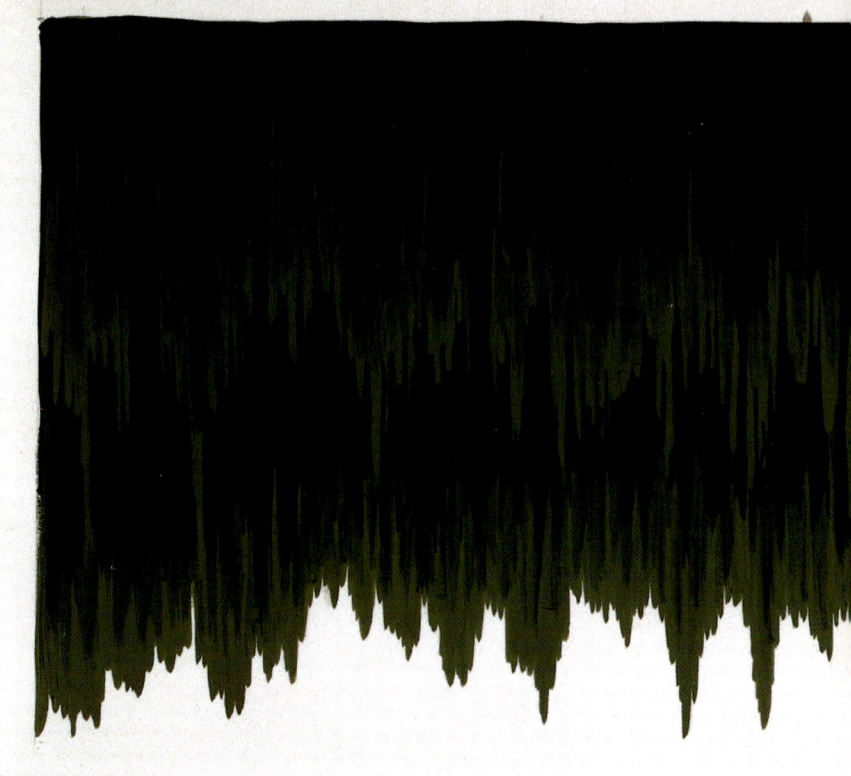

LANDSCHAFTSBLENDE   5. BILD

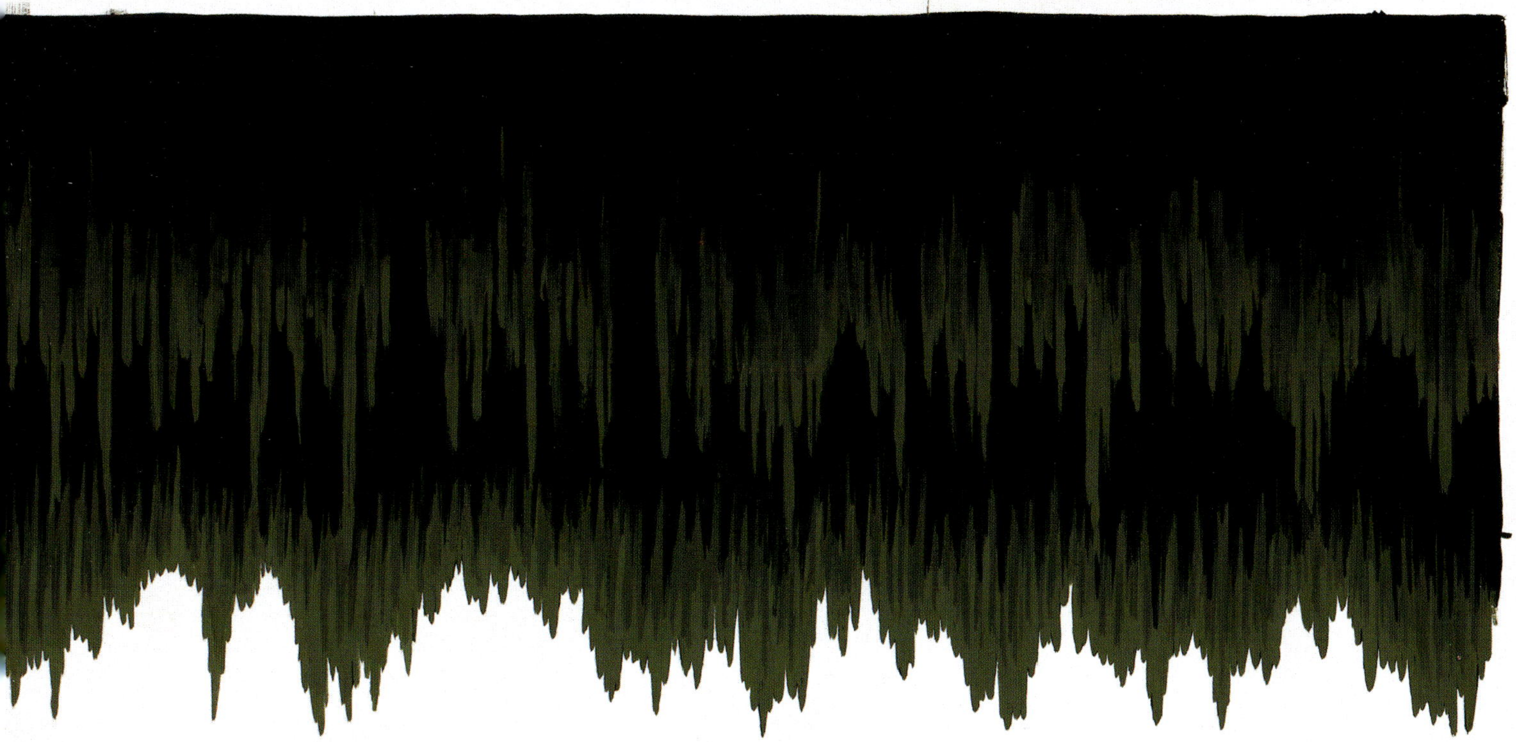

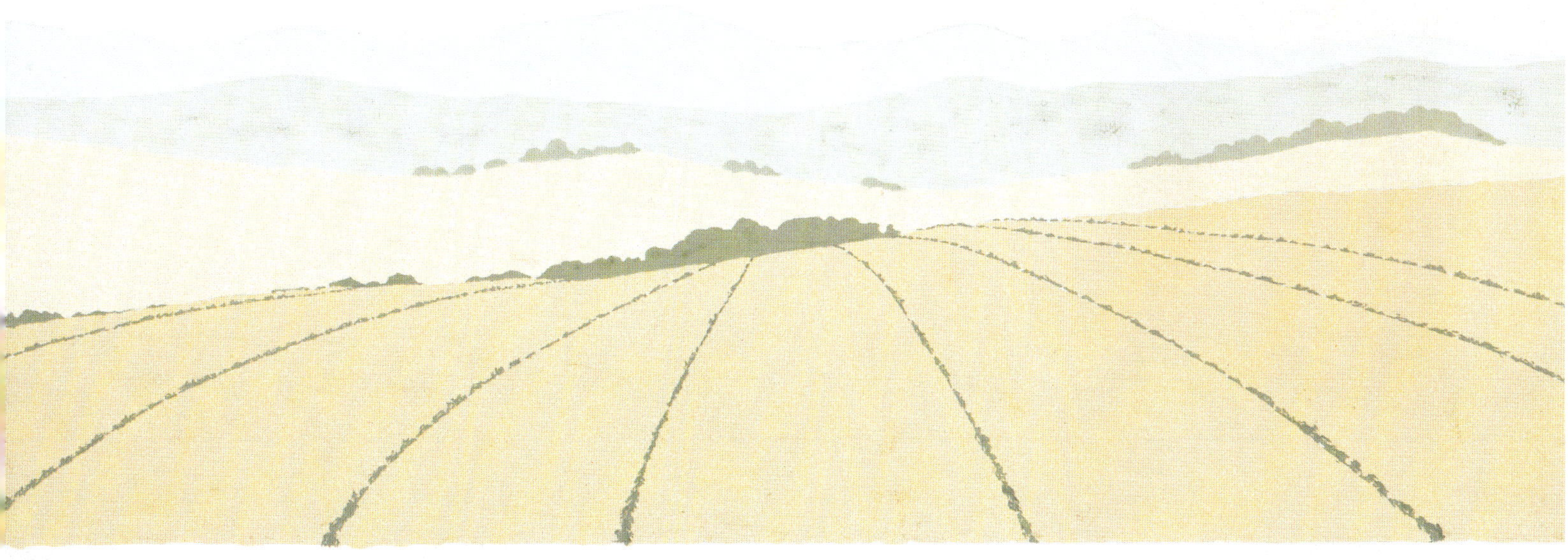

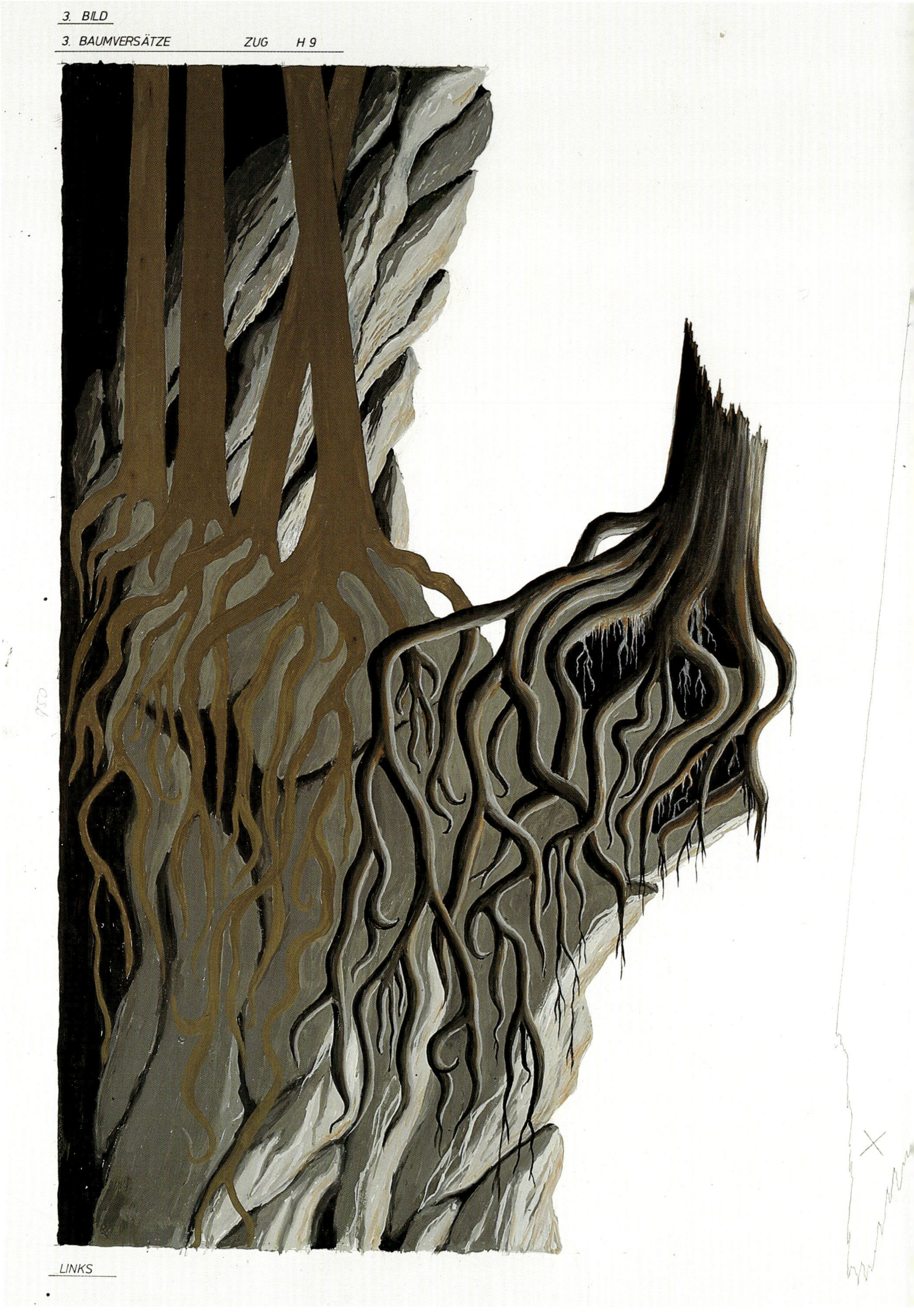
3. BILD
3. BAUMVERSÄTZE ZUG H 9
LINKS

Wolfsschlucht

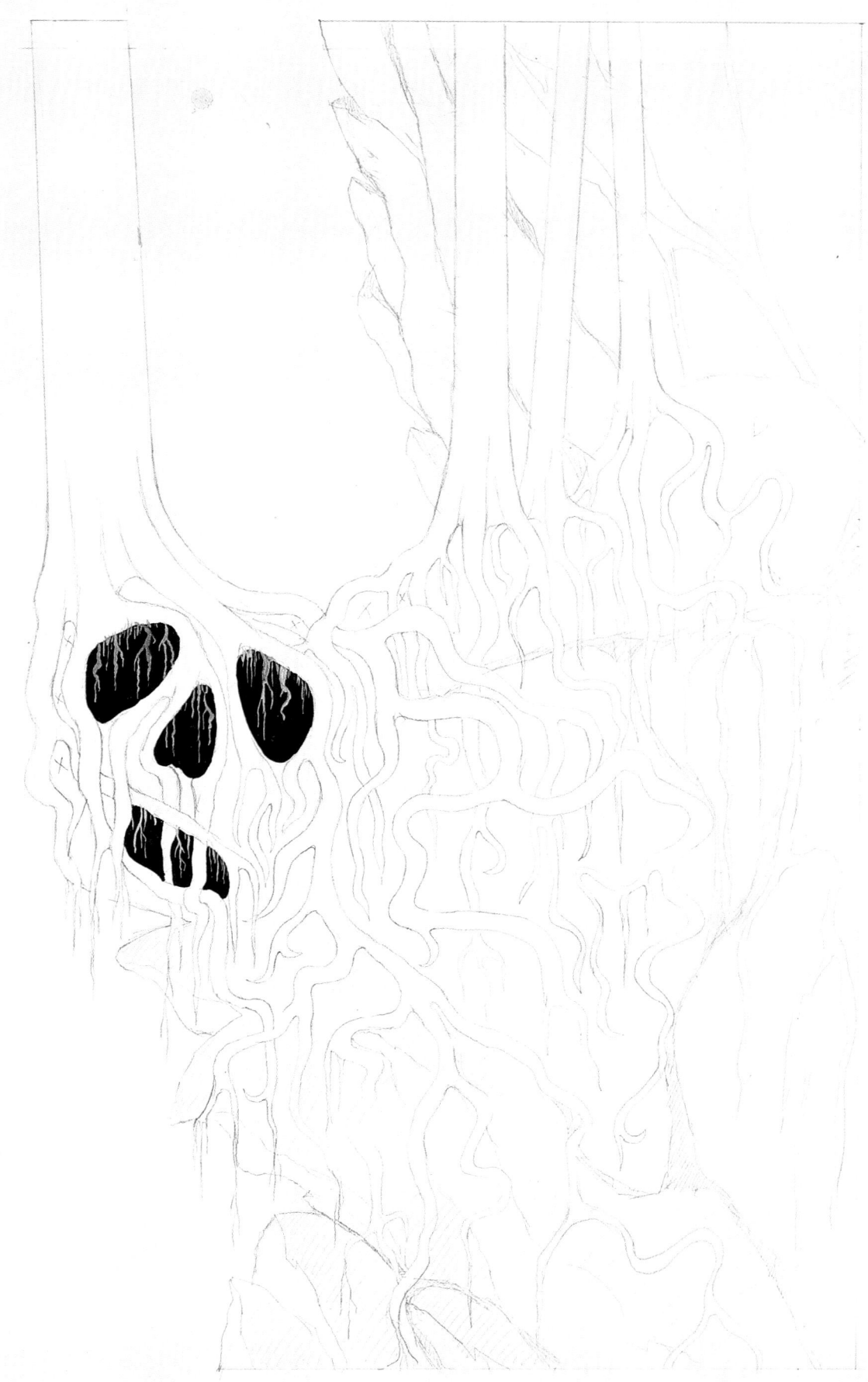

RECHTS

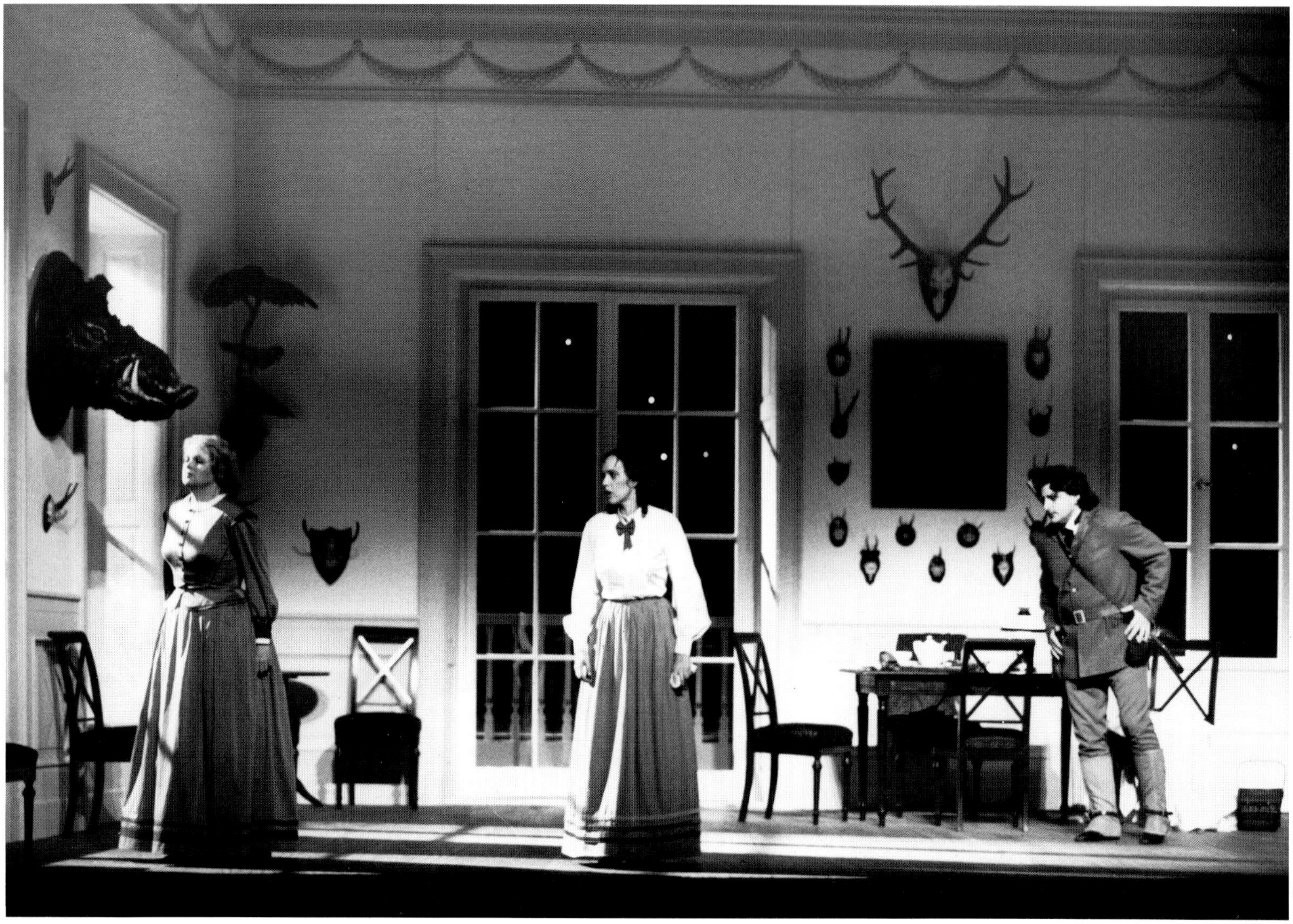

Zweiter Akt · Forsthaus

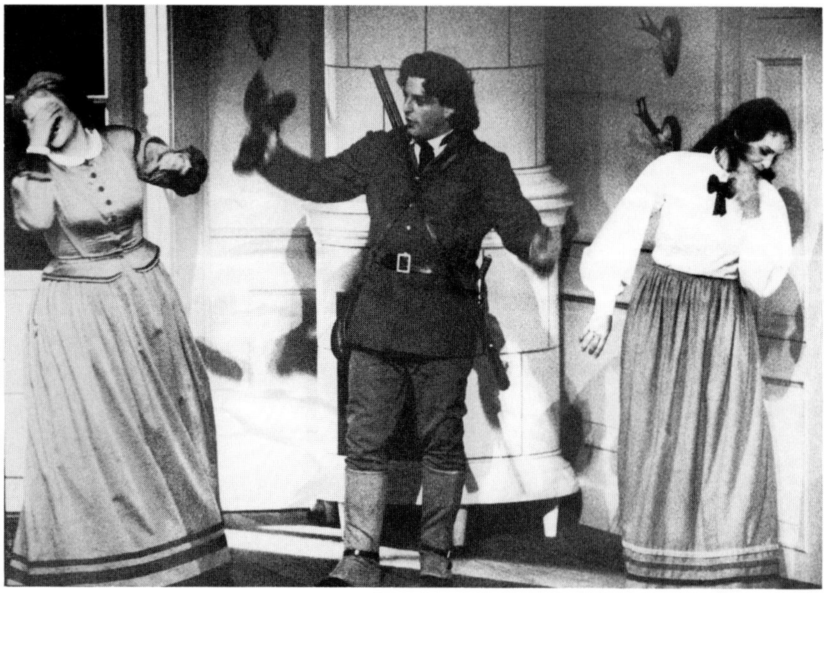

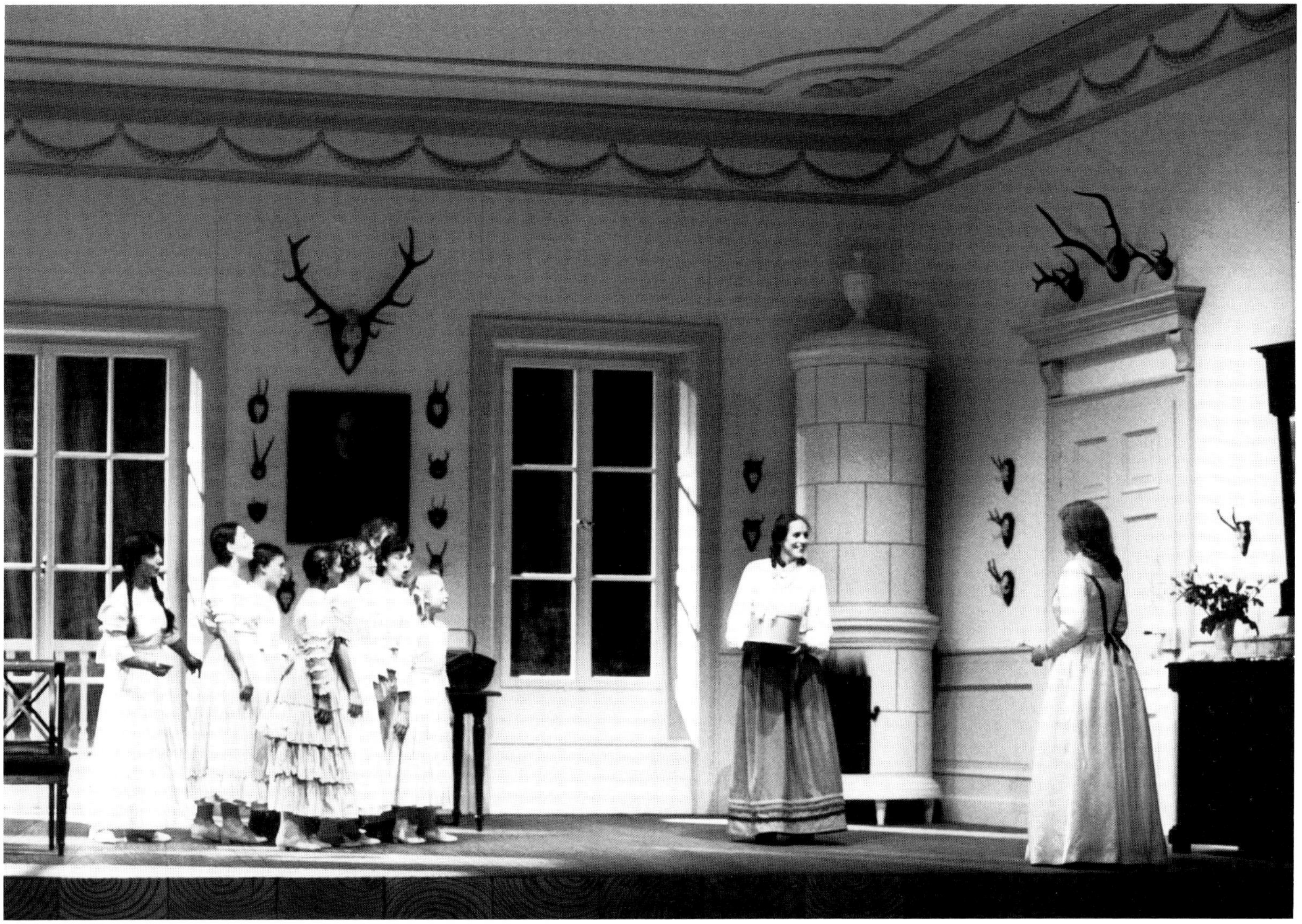

Dritter Akt · Forsthaus

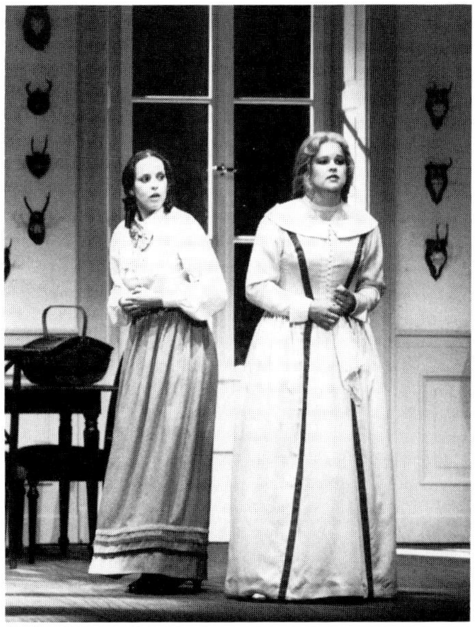

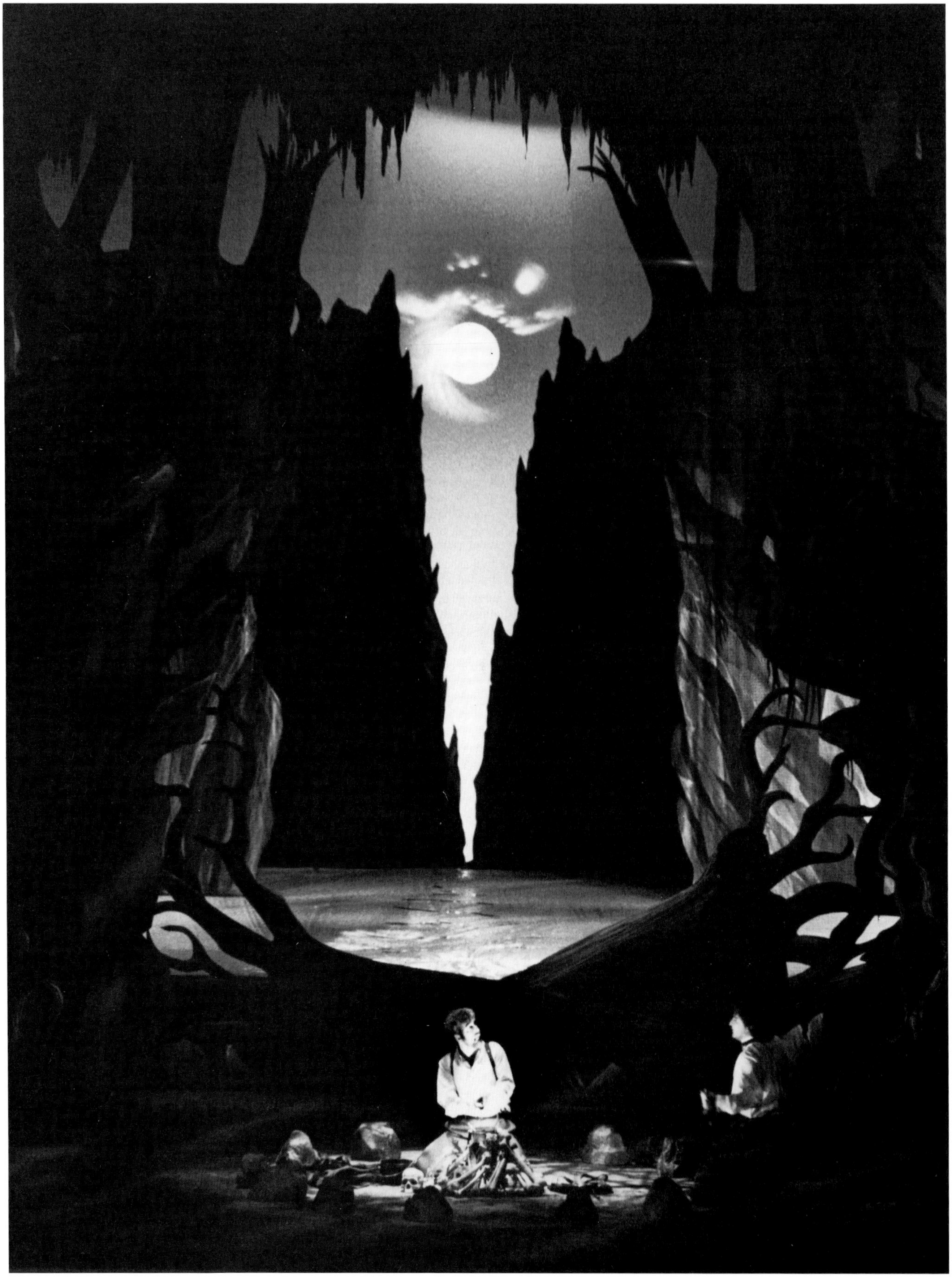

Zweiter Akt · Wolfsschlucht

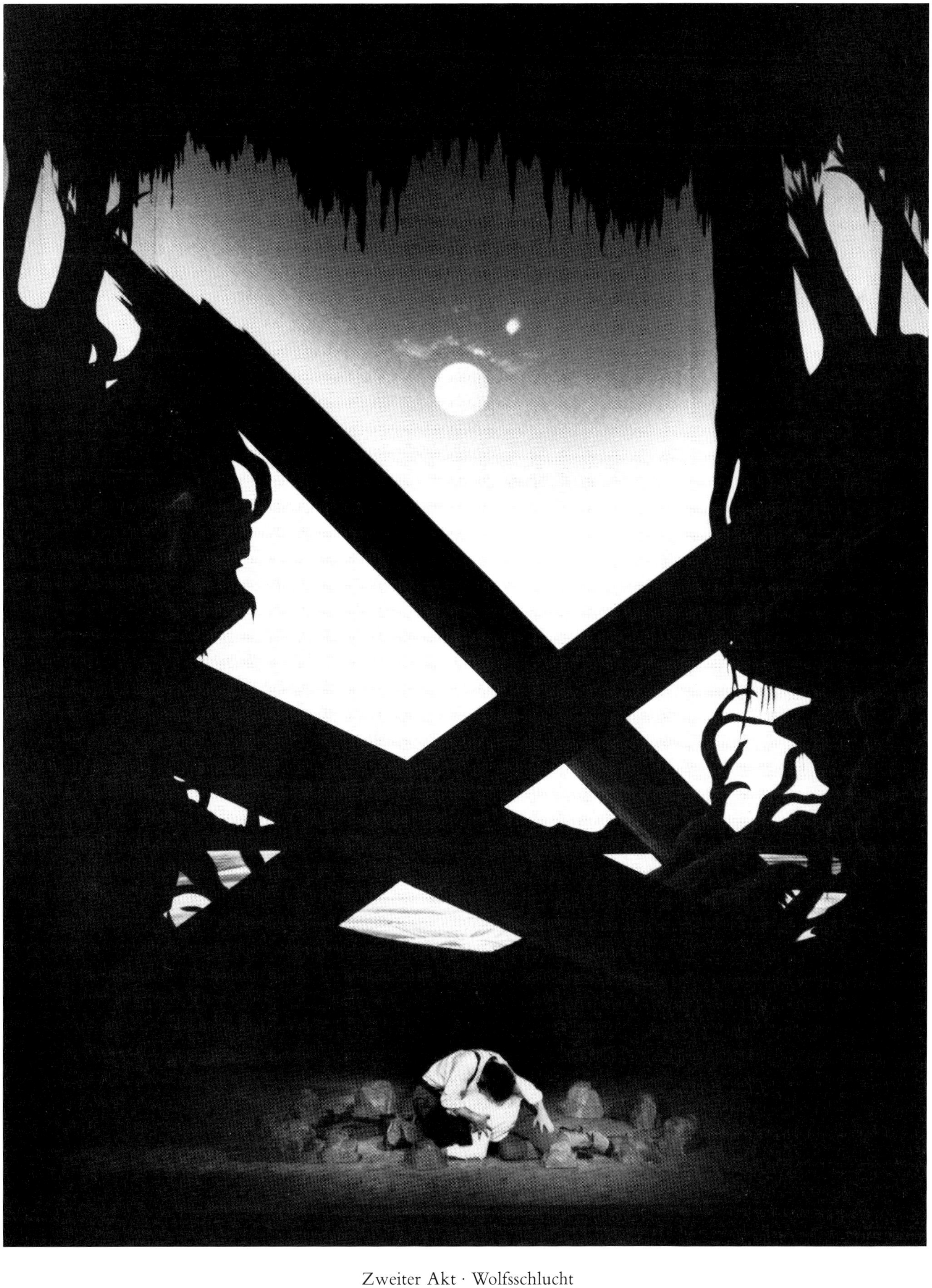

Zweiter Akt · Wolfsschlucht

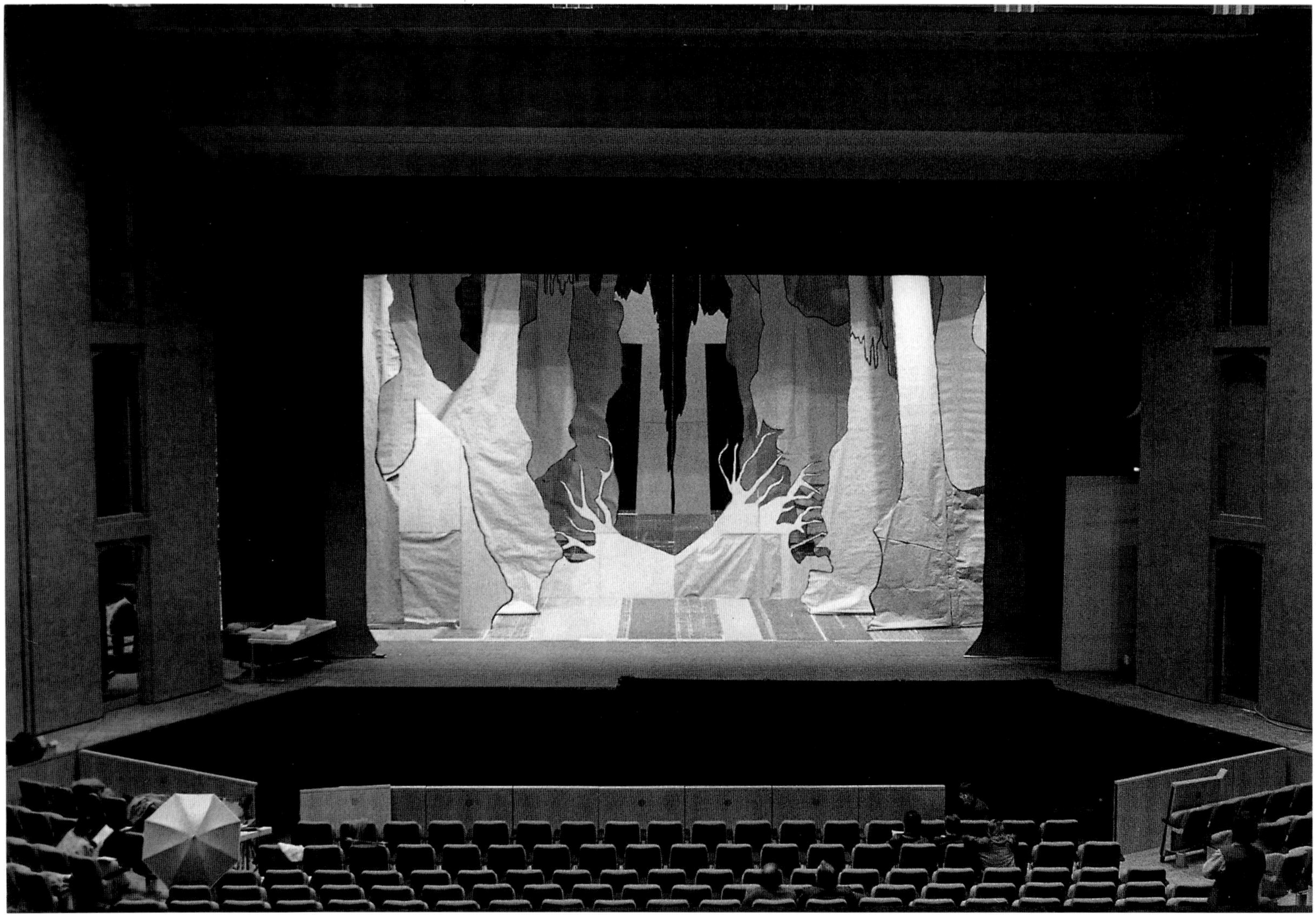

Zweiter Akt Wolfsschlucht (Bauprobe) und Bühnenmodell 1 : 50

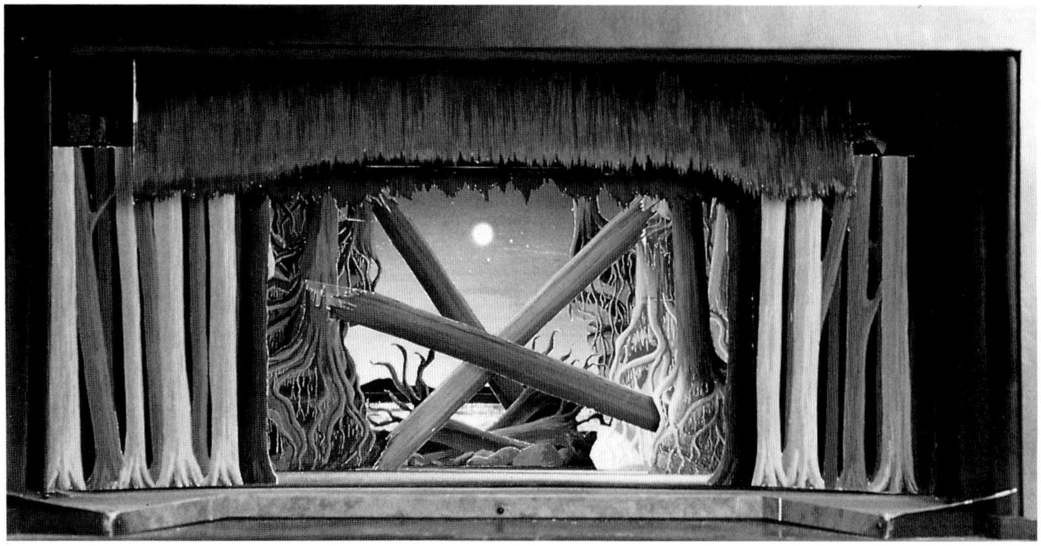

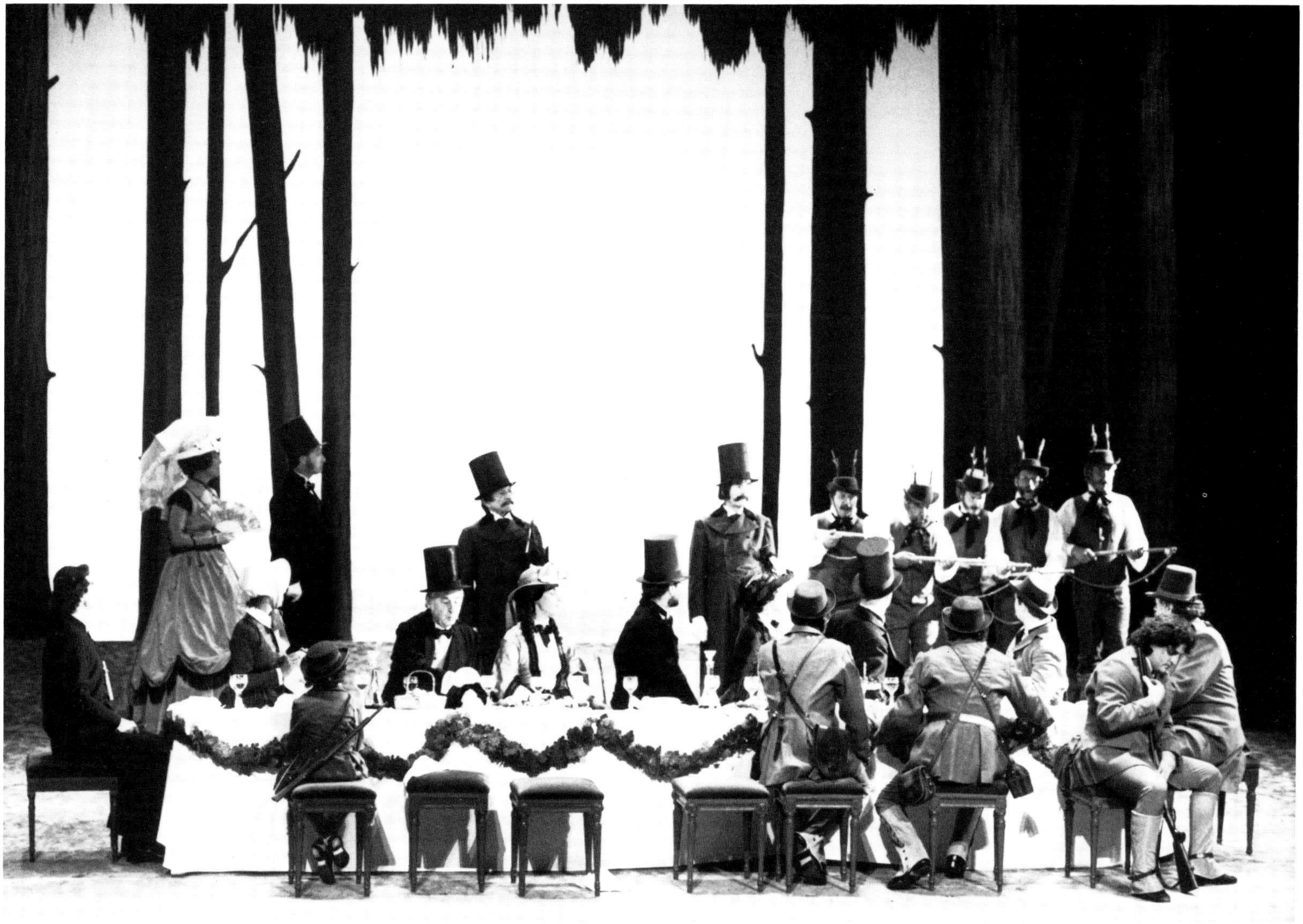

Dritter Akt · Die Festtafel des Fürsten

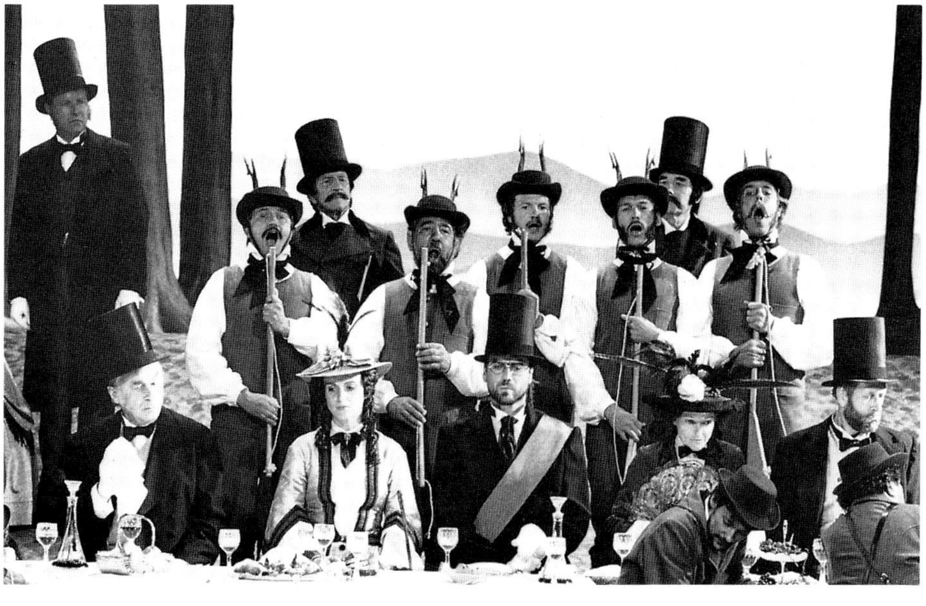

FILM

Der erste Kinofilm hat Loriot jahrelang beschäftigt, ohne daß er Zeit für die Realisierung des Projekts fand. Ein Blick auf das Geburtsdatum hat ihn schließlich doch gemahnt, dieses Vorhaben nicht länger hinauszuschieben. So entstand die Geschichte von Paul Winkelmann, auch »Pussi« genannt, und der schüchternen Margarethe Tietze. Der Ödipuskomplex als Filmsatire. Dazu Vicco v. Bülow:

Ich wollte nicht nur ganz bestimmte Seiten ganz bestimmter Menschen zeigen. Darum blieb ich bei meinem Hauptthema, der Kommunikationsstörung, der Absurdität, die im Mißverständnis liegt. Und das erste große Mißverständnis in einem Leben ist ganz sicher falsch verstandene Mutterliebe. Natürlich gibt es viele wunderbare Mutter-Sohn-Beziehungen, aber das Verhältnis eines älteren Mannes zu seiner Mutter kann, aus der Sicht des Humoristen, natürlich in unfreiwillige Komik abgleiten. Da ergibt sich eine Reihe von Möglichkeiten, an denen sich vieles aufhängen läßt. Wie lebt dieser Mann? Wie verhält er sich zu Frauen? Wie reagiert er auf die Versuche seiner Mutter, entscheidend in sein Leben einzugreifen? Aber ich hatte nie vor, eine Entwicklungsgeschichte zu erzählen. *(14)*

ZUM SPIELFILM »ÖDIPUSSI«

Inhalt

Paul Winkelmann (56) lebt in offensichtlich glücklicher Abhängigkeit von seiner Mutter, Louise Winkelmann (78). Nach dem Tode ihres Mannes vor acht Jahren hatte sie die Leitung des familieneigenen Möbel- und Dekorationsgeschäftes übernommen, diese aber vor drei Jahren an ihren Sohn abgegeben. Obwohl sich Paul vor kurzem eine eigene Wohnung gemietet hat, hält sie sein ehemaliges Kinderzimmer nach wie vor für ihn bereit, wäscht seine Hemden und mischt sich in sein Leben ein.
Paul hat verbindliche Umgangsformen und neigt zur Pedanterie, er ist von einer nicht zu übersehenden Naivität, ungeschickt im Umgang mit Gegenständen und zerstreut.
Er leidet auch unter einem häufig wiederkehrenden Alptraum. Darin erscheint ihm seine Mutter, die einen auffälligen Hut auf dem Kopf hat. Mit sehnsüchtig ausgestreckten Armen schweben Mutter und Sohn aufeinander zu. Pauls Hände nähern sich, von dramatischer Musik begleitet, ergreifen Mamas Hut an der Krempe und ziehen ihn der geliebten Mutter bis ans Kinn über die Ohren.
Nach diesem Traum erwacht Paul jedesmal schweißgebadet.
Seine Freizeit verbringt Paul teils mit Gesellschaftsspielen im Haus der Mutter, teils in einem aus Politikern und anderen Honoratioren bestehenden Verein, der sich zum Ziel gesetzt hat, die Begriffe »Frau« und »Umwelt« in den Karnevalsgedanken zu integrieren.
Sein Leben erfährt eine Wende, als er Margarethe Tietze kennenlernt, eine ebenfalls nicht mehr ganz junge, alleinstehende Diplom-Psychologin, die offensichtlich auch noch nicht ganz unabhängig von ihren Eltern ist. Margarethes Mutter Gerda (70) ist eine herrische Person, die für den Beruf ihrer Tochter wenig übrig hat und auch ihren Mann, Kurt (80), einen mittleren städtischen Beamten, Leiter des Ressorts Müllabfuhr, kaum respektiert.
Das Schwergewicht von Margarethes Tätigkeit liegt auf psychotherapeutischer Gruppenberatung. Doch nimmt Margarethe mit gewisser Berechtigung an, es fehle ihr das für eine Psychotherapeutin erforderliche sichere Auftreten. Um diesem Mangel ein für allemal abzuhelfen, hat sie sich daher vorgenommen, mit einer Amateurtanzgruppe unter der Leitung von Rudi Romanowski, einem ehemaligen Entertainer, bei einem Betriebsfest zu tanzen und zu singen.
Margarethe entschließt sich, Paul an einem psychotherapeutischen Hausbesuch teilnehmen zu lassen, da sie beabsichtigt, ein älteres depressives Ehepaar davon zu überzeugen, daß dessen seelisches Tief durch neue, freundliche Möbelbezugsstoffe günstig zu beeinflussen sei. Dieses Vorhaben scheitert ebenso am Starrsinn des Ehepaares wie an Pauls Einfalt.
In Paul keimt jedoch zum ersten Mal in seinem Leben, abgesehen von der Beziehung zu seiner Mutter, eine Neigung zum anderen Geschlecht auf.
Paul gelingt es, Margarethe zu einem gemeinsamen Wochenende in Italien zu überreden. Als er dieses Vorhaben am nächsten Tag seiner Mutter mitteilt, kommt es zur ersten bedeutenden Spannung seit 56 Jahren. Es wird deutlich, daß Mutter Winkelmann nicht gewillt ist, ihren Sohn einer anderen Frau zu überlassen.
Um Paul aus Gründen der Eifersucht wieder auf den rechten Weg zu bringen, nimmt sie in Pauls Abwesenheit einen Untermieter im ehemaligen Kinderzimmer auf.
Das Wochenende Pauls und Margarethes in Italien ist gekennzeichnet durch Pauls nur gespielte Sicherheit in der ungewohnten Atmosphäre eines Luxushotels und Margarethes berufsbedingte Gewohnheit, Einfaches auf psychologischem Wege zu komplizieren. Dennoch kommt es zu scheuer, liebesähnlicher Annäherung.
Nach der Rückkehr wird Paul Margarethes Eltern vorgestellt. Der Abend leidet unter Mutter Tietzes irrtümlicher Annahme, es handle sich bei Herrn Winkelmann um einen von Margarethes »Bekloppten«. Die bald darauf stattfindende Zusammenführung der Familien Tietze und Winkelmann im Hause von Pauls Mutter gestaltet sich trotz des Vortrages eines Brahmsliedes durch Frau Winkelmann zu einer gesellschaftlichen Katastrophe.
Gerade noch rechtzeitig vor Schluß des Films gelingt es Paul, das Steuer seines Lebens herumzuwerfen: Der von Pauls und Margarethes Reise bereits bekannte Leihwagen fährt durch flache italienische Landschaft, auf dem Rücksitz das Liebespaar, dessen Lippen sich nähern. Der Kuß wird jedoch verhindert durch den drohenden Ausruf: »Pussi!« seitens Mutter Winkelmann, die am Lenkrad des Wagens sitzt und ihren Sohn über dem Rückspiegel im Auge hat. Sie trägt den Hut, der Paul alptraumhaft bekannt ist. In Pauls Gesicht stehen die Zeichen eines nahen Entschlusses. Dann zieht er seiner Mama den Hut über Augen und Ohren. Infolge Mamas Sichtbehinderung wird der Wagen aus einer Kurve getragen. Durch Wiesen und Wälder fahren die Insassen einer ungewissen Zukunft entgegen.

Loriots erster Spielfilm »Ödipussi« wurde an 48 Tagen in Berlin, in den Studios der Bavaria in München und in Norditalien gedreht.

Drehbeginn: 14. September 1987
Buch und Regie: Loriot
Kameramann: Xaver Schwarzenberger
In den Hauptrollen: Loriot, Evelyn Hamann, Katharina Brauren, Edda Seippel, Richard Lauffen und Klaus Schultz
Produzent: Horst Wendlandt
Co-Produzent: Bavariaatelier GmbH
Die Premiere fand am 9. März 1988 in Berlin Ost und West statt.

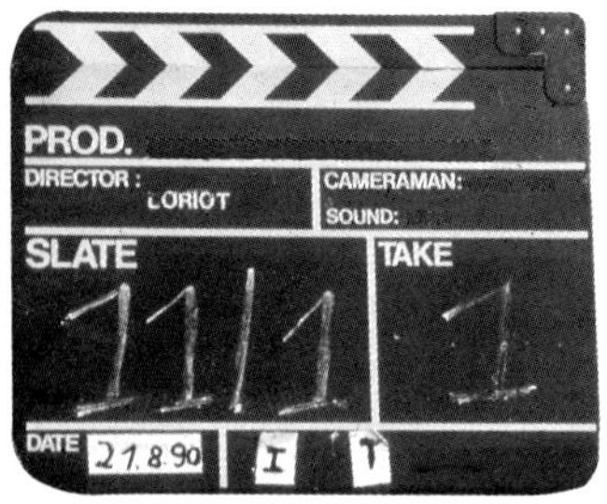
PROD.
DIRECTOR: LORIOT
CAMERAMAN:
SOUND:
SLATE
TAKE
11/1
1
DATE

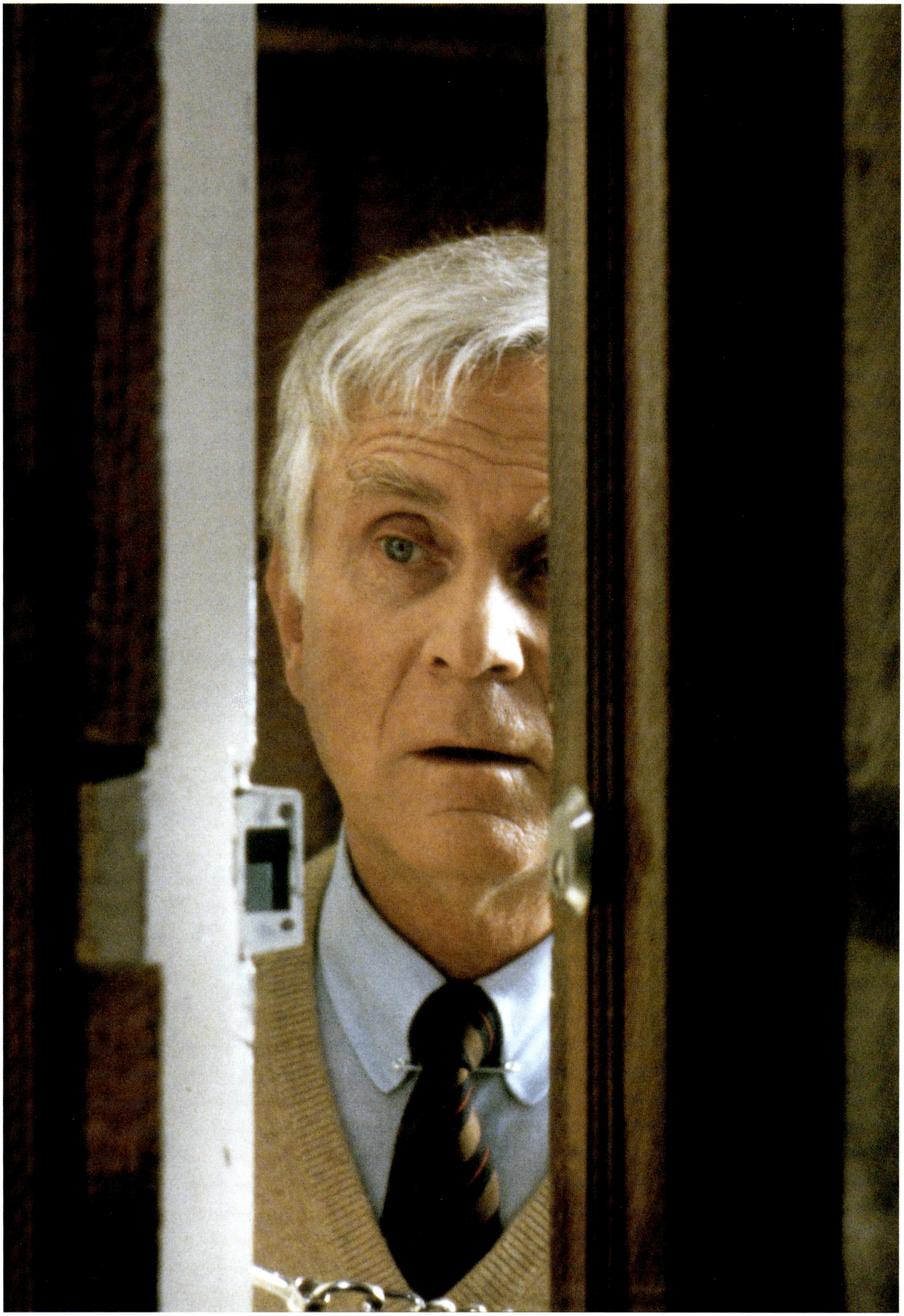

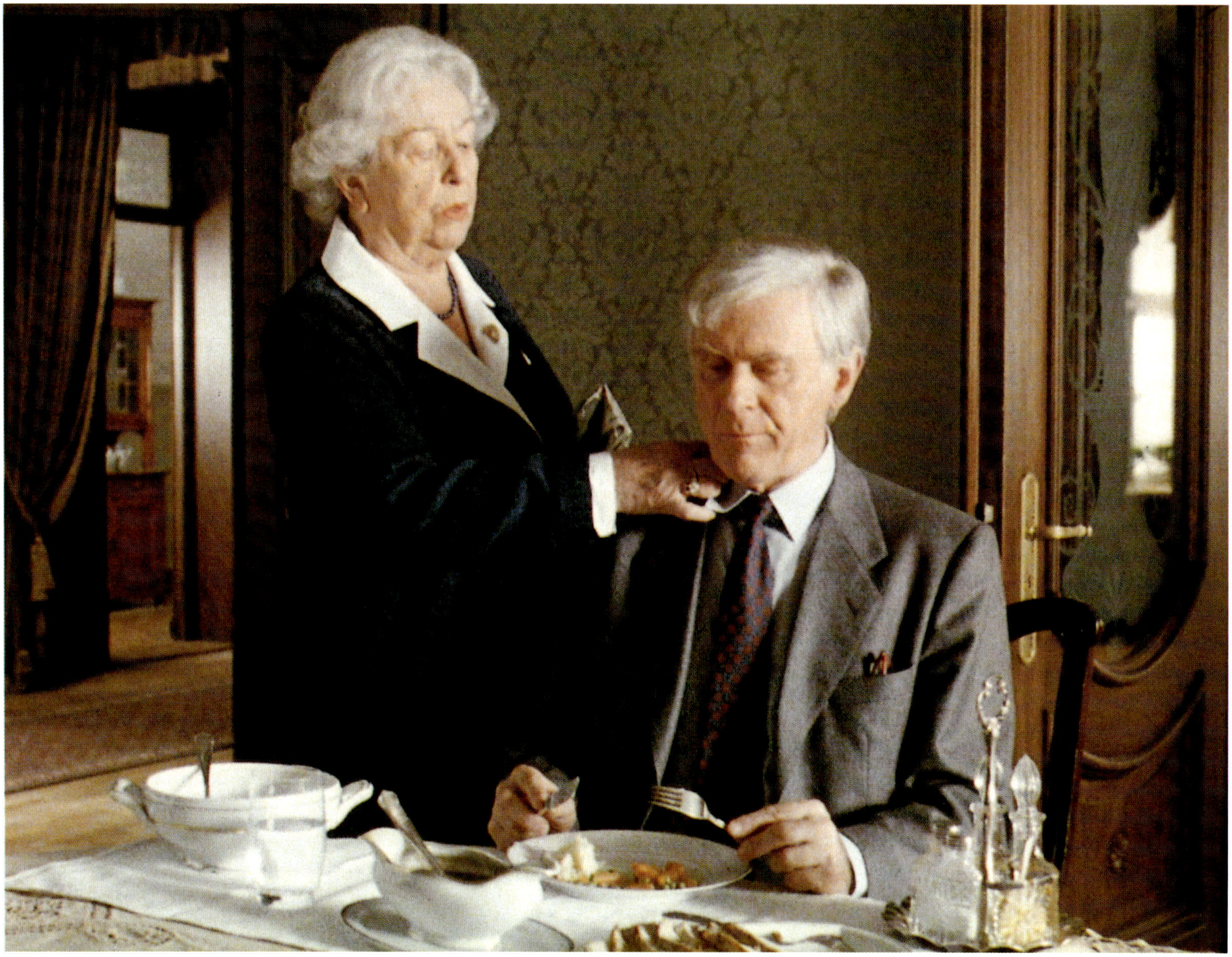

Katharina Brauren als Mutter Winkelmann mit Sohn Paul (Loriot).

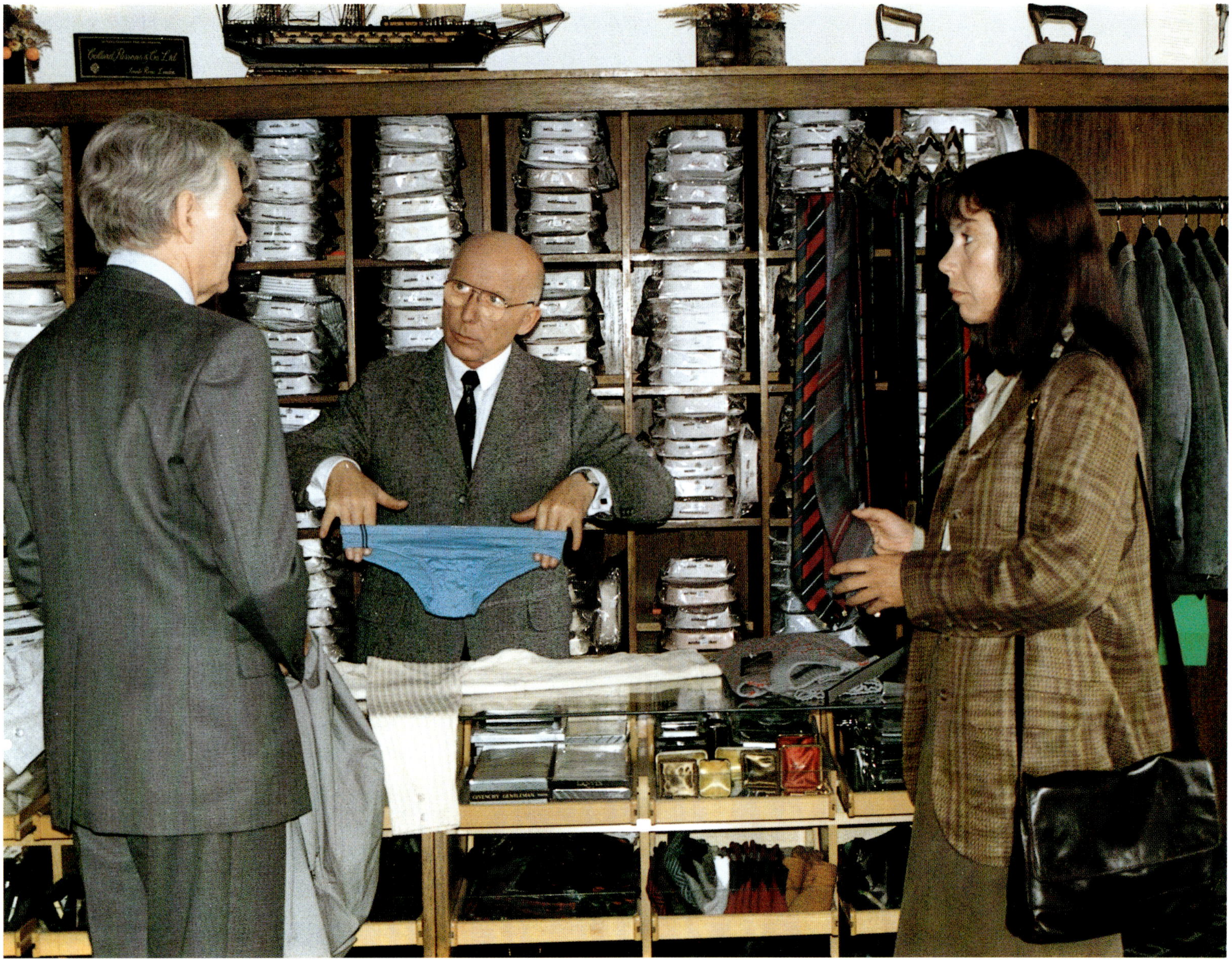

Loriot, Karl-Ulrich Meves und Evelyn Hamann (als Margarethe Tietze).

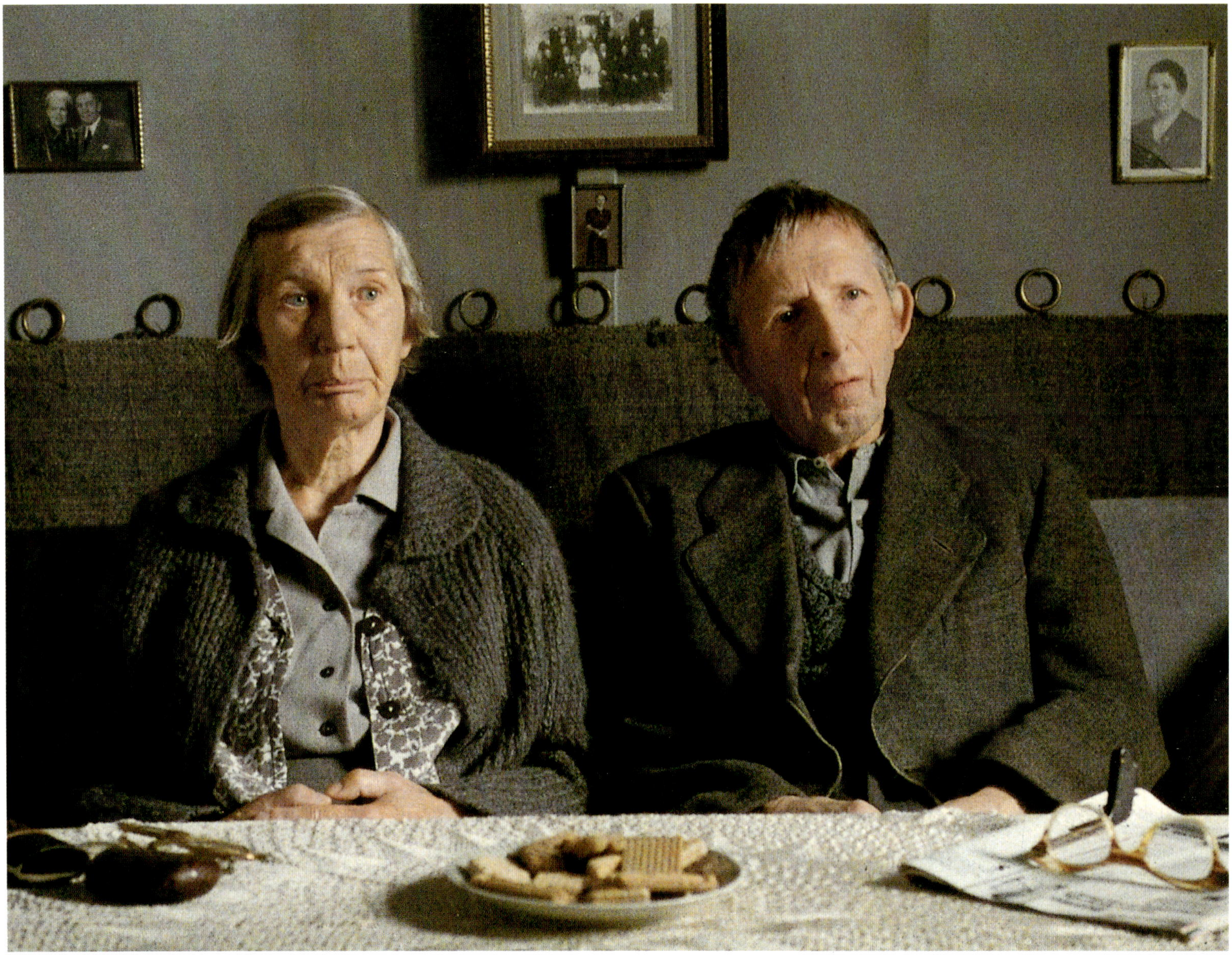

Das Ehepaar Melzer in seiner grauen Laubenwohnung (Charlotte Asendorf und Nikolaus Schilling).

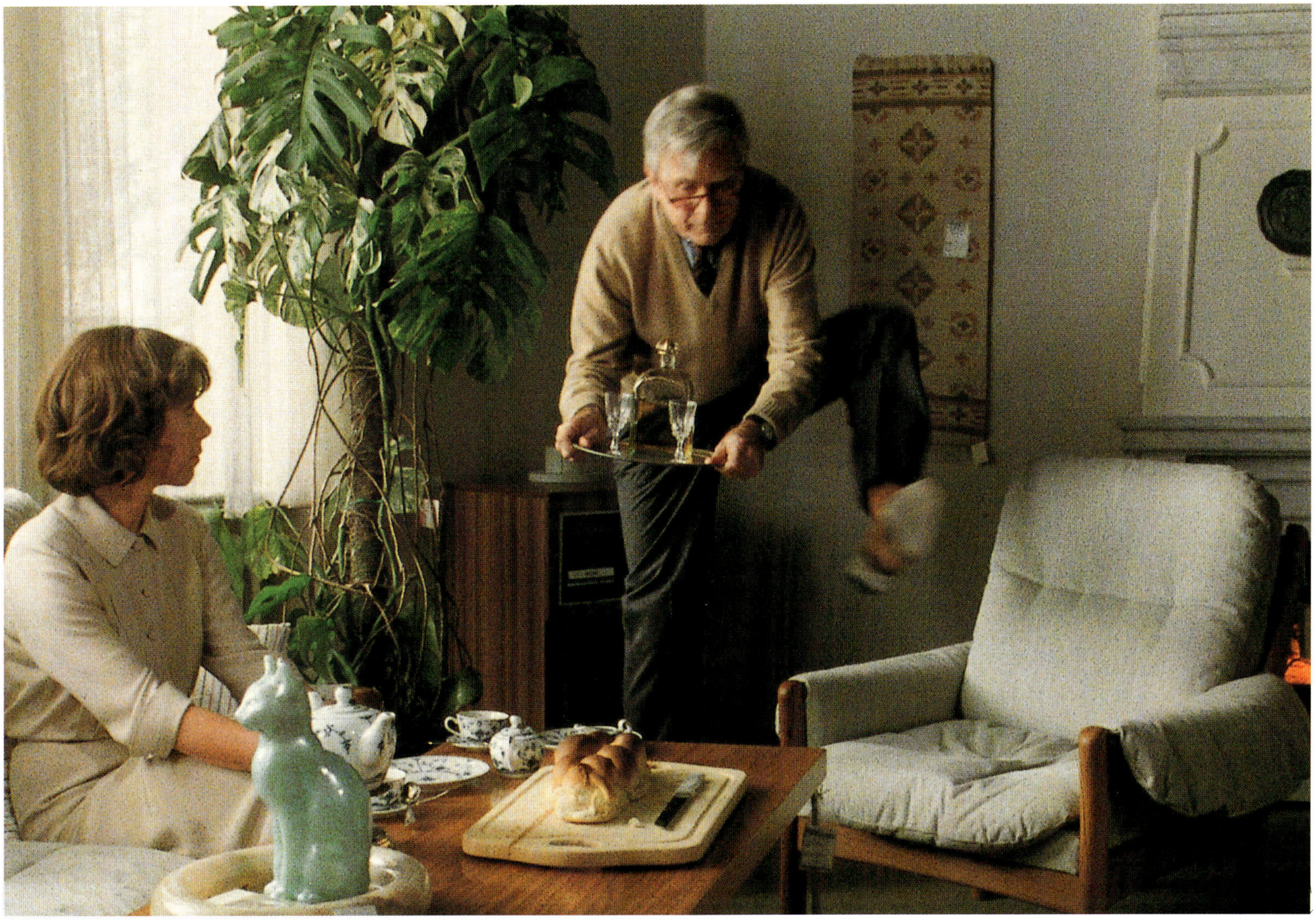

Teebesuch bei Paul Winkelmann (Evelyn Hamann und Loriot).

Eberhard Fechner als Dr. Giesebrecht.

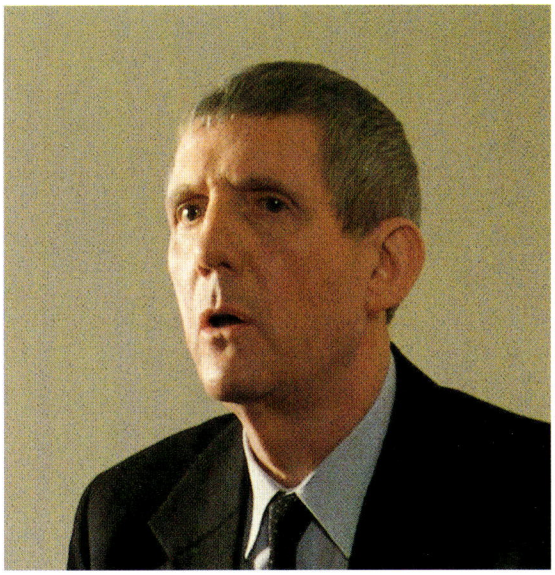

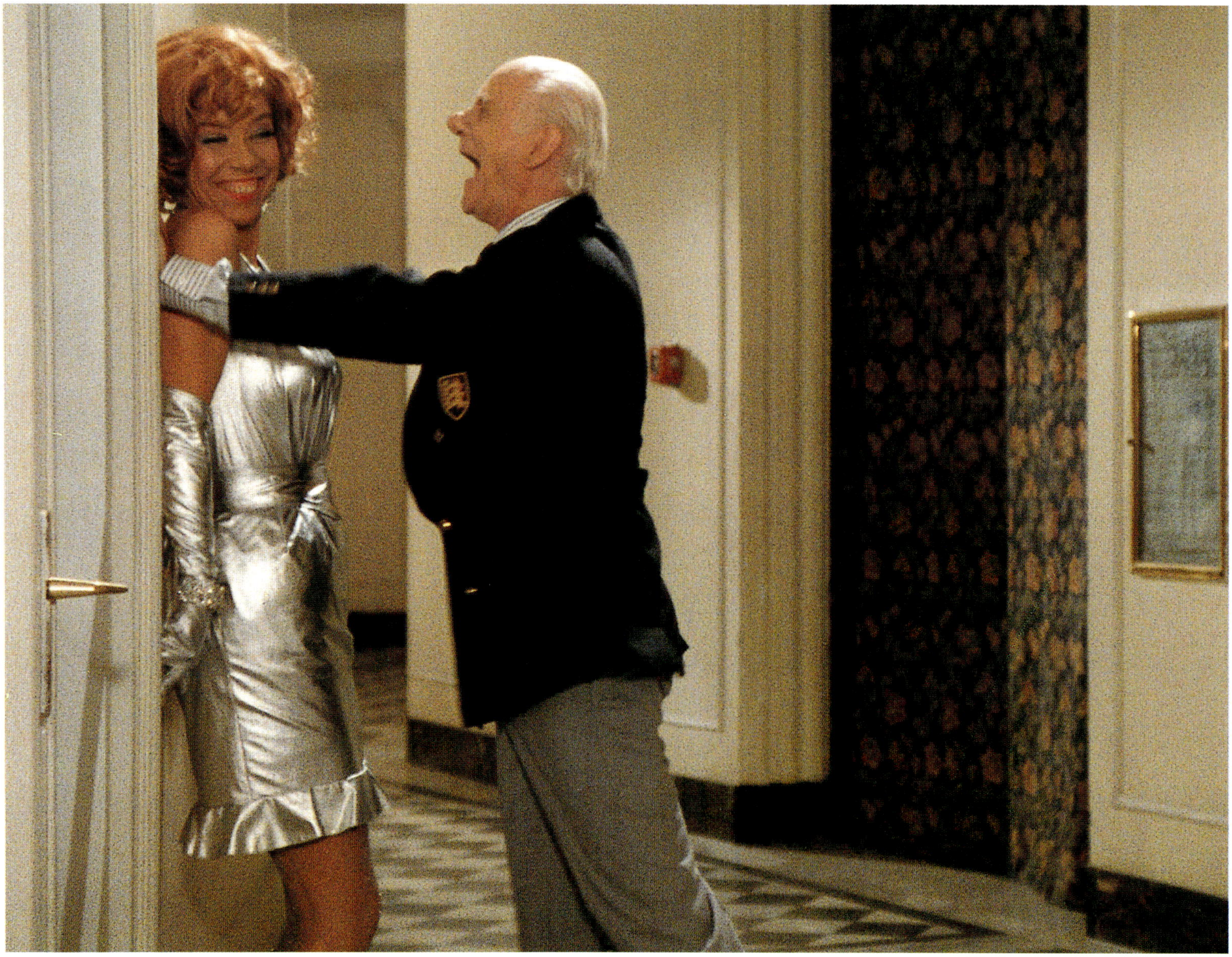

Drehort: Korridor des Hotels Columbia in Genua.
Aus dem Drehbuch:
Ein bejahrter Casanova und eine aufgedonnerte Blondine galoppieren in alberner Triebhaftigkeit über den Korridor. (Loriot und Evelyn Hamann in der Doppelrolle als erotisierte Gegenspieler.)

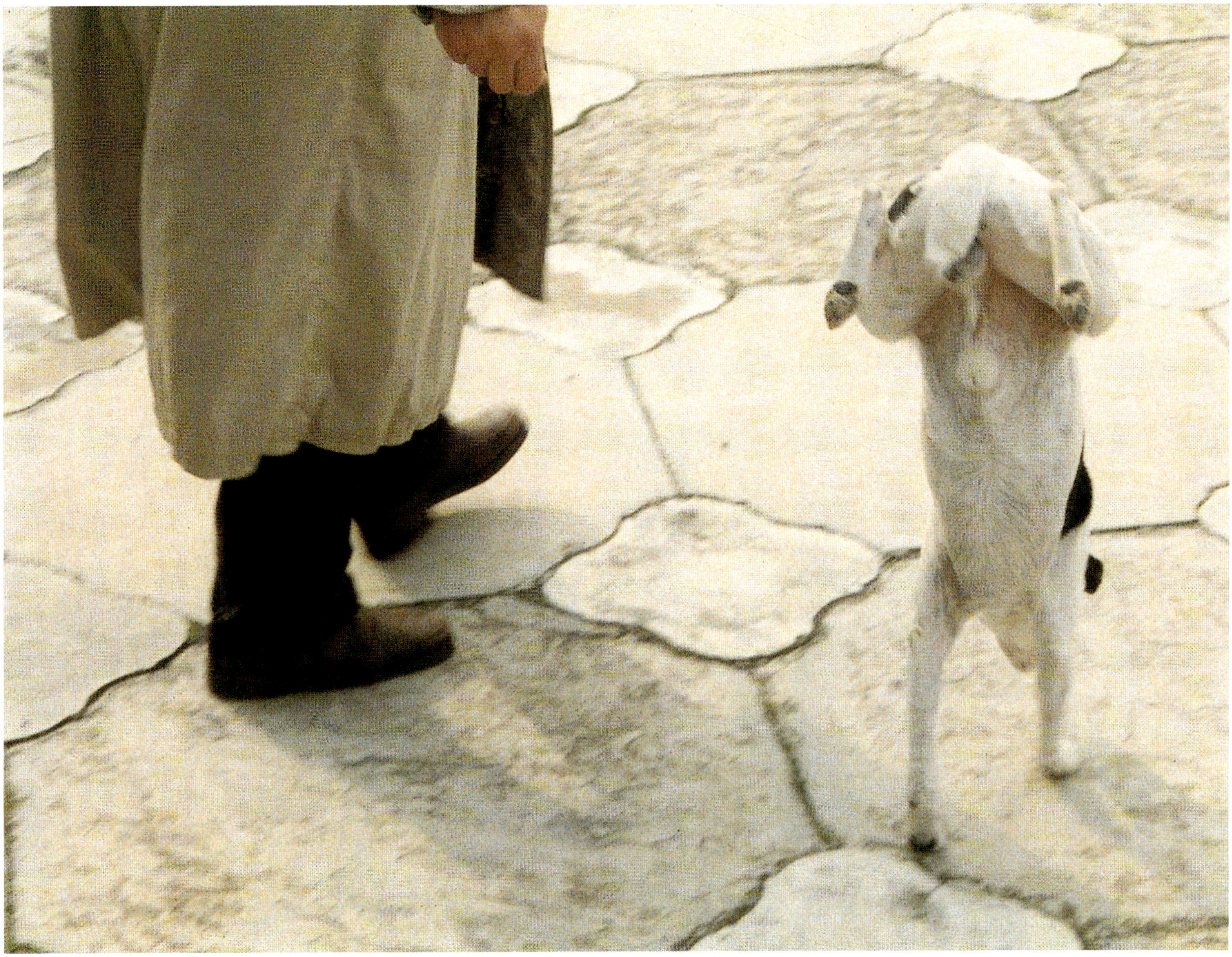

Aus dem Drehbuch:

MARGARETHE ... Wenn man durch die Öffnung des Anderen den Weg finden will ... aus der eigenen Mitte in die Mitte des Anderen ... zur Verwirklichung des Ich ... des ganzheitlichen Ich ... auf dem Wege der Selbstfindung durch die Tür zum Du ... also vom eigenen Ich zum Du des Anderen ...

Der Blick Margarethes fällt auf einen Hund, der nur auf seinen Vorderbeinen geht. Sie ist irritiert.

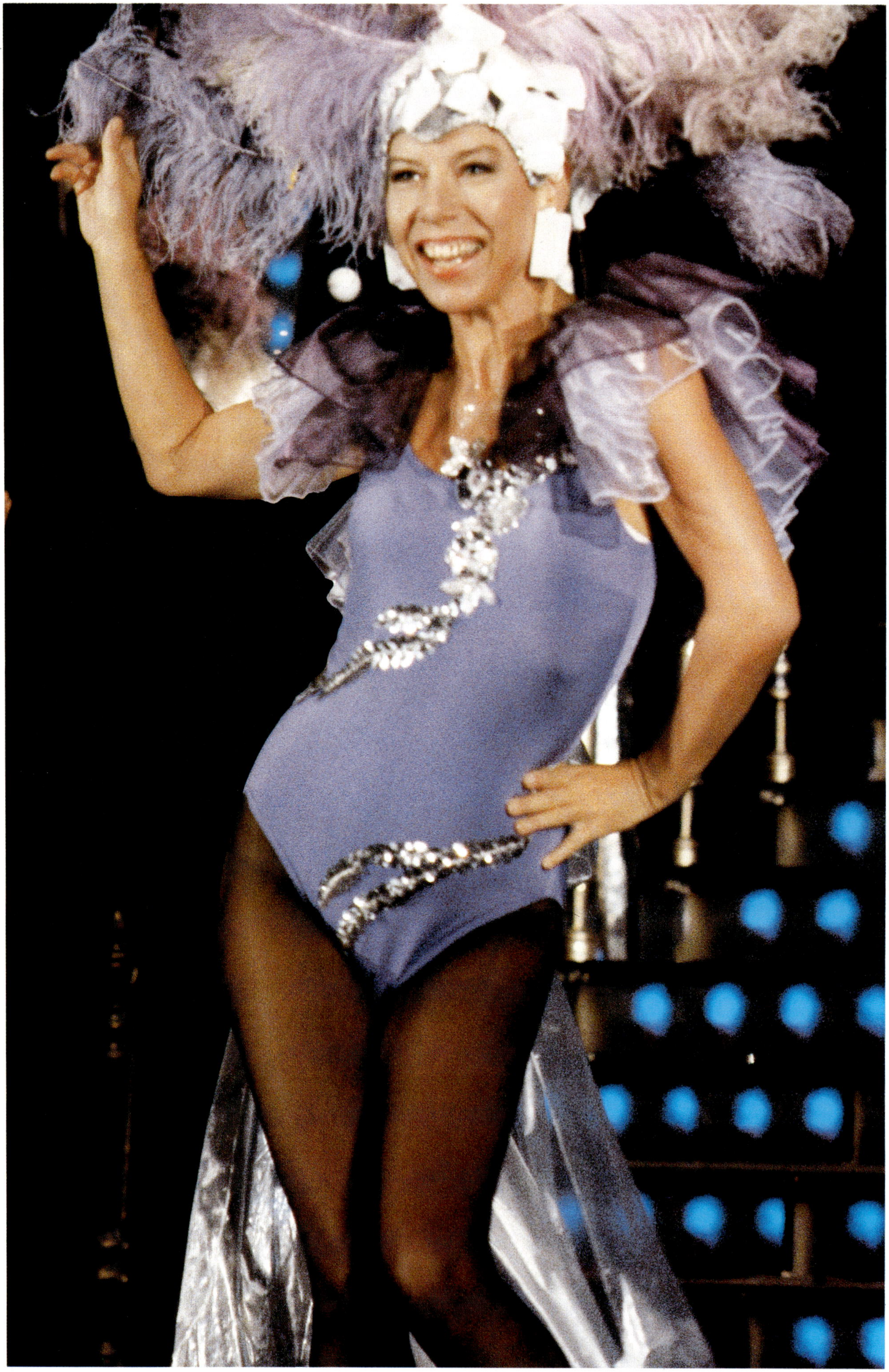

Evelyn Hamann.

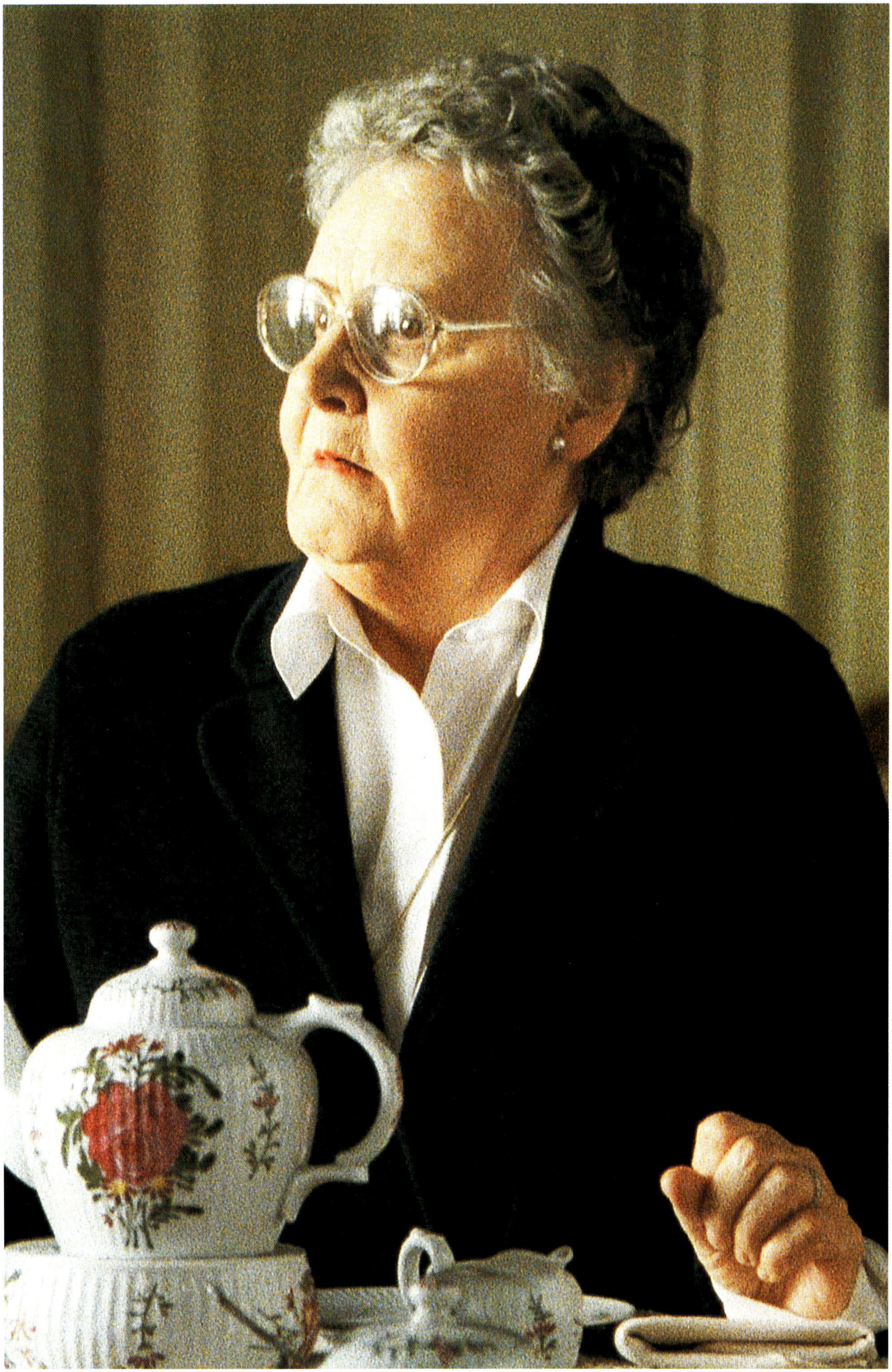

Edda Seippel als
stets empörte
Mutter Tietze.

Mutter Winkelmann und Herr Weber beim Vortrag des Liedes »Juchhe« von Johannes Brahms, Opus 6, Nr. 4 in C-dur (Katharina Brauren und Klaus Schultz).

Richard Lauffen als Vater Tietze.

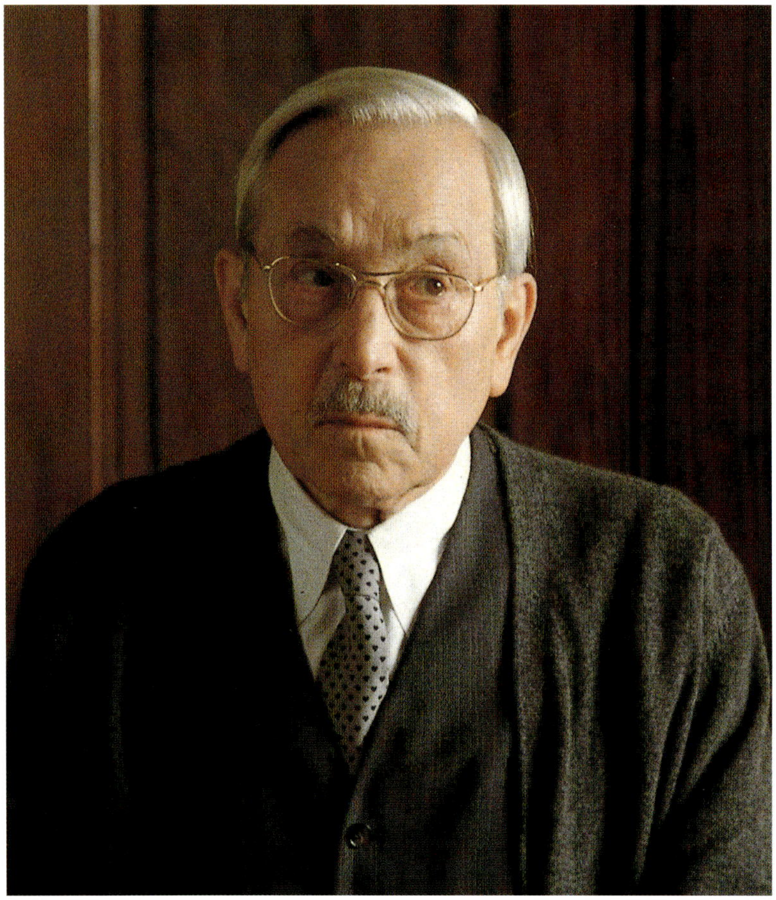

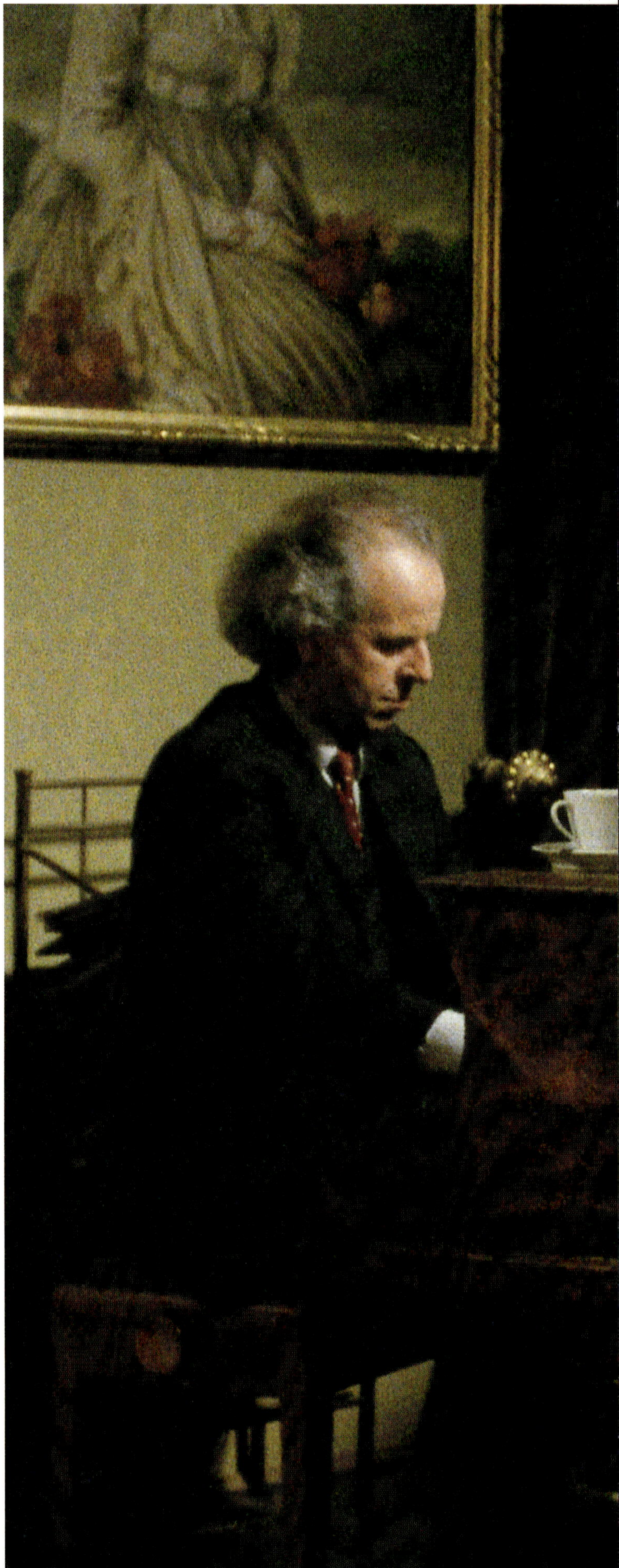

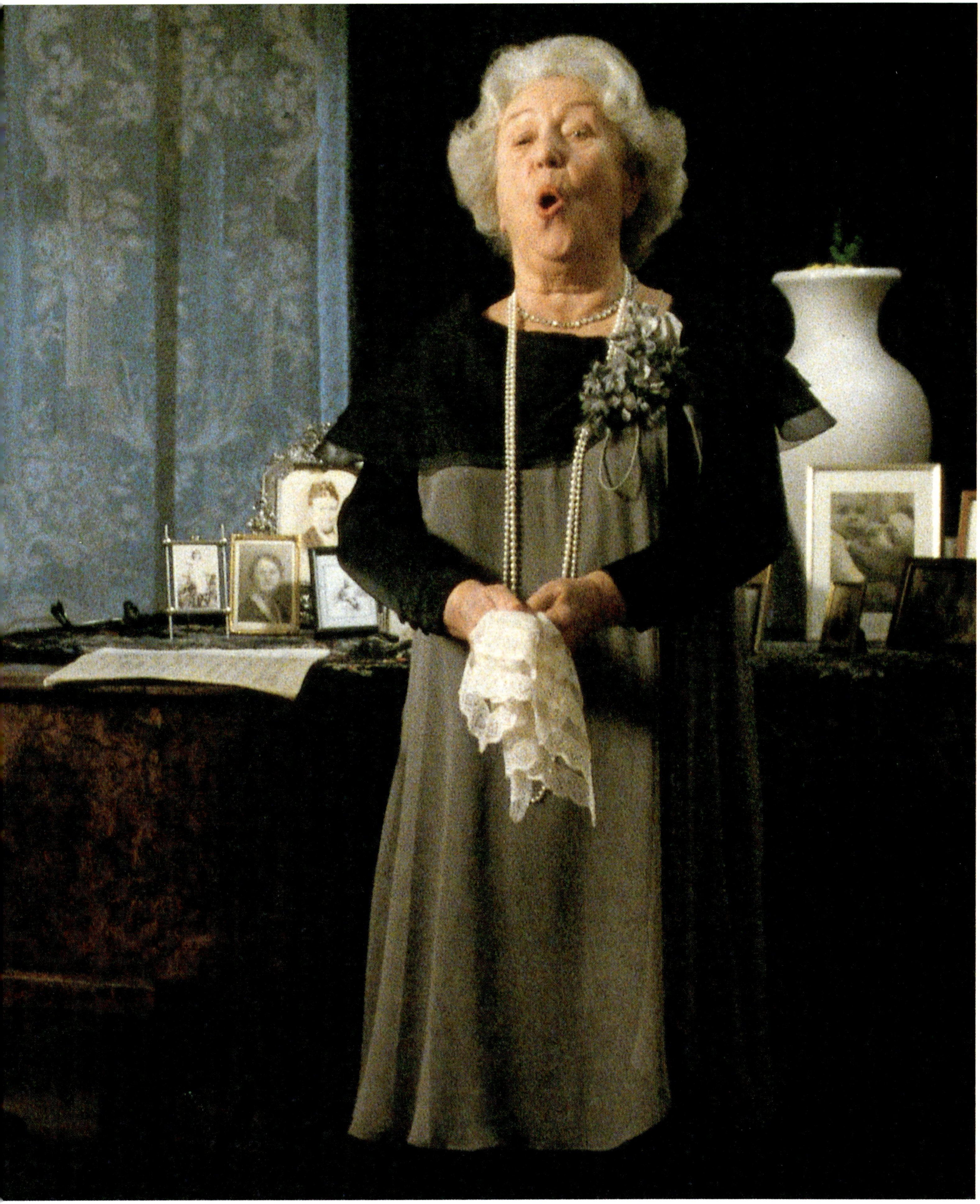

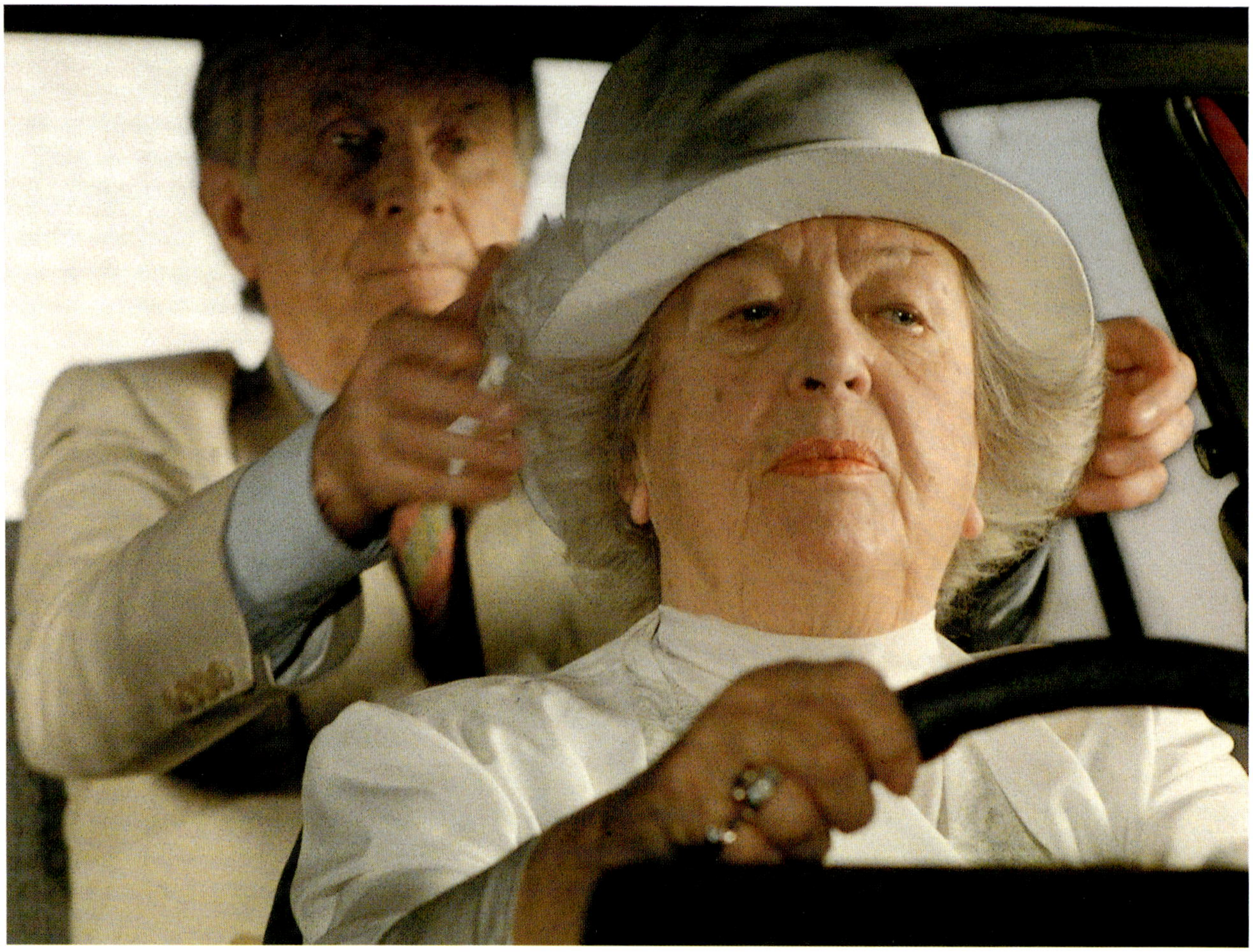

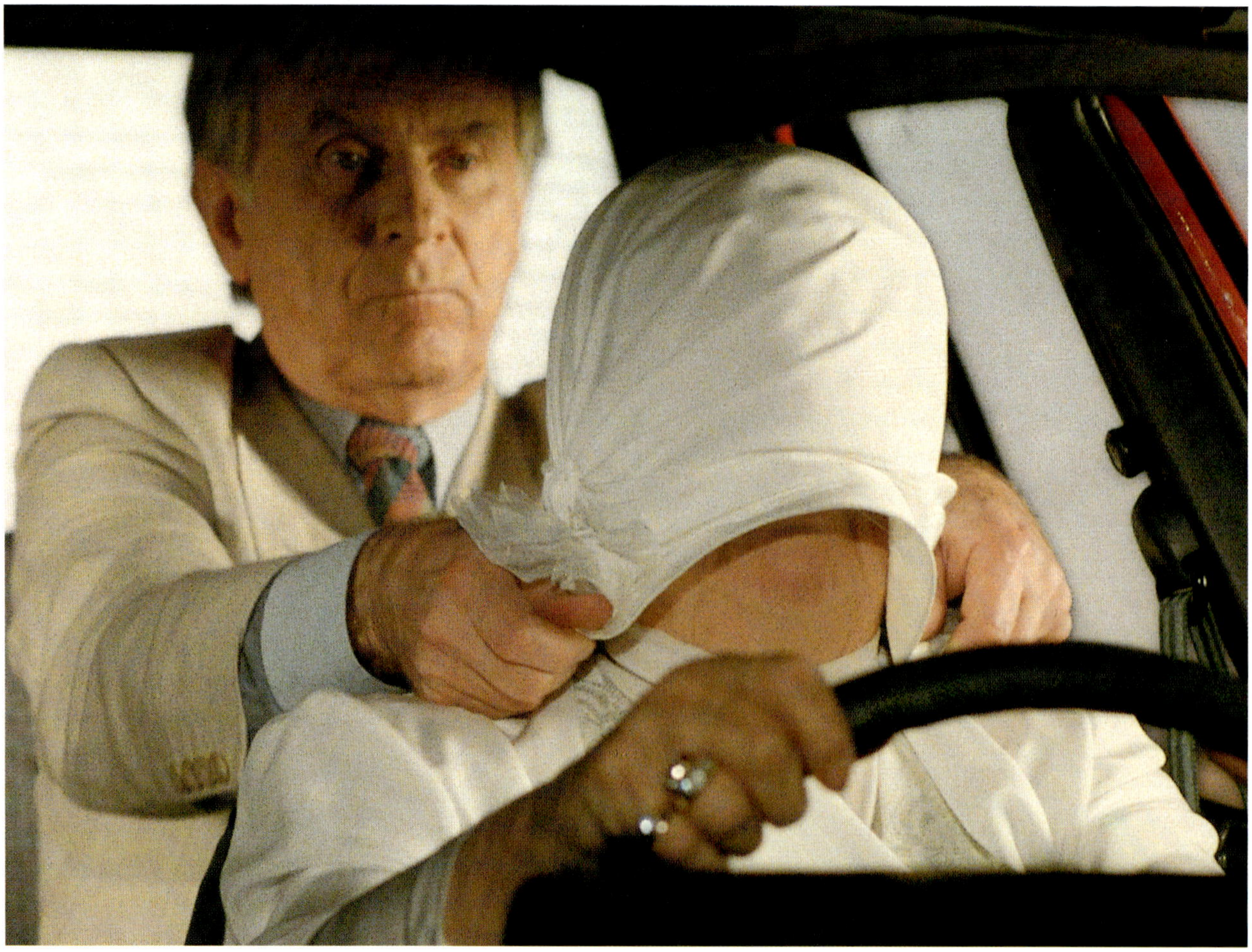

Paul Winkelmann befreit sich von seiner Mutter (Loriot und Katharina Brauren).

ZUM SPIELFILM »PAPPA ANTE PORTAS«

Inhalt

In »Ödipussi« stand eine äußerst intensive Mutter-Sohn-Beziehung im Mittelpunkt. Mit »Pappa ante portas« folgt nun die Bedrohung des häuslichen Friedens durch den Vater.

Pappa (60) ist Abteilungsdirektor in einem Industrieunternehmen. Mit seiner Frau Renate (45) und dem gemeinsamen Sohn Dieter (16) führt er ein geregeltes Leben. Niemand in der Villa Lohse ahnt, daß die Harmonie nur auf dem reibungslosen Funktionieren einer Ordnung beruht, die jedem Familienmitglied eine eingefahrene Rolle zuweist.

Renate beklagt sich zwar, wie jede Ehefrau, über die mangelnde Häuslichkeit ihres Gatten, hat sich aber längst in ihrem recht sorglosen Alltag gemütlich eingerichtet. Auch für Sohn Dieter ist die seltene Anwesenheit seines Vaters eher kein Problem.

Diese oberflächliche Idylle bricht durch ein unvorhergesehenes Ereignis jäh zusammen: Pappa wird vorzeitig in den Ruhestand versetzt. Zu Hause teilt er diese deprimierende Nachricht als freudige Überraschung mit und fügt hinzu, er werde seine Erfahrungen künftig dem Haushalt und der Familie zur Verfügung stellen. Mit der Entschlossenheit des erfolgsgewohnten Managers macht sich Pappa ans Werk. So nimmt das Unheil seinen Lauf.

»Hannibal ante portas!« riefen die entsetzten Römer, als Hannibal vor ihren Toren stand. Dieser populärste Angstschrei der Weltgeschichte erfährt durch Loriot eine moderne Abwandlung: »Pappa ante portas«.

Loriots zweiter Spielfilm wurde in 56 Tagen in Berlin, in den DEFA-Studios Potsdam-Babelsberg und im Ostseebad Ahlbeck gedreht.

Drehbeginn: 30. Juli 1990
Buch und Regie: Loriot
Kamera: Gerhard Vandenberg
In den Hauptrollen: Loriot (auch in drei Nebenrollen), Evelyn Hamann, Irm Hermann, Hans-Peter Korff, Gerrit Schmidt-Foß, Dagmar Biener, Ortrud Beginnen, H. H. Müller, Inge Wolffberg und Hans-Günter Martens
Produzent: Horst Wendlandt
Co-Produzent: Bavaria Atelier GmbH
Die Premiere fand am 20. Februar 1991 gleichzeitig in Potsdam-Babelsberg und Berlin statt.

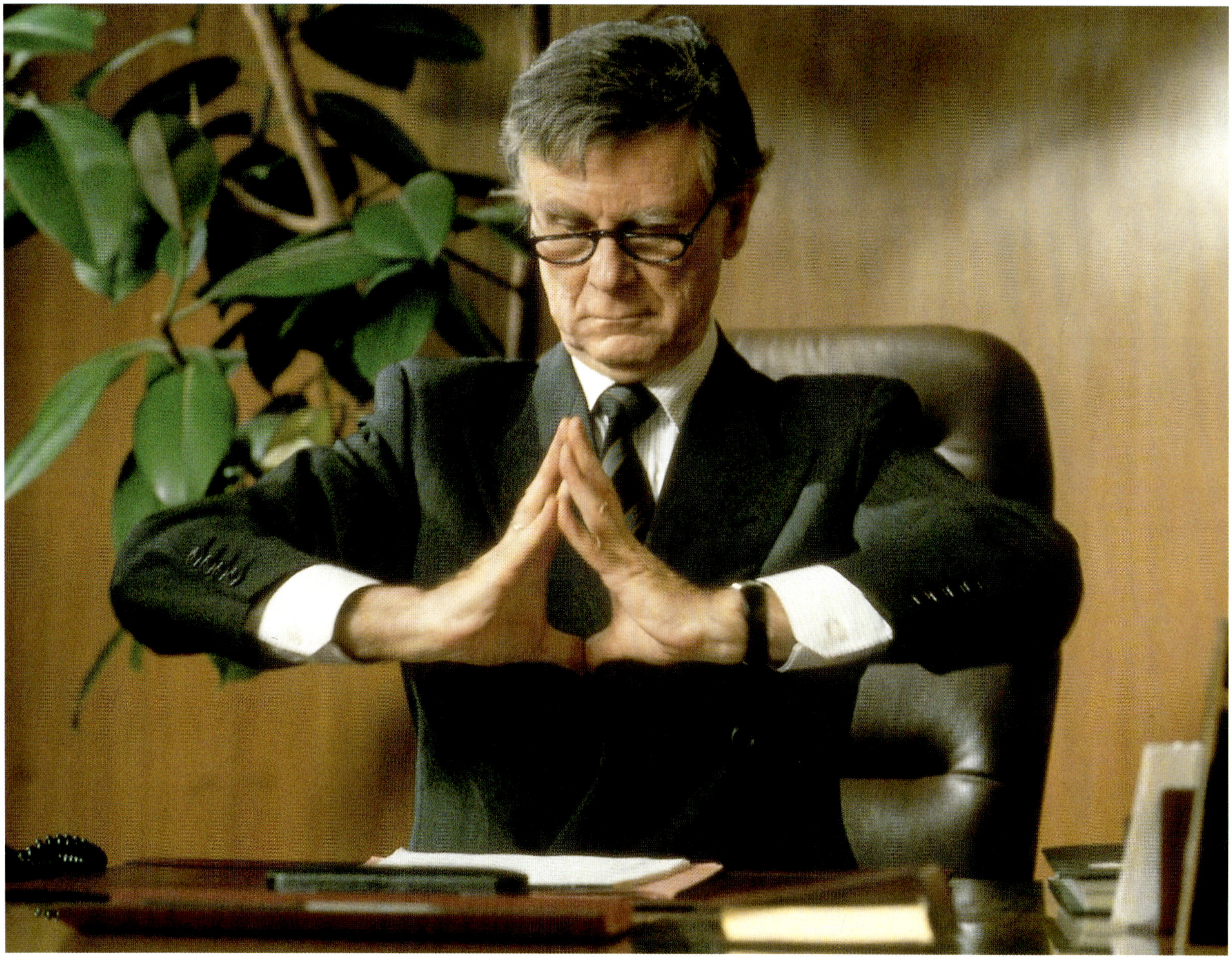

Heinrich Lohse (Loriot).

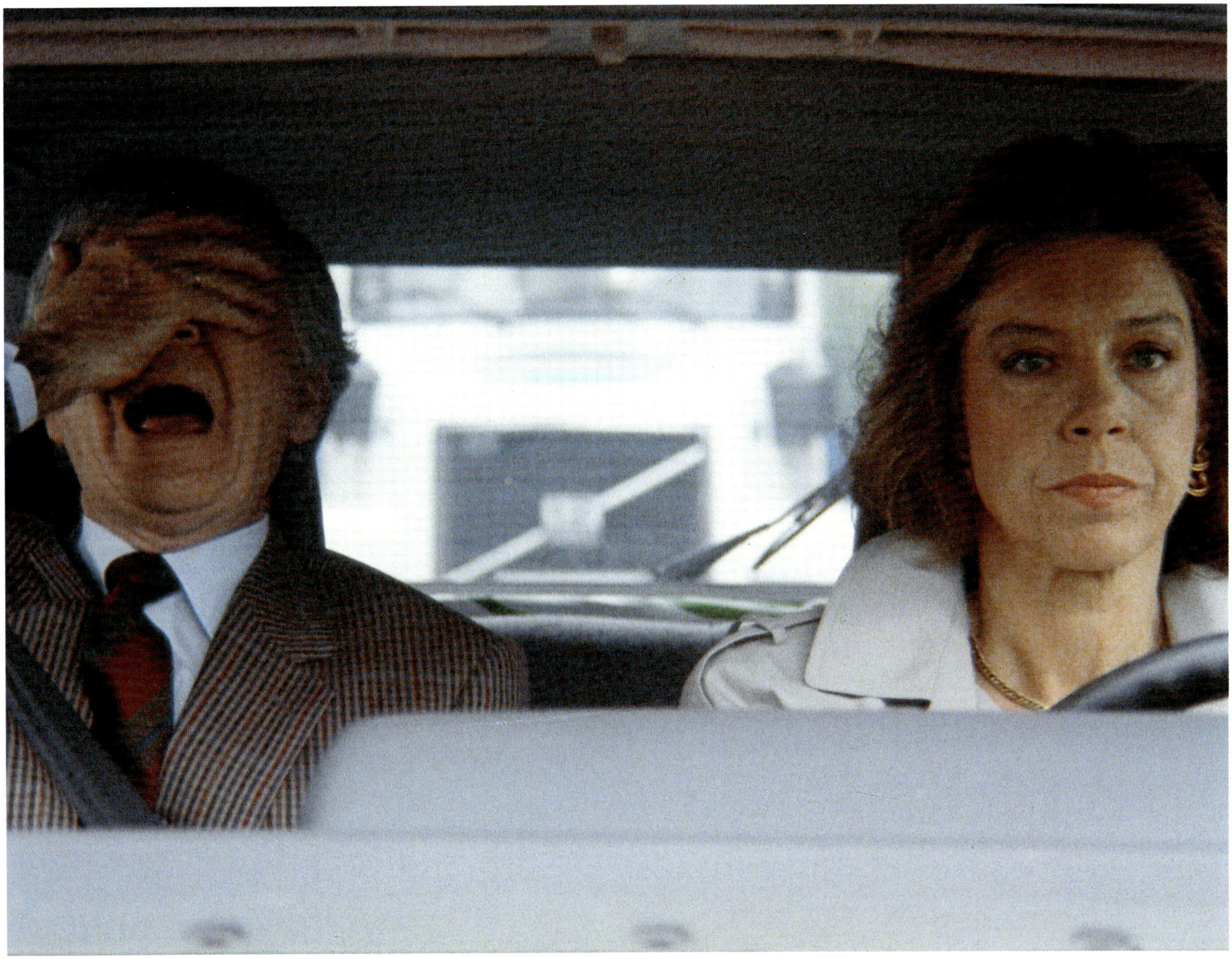

Das Ehepaar Lohse (Loriot und Evelyn Hamann).

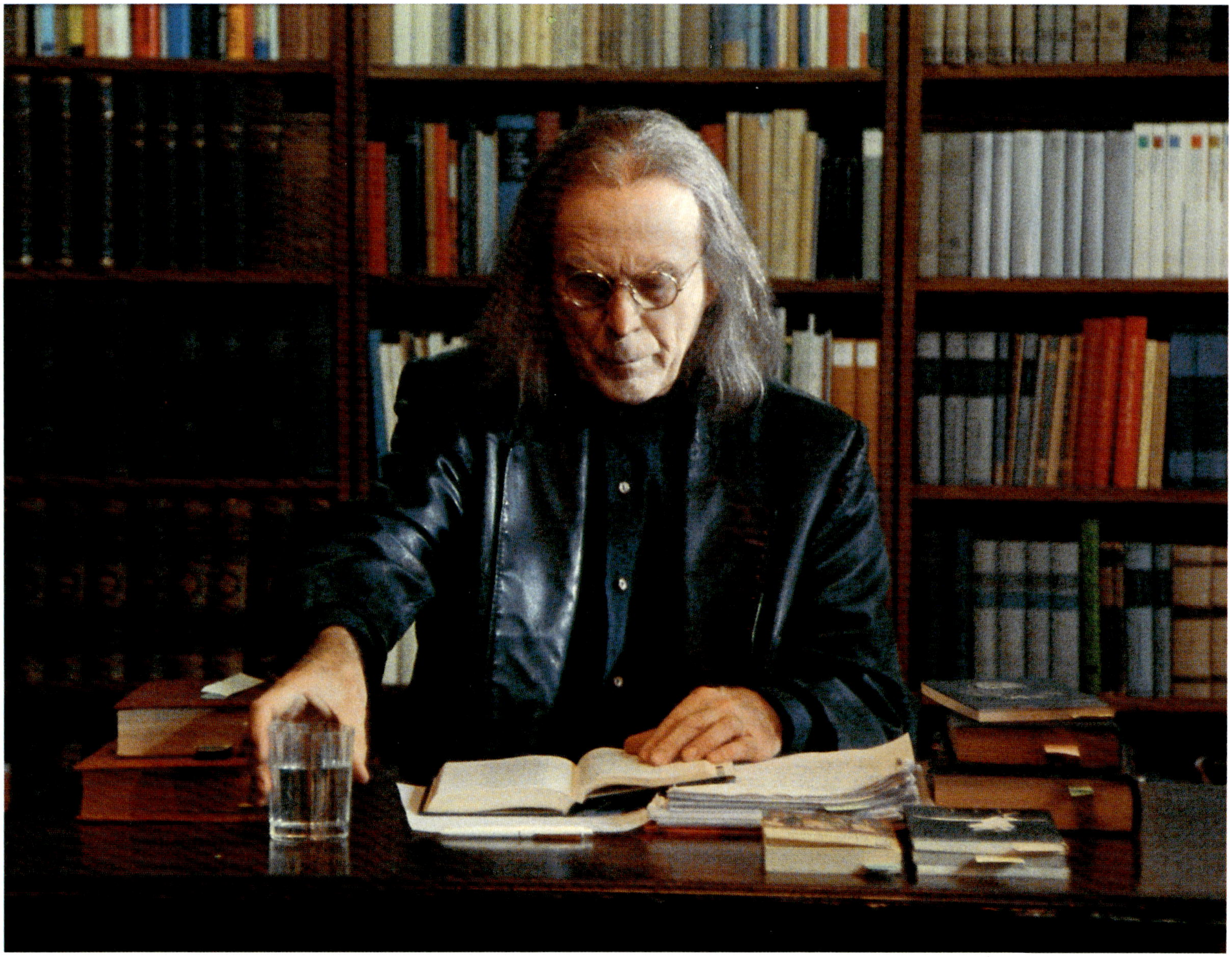

Dichter Frohwein liest (Loriot in einer Doppelrolle).

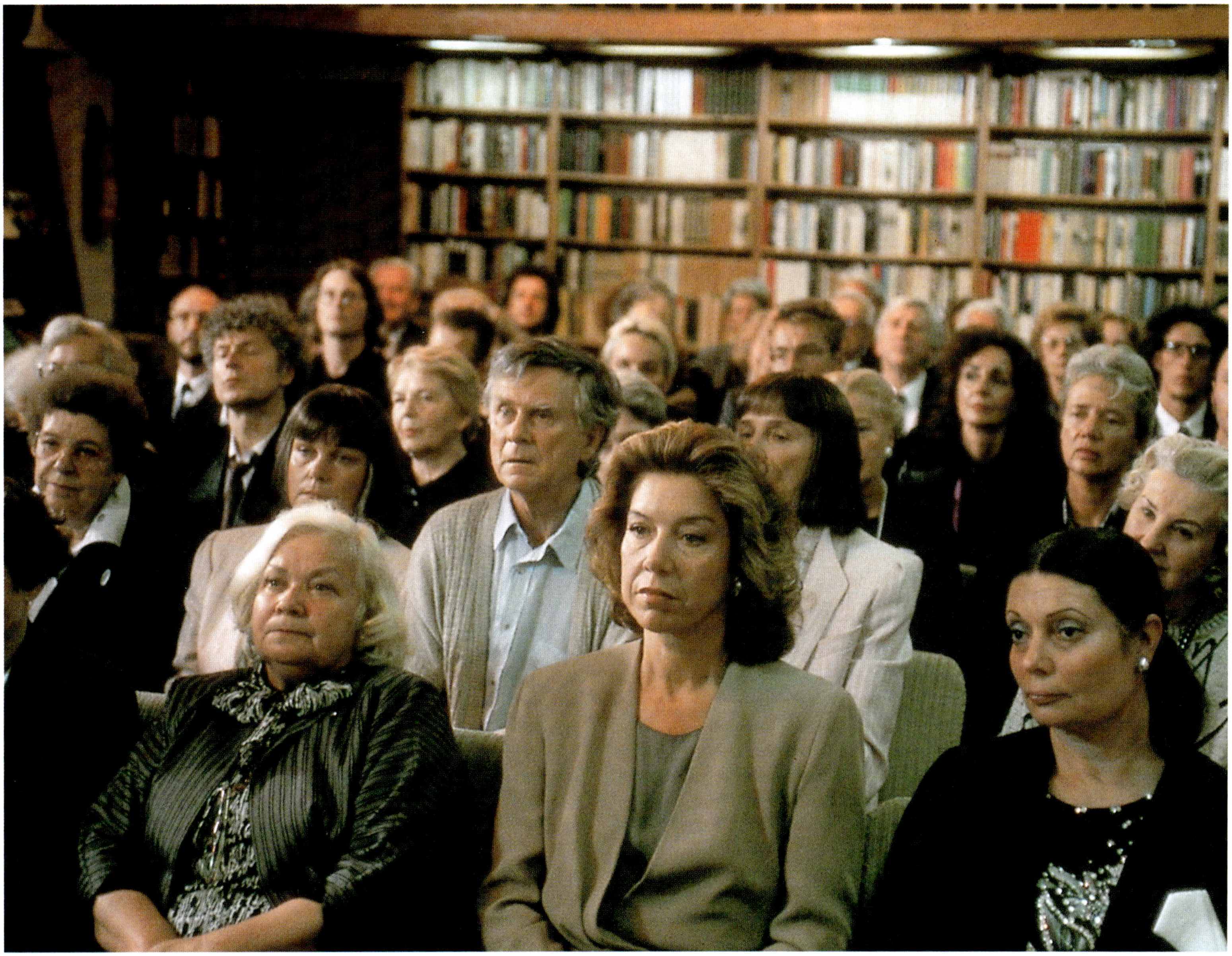

»Melusine« ... Kraweel ... Kraweel! ... taubtrüber Ginst am Musenhain,
Trübtauber Hain am Musenginst ... Kraweel! ... Kraweel! ...

Die außerehelichen Frauen um Heinrich Lohse. Gertrud und Brigitte Mielke (Ortrud Beginnen und Dagmar Biener, oben).

Frau Kleinert (Inge Wolffberg, unten).

Fabrikant Drögel (H. H. Müller) und Renate Lohse (Evelyn Hamann) beim Geschmackstest einer Süßwarenkollektion.

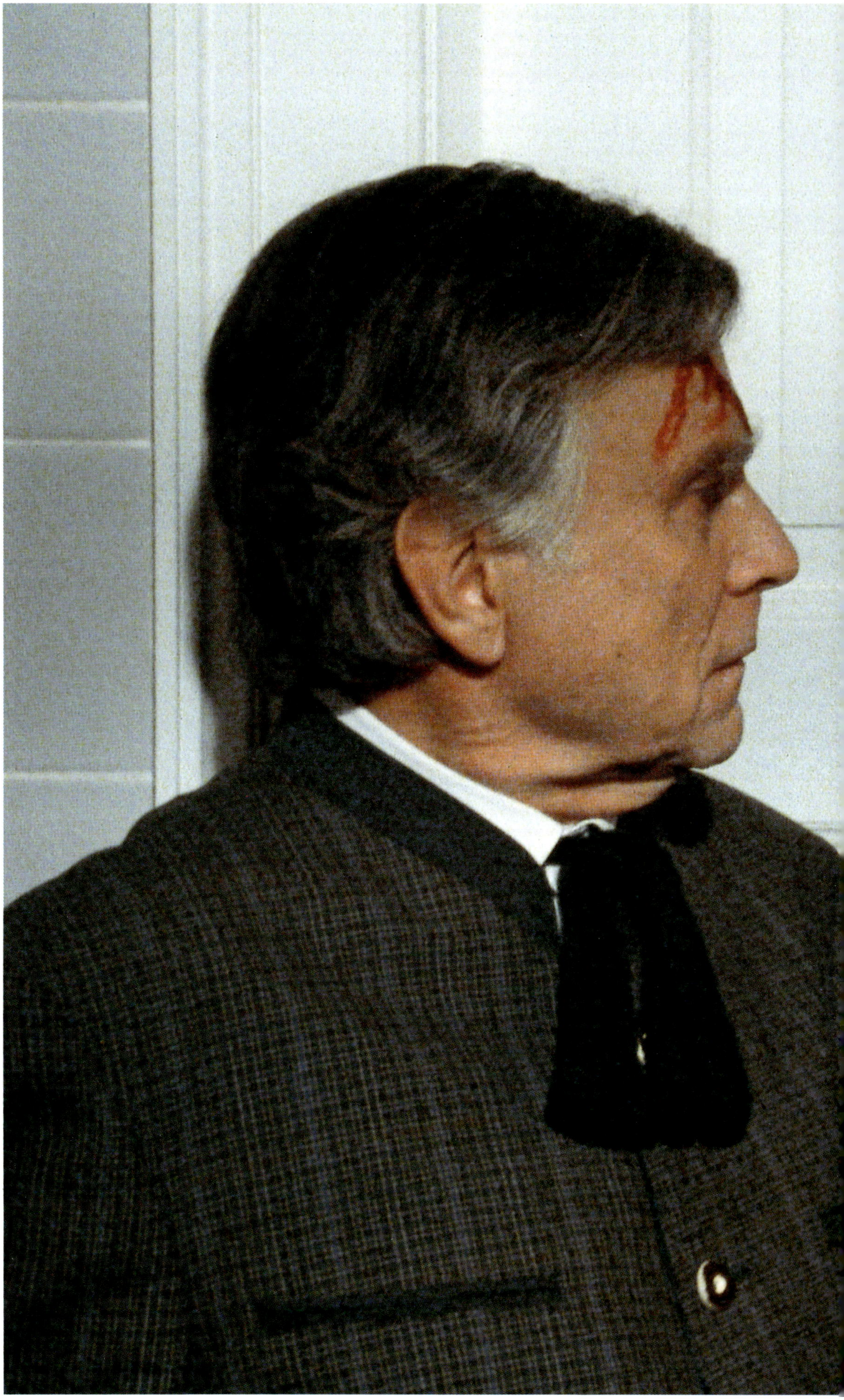

Loriot und Evelyn Hamann.

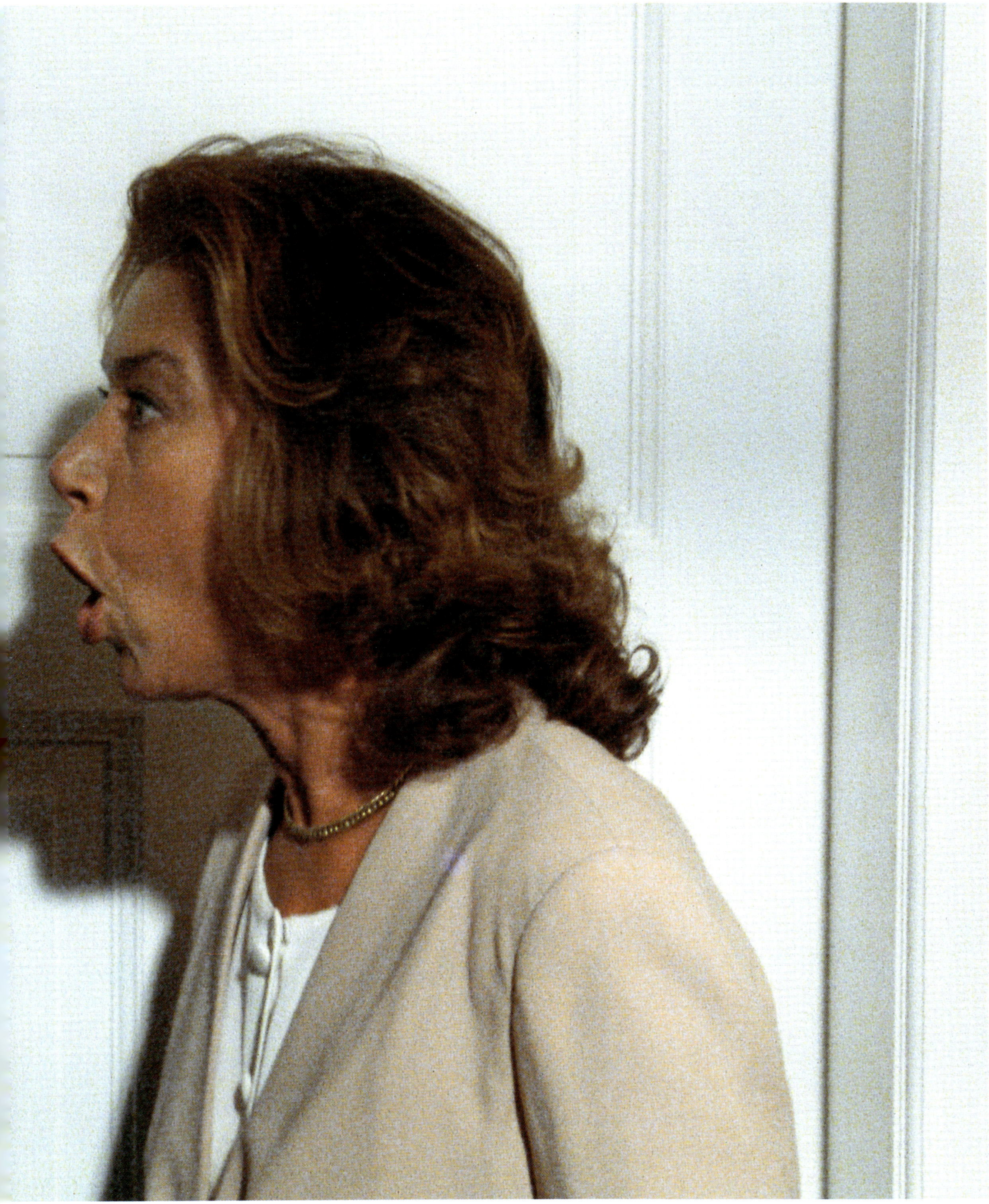

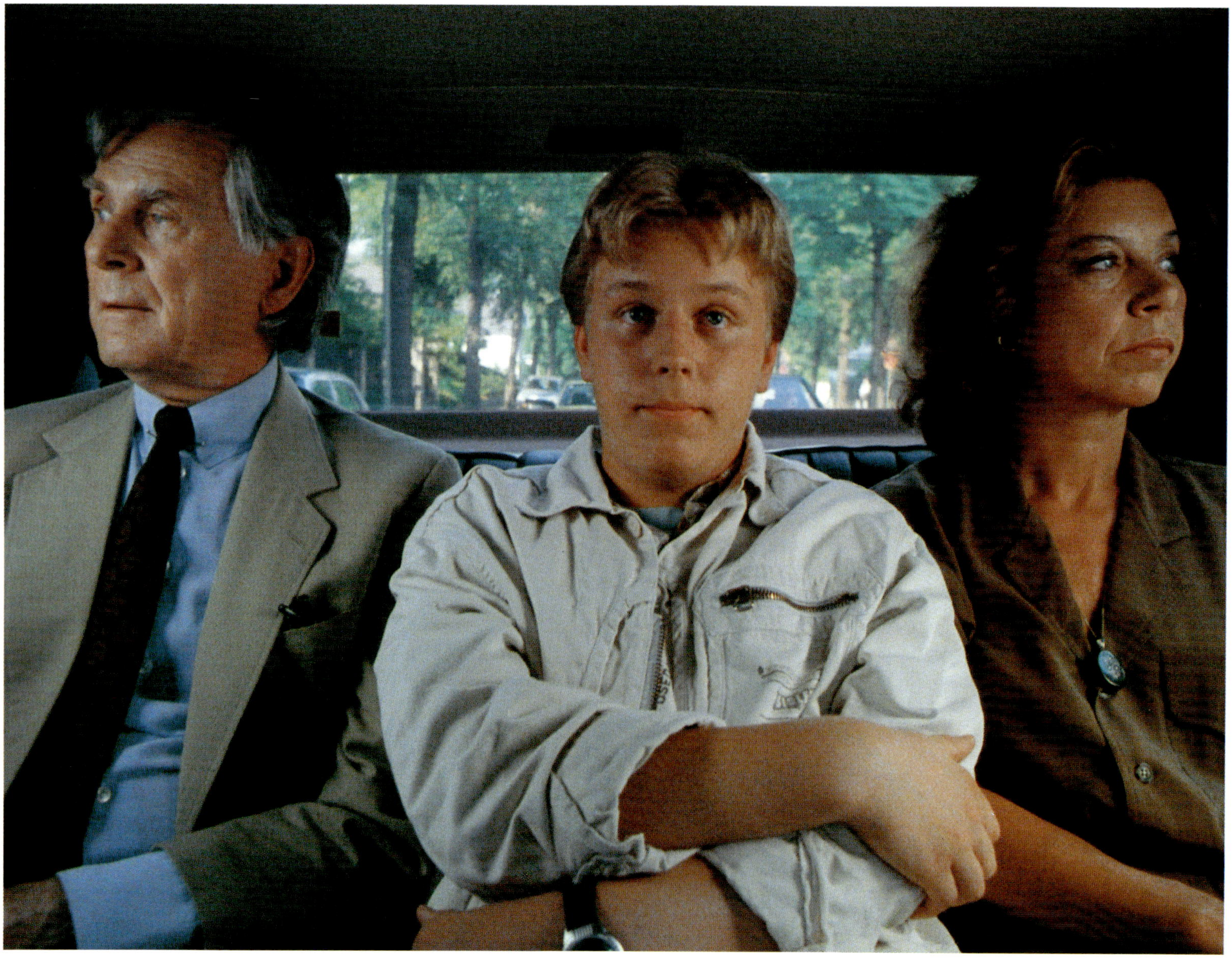

Die schwierige Familie Lohse mit Sohn Dieter (Gerrit Schmidt-Foß, Mitte).

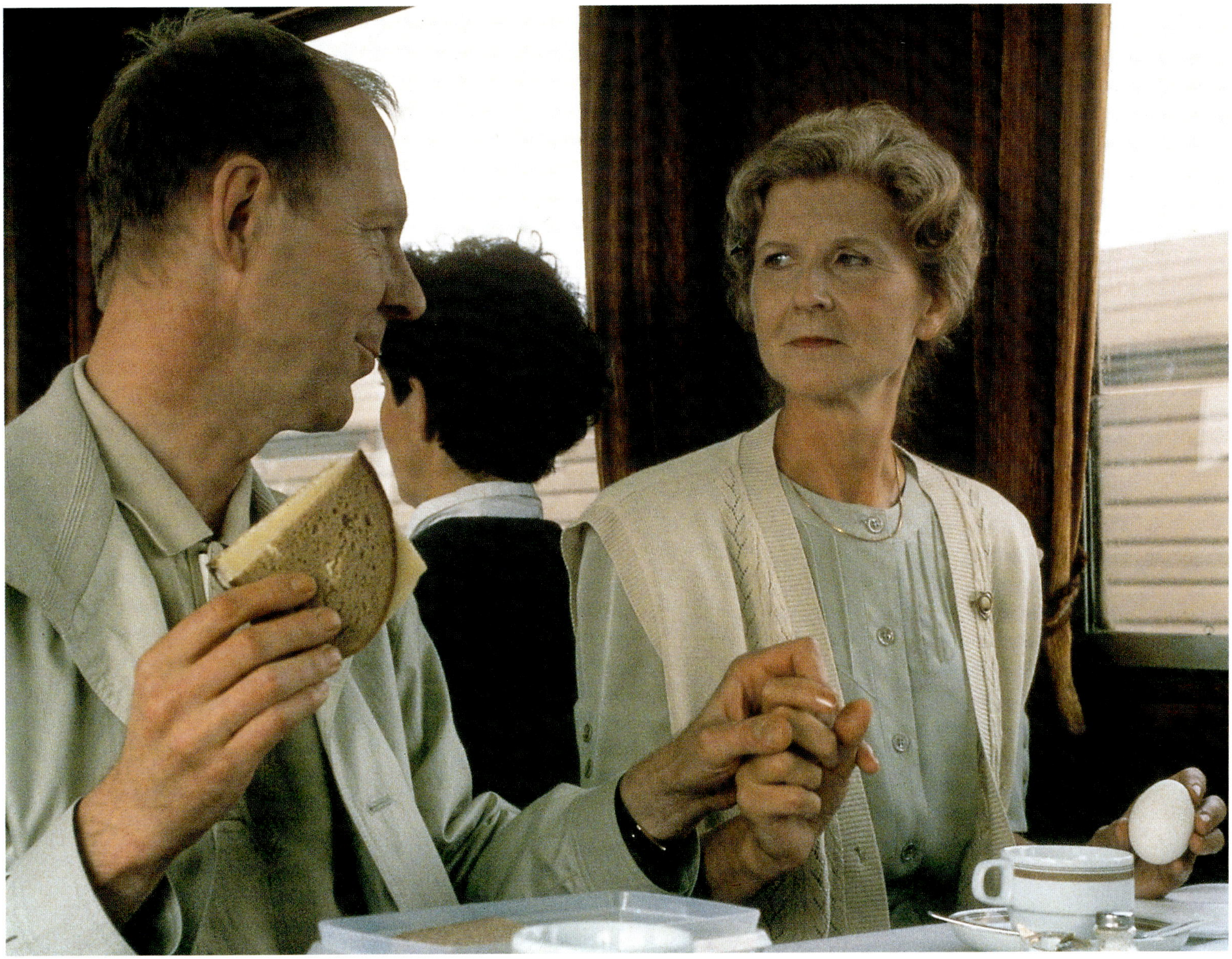

Das heile Ehepaar Hellmut und Hedwig (Hans-Peter Korff und Irm Hermann).

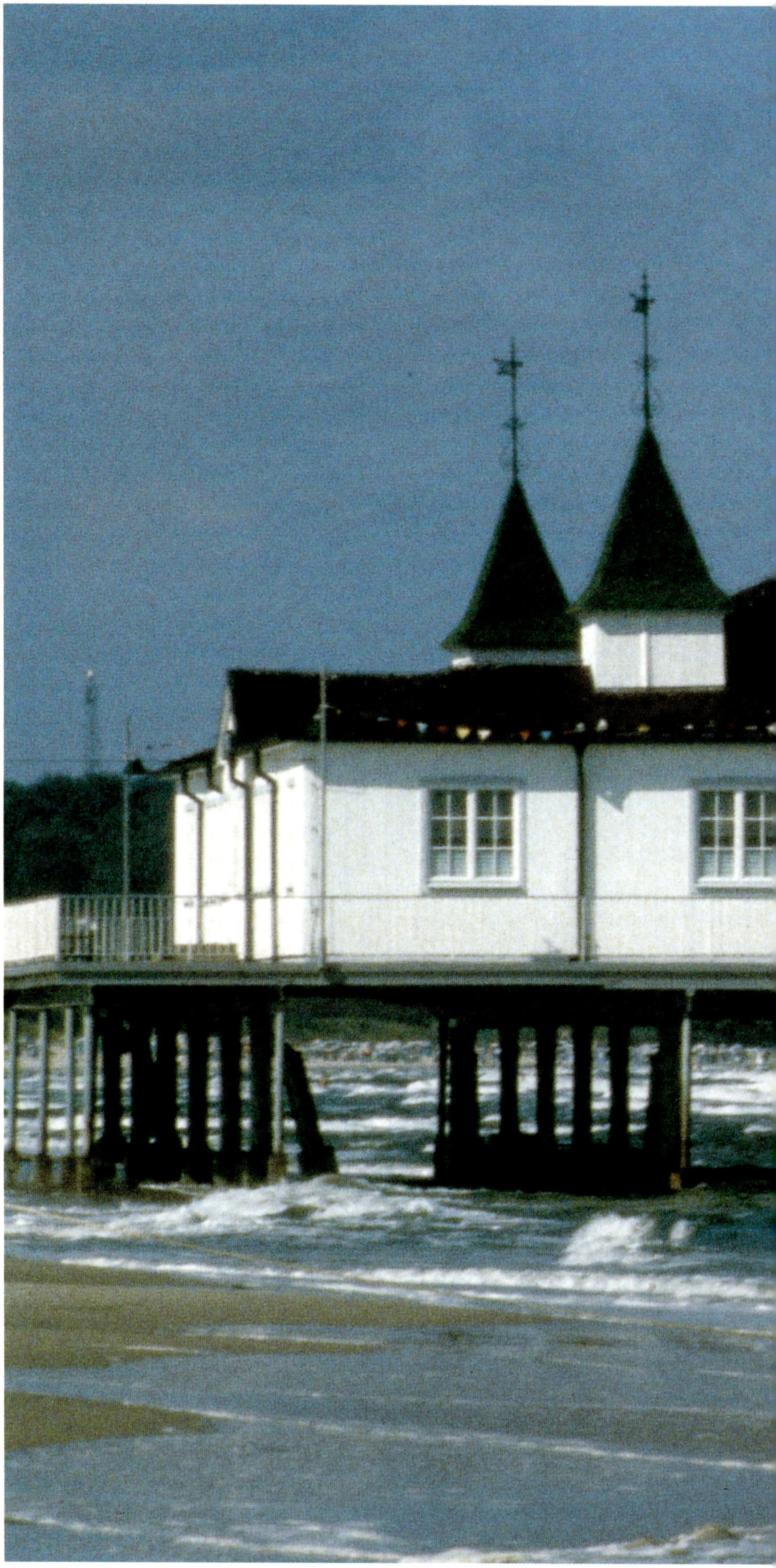

Drehort Ostseebad Ahlbeck auf Usedom.

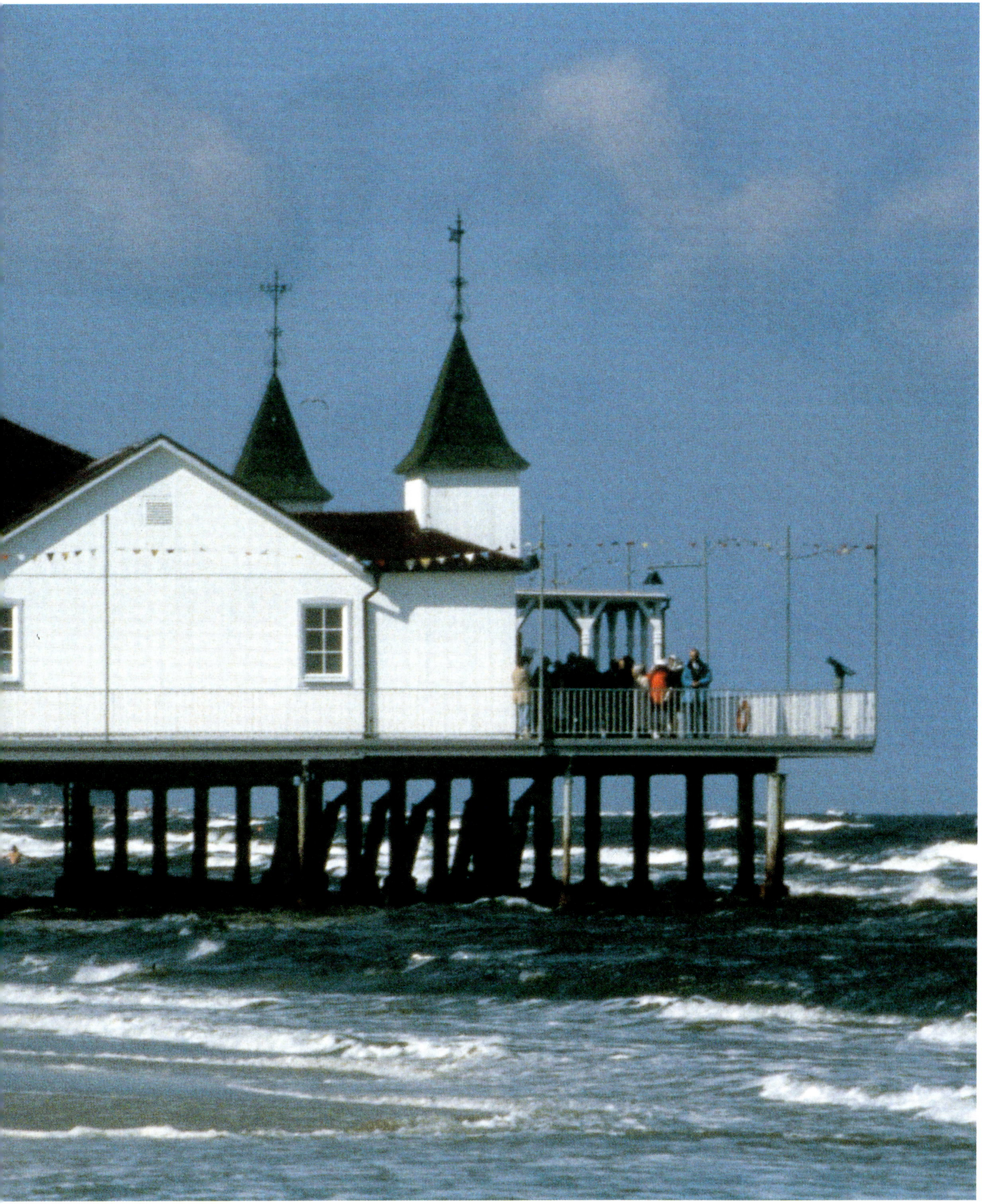

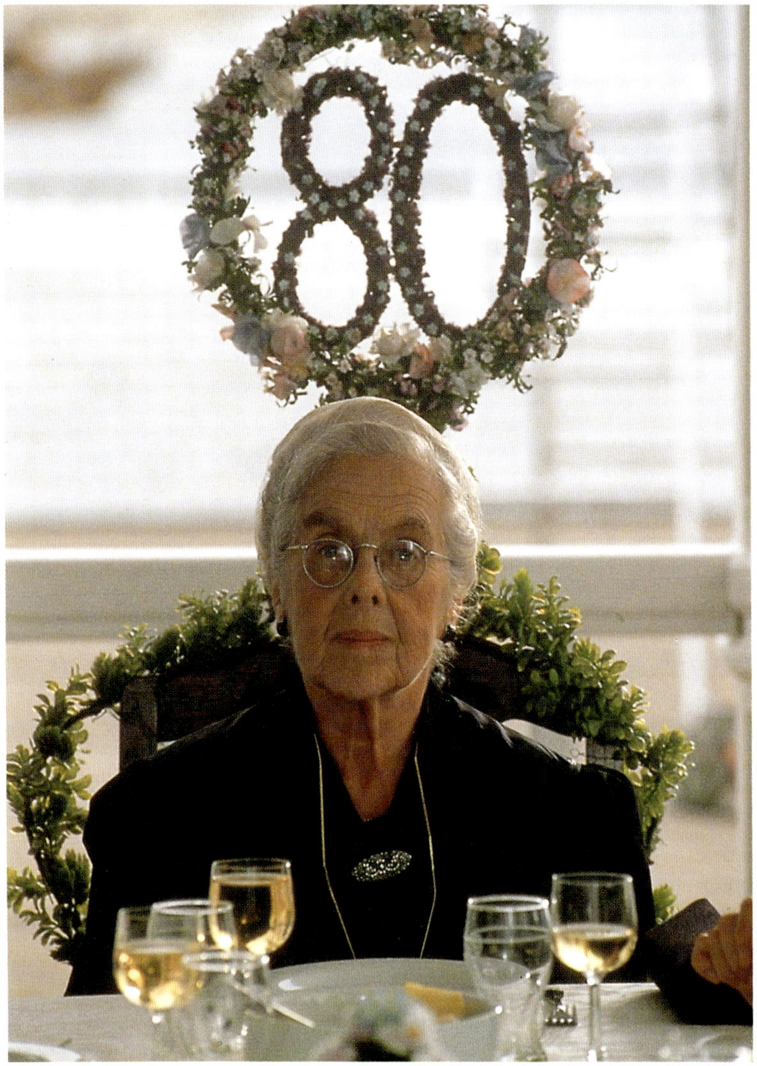

Oma Jensens 80. Geburtstag (Gerda Gmelin).

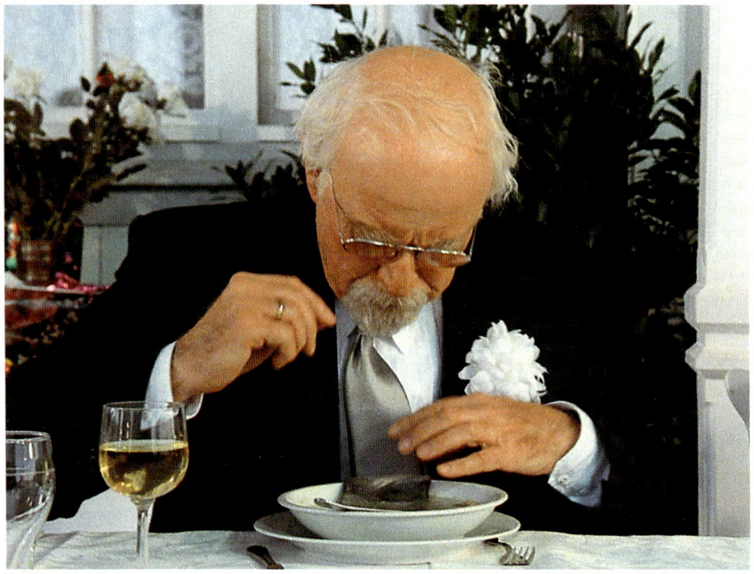

Opa Hoppenstedt als Gast (Loriot in einer Doppelrolle).

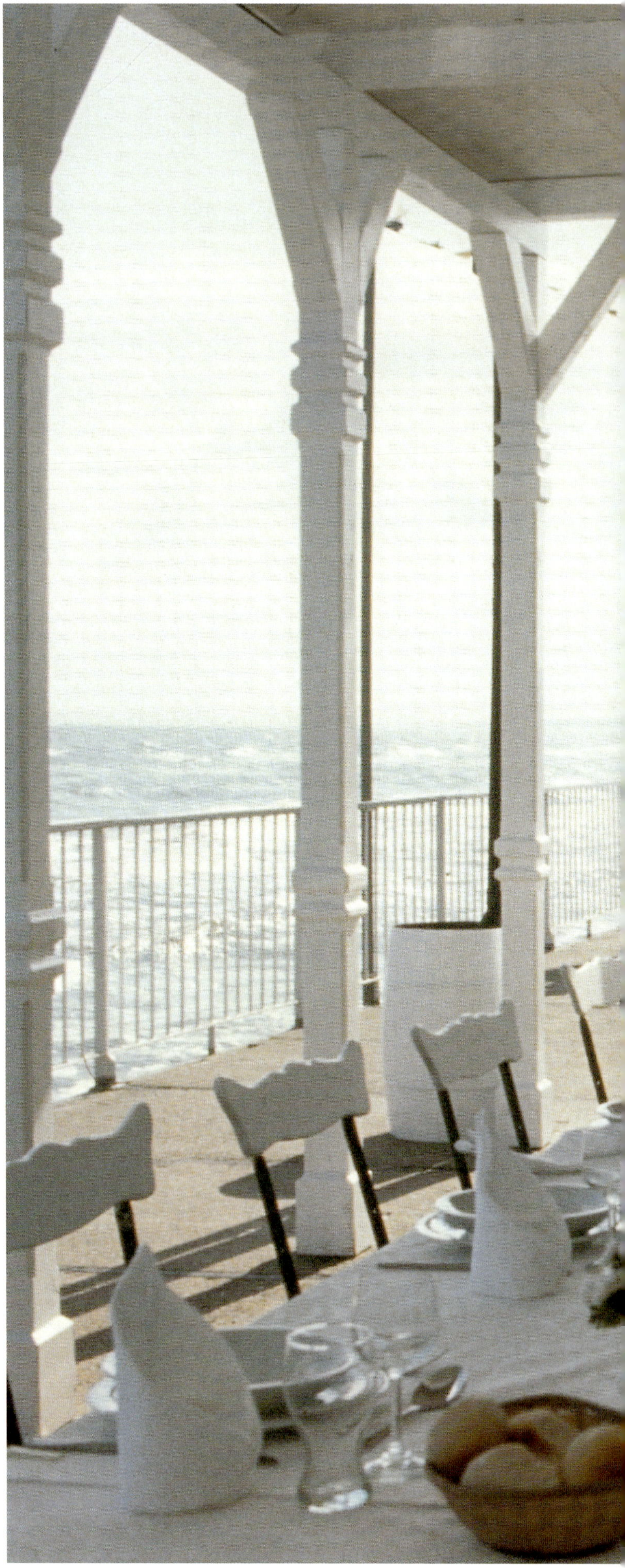

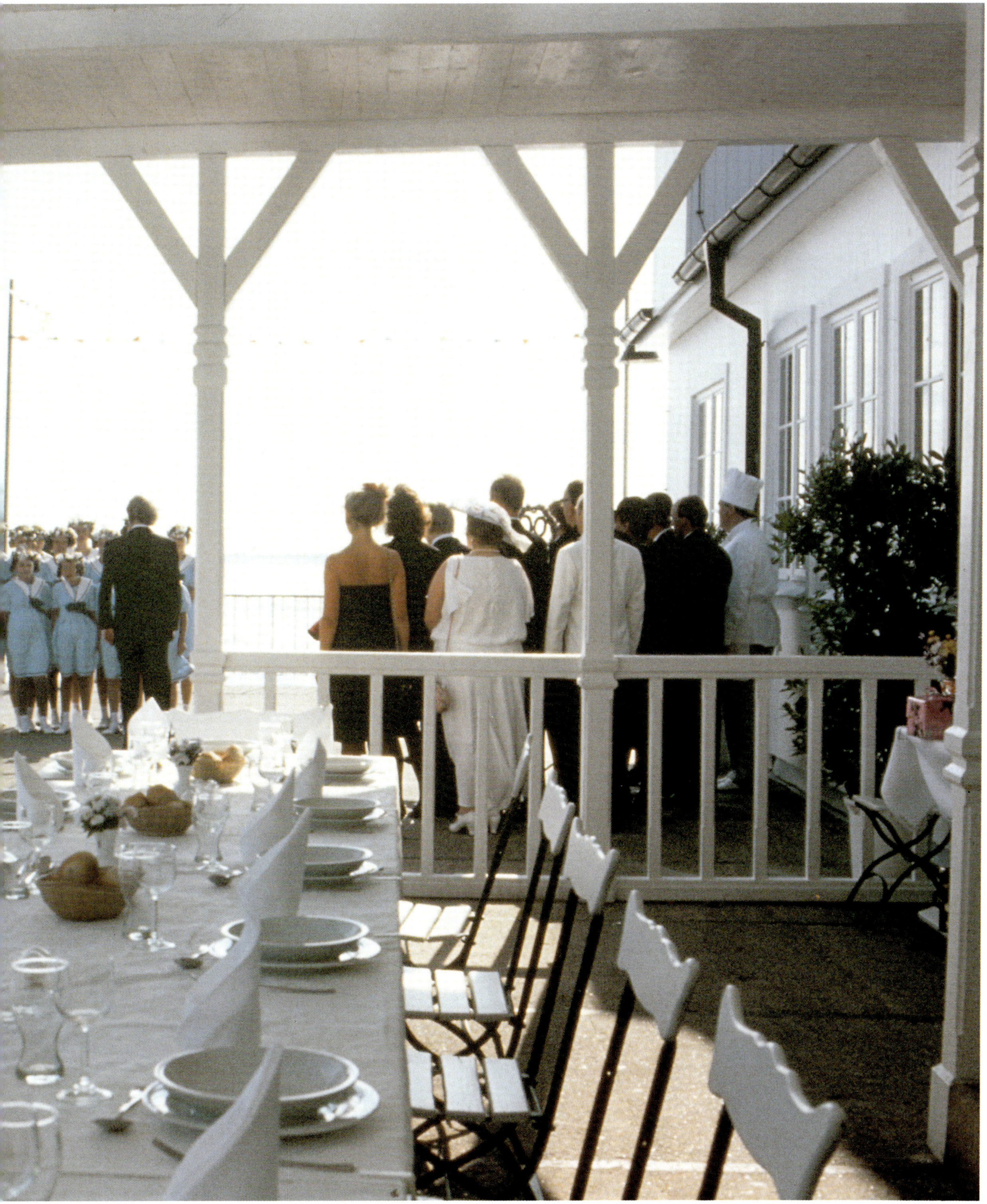

Das wedelfreudige Hinterteil des Haushundes Wutz.

FILMKUNST

Der deutsche Film … … ist angenehmer als eine Nase …

… denn bei durchschnittlicher Länge … … läuft er nur 90 Minuten.

JUNGFRÄULICHES VERHÄLTNIS

von Loriot

Worauf beruht das jungfräuliche Verhältnis zwischen Kunstbetrachtung und Karikatur? Man weiß einfach nicht, wer zuständig ist. Es fehlt das Etikett. Ist das nun Kunst oder nicht? Und wenn ja, darf über Kunst gelacht werden?

In der Musik hat man da eine elegante Lösung gefunden. Es gibt ganz einfach U-Musik und E-Musik. »U« heißt »Unterhaltung«, »E« bedeutet »Ernst«. Alle Plattenfirmen haben ihre Programme dankenswerterweise auf diese Art gekennzeichnet. Jeder Musikkritiker weiß seitdem, daß die »Götterdämmerung« etwas ganz anderes ist als beispielsweise »Pack die Badehose ein«.

Ärgerlich ist nur, wie wenig sich die Komponisten an ihre Schublade gehalten haben. Der Jazz wurde so cool, daß von »U«, sprich »Unterhaltung«, nicht mehr die Rede sein konnte, aber ein »E« für ein »U« wollte man auch nicht gleich machen. Und Mozart wäre doch wohl sehr verdrossen, wenn ihm zu Ohren käme, daß man seine Divertimenti nicht zur Unterhaltung rechnen könne, trotz seiner Beteuerungen, sie seien als solche komponiert. Aber im großen Ganzen sind kaum Zeifel möglich, U und E ist ein deutlicher Unterschied.

In Malerei und Graphik kannte man bis vor einigen Jahren diese Probleme nicht. Man kam sogar ohne besondere Kennzeichnung aus. Die Mona Lisa hatte mit Mickymaus eben doch wenig Gemeinsames, und der Mann mit dem Goldhelm war mit bloßem Auge von Snoopy zu unterscheiden.

Es gab zwar einige Grenzfälle, Goya etwa, Daumier, Toulouse-Lautrec oder Klee, die satirische oder humoristische Elemente erkennen ließen, aber doch eben in netter Form ... Ich meine, es wurde da nichts verwirrt ... es blieb alles ganz klar. Das war keine U-Malerei, es war E-Malerei. Und die Karikatur war da, wo sie hingehörte: auf der Humorseite der Illustrierten.

Aber dann nahte das Verhängnis. Seriöse Maler, die auf sich hielten, legten ihren Pinsel aus der Hand, griffen zu Hammer und Nagel, Lötkolben, Bohrer, Kreissäge, Spaten, Diaprojektor und okkupierten im Handumdrehen ein Terrain, das als Zielgebiet auch der Karikaturist hätte vor Augen haben können.

Der hingegen begann, völlig überraschend, Originalzeichnungen anzubieten, handsigniert, und als die langsam knapp und teuer wurden, fertigte er auch satirische Siebdrucke und Lithos, signiert und numeriert. Ehe man sich's versah, war ein Steinberg-Original so teuer wie eine Handzeichnung von Klee. Das war nicht vorgesehen.

Schon sehe ich gegen Ende des kommenden Jahrhunderts eine Menschenschlange, die sich um mehrere New Yorker Häuserblocks windet. Mit Klappstühlen und Schlafsäcken hat sie bei eisigem Wind die Nacht durchwacht, um erst gegen 9 Uhr morgens Einlaß im Metropolitan Museum zu finden. Dann schiebt sich die geduldige Menge zwei Stockwerke hoch in jenen repräsentativen Saal, der für das künstlerische Ereignis des Jahres völlig ausgeräumt und renoviert worden ist. Im Zentrum des Riesenraumes steht eine einzige Vitrine aus Panzerglas, an der die Menschen entblößten Hauptes schweigend vorbeidefilieren. Eine diskret angebrachte Starkstromleitung und vierzig Polizeibeamte in Zivil sichern das angestrahlte Kleinod. Es ist ein stockfleckiges Blatt aus meinem Notizblock, 9 × 12 cm, darauf ein Nasenmännchen in Bleistift, nicht signiert, mit Expertise der Kestner-Gesellschaft, Hannover. *(19)*

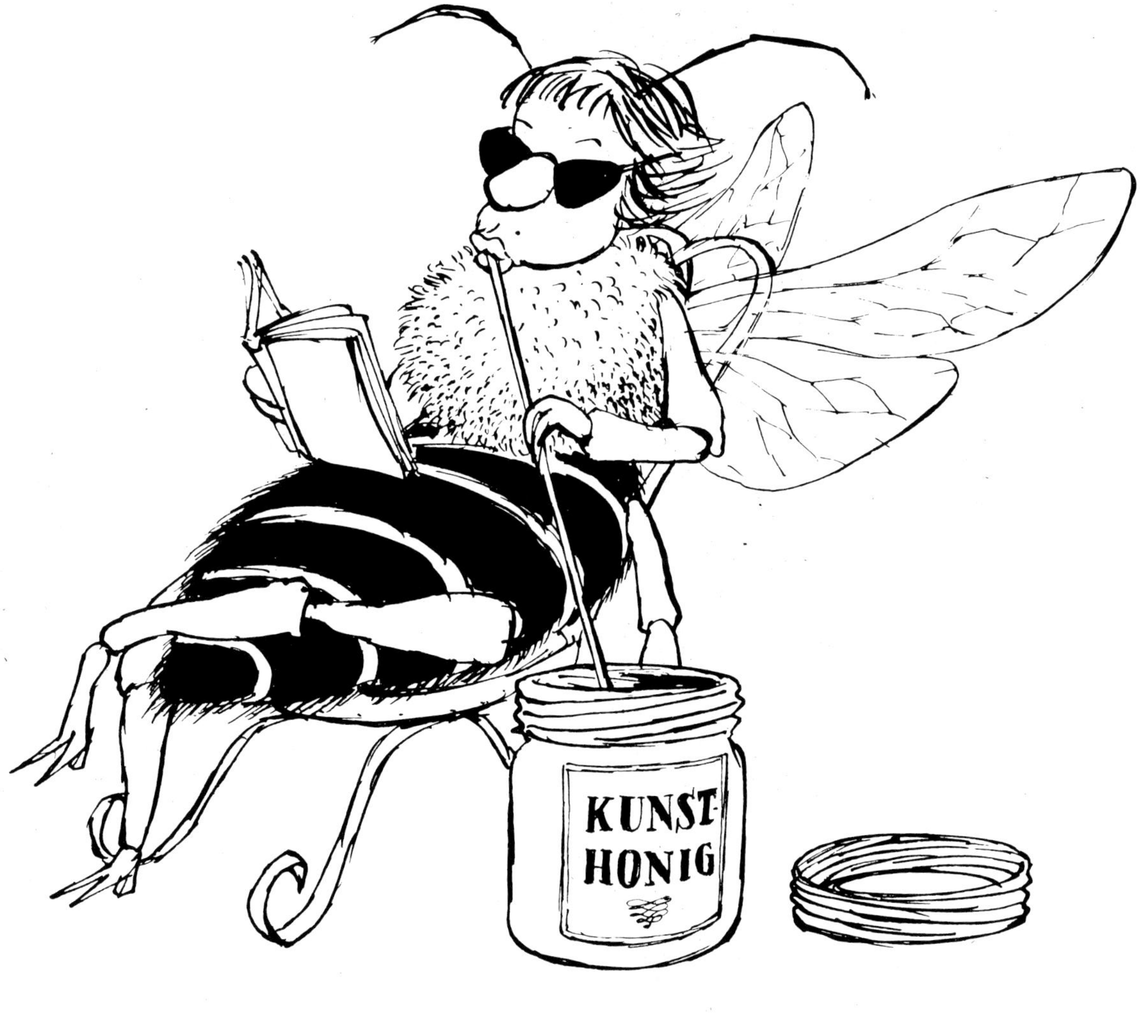
KUNST-
HONIG

QUELLENNACHWEIS DER ZITATE

Nicht bezeichnete Texte – mit Ausnahme der in *Kursiv* gesetzten Abschnitte – stammen von Loriot.

Die Nummern in *(Klammern)* am Ende der Zitate beziehen sich auf folgende Veröffentlichungen:

1. *Möpse & Menschen. Eine Art Biographie.* Diogenes Verlag, Zürich 1983. Aus diesem Band stammen auch alle folgenden, nicht besonders bezeichneten Texte in der Biographie (Seite 15–46).
2. *Loriots Heile Welt.* Diogenes Verlag, Zürich 1973.
3. *Loriots Großer Ratgeber.* Diogenes Verlag, Zürich 1968.
4. Raimund le Viseur, »Interview – Loriot«, in *Playboy* (München), Heft 3, 1988.
5. Aus der Rede Loriots anläßlich der Verleihung des »Goldenen Möbelwagens« in der Stuttgarter Liederhalle am 12. Februar 1983.
6. Ansprache Loriots anläßlich des Empfangs zum 80. Geburtstag von Professor Willem Grimm am 25. Mai 1984.
7. Bernhard Hönig, »Mit Sinn für das Absurde: Ein Gespräch im Hause von Bülow«, in *Wochenpost* (Berlin/DDR), 10. Juli 1987.
8. Einleitung von Wolfgang Hildesheimer in: *Auf den Hund gekommen.* Diogenes Verlag, Zürich 1954.
9. Reinhard Baumgart, »Gelassen, heiter, verzweifelt«, in *Die Zeit*, (Hamburg), 11. November 1983.
10. Ruprecht Skasa-Weiß in der *Stuttgarter Zeitung* (siebziger Jahre).
11. Loriot, aus einem Manuskript zum Film »Haie und kleine Fische«, verfaßt 1957.
12. Harald Martenstein, »Porträt der Woche – Loriot«, in *Stuttgarter Zeitung*, 12. März 1988.
13. Loriot, Auszüge aus einem Vortrag über die »Satire im Fernsehen« vor den Freunden der Evangelischen Akademie Tutzing, 4. Juli 1979.
14. Angelika Haug, Gespräch mit Loriot über »Ödipussi«, in: *Ärzte-Zeitung* (Neu-Isenburg), März 1988.
15. L. B., »Komödiantische Spitzbübischkeit im Dommuseum Brandenburg«, in *Potsdamer Kirche* (Berlin/DDR), 9. Juni 1985.
16. Aus: *Der Rabe,* Nr. 9, Haffmans Verlag, Zürich 1985.
17. *Loriots Dramatische Werke.* Diogenes Verlag, Zürich 1981.
18. Aus: Sabine Keck/Floria Jannucci, *Die Regie hat das Wort.* Georg Westermann Verlag, Braunschweig 1988.
19. Loriot, Auszug aus der Rede zur Ausstellung zeitgenössischer Karikaturisten in der Kestner-Gesellschaft, Hannover, 17. Februar 1978.
20. Die Bibliographie wurde – mit einigen Ergänzungen – übernommen aus: *Weilheimer Hefte zur Literatur,* 12. 11. 1983.

SCHAUSPIELER UND SÄNGER

Charlotte Asendorf 184
Ortrud Beginnen 198
Helmuth Berger-Tuna 161–163 (als Plumkett)
Dagmar Biener 198
Katharina Brauren 182, 191, 192
Thomas Braut 30 unten
Jeanette Charles 37 oben
Albrecht C. Dennhardt 177 unten (als Samiel)
Michael Ebbecke 177 (als Fürst Ottokar)
Eberhard Fechner 185 unten
Hansjörg Felmy 30 unten
Horst Frank 30 unten
Gerda Gmelin 206
Evelyn Hamann 38, 41 links Mitte und unten, 112 (links), 115–117, 183, 185, 186, 188, 195, 197, 199, 201, 202
Edith Heerdegen 41 rechts oben
Uwe Heilmann 45 links unten, 172, 174, 175, 177 (als Max)
Werner Helbig 44 links unten
Irm Hermann 203
Ingeborg Heydorn 112 (2. von rechts)
Hartwig Hummel 128
Nancy Johnson 45 links oben, 172, 173, 177 (als Agathe)
Hans Kircher 118 rechts, 120 oben (rechts)
Hans-Peter Korff 203
Rudolf Kowalski 113 oben (links), 114 links oben
Krisztina Laki 44 links oben und Mitte, 160–163 (als Martha)
Richard Lauffen 190
Loriot 20, 30, 31, 33–35, 37, 38, 40, 41, 110–131, 181–183, 185, 186, 192, 194–198, 200, 202, 206
Siegfried Lowitz 30 unten
Heinz Meier 113 oben (Mitte), unten (Mitte), 114 unten (links), 118 (links), 120 oben (links), 122 (rechts) 123 oben (rechts), 124 rechts unten, 125
Waltraud Meier 44 links oben, 160–163 (als Nancy)
Sunnyi Melles 41 rechts oben
Karl-Ulrich Meves 183
Thomas Mohr 177 unten (als Kilian)
Tim Moores 34
H. H. Müller 199
Christiane Nielsen 31 links Mitte und unten
Siegmund Nimsgern 174, 175, 177 unten (als Kaspar)
Wolfgang Preiß 31 rechts
Ernst Reinhold 30 unten
Nikolaus Schilling 184
Gerrit Schmidt-Foß 202
Heiner Schmidt 122 (links), 123 oben (links)
Klaus Schultz 190
Edda Seippel 189
Ulrike Sonntag 45 links Mitte, 172, 173, 177 (als Ännchen)
Carsten H. Stabell 177 unten (als Eremit)
Lilo Strobel 130 oben
Bernhard Wicki 31 unten
Waldemar Wild 177 (als Kuno)
Rüdiger Wohlers 44 links oben, 161–163 (als Lyonel)
Inge Wolffberg 198

BILDNACHWEIS

Wir danken dem Studio Loriot, das uns Originale und Fotografien aus dem Archiv zur Verfügung stellte.

Beta-Film 41 rechts unten
Ludwig Binder 40
Peter Bock-Schroeder 99 links oben
Bettina Böhmer 29, 36, 46
Karl Breyer 98 links unten
Cent-Fox 31 rechts oben
Horst Huber 168–171
Hanns Hubmann 98 links oben
Wolfgang Jahnke 44 rechts oben, 181, 188
Hugo Jehle (Süddeutscher Rundfunk Stuttgart) 33–35, 37, 124–131
Fritz Kempe (Staatliche Landesbildstelle Hamburg) 21
Hannes Kilian 160–163, 172–175, 176 oben, 177 oben
Ulrike Kment 39
Petra Kollakowsky 44 links unten
Do Leibgirries (Radio Bremen) 38, 115, 116 links oben und unten, 117 links oben und rechts unten, 122
Lilo (Zeyn-Produktion/DFH) 30 unten
Ludwigsburger Festspiele/Hurrle 177 unten
Hermann Meroth (Deutsche Film Hansa) 31 links oben
Jan Parik 99 rechts unten
Radio Bremen, 112–114, 116 rechts, 117 rechts oben, 119–121, 123
Karl Reiter 41 rechts oben
Reporter Associés 99 links unten
Günter Sommer (Radio Bremen) 118
Stiftung Deutsche Kinemathek 30 oben
Südwestfunk Baden-Baden 41 links oben, Mitte, unten
United Press International 31 links unten
Renate Westphal-Lorenz 44 rechts Mitte und unten, 45 links Mitte, 178
Gustav Zimmermann 42

BIBLIOGRAPHIE

Erstveröffentlichungen. Soweit nichts anderes vermerkt, sind Loriots Bücher im Diogenes Verlag, Zürich, erschienen. *(20)*

Auf den Hund gekommen. 44 lieblose Zeichnungen von Loriot, eingeleitet von Wolfgang Hildesheimer. 1954.
Reinhold das Nashorn. Texte von Wolf Uecker und Günther Dahl. Stuttgart 1954.
Unentbehrlicher Ratgeber für das Benehmen in feiner Gesellschaft. Frankfurt am Main 1955.
Der gute Ton. Das Handbuch der feinen Lebensart in Wort und Bild, 1957.
Der Weg zum Erfolg. Ein erschöpfender Ratgeber in Wort und Bild. 1958.
Wahre Geschichten. Erlogen von Loriot. 1959.
Für den Fall... Der neuzeitliche Helfer in schwierigen Lebenslagen. 1960.
Nimm's leicht! Eine ebenso ernsthafte wie nützliche Betrachtung in Wort und Bild. 1962.
Umgang mit Tieren. Das einzige Nachschlagewerk seiner Art in Wort und Bild. 1962.
Der gute Geschmack. Erlesene Rezepte für Küche und Karriere. 1964
Neue Lebenskunst in Wort und Bild. 1966
Loriots Großer Ratgeber. 1968.
Reinhold das Nashorn. Verse von Basil. 1968.
Loriots Tagebuch. 1970.
Loriots Kleine Prosa. 1971
Loriots Daumenkino – bewegte Botschaften. 1972 ff.
Loriots Heile Welt. 1973.
Menschen, die man nicht vergißt. 18 beispielhafte Bildergeschichten. 1974.
Herzliche Glückwünsche: ein umweltfreundliches Erzeugnis. 1975.
Loriots praktische Winke. Berlin (DDR) 1975.
Das dicke Loriot-Buch. Berlin (DDR) 1977.
Loriots Wum & Wendelin. 1977.
Loriots Kommentare (zu: Politik, Kriminalistik, Wirtschaft und Finanzen, Landwirtschaft, Kultur, modernes Leben, Männer und Sport sowie Tier- und Frauenwelt). 1978.
Loriots Dramatische Werke. Texte und Bilder aus sämtlichen TV-Sehsendungen seit ›Loriots Telecabinet‹. 1981.
Loriots Großes Tagebuch. 1983.
Möpse und Menschen. Eine Art Biographie. 1983.
Loriot. Herausgegeben von der Wilhem-Busch-Gesellschaft e.V., Hannover. Stuttgart 1988.
Loriots Ödipussi. 1988.
Pappa ante portas. 1991.
Loriot. Katalog zur Ausstellung anläßlich des 70. Geburtstags. 1993.
Herren im Bad und sechs andere dramatische Geschichten. 1997.
Große Deutsche. Circa acht Portraits. 12 Einzelblätter in Mappe. 1998.
Sehr verehrte Damen und Herren... Bewegende Worte zu freudigen Ereignissen, Opern, Kindern, Hunden, weißen Mäusen, Vögeln, Freunden, Prominenten und so weiter. 2002.
Das Frühstücksei. Gesammelte dramatische Geschichten mit Doktor Klöbner und Herrn Müller-Lüdenscheidt, Herrn und Frau Hoppenstedt, Erwin Lindemann u. v. a. 2003.
Loriots kleiner Opernführer. 2003.
Loriot und die Künste. Eine Chronik unerhörter Begebenheiten aus dem Leben des Vicco von Bülow zu seinem 80. Geburtstag. 2003.

Loriot illustrierte außerdem Texte von Egon Jameson (1956, 1957), Hans Gmür (1959) und Reinhart Lempp (1968, 1973, 1989).

Die Deutsche Grammophon Gesellschaft hat mehrere Loriot-Compactdiscs und Musikkassetten herausgebracht:
Loriots Dramatische Werke – Loriots Klassiker – Loriots Heile Welt – Loriots Festreden – Liebesbriefe – Gesammelte Werke – Peter und der Wolf – Karneval der Tiere – Max und Moritz – Loriot erzählt Richard Wagners ›Ring des Nibelungen‹ – Loriot und Walter Jens lesen den Briefwechsel Friedrichs des Großen mit Voltaire, ›Wo es um Freundschaft geht‹ – Loriot liest Thomas Mann, ›Das Eisenbahnunglück und andere Begebenheiten‹

sowie die Videokassette *Der Freischütz* in der Inszenierung von Loriot.

Bei der Warner Home Video auf DVD und Videokassette erschienen: *Ödipussi – Pappa ante portas – Loriot: sein großes Sketch-Archiv.*

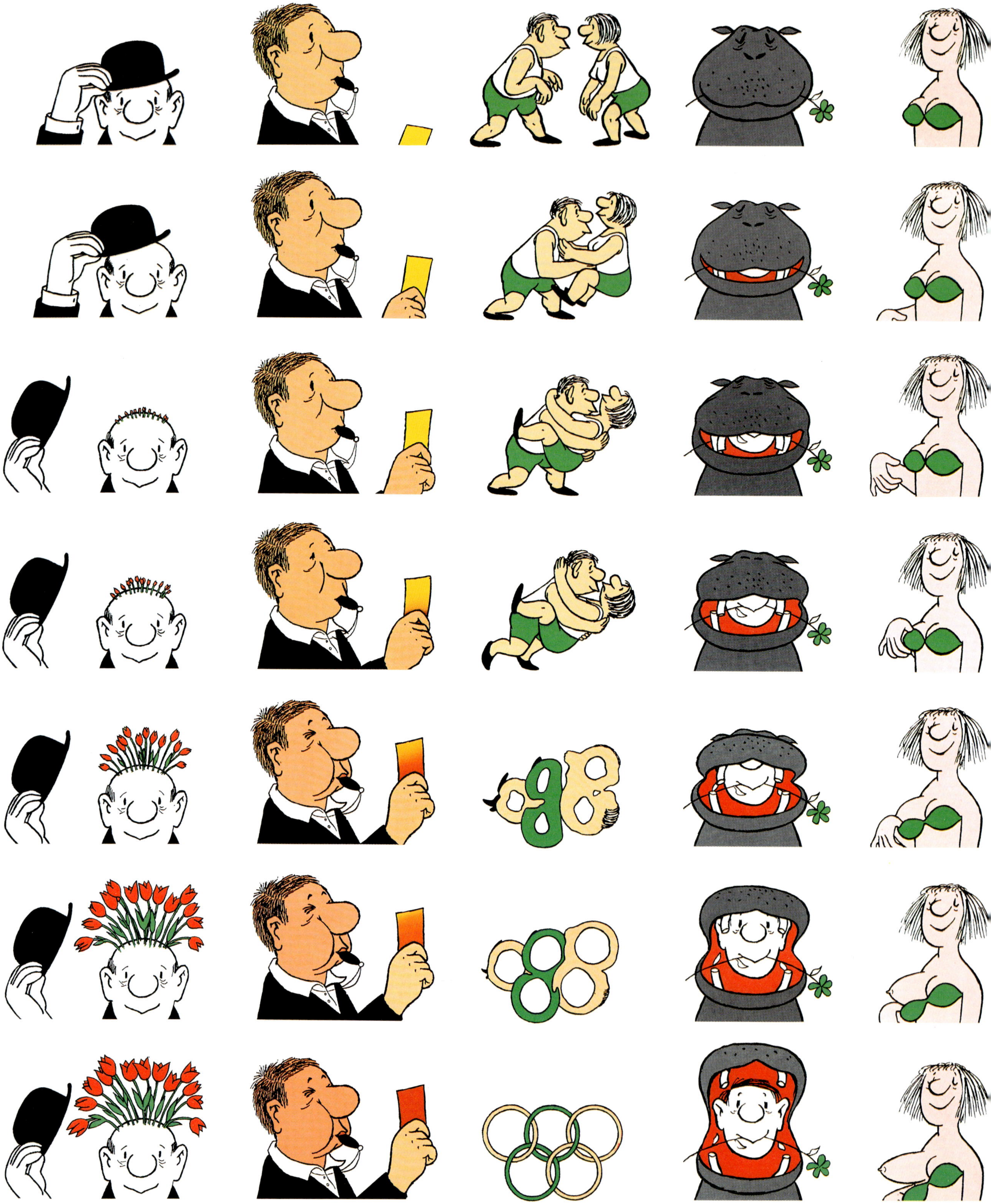

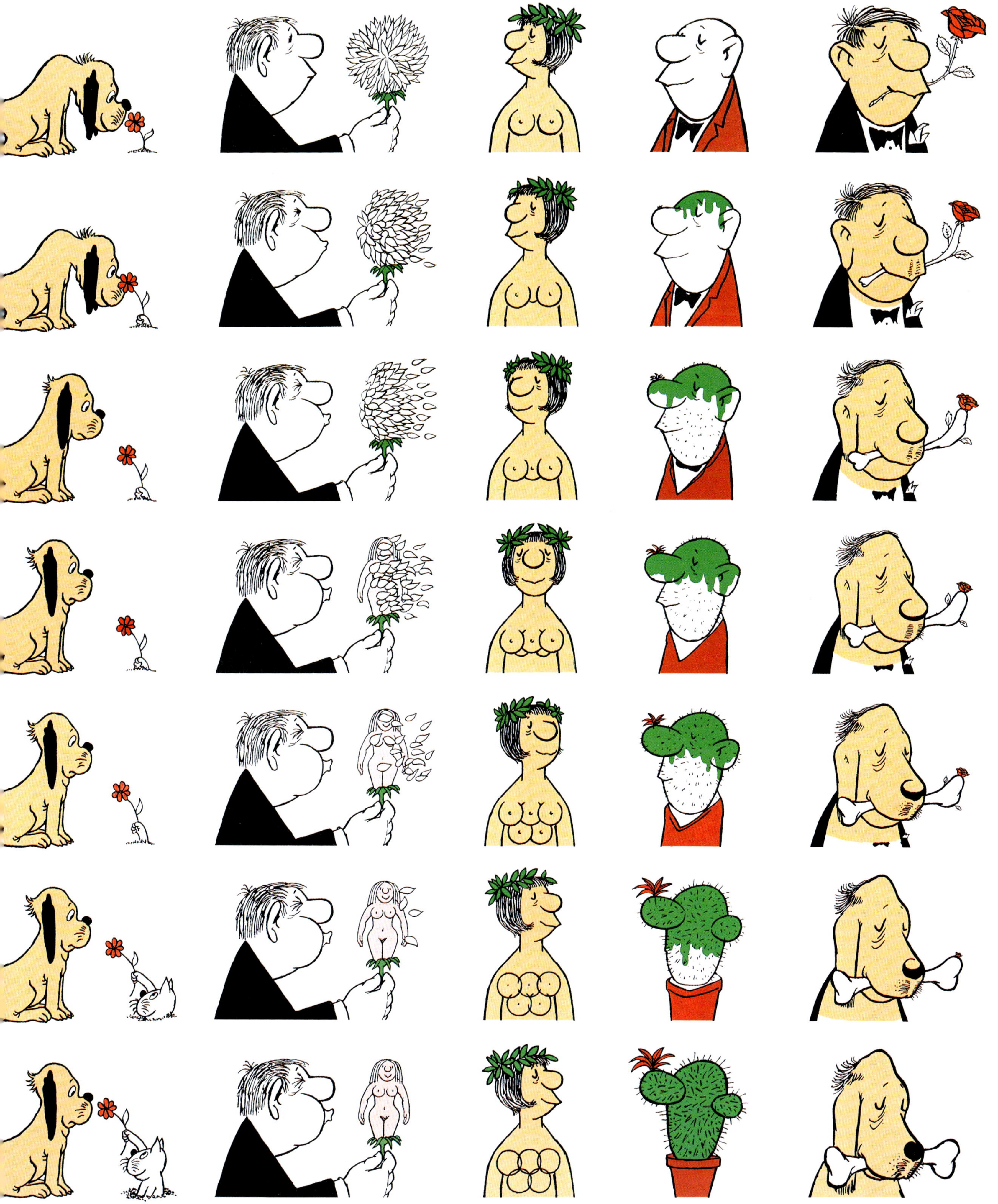